汉语副词研究论集

主　编 / 张谊生

副主编 / 唐贤清　宗守云

第三辑

上海三联书店

目　　录

疑问副词"颇、可、还",附论"莫"

江蓝生(中国社会科学院)

0. 前言

这是几个盛用于中古和近代汉语时期的疑问副词,其出现略有先后,通行的时间也不一样,但有一点大体是相同的,即它们都能用在古代反复问句"VP 不/未"式之前,表示推度询问的语气。

我们把"VP 不/未"式(VP 为动词短语,"不"或"未"是加在句末的否定词。"不"字又作"否",此二字古时为一字,通作"否",以后分化为二字)看作反复问句有以下两个理由:

其一,从否定词"不(否)"的性质来看。关于"否"字的特性,吕叔湘先生有十分精辟的见解。他说"否"以否定词而兼含动词或形容词于其内,具有称代性[①]。例如:

(1) 二三子用我,今日;否,亦今日。(左传·成公十八年)

(2) 晋人侵郑以观其可攻与否。(又,僖公三十年)

例(1)的"否"相当于"不用",例(2)的"否"相当于"不可攻"。正因为"不"字具有这种称代性,所以"VP 不?"的意义也就等于"VP 不VP?",就可以表达一正一反的正反相问。这种"VP 不?"式反复问句应是从例(2)"VP 与否"一类句式变化来的。

其二,从古代汉语的疑问句系统来看,古汉语里自有它的是非问句,其句末有语气词"乎、与、邪"等传疑。如果把"VP 不?"也归为是非问句,那么古汉语里就没有了反复问句,这种可能性似乎不大。但是,语言是发展变化的,当"VP 不?"的"不"失去了称代性,虚化为纯粹传疑的语气词时,"VP 不?"就可以看作是非问句;唐代中期以后出现的句末疑问语气词"无、摩"等替代了"不",发展成今天的疑问语气词"吗",就是这一演变的结果;而原来的"VP 不?"式反复问句后来逐渐被"VP 不 VP?"式所替代。

1. 颇

"颇"字通常作程度副词,较早为"略、少"义,后来又有"多、甚"义,其训已见古今诸字书。此外,"颇"字在汉魏六朝时期又用作疑问副词[②],此用法一直沿续至唐,乃至宋代文献中仍时或可见。下面先看魏晋南北朝小说中"颇"字用在"VP 不/未"式反复问句前的例子:

(3) 给使白诞曰:"人盗君膏药,颇知之否?"(干宝,搜神记,卷17)

(4) 太傅应声戏之曰:"在西颇见西王母不?"(裴子语林,古小说钩沉)

(5) 寻得本时弟子,语曰:"汝颇忆从我渡水往狼山不?"(旌异记,同上)

(6) 晋武帝问孙皓:"闻南人好作尔汝歌,颇能为不?"(世说新语·排调)

(7) 桓公懔然作色,顾谓四坐曰:"诸君颇闻刘景升不?……"(又,轻诋)

小说之外,其他文献中也可见:

(8) 曹公藏石墨数十万斤,云烧此消复可用,然烟中人不知,

兄颇见之不?(陆云,与兄平原书,全晋文)

　(9) 知数致苦言于相,时弊亦何可不耳! 颇得应对不? 吾书
　　　 未被答。(王羲之,杂帖)

　(10) 乃谓禅师曰:"颇有经典可得见不?"(梁释慧皎,高僧
　　　 传·昙无忏)

　(11) 上古以来颇有此事否?(洛阳伽蓝记,卷3)

　(12) 即问女言:"颇有人来求索汝未?"答云:"未也。"(贤愚
　　　 经,大正藏,卷4)

　(13) 外颇有疑令与死人语者不?(后汉书·酷吏传,卷77)

如问过去之事,有时在"颇"后加上"曾"字:

　(14) 兄子济往省湛,见床头有《周易》,谓湛曰:"叔父用此何
　　　 为? 颇曾看不?"(世说新语·赏誉注引邓粲《晋纪》)

　(15) 既去,谓左右曰:"颇曾见如此人不?"(又,赏誉)

以下是"颇"用在是非问句跟句末疑问语气词"乎/耶"等相呼应的
例子,比较少见。

　(16) (魏文帝)嘲咨曰:"吴王颇知学乎?"(三国志·吴志·孙
　　　 权传注引《吴书》,卷2)

　(17) 是时童子复白佛言:"颇更有力出此力者乎?"(增壹阿含
　　　 经,大正藏,卷3)

　(18) 时波旬曰:"沙门,颇见我四部之众耶?"(又)

译经中还有句末"不耶/不乎"连用者:

　(19) 问言:"卿颇能作饮食不耶?"对曰:"能作。"(长寿王经,
　　　 大正藏,卷3)

　(20) 马母告子:汝等颇忆酥煎麦不乎? 欲知证验,可往观
　　　 之。"(出曜经·利养品,卷14,又卷4)

"不耶、不乎"连用,更可以看出"不"的称代性,即"不"称代"不
VP","耶、乎"表示疑问语气。

　　值得注意的是,佛经中疑问副词"颇"又作"叵","颇""叵"二

字音同,故可通借。例如:

(21) 汝今叵见彼大长者七日作王不? (撰集百缘经,卷1,大
    正藏,卷4)

(22) 问诸比丘:"汝等叵识此虫宿缘所造行不?"(贤愚经,卷
    13,又卷4)

从以上诸例可以看出,"颇"字并不表示略少或略多,而只表
示一种推度询问的语气。例如"颇见之不?"是询问对方见没见
过。加上"颇"字,使得询问的语气变得比较和缓。这个"颇"字的
语法意义跟今语"一向可好?""北京你可曾去过?"的疑问副词
"可"相当,如把"颇"字换成"可",其句义和语气没有什么不同。
慧琳《一切经音义》卷一《大般若波罗密多经》引《文字集略》云:
"颇,犹可也,皆语辞也。"正以语辞"可"释"颇"。其次,从形式上
看,魏晋六朝时期的"颇"主要用于"VP 不/未"式反复问句,较少
用于是非问句,而"颇+VP 不+乎/耶"的用法,似只限于译经文
体之中。

到了唐代,"颇"字仍继续用作疑问副词,也主要用于"VP 不"
式反复问句。跟汉魏六朝时期不同的是:反复问句句末多用"否"
字,少用"不"字;用于是非问句的例子明显增多。下面按"颇 VP
不?""颇 VP 否?""颇 VP 乎?"的次序举例。

(23) 至尊颇知臣不? (北齐书高阳康穆王传,卷10)

(24) 闻北伐时,诸贵常饷史官饮食,司马仆射颇曾饷不? (又
    魏收传,卷37)

(25) "汝见庾信颇识否?"答云:"虽读渠文章,然不识其人。"
    (法苑珠林,太平广记,卷102)

(26) 指其观曰:"吾居此,颇能相访否?"(玉泉子,又卷40)

(27) 因问叟:"颇好酒否?"(神仙感应传,又卷43)

(28) 兵交,盎却兜鍪大呼曰:"尔等颇识我否?"(旧唐书·冯
    盎传,卷109)

(29) 今欲同时举大事，乏于资财，闻公家信至，颇能相济否？
　　　（唐摭言，卷4）

(30) 乾临死，神气不变，见者莫不叹惜焉。时武卫将军元整
　　　监刑，谓乾曰："颇有书及家人乎？"（北齐书・高乾传，卷
　　　22）

(31) 玄宗谓曰："卿颇知猎乎？"（大唐新语，卷1）

(32) 先问师："颇游后园乎？"左右曰："否。"（纪闻，太平广记，
　　　卷95）

(33) "颇闻道士王知远乎？"公曰："闻之"。（玄门灵妙记，又
　　　卷，71）

偶尔句末也有用"邪"的：

(34) "子颇知有寒山子邪？"答曰："知"。（仙传拾遗，又，卷
　　　55）

句末"否"字的剧增和"不"字的减少，说明这两个字的分工渐趋分
明，"不"字专作否定副词，"否"字仍带有称代性。

　　中唐以后，"VP不？"的"不"字虚化，改用"无"字，故又出现了
"颇VP无？"的格式。段成式（803？—863，祖籍山东淄博）《酉阳
杂俎》里均作"颇VP无？"例如：

(35) 向客，上帝戏臣也，言泰山老师，颇记无？（酉阳杂俎，卷
　　　2）

(36) 其婢小碧自外来，垂手缓步，大言："刘四，颇忆平昔无？"
　　　（又，诺皋记下，卷15）

(37) 禅师隐于柱听之，有曰："孔升翁为君筮不祥，君颇记
　　　无？"（又，支诺皋，卷2）

尽管疑问副词"颇"在唐五代笔记及小说中不乏其例，但在敦煌俗
文学作品（反映当时的西北方言）和《祖堂集》（反映9世纪南方某
些地区的方言）里却未见一例，可见疑问副词"颇"的使用是有一
定的区域性的。

在宋代的文献里就不大见到用作疑问副词的"颇"了,但也不曾绝迹,例如:

> (38) 张乖崖再治蜀。一日,问其客李畋:"外间百姓颇相信服否?"畋言:"相公初镇,民已服矣,何待今日!"(叶梦得,石林燕语,卷10)

叶梦得(1077—1148)原籍吴县,居乌程,即今浙江吴兴。再从六朝小说中多用疑问副词"颇"来看,"颇"字的这一用法应通行于江浙一带。

"颇"字的这种特殊用法字书多未载,除上举慧琳《一切经音义》引《文字集略》释"颇"为语辞"可"外,《集韵》去声过韵又云:颇,普过切,"偏也,一曰疑辞。"所谓疑辞,当指上述作疑问副词的用法,但是作去声,则与《广韵》所载平声(滂禾切)和上声(普火切)者不同。据我们的考察,"颇"作疑辞与"可"作疑问副词有关,故把"颇"的来源放到下面跟"可"一并讨论。

2. 可(兼及"岂、宁、敢")

现代汉语里有个疑问副词"可",《现代汉语词典》的解释是:"用在疑问句里加强疑问的语气:这件事他可愿意? |你可曾跟他谈过这个问题?"我们认为"加强"疑问语气的说法不够确切,实际上"可"字表示一种询问的语气,用了"可"使语气显得和缓,风格上也比较文雅。在下文我们将追溯疑问副词"可"的历史踪迹,考察它初出现时的意义和用法,并探讨它怎么会专用作表示推度的疑问副词的。

2.1   可₁和可₂

2.1.1   可₁

"可"字在东汉前后就已用作疑问副词,表示反诘,相当于"岂""难道",不过并不多见。例如:

(39) 齐鲁接境,赏罚同时。设齐赏鲁罚,所致宜殊,当时可齐
　　 国温,鲁地寒乎?(论衡·寒温篇)

为指称之便,我们把这种表示反诘的疑问副词"可"叫做可$_1$。在
魏晋南北朝时期的文献里,可$_1$较前多见,但仍比较有限。例如:

(40) 赵母嫁女,女临去,敕之曰:"慎勿为好!"女曰:"不为好,
　　 可为恶邪?"母曰:"好尚不可为,其况恶乎!"(世说新
　　 语·贤媛)

此例的"可"从上下文意看,不是许可的"可",而是反诘意,犹言
"不为好,难道为恶吗?"

(41) 又宜思勤督训者,可愿苛虐于骨肉乎? 诚不得已也。
　　 (颜氏家训·教子)

"可愿",一本作"岂愿"(见王利器《颜氏家训集解》),益可证"可"
义同"岂"。

到了唐代以后,可$_1$使用得十分普遍,张相《诗词曲语辞汇释》
卷一"可(八)"条举例甚夥,蒋礼鸿《敦煌变文字义通释·释虚字》
"可、岂可"条遍举唐宋诗词、笔记及变文之例,可参看。今在张、
蒋二书之外另举三例以窥其一斑:

(42) 人人避暑走如狂,独有禅师不出房;可是禅房无热到,但
　　 能心静即身凉。(白居易,苦热题恒寂师禅室诗)

"可是"犹言"岂是,哪是"。

(43) 报朕此言,可非健人耶?(续高僧传·释法藏传)

(44) 只如佛法到此土三百余年,前王后帝,翻译经论可少那
　　 作摩!(祖堂集,5.73)

"可少那作摩"意为:难道还少吗?"作摩"即后来的"怎么",用于
句末跟反诘副词呼应,使反诘语气更为强烈。

从句子结构来看,使用可$_1$的反问句句末可以带语气词"乎、
耶(邪)",也可以不带任何语气词,仅靠可$_1$和语调米表达反诘的
意味。

可$_1$通行的时间很长，张书和蒋书举例下迄《水浒传》和《琵琶记》，实则直到今天，可$_1$仍在一些方言中使用。比如北京话表示赞同的"可不是"（意为"岂不是""怎么不是"），其中的"可"就是可$_1$的残存。

2.1.2　可$_2$

先看下面两个例子：

(45) 当日不来高处舞，可能天下有胡尘？（李商隐，华清宫诗）

(46) 堪叹故君成杜宇，可能先主是真龙？将来为报奸雄辈，莫向金牛访旧踪。（又，井络诗）

这两例均采自唐代李商隐的七言诗。例(45)的"可能"意为哪能，何至于，"可能"的"可"是反诘副词可$_1$。例(46)的"可能"意为能否，言能不能像刘先主。其中的"可"不表示反诘问，而是表达一种推度询问的语气，我们把这种语法意义的疑问副词"可"称作"可$_2$"，以区别于反诘副词可$_1$。

可$_2$最早见于唐五代的文献里，但用例较少，多出现在诗词和禅宗语录里，而且可$_2$后面的动词比较单调，多为"能"和"是"。[③]"可能"有两个意思，一为能否，能不能，一为会否，会不会，后一个意思跟"可是"相近。例如：

(47) 可能更忆相寻夜，雪满诸峰火一炉？（齐己，闻沈彬赴吴郡请辟诗）

此言能否记起那一夜。

(48) 钟陵醉别十余春，重见云英掌上身。我未成名君未嫁，可能俱是不如人？（罗隐，嘲钟陵妓云英诗）

此例"可能"犹言会否，会不会是我二人都不如人？

(49) 可能知我心无定，频哀花枝拂面啼。（吴融，山禽诗）编辑注意："哀"中之"口"改为"马"

"可能"之意犹可是，是不是。

(50) 可能舍得己身,与我充为高座?(妙法莲花经讲经文,敦
　　　煌变文集,496页)

此言能否舍身给我充当座位。

(51) 太子语曰:"此草可能惠施小许,不为爱惜?"吉安则授
　　　与,逦迤而去。(祖堂集,1.21)

以上诸例中"可能"的"可"都是表达推度询问的语气,应该视
为可$_2$。

(52) 善恶二根,可是菩提耶?(祖堂集,1.137)

此言善恶二根是不是菩提呢?

(53) 师勘东国僧,问:"汝年多少?"对曰:"七十八。"师曰:"可
　　　年七十八摩?"对曰:"是也。"(又,1.181)

"可年七十八摩?"未出现动词,应是省略了系词"是",犹言:可是
七十八岁吗?这种用法今方言中也有类似者,如安徽含山话"这
件褂子太花,可的?""可的"即"可是的"之省说。另外"可年七十
八摩?"是在东国僧答话后,师为核实其事而发问的,"可"是疑问
副词,不是通常用在数词之前表示约略的副词。值得注意的是,
例(52)(53)句末分别出现了疑问语气词"耶"和"摩",这跟句末没
有语气词,仅靠"可"和语调表达疑问语气者不同。

　　除了动词"能"和"是"之外,唐五代时可$_2$出现在其他动词之
前的例子极为少见,我们仅检得一例:

(54) 相公此行何为也? 可记得河南府解头?(唐语林·方
　　　正)

宋代文献中可$_2$也不多见,句末一般没有疑问语气词,动词也多为
"能"和"是"。例如:

(55) 朱雀航边今有此,可能摇荡武陵源?(王安石,段氏园
　　　亭诗)

此言船边有此美园亭,是不是摇到了武陵源?

(56) 造化可能偏有意,故教明月玲珑地。(李清照,渔家

傲词）

此言造化是不是特别有意。

(57) 可是忍寒诗更切，故求野路蹈琼瑶？（楼钥，踏雪诗）

(58) 可是士衡杀风景，却将膻腻比清纤？（杨万里，松江莼菜诗）

"可是"皆犹言是不是。④

(59) 杨子可曾过这里，可曾见此春风面？（方岳，白牡丹诗）

"可曾"用于询问过去之事，跟今天的用法相同。宋时偶然也有在句末加语气词"么"的：

(60) 通曰："可更吃茶么？"公曰："不必。"（五灯会元，卷18）

到了明清白话小说里，可₂大量出现，有句末带和不带疑问语气词的两种。句末语气词一般为"么"，也有少数句末加否定词"否"或"没有"，这跟唐宋时期不同。另外，清代还出现了"可 VP 不VP？"的形式，这更是以往未曾有的。以下各举一二例，以睹其概貌。

(61) 壁上文词可是秀才所作？（古今小说，卷11）

(62) 先年可曾认得这位父母？（儒林外史，4回）

(63) 大官人可用么？（古今小说，卷1）

(64) 这位相公，可就是会画没骨花的么？（儒林外史，1回）

(65) 贵县大市街有个蒋兴哥家，罗兄可认得否？（古今小说，卷1）

(66) 不知可赐光谬领否？（红楼梦，16回）

(67) 十五的月例香供银子可得了没有？（又，7回）

(68) 你先说，他到底可是你的仇家不是你的仇家？（儿女英雄传，18回）

下表是对明清四部白话小说做抽样调查的结果，大体可反映可₂在这一时期的使用情况。

	卷/回	可 VP?	可 VP 么?	可 VP 否/没有?	可 VP 不 VP?
古今小说	1－20	9	13	2	0
红楼梦	6－25	9	5	4	6
儒林外史	1－20	52	5	0	0
儿女英雄传	1－20	12	8	1	7

从表中可以看出"可 VP 不 VP?"式是北京话所特有的,用江淮官话写的小说里不用。

2.2 "岂"和"宁"

上面介绍了"可"作反诘副词(可₁)和推度副词(可₂)的两种用法,可₁出现在前(东汉),可₂出现于后(唐代)。下面再来看看比"可"出现更早的同样既作反诘副词又作推度副词的两个虚词——"岂"和"宁"。通过跟"岂"和"宁"的比较,可以看出可₂的出现决非偶然。

2.2.1 岂₁和岂₂

"岂"(另有"讵"),在反问句中作反诘副词(下称岂₁),自先秦沿用至今,可谓源远而流长,无须举例说明。与此同时,"岂"也能表示推度询问,多与句末语气词"耶、乎"相呼应(下称岂₂)。岂₂的用法消失较早,今天已鲜为人注意。《词诠》收有此义,所举为先秦两汉古书中的例子,今补以魏晋南北朝用例,以说明岂₂确曾流行过。先看"岂₂ VP 乎/耶"的例子:

(69) 诸葛孔明者,卧龙也,将军岂愿见之乎?（三国志·蜀志·诸葛亮传,卷 35）

(70) 卿归,岂能为我说此耶?（搜神后记,卷 4）

(71) 即如所言,君之幼时,岂实慧乎?（世说新语·言语注引《融别传》）

(72) 逯曰:"岂欲仕乎?"侃曰:"有仕郡意。"（又,贤媛注引《晋

　　阳秋》)

下面是"岂₂VP?",即句末不带语气词的例子:

(73) 王公治何似? 讵是所长? (又,政事注引《殷羡言行》)

(74) 商仲堪在丹徒梦一人曰:"君有济物之心,岂能移我在高燥处? 则恩及枯骨矣。"(异苑,卷7)

(75) 此带殊好,岂能见与之? (述异记,古小说钩沉)

岂₂也能用在古代反复问句"VP 不?"式中,但远不如上举是非问句多见:

(76) 乡里人择药,有发简而得此药者,足下岂识之不? (王羲之杂帖,全晋文,卷25)

(77) 折杨柳,寒衣履薄冰,欢讵知侬否? (月节折杨柳歌,乐府诗集,卷49)

(78) 子良因曰:"鄙塞尘陋,岂得知此不? 韩侯是谁?"(周氏冥通记,卷2)

2.2.2　宁₁和宁₂

　　疑问副词"宁"跟"岂"大体一样,早在先秦就表示反诘(下称宁₁),到了汉代又出现了表示推度询问的用法(下称宁₂)。一般讲虚词的书只注意到"宁"做反诘副词的用法,而很少注意到它同时又可以表示推度询问,唯杨树达《词诠》两皆论及。宁₁较常见,仅举二例以证其与表示反诘的岂₁义同:

(79) 徐答曰:"岂以五男易一女?"(世说新语·言语;刘孝标注引《晋阳秋》作:"广曰:'宁以一女而易五男?'")

(80) 汝痴耳! 帝岂复忆汝乳哺时恩邪! (又,规箴;刘注引《史记·滑稽传》作:"陛下已壮矣,宁尚须乳母活邪!")

以上二例中,"岂"与"宁"为异文,可证"宁"(宁₁)与"岂"(岂₁)义同。

　　表示推度的宁₂自汉代文献始见,在六朝口语成分较多的文献里也可看到,多用在"VP 不"式反复问句里,跟岂₂多用于是非问句的情况大体相反。例如：

(81) 皇天宁有神不？我为何罪，而当如此！(幽明录,古小说
钩沉)

(82) 后日王问长生："汝宁便习兵法不?"对曰："实便习
之。"……后日王问长生："汝宁好猎不?"对曰："臣少好
猎。"……王问群臣："卿等宁识长寿王子长生不?"(长
寿王经,大正藏,卷3)

(83) 太子今出,宁有乐不？(过去现在因果经,大正藏,卷3)

(84) 使君谢罗敷："宁可共载否?"(陌上桑,乐府诗集,卷28)

下面一例是宁$_2$用在是非问句的例子：

(85) (众比丘)心俱念言："入城甚早,我曹宁可俱到异学梵志
讲堂坐须臾乎?"(六度集经,第八十九,镜面王经)

由上可知"可"与"岂""宁"有着大致相同的语法功能,从对"岂"和
"宁"的考察,不难弄清可$_2$产生的原因。

2.3　可$_2$产生的原因

下表所反映的是疑问副词"可"跟"岂"和"宁"在意义和用法
上的比较((＋)表示较少见)：

	反诘			推度			
	始见时代	F_{VP}	F_{VP}乎	始见时代	F_{VP}	F_{VP}乎	F_{VP}不
岂	先秦	＋	＋	先秦	＋	＋	＋
宁	先秦	(＋)	＋	汉	(＋)	＋	＋
可	东汉	＋	＋	唐	＋	＋	(＋)

从这个表可以清楚地看出可$_2$的产生跟"岂"和"宁"的密切关
系。即：

(一) 疑问副词"可"在出现早期跟"岂"和"宁"有着几乎完全
相同的语法意义和用法。"可"既表反诘又表推度,跟"岂"和"宁"

是同一类语法现象,是受了"岂"和"宁"的类化。

(二)"宁"与"可"都是表示反诘在先,表示推度在后,也就是说,作推度副词的用法是从作反诘副词的用法引申而来的。其引申的理据是:反诘是用疑问的形式表示否定,疑问是虚,否定为实,当这种疑问形式不表示否定时,疑问就成了真性的,这样就由反诘引申为推度。可$_2$正是循着这一义理而产生的。

(三)"岂、宁、可"这三个意义和用法几乎完全相同的疑问副词不可能长久不变地并存下去,因为语言的经济原则要求分工明确,避免重复。其结果,"宁"逐渐被淘汰,"岂"由兼任反诘与推度而向专司反诘之职发展,"可"则经历了专表反诘→兼表反诘与推度→主要表示推度和中性询问的演变过程,最后形成了今天分工明确、互不干扰的合理分布。

2.4 "可"(兼及"敢、颇")用作疑问副词的原因

"可"本是个助动词,用在动词前面表示能,何以会用作疑问副词的呢? 这个问题目前尚未见人论及,这里的意见也只是初探性质的。

2.4.1 "敢"

现代汉语方言里另有一个疑问副词"敢",山西、陕西等北方方言里使用。如"你敢不知道?""我敢说你来?"其中的"敢"犹岂$_1$,表示反诘的意味。我们正是从"敢"得到启发,从助动词与反诘表达的关系来考虑这个问题的。

"敢"是个助动词,有"可、能、会"等义。早在上古,当"敢"出现在反问句时,就相当于"岂敢",如《左传·昭公十二年》:"周不爱鼎,郑敢爱田?"此句在《史记·楚世家》里作"郑安敢爱田?"(引自徐仁甫《广释词》)可见"敢"为"安敢""岂敢"义。汉魏六朝时期此种用法仍在沿续,如《古诗为焦仲卿妻作》:"奉事循公姥,进止敢自专?"谢朓《赋贫民田》:"曾是共治情,敢忘恤贫病?"其中"敢"字皆为"岂敢"义。乃至又有"敢"与"岂"互文对举之例,如何逊

《赠族人秣陵兄弟》:"齐人敢为俗,蜀物岂随身?"此类例子徐书所举甚多,可参看。我们认为助动词"敢"虚化为疑问副词是在反问句这种语境中形成的,即:(ⅰ)助动词"敢"位于动词之前,其位置与疑问副词相当;(ⅱ)在反问句中,"敢"的语义与它原来的意义正相反,犹"不敢",用疑问形式表现就是"安敢""岂敢"。由于这种句式的惯用,便使"敢"沾带上了反诘副词的意味,进而虚化为一个疑问副词。"敢"做疑问副词,最初以及多数场合下都表反诘,但如同既有岂₁、宁₁、可₁(表反诘)有岂₂、宁₂、可₂(表推度或中性询问)一样,"敢"也有中性询问的用法,虽然比较少见。我们找到的较早例子是北宋词人柳永的《锦堂春》词:"待伊要,尤云雨,缠绣衾,不与同欢,尽更深,款款问伊:今后敢更无端?"(全宋词一册 29 页)弄清"敢"虚化为疑问副词的路径之后,"可"用作疑问副词的原因可以说就迎刃而解了。

2.4.2 "可"

"可"与"敢"词性一致,同为助动词,二者词义也有相同之处。如《诗·唐风·扬之水》"我闻有命,不敢以告人",《荀子·臣道》引《诗》作"国有大命,不可以告人"(引自徐书),可证"敢""可"义通。张相《诗词曲语辞汇释》卷一举"敢"义为"可"之例甚多,可参看。根据类化或同步引申的规律可以推断:"可"也是沿着与"敢"类似的途径演变为疑问副词的。例如《搜神记》卷一:"阿母所生,遣授配君,可不敬从?""可不敬从"意为"岂可不敬从"。这种句式的惯用,使得"可"逐渐沾带上反诘的意味,进而虚化为疑问副词。蒋礼鸿《敦煌变文字义通释·释虚字》里举了许多"岂可"同义连用的例子,可参看。总之,我们是从反问句这一语境对助动词语义的影响来解释"可""敢"用作疑问副词的原因的。也就是说,"岂、宁"为一系统,"敢、可"为另一系统(下一节将谈到"为"和"还"是一系统)。

2.4.3 "颇"

如果我们对于"可"作疑辞的原因的推测大致不误的话,那么离解决"颇"的问题就只差一步之遥了。

如上所说，助动词"可"用在反问句时，"可"义相当于"岂可"或"岂"。这里另要指出的是，与此相对，当"可"用在非真性反问句时，"可"义相当于"不可"。三国（魏）应璩《百一诗》："子弟可不慎，慎在选师友。"又《杂诗》："细微可不慎，堤溃自蚁穴。""可"字单用也有"不可"义，如晋代傅玄《朝时篇怨歌行》："已尔可奈何，譬如纨素裂。"以上"可不慎"义皆为"不可不慎"，"可奈何"义犹"不可奈何"（即无奈何），是知"可"义为"不可"。"可"既有"可"（能）义，又有"不可"义，犹如一个反训词。"不可"之合音为"叵"，"叵"又通借为"颇"，上举"可奈何"即"叵奈（何）""颇奈（何）"，"可、叵"义同，"叵、颇"音同。至此可以推断疑辞"颇"实即"叵"，它来自"不可"义的"可"，即：

表示反诘的"可"（即可$_1$）一直沿用下来，而表示推度问的"颇（叵）"（即可$_2$）到中晚唐时逐渐被它的母词"可"所替代。换句话说，可$_2$虽然到晚唐五代时候才出现，但它的异体前身"颇（叵）"早在汉魏六朝时候已经出现。用简表表示就是：

	汉魏六朝	晚唐五代
反诘（可$_1$）	可	可
推度问（可$_2$）	颇（叵）	可

由上看来，反训词"可"不仅有相反的意义（可与不可），同时也有相反的字形（可与叵），此外一度还有相反的语法功能（可——反问，不可（叵）——正问），这是十分有趣的语言现象。

2.5　汉语方言疑问副词"克""格""阿"的来源

现代汉语某些方言里与可₂相当的疑问副词在读音和用字上多不相同,苏州话用"阿"[ə?](耐阿晓得?),合肥话用"克"[k'e?](或读[k'ə?]你克相信?),昆明话用"格"[kə](你格认得?)⑤我们认为,这几个疑问副词都是"可"的变体。

2.5.1　"克"与"格"

"可"本为上声字,怎么会变成入声的"克"呢? 这是方言里的舒声促化现象引起的。所谓舒声促化现象,是指舒声字由轻读弱化变促而与入声相混的现象,尤以入声带喉塞韵尾—?的晋语、吴语和江淮话最为发达。据郑张尚芳等同志的考察,经常读成轻声的音节易有弱化现象,表现为音节长度缩短,使原有的声调特征消失而中性化,在有入声的方言中就容易跟音节短促的入声相混。虚词的意义最虚,在口语中经常处于轻读的位置,所以一般来说,虚词发生促化的现象更为多见。⑥合肥话属江淮方言,至今仍保留着入声—?尾,疑问副词"可"经常轻读,所以有着促化为[k'ə?]的条件。与此类同,在入声带—?尾的晋语地区也有许多地方"可"读[k'ə?],如忻州、太原、太谷、文水、孝义等地。所以如果把合肥话里的疑问副词"克"[k'ə?]看作是"可"的促化,应该是可信的。

至于昆明话里的疑问副词"格"[kə],也应是"可"的音变。合肥话里"克"[k'—]一读[k—],正可以用来说明昆明话把"可"[k'—]读为"格"[k—]的音理。由于昆明话里入声韵尾已消失,所以"可"就音变为非入声不送气的"格"。

2.5.2　"阿"

关于苏州话里疑问副词"阿"的来源,情况比较复杂,但仍可能是"可"的音变。以下从声调、韵母、声母三方面讨论。

声调　"阿",《广韵》里为平声字,苏州话为入声字;此外在常州、温州、绍兴以及广东韶关话里也都读入声。这正是上面谈到的舒声促化现象的反映。"可",《广韵》里是上声字,本与"阿"声调不同,但由于"可"也促化为入声,就跟也促化为入声的"阿"同调了。

韵母　"阿"从"可"得声,其韵母应同。

声母　"可"为溪母字[k'—],"阿"为影母字,本不相同;但以"可"为声符的形声字有的是见母字(柯,古俄切),有的是溪母字(轲,苦何切),有的是匣母字(何、苛,胡歌切),有的是晓母字(诃、呵,虎何切),有的是影母字(阿,乌何切),也就是说,从"可"得声的字其声母可以是见[k—]、溪[k'—]、晓[x—]、匣[ɣ—]、影(零声母)等喉牙音。由于在广州话里"可""考"等溪母字读如晓母,故此使我们联想:从"可"得声的喉牙音字在一定条件下声母可以通转;用作疑问词的"可"(假定在有的方言里其声母读如广州话的[x—])在促化为入声字的过程中,由于轻读弱化,声母浊化为[ɣ—],或者进一步失落了声母,于是就音变为[aʔ—](阿)。苏州话里的疑问副词"阿"很可能就是这么变来的。这一推测目前还是粗线条的,还需要另有例子来佐证,但我们相信这一思路大致是不错的。

3. 还(兼及"为")

"还"字充当疑问副词,最迟不晚于晚唐五代,其语法意义跟今语"可"相当。"还"最常用于"VP 不?"式反复问句,同时也可以用在是非问句和特指问句中。这里除了考察"还"的各种用法和语法意义之外,还想着重探讨一下"还"充当疑问副词的由来。[⑦]

3.1　"还"的用法和意义

3.1.1　还 VP(已/也)不?

晚唐五代时候的反复问句除了"VP 不?"式之外,又产生了两种变体,即"VP 已不/否?"("已"字又通作"以")和"VP 也无?"例如:

(86)吴王曰:"万兵不少以不?"(伍子胥变文,敦煌变文集,第19 页)

（87）更问少多，许之已否？（庐山远公话，又，第 188 页）

（88）既是巡营，有号也无？（汉将王陵变，又，第 38 页）

在《祖堂集》里，"VP 已不？"式较少见，大量的是"VP 也无？"式，这跟变文里的情况正相反。疑问副词"还"可以用在上举各种类型的反复问句中，例如：

（89）"汝还识此人不？"对曰："不识。"（祖堂集，2.57）

（90）和尚还曾佛法与人不？（又，2.58）

（91）如今者若见远公，还相识已否？（庐山远公话，敦煌变文集，第 190 页）

（92）公还颂《金刚经》以否？（又，第 186 页）

（93）有个爷年非八十，汝还知也无？（祖堂集，2.12）

（94）师云："草还青也无？"对曰："青也。"师云："牛还吃也无？"僧无对。（又，2.122）

（95）酒场是太后教令，问你还有耳也无？（鉴诚录，卷 1，"戏判作"）

在以上诸例中，"还"都不是表示"重又"义的副词，而是表示推度疑问的副词。

3.1.2　"还 VP？"和"还 VP 摩？"

"还 VP？"格式的"VP"很可能是"VP 不？"式省去句末的"不/否"而成，因此有人仍把它看作反复问句。但是从形式上看，只能把它归为是非问句。因为"VP 不？"句末的"不"的称代性逐渐虚化，以至发展到徒有疑问语气而不起称代作用。这种"不"虚化的结果，一是使"VP 不？"式可以省去"不"字，仅靠前面的疑问副词和整个句调来传疑，这就是"还 VP？"式产生的原因；二是使"VP 不？"后的"不"字变成为实质上的疑问语气词，《祖堂集》里的疑问语气词"摩"就是从"不→无→摩"而来，这就是"还 VP 摩？"式产生的由来。

"还 VP？"式的例子不多见：

（96）问言诸将："还识此阵？"（韩擒虎话本，敦煌变文集，

201 页)

(97) 我这里无人对,众中还有新来达士出来与老僧掇送?
(祖堂集,3.9)

"还 VP 摩?"式在《祖堂集》里常见:

(99) 空中有一人说法,声振梵天,诸人还闻摩?(祖堂集,3.
24)

(99) 六祖见僧竖起拂子云:"还见摩?"对云:"见。"(又,1.98)

(100) 师云:"明明是龙不带鳞,明明是牛不戴角,还会摩?"对
云:"不会。"(又,3.19;会:懂、晓得也)

3.1.3 "还"用于特指问句

疑问副词"还"用于特指问句在唐五代十分少见,我们仅检得
二例:

(101) 远公还在何处? 远公常随白庄逢州打州,逢县打县。
(庐山远公话,敦煌变集,174 页)

(102)(夫人)启相公曰:"只如相公数年,于福光寺内听道安
上人讲《涅槃经》,还听得何法?"(又,178 页)

"还在何处?"犹言"到底在什么地方?""还听得何法?"意为"究竟
听了什么佛法?"袁宾(1989)最早指出"还"的这一用法,他说这种
用法的"还"可加重疑问语气,含有进一步追究的意味,此说甚中
肯綮。盖因"还"义为"复",为"又",隐含递进义,故用作疑问副词
时有追究的意味。"还"用于特指问的用法一直沿续到明清时代
(详见 3.4 节)。

3.1.4 "还"作选择问副词

梅祖麟(1978)指出"还"字最初用作选择问记号是在《祖堂
集》里,不过例子很少:

(103) 古人还扶入门,不扶入门?(3.84)

(104) 秀才唯独一身,还别有眷属不?(4.74)

(105) 祖意与教意还同别?(5.106)

我们把这种用法的"还"称作疑问副词,而不称为选择问连词,是从当时"还"在多种疑问句中充当疑问副词的功能考虑的,而且就以上面三例来看,与其把"还"分析为连词,还不如把它看作疑问副词更符合句子的实际,因为这个时期选择问句中的"还"跟现代汉语"你吃米饭还是吃面条?"中的"还是"语法意义不同。

3.1.5 "还"替代"为"的性质

梅文认为"还 VP 也无?"这种句型的来源可以追溯到五六世纪以"为"作疑问副词的"为 VP 不?"一型,即"还 VP 也无?"的来源是"为知邪,不知邪?"由于省略或紧缩变成了"为知邪不?",后来"邪"换成了"也","不"换成了"无","为"换成了"还",就变成"还知也无?"(见梅文 4.2 节)这一看法是很有见地的。此外,梅文还认为"还"字替代"为"字是由于这两个词都有"如其"义(假设词),这一点我们有不同看法,现陈述于下。

3.2　疑问副词"为"

魏晋南北朝时期盛用的疑问副词"为"可以用在多种问句中,如"VP 不"式反复问句,句末带疑问语气词"耶/邪"的是非问句,以及选择问句。下面就按这三种问句分别举例说明。

3.2.1　为 VP(与/尔)不?

(106) 许允为吏部郎,多用其乡里。……帝核问之。允对曰:"'举尔所知',臣之乡人,臣所知也,陛下检校,为称职与不? 若不称职,臣受其罪。"(世说新语·贤媛)

(107) 阁上人曰:"闻鱼龙超修精进,为信尔不? 何所修行?"(幽明录,古小说钩沉)

(108) 世光与信于家去时,其六岁儿见之,指语祖母曰:"阿爷飞上天,婆为见不?"(冥祥记,同上)

(109) 里间小人无爵秩者,为应得事佛与不?(高僧传,竺佛图澄,卷 10)

以上诸例的"为"显非系动词,如"为信尔不?"是询问确实不确实,犹言"可确实?""婆为见不?"犹言"阿婆可看见了?""为"在句中起助疑的作用,含有推度的语气,用"为"比不用"为"语气显得委婉、和缓。"为"跟前面讨论过的"颇、可、还"的语法意义相同。"为VP与/尔不?"应是"还VP以/也不?"式的前身。

3.2.2　为VP耶/邪?

(110)我为不如吉耶? 而先趋附之。(搜神记,卷1)

(111)向人前呼其父字,为是礼邪?(殷芸小说)

此二例"为"用如反诘副词,"我为不如吉耶?"犹言"我岂不如吉吗?""为是礼邪?"犹言"岂是礼邪?"

(112)晋明帝解占塚宅,闻郭璞为人葬,帝微服往看。……主人曰:"郭云此葬龙耳,不出三年,当致天子。"帝问:"为是出天子邪?"答曰:"非出天子,能致天子问耳。"(世说新语·术解)

(113)酒至,对杯不饮,云有茱萸气。协曰:"为恶之耶?"(冥祥记,古小说钩沉)

此二例的"为"表达推度询问的语气,"为VP耶/邪?"跟"还VP摩?"相当。

2.2.3　"为"用于选择问句,这方面的例子梅文所举甚多,此处仅举二例以窥其大概。

(114)夫得道者,为在家得,为出家得乎?(杂宝藏经,大正藏,卷4)

(115)不知孚为琼之别名,为别有伍孚也?(三国志·魏书·董二袁刘传裴注,卷6)

例(114)两个分句前皆用"为",例(115)仅后一分句用"为"。

3.3　"还"何以能替代"为"

由上可知,"还"和"为"有着几乎完全相同的语法意义和用法,特别是它们都能用在选择问句中。"为"主要在魏晋南北朝时期使用,到了唐代就不大见到了;而"还"大约出现在晚唐,二者在时间上又相接续,因此推测"还"替代了"为"是有道理的,问题是"还"为什么能替代"为"。梅先生认为"还"替代"为"有可能是同一个语词(两种不同的读法和写法)的替代,其理由是:"为"在南北朝时期不但用作"如其",也作选择问记号;"还"在唐宋时期也不但用作"如其",也作选择问记号。但是由于语音上的证据尚不充足,梅先生也未作定论。

我们对于上说有怀疑,除了语音上难以讲通外,还在于"还"作"如其"讲唐代的例子很少见,宋代才较为普遍,而"还"作选择问记号唐五代已多见,时间上衔接得不紧。我们认为,"为"作选择问记号不是直接来自它的"如其"义,而是来自它的"抑或"义。具体说,上古选择问的关联词"将、且、抑、其"之属皆为"抑或"义,表示在或为此,或为彼的两种情况中进行推测选择。南北朝时期的选择问记号"为"本来是系动词,由于它经常出现在选择问句这一语境中表示不确定的判断,于是就引申出"或是"的意义。"或"在意义上跟"又、复"相通,"为"由此又引申出"又、复"之义,这样"为"就跟"还"有了共同的义项,从而为"还"替代"为"提供了先决条件。

以下略作论证。先举例说明"或"与"又、复"意义相通,如:

(116)既立之监,或佐之史。(诗·小雅·宾之初筵)

"或佐之史"的"或"跟"既"相呼应,应是"又"义。

(117)今吴不如过,而越大于小康,或将丰之,不亦难乎!(左传·哀公元年)

"过""小康"皆国名。"或将丰之"句,《史记·吴世家》作"又将宽之",可证"或"有"又、复"义。

其次举例说明"为"有"又、复、仍、尚"之义。

(118)谢安谓裴启云:"乃可不恶,何得为复饮酒!"(裴子语林,古小说钩沉;此条《世说新语·轻诋》亦引)

"乃可"句意为:你身体才好一点,怎么又喝起酒来!"为复"是同义词连用,"为"义同"复"。

(119) 荀介子为荆州刺史,荀妇大妒。……有桓客者,时为中
　　　兵参军,来诣荀咨事。论事已讫,为复作余语。桓时年
　　　少,殊有姿容。荀妇在屏风里便语桓云:"桓参军,君知
　　　作人不？论事已讫,何以不去?"(俗说,同上)

"为复作余语"意为还说些其他的话。"为复"也是同义词连用。

(120) (许玄度出都,刘真长)九日十一诣之。许语曰:"卿为
　　　不去,家将成轻薄京尹。(裴子语林,同上)

此条《世说新语·宠礼》4 注引《语林》曰:"玄度出都,真长九日十
一诣之。曰:'卿尚不去,使我成薄德二千石。'""尚"是"为"的异
文,可证"为"有"尚、还"之义。

"为"也能用于特指问句中,含有追究的意味,这一用法也跟
"还"相当,例如:

(121) 我向来逢见数人担谷从门出,若不粜者,为是何事!
　　　　　　　　　　　　　　　　　　　　　　(幽明录)

此言:如果不是粜米又是什么!("何事"此处是疑问代词,不是名
词短语)

总之,"为"由系动词"是→或是→又、复";"还"作副词也是
"又、复"义,六朝时已盛用,不烦举例。因此可以说,"还"替代
"为"是同义词的替代。

3.4 五代时候始作选择问记号的"还",后来以复词"还是"的
形式一直沿用至今,而用作疑问副词的"还"其黄金时代是在五代和
宋,元代以后就很少使用了。《朱子语类》里多为"还 VP 否?"式:

(122) 此还是仁之体否?(朱子语类,卷 6)

(123) 安,然后能虑,今人心中摇漾不定叠,还能处得事否?
　　　　　　　　　　　　　　　　　　　　　　(又,卷 14)

(124) 又问:"真知者,还当真知人欲是不好物事否?"(又,13.
　　　4;"还当"仿"为当"而来,"当"为语助)

到了明清小说里,仍能看到"还"作疑问副词的各种用法,例如:

（125）翠翘对终公差道："今日还见得成么?"终公差道："这个早晚见得的。"（金云翘,卷6）

（126）这妮子弄来了,还是怎么施行? （又,卷14）

"还是怎么施行?"犹言"倒是怎么处置?""还是"表示追究。

在《红楼梦》里,表示推度询问时用"可"不用"还",但表示反诘时却偶或用"还"。例如:

（127）你们看,我还是那容不下人的?（红楼梦,39回）

（128）不么,昨儿大舅太爷没了,你瞧他是个兄弟,他还出了头儿,揽了个事儿吗? （又,101回）

清代陈森（道光年间人）的《品花宝鉴》里"还"也用作反诘副词,例如:

（129）庾香,此二君何如? 你看他们的相貌才艺,你评评,还是我说谎的么?（品花宝鉴,9回）

"还"的这一用法仍保存在现代汉语里,《现代汉语八百词》收录了这一用法,举例为: 我们吃这种人的亏还少吗? │这还能假! 《八百词》的编者不把这种"还"看作表示重复的副词,而是看作反诘副词,是很高明的。由此看来,疑问副词"还"自晚唐五代一直沿用至今⑧,只是现在"还"的语法意义稍有变化,由测度询问转为反诘。

3.5 今人见面或写信时问候云："最近还好吗?"对方答云："还好。"显然这里的"还"相当于"尚",表示抑的语气。但是,我们认为这种用法的"还"最初是推度副词,相当于"可",只不过后来变化为表示抑的语气了。这种变化是重新分析的结果,即"还"早期既可作一般副词（义犹"仍、尚"）,又可以作疑问副词,而且这两种语法意义的"还"用在是非问句里都讲得通。这样,"还VP么?"句式就产生了歧义。比方说"还好吗?"既可理解为"尚好吗?"又可理解为"可好吗?"由于表示推度询问的"还"在现代已基本消亡,所以其位置就让给了表示抑的语气的副词"还"了。

综上所述,带有"还"的疑问句在其历史发展过程中,先后经历了两次重新分析。第一次是从"还 VP 不？"反复问句变为"还VP（么）？"是非问句，引起了句子结构的变化。这是由于反复问句"VP 不？"句尾的"不"失去了称代性，虚化为纯表疑问的语气词而造成的。第二次是在"还 VP（么）？"是非问句内部，由于"还"有歧义而引起的。这一次重新分析的性质只是副词"还"由表疑问变为表示抑的语气。

小结

以上我们讨论了"颇、可、还"三个疑问副词，并附带谈到了与"可"有关的"岂"和"宁"，与"还"有关的"为"。在下面的简表里，我们把"颇、可、为、还"四个疑问副词的概况作一归纳，以便从纵横两方进行比较。

词\功能\朝代	颇			可			为			还		
	反诘	推度	选择问	反诘	推度	选择问	反诘	推度	选择问	反诘	推度	选择问
六　朝	－	＋	－	＋	－	－	＋	＋	＋	－	－	－
唐五代	－	＋	－	＋	＋	－	－	－	－	－	＋	＋
宋　元	－	（＋）	－	＋	－	－	－	－	－	－	＋	＋
明　清	－	－	－	（＋）	＋	－	－	－	－	＋	（＋）	＋

可以看出，"颇"与"可"在六朝推度问和历代反诘问中呈互补状，"为"和"还"的功能也大体呈互补状。

4. 附论"莫"

"莫"是个表示测度的疑问副词，跟现代汉语里的"莫非、莫不是"意义相同，而且有渊源关系。这个词在唐宋时期使用得比较多，但由于它在用字上跟表示禁止的"莫"相同，在音节上跟今天带否定词"非"或"不"的"莫非、莫不是"很不相同,所以后来的人不容易联想到它们之间有直接的关系,因而也搞不清它的确切意义和用法,清人俞正燮等关于《宋史·岳飞传》中"莫须有"一词的误解就可见一斑。⑨近人余嘉锡先生《读已见书斋随笔》和吕叔湘先生《语法札记》最早对"莫须有"一词做出正确的解释。余氏云:"莫须有者,即恐当有之义也。"吕先生云:"莫须就是现在的恐怕或别是之意。"⑩皆释"莫须"为测度疑问之词,使读者茅塞顿开。为了更准确地把握这个词的语义和用法,下面再对其来龙去脉做一些调查。

4.1 测度疑问副词"莫"唐以前用例

(130) 文,莫吾犹人也?(论语·述而;朱熹集注云:"莫,疑辞。")

(131)(柏矩)至齐,见辜人焉。……号天而哭之,曰:"子乎,子乎,天子有大灾,子独先离之。"曰:"莫为盗?莫为杀人?"(庄子·则阳)

(132) 阳不克,莫将积聚也?(左传·昭公24年)

但是这种用法的"莫"字在先秦文献中很少见,直到唐以前一直保持着这种十分罕见的状况,就是在六朝小说中也只偶或用之:

(133)(石长和被误传往地府)阁上人曰:"闻鱼龙超修精进,为信尔不?何所修行?"阁上人曰:"所传莫妄?"(幽明录,古小说钩沉)

"所传莫妄"意为:恐怕传错了吧?吕先生《语法札记·莫须有》(《语文杂记本》)一文中引稗海本《搜神记》(即中华书局《搜神后记》本所收)中出现"莫要"(一例)"莫是"(二例)作为南北朝时代的用例,对此材料我们有不同的看法。据考证,稗海本《搜神记》很可能不是魏晋南北朝人所作,比如唐宋各种类书中称引干宝《搜神记》之处很多,但一条也未见收于稗海本,而且稗海本中有些地名、官名以及人物也非晋时所有。从语言角度来看,稗海本

《搜神记》中有不少语法成分是唐以后的文献中才出现的,因而慎重起见,不宜把稗海本《搜神记》作为南北朝时期的资料使用。①

4.2 "莫"系词的形式

如上所说,测度疑问副词"莫"在唐以前只有零星用例,它的大量出现是在中唐以后,除了单用的"莫"之外,又出现了"莫应、莫须、莫是"等连用形式,同时也出现了"莫非、莫不是、莫不"等否定形式。下面分别举例说明。

A. 莫

(134)辽阳在何处? 莫望寄征袍?(崔道融:春归诗)

(135)莫朕无天分? 一任上殿,标寡人首,送与西楚霸王亦得。(汉将王陵变,敦煌变文集36页)

(136)皇后上(尚)自贮颜,寡人饮了也莫端正?(韩擒虎话本,又197页)

以上三例句尾无疑问语气词,靠"莫"和语调表示测度语气。

(137)夫人莫先疾病否?(叶净能诗,又217页)

(138)石又奏咸阳令韩咸请开兴成渠,……上曰:"莫有阴阳拘忌否? 苟利于人,朕无所虑也。"(旧唐书·李石传)

以上二例,"莫"用在反复问句"VP 否"前面,很像"颇 VP 否""可 VP 否"。但是,"莫"跟疑问副词"颇、可"的语法意义是不同的,"颇"与"可"用于真性询问,即实有不知而问;而"莫"主要表示测度疑问,实际是表示一种不确定的肯定。不过,偶尔也有"莫"用如"颇、可"的例子:

(139)项羽遂乃高喝:"帐前莫有当直使者无?"(汉将王陵变,敦煌变文集37页)

此例意为:项羽高声喝问:"帐前可有值班的人?"

B. 莫是

"莫是"出现较晚,约在晚唐五代,宋代比较常见。

(140)云何弥勒得授记乎? 又莫是无生得授记也?(维摩诘

经讲经文,又598页)

(141) 龙山行乐,风光政要人酬酢;欲赋归来,莫是渊明错?
　　（戴复古:醉落词・九日吴胜之运使黄鹤山登高)

C. 莫应/应莫

"应"也是推度之词,"莫"与之连用,构成双音节副词。这样,不但在音节上显得稳定,也便于跟禁止词"莫"在形式上区分开来,故唐宋时候比较常见。

(142) 昨夜频梦见,夫婿莫应知?（王諲:闺情诗)

(143) 殿上索朕拜舞者应莫不是人?（唐太宗入冥记,敦煌变文集209页)

D. 莫须

唐诗"莫须"尚少见,且似尚未凝固为一词,"须"仍为动词:

(144) 闻上谓宰臣曰:"有谏官疏,来年御含元殿事如何? 莫须罢否?"（因话录卷1)

到了宋代,"莫须"已凝固为一个测度疑问之词,不必分开理解了。下举著名的"三字狱"为例:

(145) 狱之将上也,韩世忠不平,诣桧诘其实。桧曰:"飞子云与张宪书虽不明,其事体莫须有。"世忠曰:"莫须有三字何以服天下?"（宋史・岳飞传,卷365)

E. 莫不是/不是莫

"莫"后带否定词的用法唐时已见,但并不普遍,我们只寻得有数的几例:

(146) 公曰:"诸葛所止,令兵士独种蔓菁者何?"绚曰:"莫不是取其才出田者生啖,一也;叶舒可煮食,二也……"
　　（刘宾客嘉话录上)

(147) 我无儿子出家,不是莫错?（大目乾连冥间救母变文,敦煌变文集733页)

"不是"也可以表示测度疑问,故"莫不是"和"不是莫"都应分析为

"莫"与"不是"的叠用。这种叠用开始是为了加强测度语气,到后来"莫不是"凝固为一个词,而"不是莫"没能沿用下来。

F. 莫非

"莫非"在晚唐五代文献中始见,使用也不普遍,仅举一例:

> (148) 孩童虽生宫内,以世绝伦,莫非鬼魅妖神? 莫是化生菩萨?(太子成道经,敦煌变文集 322 页)

G. 莫不

在稗海本《搜神记》里有"莫不"之例,如前所说,这个本子的《搜神记》写于什么时代尚有疑问,我们倾向于把它看作晚唐五代或北宋的作品。

> (149) (虢君太子已夭七日)鹊闻之,请入而吊。吊讫出门,知太子有命,语左右曰:"太子莫不要却生否?"(卷1"扁鹊"条)

"莫不"连用作测度疑问副词,是元明时期才普遍使用的:

> (150) 你个馋穷酸俫没意儿,卖弄你有家私,莫不图谋你东西来到此?(西厢记三本之一折)

> (151) 客人莫不会使枪棒?(水浒传 24 回)

例(151)中的"莫不"是表示反问的。值得注意的是,不能把元明时候的"莫不"看成是唐代已出现的"莫不是"中的"莫不",因为唐代的"莫不是"应分析为"莫+不是",而非"莫不+是"。

由上可知,测度疑问副词"莫"在历史上有肯定形式:莫、莫是、莫应、莫须;同时又有否定形式:莫不是、莫非、莫不。但是在现代汉语里,其肯定式无一保存下来,只留下否定式中的"莫不是"和"莫非"。

结语

上古、中古及近代汉语期间出现的疑问副词"岂、可、颇、宁、为、还、莫"等的语法意义和句法功能多有重叠甚至完全类同,违背了语言的经济原则。这组词在长期竞争过程中逐渐形成分工明确、相互补充的格局,即"宁、颇、为"被淘汰,"岂"由兼任反诘与推度而向专司反诘之职发展,"可"经历了专表反诘→兼表反诘与推度→主要表示推度和中性询问的发展过程,"还(是)"主要用于选择问句,"莫"系词以否定式延续表示推度询问语气。

附注

① 见吕叔湘《中国文法要略》第十四章,第十六章。商务印书馆,1982 年。

② 日本汉学家吉川幸次郎在《六朝助字小记》中最早注意到这种用法的"颇"字。见《中国散文论》,筑摩书房,1966 年再版。

③ "可煞"一词张相释作"可是",为疑辞,如李清照《鹧鸪天》词桂花:"骚人可煞无情思,何事当年不见收?"王之道《南乡子》词赋雪:"雅兴佳人回舞袂,相宜,试比冰肌,可煞肥?"但我们怀疑此类"可煞"本是甚辞,表示程度之深。"可""煞"皆有"多、甚"义,是同义连用。又有"可煞是"为词的,似可证"可煞"为甚辞,故本文未将此词看作疑辞。

④ "可是"连用在元杂剧中有时充当选择问句连词,相当于现代汉语的选择问连词"还是",有两个分句都用"可是"的,也有只在第二分句用"可是"的。例如:

我若有姑娘呵,肯着他浑家递酒?你说可是我的是,可是他的是?(黄花峪一折)

今日你接我,可是我接你?(举案齐眉四折)

哥也,你是谎那,可是真个?(冻苏秦三折)

其所以"可是"用如"还是",是因为"可"和"还"自晚唐五代起都用作疑问副词(详见下节),因为有这一共同点,所以"还"的另一功能——作选择问副词,就渗透给了"可"。

⑤ 参看朱德熙《汉语方言里的两种反复问句》,载《中国语文》1985 年第 1 期。

⑥ 参看马文忠《大同方言舒声字的促变》(《语文研究》1985 年第 3 期),温端政《试论山西晋语的入声》(《中国语文》1986 年第 2 期),贺巍《获嘉方言的轻声》(《方言》1987 年第 2 期),以及郑张尚芳《方言中的舒声促化现象说略》(《语文研究》1990 年第 2 期)。

⑦ 关于疑问副词"还",梅祖麟(1978)《现代汉语选择问句法的来源》(台湾史语所集刊第四十九本第一分 15—33 页)和袁宾(1989)《说疑问副词"还"》(《语文研究》第 2 期)已涉及,可参看。

⑧ 疑问副词"还"仍保留在今江苏睢宁、宿迁等方言中。见杨亦鸣《睢宁话反复问句的类型》(《徐州师院学报》1989 年第 3 期)

⑨ 见俞正燮(理初)《癸巳存稿》卷三"莫"字条。俞氏云《宋史·岳飞传》"其事体莫须有"句当于"莫"字断,即读作"其事体莫,须有。"

⑩ 余文收于《余嘉锡论学杂著》下册,中华书局 1963。吕文收入《汉语语法论文集》,科学出版社 1955;另又收入《语文杂记》,上海教育出版社 1984。

⑪ 详见范宁《关于〈搜神记〉》,载《文学评论》1964 年第 1 期,江蓝生《八卷本〈搜神记〉语言的时代》,载《中国语文》1987 年第 4 期。

主要引用书目

《乐府诗集》(四部丛刊)《古小说钩沉》(人民文学出版社 1973)《搜神记》(中华书局 1979)《搜神后记》(同上 1981)《异苑》(津逮秘书)《周氏冥通记》(同上)《殷芸小说》(上海古籍出版社 1984)《颜氏家训集解》(同上 1980)《高僧传》(金陵刻经处光绪十年)《续高僧传》(同上)《世说新语校笺》(中华书局 1984)《全唐诗》(同上 1960)《大唐新语》(同上 1984)《酉阳杂俎》(同上 1981)《唐摭言》(古典文学出版社 1957)《唐语林》(上海古籍出版社 1985)《鉴戒录》(知不足斋丛书)《敦煌变文集》(人民文学出版社 1957)《祖堂集》(日本中文出版社 1972)《五灯会元》(中华书局 1984)《全宋词》(同上 1965)《石林燕语》(同上 1984)《朱子语类》(同上 1983)《今古小说》(人民文学出版社 1979)《儒林外史》(作家出版社 1954)《红楼梦》(人民文学出版社 1982)《儿女英雄传》(同上 1983)

　　(原载《近代汉语虚词研究》 语文出版社,1992 年,有较多改动。)

从基本话语到元话语[*]
——以汉语让转义"X 然"类词语为例

曹秀玲　王清华(上海师范大学对外汉语学院　200234)

0. 引言

"然"系词无论在古代汉语还是现代汉语都是一个较大的词族,其类别、功能和发展受到很多学者的关注。相关研究主要集中在"然"的语法化、"X 然"的语法功能和词类归属等问题,也有对"然"系词进行的个案分析。让转义"X 然"包括"诚然""当然""固然""虽然""自然""纵然"等六个成员。这组词共时层面语法属性不尽相同,但却形成共同的语篇表达模式:主要用于前一小句或句子,表示对某种说法或事实的认可,随后加以反驳、纠正或补充,以表达言说者的真正看法。从历时角度看,让转义"X 然"的语法功能呈现共同趋势——从基本话语发展为元话语,语言形

＊ 本研究得到教育部人文社会科学基金(项目编号:12YJA740003)和国家社科基金(项目编号:14BYY120)资助。初稿曾先后在"首届汉语句式研究学术研讨会""汉语国际教育和语义功能语法学术研讨会"上宣读,得到与会专家指点。《中国语文》匿名审稿人和编辑老师提出宝贵修改意见。全文语料主要引自北京大学中国语言学中心语料库,另有部分语料通过南开大学郭昭军老师开发的检索软件获取,谨此一并致谢。

式上的表现就是由句内向句外逐步前移。

1. 让转义"X 然"的语篇分布

让转义"X 然"都可以作为连接成分构成让转语篇,部分"X然"还可以作为应答语。作为连接成分,"X 然"的分布比较灵活,包括句首(含段首)、句中两种情况;从"X 然"小句的分布来看,有转折小句前和转折小句后之别;作为应答语的"X 然"在对话或拟对话[①]语篇中独立成句。

1.1　作为连接词的"X 然"

作为连接词的"X 然"可以出现在句首(含段首)或主语之后,后一小句或句子中常出现"但是"、"然而"等转折连词或"却""也""更""还是"等副词以及"更(为)重要的是、事实上、问题是"[②]等具有一定转折语义表达功能的短语。

1.1.1　句首(含段首)分布

句首分布是"X 然"类词语的共性特征。例如:

(1) <u>诚然</u>,市场波动和风险的期货交易不仅依然随时存在,而且愈加明显,但它把风险转移给了投机套利者。(1994年报刊精选)

(2) <u>当然</u>,模特的收入不仅靠作秀,拍平面广告、电视广告甚至做广告代言人,才是模特收入的主要来源。可这一切需要知名度作为支撑。(《中国北漂艺人生存实录》)

(3) <u>固然</u>,争取生存是人的本能,但争取的方式却由每个人的气质、教养而定。(张贤亮《绿化树》)

(4) 虽然工人们不懂篮球,但感到自己身上的责任,既然被叫去看球,就要尽力帮忙。(姚明《我的世界我的梦》)

(5) <u>自然</u>,如何命名有很大的任意性和灵活性,但我们不主张

使用单个字母,或带数字的字母,如 A、B、C；A1、B2 等。(郑人杰《实用软件工程》)

(6) 茅以升回答道:"不! 纵然科学无祖国,但是,科学家是有祖国的!"(《中国儿童百科全书》)

有时"X 然"也出现在段落起始处,对前文所述内容作认同表达,同时预示下文将出现与此相反的另一种表述。例如:

(7) 就我而言,安昌河的《我将不朽》是"残酷阅读"。拿起,又放下,几番折腾,才读完了这部长篇小说。读不下去,不是因为"不好看",而是"生理不适应",过度血腥、尖锐乃至冰冷的叙述,几令我心生呕吐之感。

固然,作为一位小学未毕业的"高玉宝"式作家,安昌河才气势不可挡,他那从容不迫的叙述能力和汪洋恣肆的想象力虚构力,同龄作家很难望其项背,以至有评论家将其与他的四川同乡沙汀、艾芜相提并论。如无意外,这位外表质朴但举止镇定的作家,或许将非"池中之物"。

但是,我还是不禁为这位"横空出世"的青年作家担心。(《人民日报》2010 年 7 月 27 日)

(8) 多年以后,我有幸去参加了一次在布拉格举行的四年一度的舞美设计展,这是世界最高规格的舞美展。我看后的感觉,或许只用两个字就可概括:震惊! 与之相比,中国的舞美设计水平之差,也让我为之震惊。

当然,在中国也不是没有可圈可点的舞美设计。前不久,我参加了羽泉的演唱会,那舞美设计的确令我耳目一新。(《中国北漂艺人生存实录》)

比较上面两段例文,例(7)是"X 然"语段在前,后一语段由"但是"引领,先扬后抑;例(8)"X 然"小句出现在后,起追加补充作用,是先抑后扬。

段首和句首分布的"X然"的辖域不同：前者的辖域远远大于后者。段首"X然"与后面表述之间一般都有停顿，句首"X然"则包括其后有停顿和无停顿两种。

1.1.2　句中分布

主谓之间是"X然"类词语常见的分布。例如：

(9) 坚定不移<u>诚然</u>可贵，但如果仅仅为了坚定不移而坚定不移，那只能说是鲁莽了。（新华社2004年新闻稿）

(10) 把一个苹果切成三块，原来的整个苹果<u>当然</u>大于切开后的任何一块。但这仅仅是对数量有限的物品而言。（《中国儿童百科全书》）

(11) 人坐在房子里<u>固然</u>没有运动，但人和房子随着地球在自转并围绕太阳公转。（《中国儿童百科全书》）

(12) 她们<u>虽然</u>都很漂亮，但仔细看，个子高一点的那个显得更漂亮一些。（《中国北漂艺人生存实录》）

(13) 清查账目的三位群众代表被杀，其余九位代表<u>自然</u>万分悲痛，但小张庄查账的工作并未停顿下来，而是查的决心更大。（《中国农民调查》）

(14) 说来令人泄气，历史的审判毕竟是迟到的审判，它<u>纵然</u>可以慰亡灵于九泉之下，却难以对恶势力起到杀鸡儆猴的作用。（《读书》）

上面例句中的"X然"用于主谓之间，表达前后分句之间的容让转折关系。尽管不同"X然"的词汇意义和语气有细微差别，但因共同的语篇建构模式，各"X然"可替换使用。

1.1.3　"X然"相对于主语的位置

以主语为参照点，"X然"的分布可归结为主语前和主语后两类，前者又包括"X然"后有停顿和无停顿两种，具体情况③如下表所示：

表一 "X 然"相对于主语的位置

	句首分布		句中分布
	其后有停顿	其后无停顿	
诚然(200)	173(86.5%)	4(2%)	23(11.5%)
当然(200)	118(59%)	50(25%)	32(16%)
固然(200)	4(2%)	17(8.5%)	179(89.5%)
虽然(200)	4(2%)	94(47%)	102(51%)
自然(9)	1(11.1%)	2(22.2%)	6(66.7%)
纵然(200)	0(0%)	83(41.5%)	117(58.5%)

上面的统计表明,"诚然"和"当然"以出现在句首且后有停顿为常;"固然"和"自然"则主要出现在主谓之间,即使出现在句首也以后面无停顿为主要形式;"虽然"和"纵然"在句首和句中分布比例接近,但"虽然"句首分布时以后无停顿为主,"纵然"出现在句首且后无停顿。由此,"X 然"的线性分布形成一个从前到后的倾向性序列:诚然>当然>>虽然>纵然>>自然>固然。

1.1.4 "X 然"小句的分布

让转义"X 然"所在小句的分布情况如下表所示:

表二 "X 然"所在小句的位置

	前一小句	后一小句
诚然(200)	198(99%)	2(1%)
当然(200)	60(30%)	140(70%)
固然(200)	199(99.5%)	1(0.5%)
虽然(200)	193(96.5%)	7(3.5%)
自然(9)	8(88.9%)	1(11.1%)
纵然(200)	199(99.5%)	1(0.5%)

上面的统计表明,"当然"小句出现在后占绝对优势,其他让

转义"X然"则主要出现在前一小句。尽管除"当然"外,让转义"X然"小句以出现在前为无标记形式,但现实语言表达中也有不少"X然"小句在后,起补充追加作用。例如:

(15) a. 专就中国哲学主要传统说,我们若了解它,<u>我们不能说它是入世的,固然也不能说它是出世的</u>。(《中国哲学简史》)

→b. 我们<u>固然</u>不能说它是出世的,但也不能说它是入世的。

(16) a. 你应该虚心学习别人的优点,<u>自然</u>,别人也要学习你的长处。(《现代汉语词典》)

→b. <u>自然</u>,别人要学习你的长处,但你也应该虚心学习别人的优点。

根据语言表达线性增量原则,说话的自然顺序要从旧信息说到新信息,因此随着句子推进,线性顺序靠后的成分比较为靠前的成分提供更多的新信息。(方梅 2008)比较以上两组例句,原文a式"X然"用于后一小句,作为追加形式是语义表达的重点;变换为b式后,后面的转折小句得以凸显,成为表达的重点。与此相关,"X然"小句在后是言说者为了弥补双方话语冲突而采用的一种语言表达策略,起到缓和话语节奏和减弱言语冲突的作用,从而使听读者心理上更易于接受。

1.2 作为应答语的"X然"

作为应答语,"诚然""自然"和"当然"用于对话或拟对话中,表示对所引述话语或前一话轮表述内容的认同,同时在此基础上提出不同看法。用作应答语时,"当然"和"诚然"可独立运用,"当然"和"自然"还常常采用"那当然/自然(啦/了)""那是当然/自然(的/了)"等复杂形式。例如:

(17) Q1:那么你打算去问他吗?

A1:<u>当然了</u>,不过需要有一个见证人在场。

> Q2：那么你是让我做见证人吗？
>
> A2：如果你愿意的话，<u>那自然</u>了……（《福尔摩斯探案集07》）

(18) 作家不一定是学者，<u>诚然</u>。但是大作家都是非常非常有学问的人，我不知道这个论断对不对。（《读书》）

上面例(17)是对话形式，由两个问答话轮对构成，"当然"和"自然"用于应答话轮，表示认同对方话语。例(18)是拟对话形式，先用"诚然"对"作家不一定是学者"这种说法表示认同，随后提出"我"的不同意见——"大作家都是非常非常有学问的人"。

作为应答语的"X然"有时重复出现，叠用的"X然"语势更强。例如：

(19) 有人对此做这样的解释：事实上并非所有的人都是同志。<u>诚然，诚然</u>。但是，即便今天总经理多得一片树叶掉下来可以砸到三个，也并非人人都是老板啊。（《读书》）

(20) 小香笑了一笑道："如此说来，我若是肯把这柄刀给你们，你一定是不会拒绝的了？"谢先生连忙道："<u>自然，自然</u>，姑娘如肯割爱，任何条件敝庄都能接受。"（古龙《圆月弯刀》）

(21) 当记者插问总统本人是否也担任家庭的财长时，她连连说"<u>当然，当然</u>"，那不容置疑的表情和幽默、风趣的话语引起阵阵欢快的笑声。（1995年人民日报）

"X然"作为应答语叠用时，其后以不出现转折小句为常见形式。

2. 让转义"X然"的语篇表达模式和元话语功能

2.1 "X然"的词义对立与中和

"X然"用于容让小句，表示对某种情况和说法的肯定和认同,根据让步小句所表情态的虚实又可以分成实让转折和虚让转折两类:前一类包括"诚然""当然""固然""虽然""自然",后一类只有"纵然"一个成员。《现汉》(2008:1815)直接用"即使"解释"纵然",而在"即使"释义中(2008:637)特别提请读者注意:"即使"所表示的条件,可以是尚未实现的事,也可以是与既成事实相反的事情。虚让转折句中,言说者借助"退一步"的暂且承认强调即便不可能成为事实的情况发生,结果也不会因此改变。因此,表实让的"诚然"等用"纵然"替换则化实为虚,表达夸张让步。

　　表实让的"诚然""当然""固然""自然"之间的词义存在细微差别:"诚"义为"的确、实在",因此表让转义的"诚然"是对小句表述命题真实性的认可;"当"义为"应当",表示合于情理或事理,即理应如此;"固"义为"本来、原来","固然"强调事实或事理存在的客观性;"自然"表示不经人力干预自然而然产生的结果,强调事实或规律的必然性;"虽然"表示承认甲事为事实,但乙事并不因甲事而不成立。"虽然"是让转义"X然"中语义选择限制最少的,其他让转义"X然"受构词成分意义影响,分别表示小句命题的真实性、合理性、客观性和必然性。由于共同的语篇表达模式(即先扬后抑),加之事物或事理的真实性、合理性、客观性、必然性之间存在天然联系,实让"X然"之间的替换是比较自由的。因此,《现汉》(2008:174)直接用"固然"解释"诚然"。

2.2 "X然"的语篇表达模式

　　尽管"X然"的词汇意义和语法属性不尽相同,却因"让转"这一共同的语义特征汇聚成类,并形成内在相似的语篇表达模式,即言域转折句:(X说)P,虽然我认同(说)P,但我要说Q。

　　众所周知,最常见的日常言语行为莫过于提问和命令,二者一般分别对应于疑问句和祈使句,陈述句则主要用于断言。"X然"后面的小句或句子主要是陈述句,表达的言语行为包括断言、建议、许诺、提醒等多种类型。例如:

(22) <u>诚然</u>,包括金钱在内的物质条件是人生所必需的,但它不是唯一的追求,还有比金钱更宝贵的无价的精神财富。(1994年报刊精选)

(23) <u>当然了</u>④,在今后的导演生涯中我会不会蜕变,这不好说,但我会严格要求自己。(《中国北漂艺人生存实录》)

(24) 中国劳动力充裕<u>固然</u>有利于发展的一面,但在资金短缺、资源相对不足的条件下,解决不断增长的劳动力就业问题是相当困难的。(《中国的计划生育》)

(25) <u>虽然</u>这种可能性极小,但还是问一问好。(汪曾祺《七里茶坊》)

上面各例中的"X然"小句提出一种说法或事实,后一小句表明言说者施行的言语行为:例(22)后一小句表断言,例(23)—(25)后一小句分别表许诺、提醒和建议。

2.3 "X然"的元话语功能

"X然"构建言域让转语篇,使所在语篇成为现实或虚拟的对话,构建听说(或读写)双方的互动情境,而"X然"作为听说(读)双方互动的触发器(trigger),经历了一个从基本话语到元话语的发展历程。让转义"X然"所形成的相同语篇表达模式,在一定程度上中和了"X然"之间词汇意义的细微差别,使之类聚到语用层面实现元话语功能。"X然"的元话语功能表现在评注预转和形成拟对话结构两个方面。

2.3.1 评注预转功能

《现代汉语词典》(第5版)标明"诚然、固然、虽然、自然、纵然"的连词属性,"诚然""固然""虽然""自然"等词条下明确说明:引起下文转折或下半句往往与"可是、但是"等呼应使用(2008:174,492,1305,1807);《现汉》虽未注明"当然"和"纵然"的转折用法,但语言事实说明,二者用于让转表达相当常见⑤。让转义"X然"在认同所述事实或说法的同时预示下文转折,因此具有评注预转功能。例如:

(26)　<u>诚然</u>,他已打赢了一场官司,可另一场官司仍在折腾之中。(庞瑞根《难忘峻青》)

(27)　<u>当然</u>,在不同的民族、不同的时代以及不同的环境中,礼貌待人的要求有所不同,但最起码要做到诚恳、谦虚、和善、有分寸。(《中国儿童百科全书》)

(28)　<u>虽然</u>成为明星有一定的偶然性,但是光有机遇没有实力还是不行的。(《中国北漂艺人生存实录》)

上面各例由于后续句中"可"和"但是"的出现,"X然"可以省略,但省略后"X然"所表达的言说者主观认同意味不复存在。

2.3.2　拟对话功能

口语表达是听说双方的互动交谈,因此在某种意义上是听说双方共同生成每一句话语。书面语看似作者单方面的行为,实际上也往往采用相应的补偿机制实现表达者和接受者之间的互动,如标点符号和特定的语言表达形式等。让转义"X然"的使用,可以营造出一种不同话语角色进行互动交谈的语境效果,从而更易于拉近言者与读者之间的心理距离,使读者更易融入"对话"和阅读,从而实现与受众的良好互动。例如:

(29)　有人又要说,几个一小段不就是一大段吗?<u>诚然</u>,几个一小段都能成功,是一大段,然而某个选错,资金就会搁浅一段时间。(《股市宝典》)

(30)　重启和谈本身以及实现和平<u>当然</u>会需要很长时间,但是只要有关各方开始谈判,就会给巴勒斯坦人民和以色列人民带来希望。(新华社2004年新闻稿)

(31)　比起其他国家,英国是比较忽视这些工作条件的。<u>虽然</u>,你可以认为这些并非很重要,但我的美国生意朋友指出,他们希望自己公司所能提供的工作条件,在素质上远胜于英国的公司。(《哈佛管理培训系列全集》)

上面例句分别通过设问、预设潜在听话人、第二人称"你"等形式营造对话氛围。"X 然"的使用是由于说话人要说出与受话人(或潜在的受话人)预期相左的信息,是基于礼貌原则所做采用的言语策略,是以接受者为中心的表达方式,体现言语交际的互动性,其真实用意在于取得听读者的认同,并最终使之调整到言说者的视角当中。

3. 让转义"X 然"的语法化

让转义"X 然"共时平面语法属性不尽相同,但可以构建相同的语篇表达模式,是因为各自经历词汇化和语法化过程,由基本话语发展为元话语,本节简述其演化历程和发展规律。

3.1 "X 然"的语法化

3.1.1 "诚然"的历时演化

"诚然"组合最初做谓语。例如:

(32) 孔子曰:"'于斯时也,天下殆哉,岌岌乎!'不识此语,诚然乎哉?"(《孟子·万章章句上》)

(33) 厉公于是谓甫假曰:"子之事君有二心矣。"遂诛之。假曰:"重德不报,诚然哉!"(《史记·卷四十二》)

后来"诚然"也在对话中做应答语,表示认同对方说法。例如:

(34) 谓扬子云曰:"如后世复有圣人,徒知其材能之胜己,多不能知其圣与非圣人也。"子云曰:"诚然。"(《新论卷上》)

(35) 及玄宗见泌,谓说曰:"后来者与前儿绝殊,仪状真国器也。"说曰:"诚然。"(《太平广记·卷第三十八》)

明朝起,"诚然"用做副词状语,"确实"义。例如:

(36) 今温已拥百万之众,挟天子以令诸侯,诚然不可与争锋。(《两晋秘史》)

(37) 相如奏曰:"秦强赵弱,**诚然**不可不与之璧……"。(《周朝秘史》)

清朝起,"诚然"出现在前一小句,与后面的转折小句共现。例如:

(38) 十三妹沉吟了半晌,说:"这桩东西**诚然**不可失落,但是眼下我们这一群人断断没个回去的理,这件事你也交给我……"。(《儿女英雄传·第十回》)

(39) 老残道:"摇串铃,**诚然**无济于世道,难道做官就有济于世道吗?"(《老残游记·第六回》)

3.1.2 "当然"的历时演化

"当然"连用形式出现在东汉时期。例如:

(40) 天道**当然**,人事不能却也。(《论衡·变虚篇》)

(41) 愚人无知,不肯报谢,自以职**当然**,反心意不平,强取人物以自荣,无报复之心,不顾患难,自以可竟天年。(《太平经·卷一百一十二》)

以上用例中的"当然"做谓语,"应当这样"义。这一用法还包括"想其当然"、"固当然"等多种组合形式。例如:

(42) 太祖以融学博,谓书传所纪。后见,问之,对曰:"以今度之,**想其当然**耳!"(《三国志·魏书十二》)

(43) 及其久也,读之益精,而其胸中豁然以明,若人之言**固当然**者,犹未敢自出其言也。(《朱子语类·卷一百二十一》)

宋代以后,"当然"除了做谓语,也有作定语和宾语的用例。例如:

(44) **当然**之理,无有不善者。(《朱子语类·卷第十一》)

(45) 又曰:"文言上四句说天德之自然,下四句说人事之**当然**。"(《朱子语类·卷第六》)

上面例(44)"当然"作定语,例(45)"当然"与前一句中的"自然"相对,表明事物的客观规律。

清朝起,"当然"出现作状语用例,同期与转折连词共现。例如:

(46) 老寨主乃明末武魁,当然不能与流俗同污。(《三侠剑》(下))

(47) 至善平日最爱惠乾,所教功夫也比别人用心,情同父子,今日见他逃走,当然记挂,但也无可奈何。(《乾隆南巡记》(上))

(48) 秦皇生性残忍,当然不作好事,然而这也不是他自己所能作得主的,老实说,他也不过是应劫而生,替劫数作个运行使者罢了。(《八仙得道》(上))

3.1.3 "固然"的历时演化

"固然"连用形式出现在春秋战国时期,做谓语和定语。例如:

(49) 王怒曰:"道固然乎,妄其欺不谷邪?"(《国语·卷二一》)

(50) 民,夺之则怒,予之则喜。民情固然。(《管子·轻重乙篇第八十一》)

(51) 汝之达,非智得也;北宫子之穷,非愚失也。皆天也,非人也。而汝以命存自矜,北公子以德厚自愧,皆不识夫固然之理矣。(《列子·力命》)

上面用例中的"然"是复指代词,"固"做状语,"本来"义。"固然"前面的小句常出现"然"的复指对象,如例(50)中的"民,夺之则怒,予之则喜"。

"固然"组合也经常用做应答语。例如:

(52) 人问济阳君曰:"谁与恨?"对曰:"无敢与恨。虽然,尝与二人不善,不足以至于此。"王问左右,左右曰:"固然。"(《韩非子·说三》)

(53) 孟尝君曰:"先生鼓琴,亦能令文悲乎?"对曰:"……方此之时,视天地曾不若一指,虽有善鼓琴,未能动足下也。"

孟尝君曰:"<u>固然</u>。"(《三国志裴注·蜀书十二》)

汉代时,"固然"常用做宾语,为"固有规律"之义。例如:

(54) 朝帝于灵门,宓穆休于太祖之下,然而不彰其功,不扬其
    声,隐真人之道,以从天地之<u>固然</u>。(《淮南子·第六卷》)

(55) 夫物有必至,事有<u>固然</u>,君知之乎?(《史记·卷七
    十五》)

明朝起,"固然"用作状语,同期出现与转折连词共现的用例。
例如:

(56) 懒龙<u>固然</u>好戏,若是他心中不快意的,就连真带耍,必要
    扰他。(《二刻拍案惊奇》(下))

(57) 原来焦大郎<u>固然</u>本性好客,却又看得满生仪容俊雅,丰
    度超群,语言倜傥,料不是落后的,所以一意周全他。
    (《二刻拍案惊奇》(上))

上面例(56)中"固然"做状语,对所在小句表述的命题加以肯
定;例(57)后一小句与"固然"所在小句所述命题构成逆转关系,
这类用例清朝起逐渐增多。例如:

(58) 那位先生<u>固然</u>太过,<u>然而</u>士人进身之始,即以贿求,将来出
    身做官的品行,也就可想了。(《二十年目睹之怪现状》(中))

(59) 那师爷见不是路,<u>固然</u>不愿意,<u>但是</u>"三分匠人,七分主
    人",也无法,只得含含糊糊的核了二三百金的钱粮,报
    了出去。(《儿女英雄传·卷二一》)

3.1.4 "虽然"的历时演化

"虽然"的连用形式出现在春秋战国时期。例如:

(60) 季康子问于共父文伯之母曰:"主亦有以语肥也。"对曰:
    "吾能老而已,何以语子。"康子曰:"<u>虽然</u>,肥愿有闻于
    主。"(《国语·卷五》)

(61) 彼节者有间而刀刃者无厚,以无厚入有间,恢恢乎其于

游刃必有余地矣。是以十九年而刀刃若新发于硎。<u>虽
然</u>,每至于族,吾见其难为,怵然为戒……(《庄子·养生
主第三》)

上面例(60)是对话体中对对方说法的认可,并随后提出不同
看法;例(61)是独白体中对前文的复指,后文提出另一种看法。
两例中"虽然"均充当让步小句,其中"虽"是连词,"然"是代词,指
代前文。作为让步小句的"虽然"后面有停顿。

随着"然"语义虚化成为附缀成分,"虽然"词汇化为双音节连
词。六朝起,"虽然"引领后面的让步小句。例如:

(62) 孔子母年十六七时,吾相之当生贵子,及生仲尼,真异人
也,长九尺六寸,其颡似尧,其项似皋陶,其肩似子产,自
腰以下不及禹三寸。<u>虽然</u>贫苦孤微,<u>然</u>为儿童便好俎豆
之事。(《抱朴子·祛惑卷第二十》)

(63) <u>虽然</u>遇赏玩,无乃近尘器。(《白居易诗全集》)

上面例(62)"虽然"与"贫苦孤微"构成让步小句,与后面的
"为儿童便好俎豆之事"构成让转关系;例(63)中"虽然"后的"遇
赏玩"与"近尘器"形成让转关系。

"虽然"引领让步小句和与"如此、如是、若是"等指代成分组
合,都标志着非句法组合"虽然"词汇化为转折连词。例如:

(64) 师曰,<u>虽然如此</u>,犹较老僧三生在。(《筠州洞山悟本禅
师语录》)

(65) <u>虽然若是</u>,本分衲僧陌路相逢,别具通天正眼始得。
(《五灯会元·浮山法远禅师》)

作为连词的"虽然"后面不再有停顿,表明"虽然"让步小句地
位的消失。当代汉语中"虽然"等词后重现停顿,是其再语法化的
表现,后文将加以讨论。

3.1.5 "自然"的历时演化

"自然"的连用形式出现在春秋战国时期。例如:

(66) 人法地,地法天,天法道,道法 <u>自然</u>。(《老子·二十五章》)

(67) 礼者,世俗之所为也;真者,所以受於天也,<u>自然</u>不可易也。(《庄子·渔父第三十一》)

上面两例中的"自然"分别做宾语和谓语。作为名词的"自然",表示与"元气"并立、与"天"、"道"相关的抽象事物。例如:

(68) 元气<u>自然</u>,共为天地之性也。(《太平经乙部》)

(69) 天畏道,道畏<u>自然</u>。(《太平经·卷一百三十七》)

六朝起,"自然"出现做状语的用例,为"不经人力作用"义。例如:

(70) 敌攻关不克,野无散谷,千里县粮,<u>自然</u>疲乏。(《三国志·卷四十四》)

(71) 或问:"魏武帝曾收左元放而桎梏之,而得<u>自然</u>解脱,以何法乎?"(《抱朴子·杂应卷第十五》)

由于客观事物之间存在"不经人力作用"的因果联系,"自然"用于表达这种前因后果关系时,客观上具有连接前后小句的功能。明朝起,"自然"出现在前一小句,表示认同某种说法和事实并在后一小句提出相悖表述。例如:

(72) 大尹道:"怜你孤儿寡妇,<u>自然</u>该替你说法。但闻得善继执得有亡父亲笔分关,这怎么处?"(《今古奇观》(上))

(73) 内中也有的道:"你在他家中,<u>自然</u>知他备细不差;只是没有被害失主,不好卤莽得。"(《初刻拍案惊奇》(上))

上面两例中"自然"出现在前一小句,后一小句分别出现转折连词"但"、"只是"。

3.1.6 "纵然"的历时演化

先秦时"纵"为连词,表让步,东汉起"纵然"连用形式表让步。

例如：

> （74）凡人所居，无不在客，虽只大小不等，阴阳有殊，<u>纵然</u>客
> 居一室之中，亦有善恶。（《宅经》）

> （75）父子至亲，歧路各别，<u>纵然</u>相逢，无肯代受。（《地藏本愿
> 经卷中》）

明朝起，"纵然"出现在前一小句，后面是隐性或显性的转折小句。例如：

> （76）众将曰："人<u>纵然</u>不怯，马力已乏，安能复战？"（《三国演
> 义·第八十六回》）

> （77）御史爷<u>纵然</u>不能无疑，却是又感又怕，自然不敢与相公
> 异同了。（《二刻拍案惊奇·卷三十九》）

3.2 "X然"的虚化轨迹

根据历时语料，让转义"X然"的语法化过程可概括为下表：

表三　"X然"语法功能的历时分布

	诚然	当然	固然	虽然	自然	纵然
组合初现	春秋战国	东汉	春秋战国	春秋战国	春秋战国	东汉
谓语	春秋战国	东汉	春秋战国	春秋战国（让步小句）	春秋战国	—
状语	明朝	清朝	明朝	—	六朝	—
让转义	清朝	清朝	明朝	六朝	明朝	东汉

关于"X然"类词语的历史来源，周刚（2002）认为，"固然""虽然"是短语词汇化，"纵然"是连词"纵"后加附缀"然"；"诚然""当然"和"自然"是副词附加后缀和虚词转化的结果。本文的考察表明，让转义"X然"的来源可以归结为两种：一是"X"与指代词"然"组合并虚化，包括"虽然、固然"；二是词缀"然"附缀于"X"词汇化后再语法化，包括"诚然、当然、自然、纵然"。两类"然"的属

性区别湮灭在汉语词汇双音化和语法化的过程中。

从"X然"中"X"的性质看,"虽"和"纵"本为单音连词,"虽然"和"纵然"组合出现时间不同:前者春秋战国时期即出现,但相当长一段时间充当让步小句,直到六朝时期才词汇化为连词;后者出现于东汉时期,一开始就充当让步连词。"诚""当""固""自"本为副词,与"然"组合后表现出多种语法属性,其中"诚然"、"当然"、"自然"主要用做谓语,"固然"一段时间作为偏正短语形式充当谓语,为"本来这样"义。明清起,四个词出现做状语的用例,同时或随后出现让转义用法,形式标志为后面小句出现转折词语。⑥

由于组合中两个变量的性质不同,"X然"的最初功能和虚化路径呈现歧异表现:连词"X"构成的"虽然"和"纵然"较早出现连词用法,副词构成的"X然"则经历中心语(谓语、主宾语)到修饰语(状语)再到连接成分等一系列语法功能变化。虽然各词项语法化时期有别,但所经历的语法化路径却是一致的,即都呈现语义功能逐渐弱化、语法分布逐步左移的历时过程,具体可图示如下:

图一 "X然"的语法分布趋势

值得关注的是,连词"虽然"和"纵然"词汇化后虽未发生语法功能的改变,但却同样经历了从主语前后再到句首且后有停顿的发展过程。下面以"当然"和"虽然"为例说明"X然"共时层面多种分布叠加的情形:

(78) a. 1976年中国队第一次赢得亚洲冠军,我是国家队的队长,我<u>当然</u>很高兴,但当时报纸说获胜全归功于我,我觉得很尴尬……(姚明《我的世界我的梦》)

b. <u>当然</u>姚明和王治郅是不同类型的人,但从这件事可以看出中国篮协为什么不愿再放走一个顶级球员去打

NBA。(姚明《我的世界我的梦》)

c. 当然,生物学界对奥巴林的理论还持有不同看法,但奥巴林关于地球上生命个体进化起源的探究无疑是富有开拓性的。(《中国儿童百科全书》)

d. 我是从群众演员起家的,我知道群众演员成长的艰辛。我不会乘人之危。当然了,在今后的导演生涯中我会不会蜕变,这不好说,但我会严格要求自己。(《中国北漂艺人生存实录》)

(79) a. 此时他虽然还不是共产党员,但却在行动上按共产党的意见办事。(《中共十大元帅》)

b. 虽然他在十位元帅中是最年轻的,但由于健康状况欠佳,一直比较消沉。(《中共十大元帅》)

c. 北京,我爱你!虽然,我也曾一度憎恨过你,但这丝毫不减我对你的热爱。(《中国北漂艺人生存实录》)

d. 虽然呢,我们家老是会吵架,但还是很多人羡慕的家庭。(www.mogujie.com)

上面两组用例,从 a 到 d"X 然"逐渐前移。作为连词的"虽然"和副词"当然"一样,更多地表现出"居端"的元语言特征,而不是遵循联系项居中原则。

Li & Thompson(1981)根据句中位置将副词分为"可移动副词"和"不可移动副词"两大类,认为"在主语或主题词前的副词,主要是用来表示说话者的观点,而主语或主题之后的,则主要用来说明句中事物的情态"。由此可见,句首是个比较特别的语法位置,语法性质不同的让转义"X 然"得以汇聚于此,是因为历时发展过程中共同经历了基本话语到元话语的系列变化——从表达概念义到表达程序义,从承担句法功能到承担语篇功能,并形成相同的语篇表达模式,语篇表现也呈现较强的趋同性:关联成分与所连接成分之间的停顿或语气词的附缀,都超越连词固有的范畴特征。

然而,"X 然"内部成员历史来源和语法化进程毕竟不同,共现时呈现功能分化状态。例如:

(80) 诚然,乔冠华虽然恃才傲物、锋芒毕露,但对夫人龚澎,30 年来却是恩爱笃深,言听计从。(《才女外交家龚澎》)

(81) 诚然,商家注意商店和营业员形象固然重要,但要因地制宜,区别对待。(《信息时报》2010 年 10 月 10 日)

(82) 当然,《丛书》也有不足之处,有些问题虽然提出来了,但没有展开。(1996 年人民日报)

(83) 自然,驱动模块和桩模块对测试人员来说是一种额外的负担,就是说,虽然在单元测试中必须编写这些辅助模块的程序,但却不作为最终的软件产品提供给用户。(郑人杰《实用软件工程》)

(84) 当然,会议、参观、检查等均不能全盘否定,可都"一窝蜂"似的那么多,厂长经理们纵然三头六臂也应付不了。(1996 年人民日报)

以上各例中,线性排列顺序显示"X 然"内部成员语法属性的分化:"诚然""当然"和"自然"占广域,"虽然"和"固然"、"纵然"占狭域。这是因为,"虽然"类语法化历程业已完成,成为转折关系关联连词,而"诚然"类正处于语法化的中途,虽然两者共享相同的语篇表达模式,甚至替换使用,但"诚然"类对语境的依赖度较高。相反,"诚然"类可以比较自由地充当"全句状语"。比如,"诚然/当然/自然老张有不同的看法"成立,而相应的"虽然/固然/纵然老张有不同的看法"则不成立。完成语法化过程的"虽然"类较少客观词汇义和主观评价义,而"诚然"类则更多地显示主观评价义。正因如此,学界对前者语法属性认识比较一致,而对后者的词性标注有分歧,详见下表四:

表四　"X 然"语法属性的标注情况

	《现代汉语同义词词典》 （朱景松 2009）	《现代汉语虚词词典》 （侯学超 1998）	《现代汉语词典》 （2008）
诚然	副词;连词	副词;连词	副词;连词
当然	形容词;副词	副词	形容词;副词
固然	连词	连词	连词
虽然	连词	连词	连词
自然	形容词;副词;连词	副词	名词;形容词; 副词;连词
纵然	连词	连词	连词

4　元话语成分"X 然"的形成机制

在语言交际中,每一次话语行为都包含两个层面:基本话语层面和元话语层面,基本话语是指那些具有指称和命题信息的话语,而元话语是指"关于基本话语的话语",是指对命题态度、语篇意义和人际意义进行陈述的话语。元话语的主要功能在于语篇组织、话语监控、话语评价、话语互动。Fraser(1996)将句子表达的意义分为命题意义和非命题意义:前者是指"说话人为引起听者注意而进行的对世界的描绘",也就是句子的内容意义;后者是指说话人潜在的交际意图,用来表达非命题意义的言语形式也被称为"语用标记语"。

历时语料显示,"X 然"让转义词语中,"纵然"组合一开始就作为连接成分,"虽然"则由承前指代的让步小句词汇化为转折连词,其他 4 个"X 然"共同经历从中心语到修饰语再到连接成分的发展历程。如前所述,作为连接成分的"X 然"出现在句首且与主语之间加有停顿的现象逐渐增多。这是"X 然"作为元话语成分再度语法化的表现。伴随"X然"后的停顿,有些"X然"可以与语气词搭配使用。比如,与"当然/自然"共现的语气词包括"了、呢、啊、啦",与"虽然"、"固然"共现的有"呢"和"吧"。"X然"之后出现停顿或语气词,表明"X然"与后面小句被分割为两个语音节奏单元,"X然"成为作用于全句的表达主观情态的元话语成分。

作为一种功能性语言成分,元话语在语言运用中常见而且不可或缺。句法成分到语用成分是元话语产生的一个重要路径,而基本话语发展为元话语是由语言表达互动需求促动的。Michael Hoey (2001:11)认为,互动是语篇的中心,语篇可以定义为作者和读者之间的可见的互动证据,这种互动是由作者操作的有目的行为。而语篇互动需求归根结底是由语言作为交际工具的社会属性决定的。

克里斯特尔(2000:302)指出,语言的自反性(reflectiveness/reflexivity)是人类语言区别于其他符号系统的一种特性,指语言能用来"谈论"语言自身。我们认为,正是语言自反性这一特质导致话语得以区分为基本话语和元话语这两个既有区别又有联系的层面。然而正如 Crismore(1989:96)指出的那样:要想清楚地将基本话语和元话语区分开来是不可能的,基本话语和元话语之间是非离散性(non-discrete)的,很多时候是混杂在一起的,二者构成一个连续统(Continuums)。

语言事实表明,基本话语和元话语不但在内容上很难找到一个明确的界定标准,形式上元话语也没有一个明确的形态特征。让转义"X然"的词汇化和语法化是汉语元话语成分来源和历时演化的一个缩影。让转义"X然"的历时演化清晰地展现其语义由实渐虚并伴随相应的语法功能和非线性语音特征改变的过程。而随着语法功能不断弱化,"X然"的分布位置不断前移,语用辖域不断扩大。对于汉语这种缺乏严格意义上的形态变化的语言来说,这个过程其实也是句法成分到章法成分、基本话语到元话语的发展历程和形式表现。

附注

① 李宇明(1996)将言说者通过带有文学色彩的叙述营造出好似言说者与听读者对话的感觉称为"拟对话"现象。

② 李宗江(2011:153，236，262)将这些短语成分称为"关联语"。

③ 表一和表二是笔者对北京大学中国语言学中心语料库随机抽取的 200 例让转义"X 然"用例进行的统计。其中"自然"的情况较特别，以"自然"为检索词获取的 5000 个用例中只提取到 9 个让转义用例。序列中">"表示前者的频率"略高于"后者，">>"表示前后属于不同的频率等级。

④ "当然"与语气"了/啦"组合作为一种新型连接方式将在后文讨论。

⑤ 邢福义(2001:8)将复句分为因果、并列和转折等三大类，"虽然"和"即使"、"否则"归入转折关系复句标记。

⑥《现代汉语词典》(第 5 版)未收"当然"的连词用法，然而大量的语言事实表明其功能与其他 5 个"X 然"并无明显不同，可以相互替换。

参考文献

陈俊彤 2013 《"诚然"和"纵然"的多角度对比研究》，湖北师范学院硕士学位论文。

戴维·克里斯托尔 2000 《现代语言学词典》，商务印书馆。

方梅 2000 《自然口语中弱化连词的话语标记功能》，《中国语文》第 5 期。

方梅 2007 《语体动因对句法的塑造》，《修辞学习》第 6 期。

雷二毛 2013 《语篇环境下的让步连接成分"诚然、固然、虽然"的多角度分析》，华中师范大学硕士学位论文。

李宇明 1996 《拟对话语境中的"是的"》，《第五届国际汉语教学讨论会论文选》，北京大学出版社。

李宗江 2011 《汉语新虚词》，上海教育出版社。

林大津　谢朝群 2003 《互动语言学的发展历程及其前景》，《现代外语》第 4 期。

刘莹莹 2013 《"诚然"的语义分析及篇章功能研究》，上海师范大学硕士学位论文。

沈家煊 2001 《语言的主观化与主观性》，《外语教学与研究》第 4 期。

沈家煊 2003 《复句三域"行、知、言"》，《中国语文》第 2 期。

汪红英 2010 《论让步连接成分"固然"》，南昌大学硕士学位论文。

王清华 2013 《现代汉语让转义"X 然"类词语研究》，上海师范大学硕士学位论文。

邢福义 2001 《现代汉语复句研究》,商务印书馆。

姚双云 姚小鹏 2011 《确认性评注副词的衔接功能》,《语言研究》第 3 期。

姚小鹏 2011 《追补性"当然"的篇章功能》,《语言教学与研究》第 6 期。

张玮 2011 《"固然"的语义分析与篇章功能》上海师大硕士论文。

周刚 2002 《连词与相关问题》,安徽教育出版社。

A. Crismore 1989 *Talking with readers*:*metadiscourse as rhetorical act.* New York:Peter Lang.

Deborah Shiffrin 1987 *Discourse Markers.* New York:Cambridge University Press.

Fraser Bruce 1999 What are discourse markers,*Journal of Pragmatics*,vol. 31.

Fraser Bruce 1996 Pragmatic Markers,*Pragmatics*,vol. 6.

Givon,Talmy 1979 *On Understanding Grammar.* London:Academic Press.

Grimes,J. E. 1975. *The Thread of Discourse.* The Hague:Mouton.

Hopper,Paul J. and Elizabeth Closs Traugott 1993 *Grammaticalization*, Cambridge:Cambridge University Press.

Ken Hyland 2008《元话语》,外语教学与研究出版社.

Langacre,R. E. 1996 *The Grammar of Discourse* (2th edition). New York:Plenum.

Li,Charles N. & Thompson,S. A. 1981 Mandarin Chinese:A Functional Reference Grammar. Berkeley,California:University of California Press.

Michael Hoey 2001 Textual Interaction

Robert A. Dooley & Stephen H. Levinson. 2008. 话语分析中的基本概念 (Analyzing Discourse:A Manual of Basic Concepts),外语教学与研究出版社。

"一贯"的词汇化和语法化
及相关问题①

陈昌来(上海师范大学对外汉语学院,上海 200234)

0. 引言

　　作为汉语中的一个常用词,"一贯"在《现代汉语词典》中被释为:形容词(属性词),表示(思想、作风等)一向如此,从未改变的;在《现代汉语规范词典》中被解释为:形容词,(思想、作风、政策等)向来如此,从不改变;在《应用汉语词典》中则被标注为副词,表示动作或状态一向如此从未改变;在《现代汉语虚词词典》中(侯学超主编)也被标注为副词,可以修饰动词短语、形容词或形容词短语、主谓短语,但表示前后一致的意思,做定语或受否定词"不"修饰时是形容词,这实际上认为"一贯"是副词兼形容词的兼类词。诸多词典对"一贯"的释义大同小异,但对其词性的看法却很不一致,主要有形容词、属性词(即区别词)、副词以及副词兼形容词等不同观点。

　　如果仅就"一贯"的句法分布来看,上述几种词性观都有一定的道理。因为,在现代汉语中,"一贯"可以做定语,如:一贯的工作作风、一贯的风格、不一贯的情况、一贯政策、一贯态度、一贯认识;可以受否定词"不"修饰,如:不一贯;也可以做状语,如:一贯支持、一贯重视、一贯倡导、一贯如此、一贯懒惰、一贯地反对;还可以作为构词成分组成名词,如"一贯性、一贯制",中药有"一贯煎",历史上还有"一贯道"这样的会道门组织;"一贯"也可以加"的"构成"的"字结构,做"是"的宾语,如"我们的态度是一贯的、明确的";少数情况下,"一贯"还可以直接做谓语,主要用于标题,如"秦刚:对中日领导人会晤中方态度一贯而明确"(中新社北京2006年9月28日电,正文的表述是"中方的态度是一贯和明确的"),"中共对反腐四问题认识清醒态度一贯"(中新网2008年1月15日,而正文的表述则是"中共对四方面问题认识是十分清醒的,态度是一以贯之的"),"达赖能否回来完全取决于他本人,中央态度一贯"(人民网2011年5月19日,正文的表述是"中央政府对达赖的态度是非常明确的,而且是一贯的")。这说明,"一贯"直接做谓语是受限的。

可见,"一贯"的句法功能呈现出一定的多样性和差异性。我们认为"一贯"在共时平面的多样性和差异性实质上是"一贯"不同时期的历时演变在共时层面的积淀。本文将主要考察"一贯"的词汇化历程以及句法语义等的发展演变情况,特别是其句法功能的变化,从而解释"一贯"的词性和句法功能复杂性的历时渊源。本文讨论的"一贯"不包括古代表示数量的"一贯",如"一贯钱"。

1. 表相同义的"一贯₁"

1.1 "一贯"的连用

就文献检索来看,"一贯"连用最早出现在先秦时期的《庄子》中:

(1) 胡不直使彼以死生为一条,以可不可为一贯者,解其桎梏,其可乎?(《庄子·德充符》)②

例(1)的"一贯"与前面小句中的"一条"对举,结构理应相同,同做动词"为"的宾语,意思也相近。清人王先谦《庄子集解》解释说:"言生死是非,可通为一,何不使以死生是非为一条贯者,解其迷惑,庶几可乎!"也就是说在庄子看来,"生"和"死"、"是"与"非","可通为一"、可"为一条贯","一"是"相同、一样"的某种东西,"一条"和"一贯"也是"同样、相同"的意思。《庄子集解》中的"一条贯"即"一贯"的意思。③在先秦时期,如例(1)表示相同义的"一贯"连用用例并不多见,仅在《韩非子》和《吕氏春秋》等文献中检索到3例,列举如下:

(2) 今商官技艺之士,亦不垦而食,是地不垦,与磐石一贯也。(《韩非子·显学》)

(3) 化未至则不知,化已至,虽知之与勿知一贯也。(《吕氏春秋·知化》)

(4) 亡国之主一贯,天时虽异,其事虽殊,所以亡者,乐不适也。(《吕氏春秋·过理》)

就文献检索看,在先秦文献中,"一贯"连用的用例尽管不多,但是这些极少的用例却是探讨"一贯"成词的关键线索。下面先看看先秦时期"一贯"的句法和语义特点。

从语义上看,参照前人的注疏可知,例(2—4)的"一贯"也应表达"相同、一样"义④;从句法功能上看,"一贯"在句子中或作宾语(如例1)或作谓语(如例2—4)。上文表相同义的"一贯"在句子中主要用做谓语,在秦汉及以后的文献中,这种表示"相同"义的"一贯"在句子中也主要充当谓语,这跟现代汉语中的用法差别较大。例如:

(5) 天有寒有暑,夫喜怒哀乐之发,与清暖寒暑其实一贯也。(董仲舒《春秋繁露·卷第十一》)

(6) 臣伏见陛下思光先绪,以典籍为本;而史书枝别条异,不同一贯。(张衡《求合正三史表》)

(7) 至于贤愚优劣,混同一贯,故马、窦二后俱称德焉。(范晔、司马彪《后汉书·卷一〇》)

(8) 审荣辱之浮寄,齐死生乎一贯。(严可均辑《全晋文·卷一百三十八》)

(9) 夫以庙堂、汾水,殊途而同归,稷、契、巢、许,异名而一贯。(姚思廉《陈书》)

(10) 性通达而渐进,博庶物而一贯。(严可均辑《全后汉文·卷九十六》)

(11) 但命轻鸿毛,责重山岳,存没同归,毁誉一贯。(姚察、姚思廉《梁书·卷一四》)

(12) 天宝中,士流之妻,或衣丈夫服,靴衫鞭帽,内外一贯矣。(刘肃《大唐新语》)

(13) 以理揆之,万物一贯也。(刘禹锡《天下论》)

(14) 上该千世,旁括百家,异流殊方,如出一贯。(叶适《宜兴县修学记》)

　　从实际语料分析来看,以上各例谓语"一贯"的前面常常有表示相反或者是含有对比意义的词语。如例(5)的"喜怒哀乐"与"清暖寒暑",例(6)的"枝别条异"(比喻头绪纷乱),例(7)的"贤愚优劣",例(8)的"死生",例(9)的"稷、契、巢、许",例(10)的"博庶物"(即万物,不同之物),例(11)的"毁誉",例(12)的"内外",例(13)的"万物"(该"万物"实际上强调不同的万物),例(14)的"异流殊方",均含有相反或对比比较意义的词语。强调相反的或者是不同的事物有贯穿其中的"一",从而关注其相同性,忽略其相异性,即可推衍出"一贯"的相同义。文献中常有"善恶一贯、彼我一贯、春秋一贯、贤愚一贯、是非一贯、君臣一贯、华夷一贯、荣枯一贯、本末一贯、中西一贯、阴阳一贯、情理一贯、心手一贯、精粗一贯"以及"首尾本属一贯、首尾起讫一贯、前后呼应一贯"等表达格式,"一贯"前明显有相反或相对的词语。

这种意义的"一贯"在《词源》和《汉语大词典》等辞书中被列为一个词条,这实际上是认可表相同义的"一贯"已经成词。本文称之为"一贯₁"。但是辞书中对"一贯"的来源却多不作说明。从文献来看,"一贯"第一次出现(见例1,《庄子·德充符》)就是一个内部结构较为模糊的语言单位。因而,有必要探讨"一贯₁"的真正来源及其词汇化的源结构。

1.2 关于表相同义的"一贯₁"来源的探讨

在较早期的先秦文献语料中,有这样的句子:

(15) 闻一言以贯万物,谓之知道。(《管子·戒第二十六》)

(16) 参乎!吾道一以贯之。(《论语·卷二里仁第四》)

(17) 非也,予一以贯之。(《论语·卷八卫灵公第十五》)

例(15)"闻一言以贯万物"的意思是听到一句话而用这句话贯穿(通)其他万事万物中去;同样,语出《论语》的例(16)和(17)"一以贯之"的意思也是用一种道理贯穿于万事万物,正如《论语》邢昺疏所言:"言夫子之道唯以忠恕以统天下万事之理。""一以贯之"从结构上看就是"以一贯之","以一"作为介词短语修饰中心语"贯之"。可见,"一以贯(之)"的句法结构应是偏正(状中)结构,表达的是"以一(一种言语、言词或精神、思想、观点等)贯穿于万事万物"。

而在语言的实际运用中,"一以贯(之)"这一格式的介词"以"可能脱落,而动词"贯"的宾语(如"之")也可能省略,这样,"一以贯(之)"就可能缩略成"一贯"了。如:

(18) 故能一贯万机,靡所疑惑,百揆允当,庶绩咸熙。(范晔、
     司马彪《后汉书·张衡传·卷五九》)

(19) 故能疏通玄理,穷综幽微,一贯古今,弥纶治化。(严可
     均辑《全晋文·卷十四》)

上两例中的"一贯……"都可以视为介词脱落,宾语未省略的情况。

(20) 是以开士深行，统以一贯；达万象之常冥，乘所寓而玄
　　 领。（严可均辑《全晋文·卷一百十》）

(21) 形有万殊，道以一贯。（张九龄《故河南少尹窦府君墓碑
　　 铭序》）

例(20)、(21)是"贯"的宾语省略而介词"以"未省略的情况。

下面三例中就更易看出"一贯"的来源和内部结构了：

(22) 今大晋阐元，圣功日济，承天顺时，九有一贯，荒服之君，
　　 莫不来同。（房玄龄等《晋书·卷六十八》）

(23) 探幽判疑，沈欲焱分。甄滞群秘，义犹一贯。（《严可均
　　 辑《全晋文·卷一百四》）

(24) 有汉之兴，虽求儒雅，人皆异说，义非一贯。（严可均辑
　　 《全隋文·卷三》）

例(22)、(23)、(24)的"一贯"就是介词"以"脱落，"贯"的宾语
省略而形成的，"一以贯（之）"→"一贯"。"一贯"内部结构的源结
构应该是偏正（状中）结构，从内部结构来源看，"一贯"是一个缩
略词。

既然相同的某种事物或观点、精神可以贯穿（通），那么语义
上，通过联想，这些被贯穿的事物或观点、精神的差别性就可能被
忽略，一致性和相同性被凸显。这样，"一贯"就具有"相同"义。
而形式上，表相同义的"一贯$_1$"从内部结构上看，是由"一以贯
（之）"格式缩略而成的，其源结构"一以贯（之）"是"以"作为介词，
介词宾语"一"提前，"一以（即'以一'）"介词短语作状语修饰中心
语"贯（之）"的偏正（状中）结构。随着语言的发展，介词"以"脱落、
动词"贯"的宾语省略，"一"和"贯"紧邻而缩略成"一贯"。除了南
北朝后开始出现的表示钱、物等数量的"一贯"以及明显作为偏正
短语使用的"一贯"之外，在明代以前，"一贯"大都表示"相同"义。
明代及以后，表示相同义的"一贯$_1$"也常有用例出现。例如：

(25) 穷通与远近，一贯无两端。（白居易《答崔侍郎钱舍人问

因继以诗》)

（26）贵此金石情，出处同一贯。（顾炎武《太原寄王高士锡
阐》）

（27）淆良疯为一贯，因内噤而成茧，此又一误也。（叶景葵
《序》）

例（26）为明代以前用例，例（26）和（27）为明代以后的用例。

2. 从"一贯₁"发展到表无变义的"一贯₂"

上文表相同义的"一贯₁"的用例中出现的事物一般都是共时
的事物，如果从共时比较来看，不同的事物之间如果在某个或某
些方面有相同之处，是可以理解的。而当表示共时相同义的"一
贯₁"较普遍使用时，就又可能会引申到用来比较的历时事物，而
不一定是共时的事物。历时的事物也有可能存在某种共同点，这
样也可以有所谓的"一"贯穿其中。请看下面的例句：

（28）自古皆一贯，变化安能推。（杜牧《杜秋娘诗》）

（29）善恶死生齐一贯，只应斗酒任苍苍。（李颀《杂兴》）

（30）偏裨表三上，卤莽同一贯。（杜甫《舟中苦热遣怀，奉呈
阳中丞通简台省诸公》）

（31）毕竟将何状，根元在正思。达人皆一贯，迷者自多岐。
（齐己《言诗》）

（32）高明之极，轨辙之间，皆一贯耳。（程颢、程颐《二程
粹言》）

（33）四科之门咸能一贯。（顾炎武《日知录·卷十九》）

例（28）的"一贯"前有"自古"和"皆"修饰，"自古皆一贯"表达
的意思是自古以来都是不变的、一样的、相同的，"一贯"表示的就
是历时的相同。例（29）—（33）的"一贯"前均有范围副词"齐、同、
皆、咸"等修饰，也含有历时（或共时历时均包含）的意味。实际

上,"一贯"还可以受表示时段的时间副词"始终"的修饰,例如:

(34) 日新又新,八十九年,始终一贯。(《大清仁宗受天兴运敷化绥猷崇文经武孝恭勤俭端敏英哲睿皇帝实录》)

(35) 夫人亲至其第,或各从尔志,愈厚其风,存殁攸同,始终一贯,斯盖有国者之典也。(李昉《册府元龟》)

(36) 程子重看一"成"字,谓到成处方是性,则于易言"成之者"即道成之,即善成之,其始终一贯处,未得融洽。(王夫之《读四书大全说·卷八》)

(37) 究竟有无凭据,深望贵大臣始终一贯,勿为流言所摇为感。(甘韩《皇朝经世文新编续集》)

(38) 集人成己。始终一贯。物不能蔽。人不能欺。(贺长龄《皇朝经世文编·卷七》)

以上用例中"一贯"作为谓语均受"始终"修饰。时间副词"始终"是一个强调历时时段的时间副词,表示从头到尾,相当于"一直"。"一贯"常受表示历时时段的时间副词"始终"修饰,就可能突出历时维度上事物的"相同"之处,这跟强调共时维度上不同事物的相同有所不同,"始终一贯"强调的是在历时维度上同一个事物在不同时间的相同。在人们的观念里,通常事物总是随着时间的推延而变化,时间变了,事物也应随之改变。但受"始终"修饰则强调了"从开始到结束"都"一贯",即从头到尾一直都相同,没有变化,这种"相同"实际上是带有一定的主观性的。这种"相同"因为存在时间的变化,所以反映到语义上就可以理解为"无变"。这样,由表共时相同的"一贯₁"就发展出表历时无变化义的"一贯₂"。不过,在句法功能上,表历时无变义的"一贯₂"仍然是主要作谓语,而在语义功能上,"一贯₂"主要是描述性的而非动作性的。

明代以后,表无变义的"一贯"又引申出表示连贯、相联的含义,例如:

(39) 盖字句虽对,而意则一贯也。(杨慎《升庵诗话·绝句四

句皆对》)

(40) 若"鸿雁几时到,江湖秋水多",意在一贯,又觉闲雅不凡矣。(谢榛《四溟诗话》卷一)

(41) "胜"、"升"古通用,谓十一月水方用事,而火气已上升也,正说"冬至火从之"之义,如此则与下文一贯矣。(俞樾《古书疑义举例·上下两句互误例》)

表示连贯、相联的"一贯"主要用于诗文的首尾、前后、上下文句的连贯相联,从认知上看跟历时无变的"一贯"有隐喻关系。

3. 反映儒家学术思想之"一贯₃"及其同"一贯₂"的融合

宋代以后,"一贯"还可以用来指代孔子的学术思想。在儒家学术思想中把孔子的"一以贯之"看作孔子的认识论命题,即用一条根本的思想贯穿于全部具体知识之中而使之成为一个知识系统。语出《论语·里仁》"吾道一以贯之"和《论语·卫灵公》"予一以贯之"等篇。"一以贯之"代表孔子的学术思想,既指认知世界的方法,又是认知世界的最高要求和最终结果。不过,在孔子学术思想体系中,"一以贯之"之"一"的具体所指究竟是什么,理解上往往有所差异,在儒学中主要有"忠恕"、"仁"、"礼"、"天命"等等解释。自从孔子提出"一以贯之"的命题之后,在儒家学术思想的发展历程中,宋儒及其后之儒学中常把"一以贯之"缩略为"一贯"来代指孔子的学术思想和儒家精神。这样的"一贯"本文称之为"一贯₃"。例如:

(42) 今若晓得一贯,便晓得忠恕;晓得忠恕,便晓得一贯。(朱熹《朱子语类》)

(43) 常自得圣人一贯之道,故无入而不自得,流俗多惑之。(陶宗仪《南村辍耕录》)

(44) 六经以一为宗,圣人以一为极,先师之一贯,宗圣之一

唯,立言经世,万古不磨。(曾巩《曾巩集·附录》)

(45) 孔子之学,一贯是宗旨,可以仕则仕,可以止则止,可以久则久,可以速则速。(邓豁渠《南询录》)

(46) 是故知一贯之教矣,圣学之功,一而已矣。(湛若水《泉翁大全集》)

(47) 此即孔门一贯之指,二十篇之中皆是此指,但未说出一贯字。后儒更谓独以一贯告曾子、子贡者,惑矣。诸生可善体认。(湛若水《泉翁大全集》)

(48) 然后知夫子一贯之指,合一之妙。(湛若水《甘泉先生续编大全》)

(49) 国英问:"曾子三省虽切。恐是未闻一贯时工夫"。先生曰:"一贯是夫子见曾子未得用功之要,故告之。学者果能忠恕上用力,岂不是一贯?"(王守仁《传习录》卷上)

(50) 诸生复有质问者曰:"曾子谓夫子一贯之道即忠恕而已者,却不知一贯与忠恕又何所分别也哉?"(罗近溪《明道录·卷之八》)

(51) 孔子以一贯传道。而曾子以忠恕说一贯。(何良俊《四友斋丛说》)

(52) 孔予以其能通乎道,故授以一贯之传。(吕抚《历代兴衰演义》)

从以上诸例中既可以看出"一贯"的所指,指代孔子的学术思想核心,也可以看出"一贯"的具体内涵,如"忠恕"。宋儒及以后的"一贯₃",也不妨看成是"一以贯之"省去介词"以"和宾语"之"的缩略形式。从内部结构看,"一贯"是缩略形式;从词性上看,这里的"一贯"是名词,因为其代表孔子的思想、精神,相当于一个专有名词,其常出现的句法格式是"一贯之 X",例如文献中常有"一贯之教""一贯之道""一贯之指""一贯之悟""一贯之旨""一贯之大旨""一贯之学""一贯之理""一贯之传""一贯之义""一贯之用"

"一贯之秘""一贯之妙""一贯之唯""一贯之方""一贯之训""一贯之语""一贯之事""一贯之法"等等,可见其在儒家文献中出现频率是比较高的。从句法功能看,在这些句法格式中"一贯₃"作定语。尽管名词可以自由地充当定语,但是如果一个名词经常作定语,它就有可能倾向于形容词化,逐渐具有属性词的性质,并可发展出"一贯 X"格式,即"一贯"直接作定语,从组合形式变成粘着形式。例如:

(53) 君子穷理致知,推己以及人,由人而及物,不皆可以一贯悟哉!(贺长龄《皇朝经世文三编·卷四》)

在语言的长期使用中,由于词形相同,来源有关联,所以先出现的表无变义的"一贯₂"或多或少地在语义上会对表孔子学术思想精神的"一贯₃"产生影响,使经常用在谓语位置上的"一贯₂"与经常用在定语位置上的"一贯₃"走向融合。当然,说二者的"融合"也是有理据可循的。从中国社会历史发展来看,孔子之学自汉"罢黜百家,独尊儒术"后成为统治阶级的主导思想,儒家思想长期占据意识形态的主导地位。宋代以后,"一贯₃"用来代指孔子之学或者孔子的认识论命题,但是这个"一"到底是指什么,有何具体内涵,似无定论,似乎也难以定论,主要有"忠恕"、"仁"、"礼"、"天命"等等不同解释。尽管对"一"的理解各家认识不一,有所分歧,但是由于孔子的认识论命题是一个已经固定化的命题,所以这个命题本身是不变的。因而,在表示无变化义"一贯₂"的促发或激发下,表示孔子思想精神的"一贯₃"可发生语义泛化,可用来泛指某种固定不变的思想、观点。因此,语义泛化后的"一贯之 X"除了可以表示已有的领属关系外,还可能表示非领属的描写性关系。可见,在"一贯₂"本身具有的无变化义的客观存在的影响下,当"一贯之 X"用来表示非领属的描写性关系时,意思成为"无变的 X"或者说"没有变化的 X"。这在五四运动前后的半文言半白话的作品里表现得尤其突出,甚至当"X"是双音节时可形成"一贯 X"格式。例如：

> （54）此吾数十年来持论之一贯精神也。（梁启超《梁启超文集·梁任公与英报记者之谈话》）

> （55）庸讵知凡一学说之立，必有其一贯之精神，盗取一节，未或能于其精神有当也。（梁启超《梁启超文集·杂答某报》）

> （56）杜鲁门宣布马歇尔赴华，将遵循对华一贯政策。（《中华民国史事日志》）

> （57）此为三年来胡（胡适）之一贯主张。（《中华民国史事日志》）

不过，尽管"一贯"充当定语的能力逐渐增强，但其充当谓语的功能仍然保留下来，或者出现"一贯"与附加的"的"组成"的"字短语共同充当谓语。例如：

> （58）日本恫吓英国，其手段殆始终一贯也。（刘禺生《世载堂杂忆》）

> （59）这三件事虽然一贯，但里头自然分出个步骤来。（梁启超《梁启超文集·人权与女权》）

> （60）这篇的考证，前文已经说过。这篇和《远游》的思想，表面上象恰恰相反，其实仍是一贯。（梁启超《梁启超文集·屈原研究》）

> （61）看来，三教岂不是一贯的。（丁耀亢《续金瓶梅·第五十五回》）

> （62）读到第三卷《谋攻篇》，颇有心得，彻悟孙子所说"不战而屈人之兵"的道理，完全和孟子"仁者无敌"的精神是一贯的，所以我的用兵更上了一层。（曾朴《孽海花》）

4. 作状语的"一贯₄"

从句法功能上看，把充当定语或谓语的"一贯"尤其是"一贯₂"分析为形容词还是有其合理性的。但是在明代的白话小说《欢喜冤家》以及清代的《蓝公案》里，出现了充当状语的"一贯"，这种出现在状语位置上的"一贯"与现代汉语中充当状语的"一贯"在句法语义上基本一致。充当状语的"一贯"可记为"一贯₄"。例如：

(63) 事也凑巧，恰好撞一贯说媒的赵老娘。（西湖渔隐主人《欢喜冤家》）

(64) 你是三十多年的老贼了，一贯拒捕，害人很多。今天是上天让你遇上我，是天意要灭你。（蓝元鼎《蓝公案》）

(65) 你们这些恶人一贯凶狠残暴，屡屡抢劫，法律已不允许你们再活下去。（蓝元鼎《蓝公案》）

从上文可知，"一贯₂"形成之后，句法上主要是作谓语，表示主语所指的某事物或某种观点、认识在历时发展中的恒定不变。随着"一贯₂"的经常使用，其无变化义得到进一步强化后，就有可能出现语义泛化，用来隐喻表示某种行为习惯的恒定不变，这样，"一贯"就可能出现在谓词性成分之前，充当状语，正如例(63)、(64)、(65)。而像例(65)的"一贯凶狠残暴"跟现代汉语中常说的"一贯正确""一贯如此""一贯狠毒""一贯嗜赌成性"、"一贯不安分守己"等已经基本一样了。

"一贯"成词以后，由于语义的泛化，句法位置的改变，句法功能上经历了从谓语到定语再到状语的变化，词性上从形容词逐渐向属性词，甚至可以看作副词演化。一般认为，词语语法化的方向总是由实到虚的，状语相对于定语来说是更加虚化的成分，符合词语语法化由实到虚的方向。而发展到现代汉语中，从句法功能看，"一贯"主要充当状语，表示（思想、作风等）一向如此，从未改变。当然，在现代汉语中，"一贯"充当定语的用法也还占有很大的比例，如"一贯作风""一贯的做法""一贯精神"等。

关于"一贯"的演变，从上文的分析中可以看出，先秦汉语中的"一以贯……"格式，经过介词"以"脱落、"贯"的宾语省略，逐渐固化或缩略为"一贯",先秦汉语中的"一以贯……"格式是"一贯"词汇化的源结构。源结构"一以贯……"用现代汉语来说,就是"以一贯穿于……",而不论这个"一"是一根绳索,还是一种抽象的思想。能被"一"贯穿的事物往往有其共性,语言使用者在运用"一贯"一词时关注的也正是这种共性,其差异往往被忽略,于是"一贯"就被赋予"相同"义了。可见,"一贯"成词时产生了"相同"义,具有"相同"义的"一贯$_1$"形成是与语言使用者的主观化分不开的。

而当"一贯"常受表示历时时段的时间副词"始终"修饰时,就可能突出历时维度上事物的"相同"之处,"始终一贯"强调的是在历时维度上同一个事物在不同时间的相同。这样,由表共时相同的"一贯$_1$"就发展出表历时无变化义的"一贯$_2$"。当用来指代孔子学术思想的"一以贯之"被缩略为"一贯$_3$"后,逐渐泛化,跟"一贯$_2$"融合,并虚化为可充当状语的"一贯$_4$"。汉语一般用两种形式描述事物,一种是作陈述语,即句法上的谓语,另一种是作修饰语,即句法上的定语和状语。在"一贯"的发展演化过程中,随着使用范围的扩张,"一贯"在不同历时时期,其句法上分别主要充当谓语、定语、状语,发展到现代汉语中其句法功能主要是充当状语、定语,有时也可以充当谓语。

5. "一贯"词汇化和语法化的动因、机制

5.1　简化表达是"一贯"成词的重要原因

从上文分析来看,"一贯"是先秦时期"一以贯……"格式的缩略形式。"一以贯……"格式在语言的长期使用过程中,介词"以"逐渐脱落,"一"和"贯"得以相邻共现,这为"一贯"的最终成词奠定了关键的一步。当"贯"后面的宾语也省略后,"一贯"就正式成词。因此,句法结构的简化表达或者说词语缩略是"一贯"成词的重要原因。当然,双音化同样也是"一贯"成词的主要机制。

5.2　"一贯"语法化的动因和机制

"一贯"成词之后,随着语义泛化和句法环境的改变,由实向虚还经历了语法化过程。在"一贯"的语法化历程中,语义认知因素和句法环境的变化起着至关重要的作用。"一贯"成词后主要沿着两条线索演化,最后两条线索又合而为一。"一贯"由源结构"一以贯……"这个状中式偏正短语词化后,在语义认知因素的作用下,其语义由"相同"义发展为"无变"义,词性上可看作形容词,句法功能上在句中主要做谓语。当"一贯"作为专名用来代指孔子的"一以贯之"的学说思想后,"一贯"变成名词或者叫专有名词,句法上一般是充当定语。同形的充当谓语的形容词性成分和充当定语的名词性成分在语义和句法的双重作用之下,合二为一,到了现代汉语中"一贯"主要充当状语、定语,而以充当状语为常。在现代汉语中,尽管"一贯"在特殊情况下可以充当谓语,但其主要功能是充当状语,或充当定语,或作为名词的构词成分,或构成"的"字短语做"是"的宾语,因而总体上可以把"一贯"归属于"属性词",即《现代汉语词典》所言:形容词的附类……属性词一般只能做定语……少数还能够做状语。

就"一贯"在现代汉语中的句法功能来看,其具有多样性和复杂性,可以充当状语、定语,甚至谓语,以致在词性上学界对"一贯"也存有形容词、属性词、副词等不同认识。通过上文的分析可以看出,这些差异实质上是"一贯"不同阶段的历时演变在共时平面积淀的结果,共时差异正是历时演变的反映。这也正是我们重视探讨汉语词汇化和语法化的目的所在。

附注

① 本文写作中得到 2008 级硕士研究生李士军的诸多支持,谨致谢忱。
② 本文语料主要来源于北京大学 CCL 语料库和"汉籍全文检索系统(第四版)"。
③ 实际上"贯"古人也有解释为"一"的。如《汉书·武帝纪》《诗》云:九变

复贯,知言之选。《荀子·天论》"百王之无变,足以为道贯。一废一起,应
之以贯,理贯不乱。不知贯,不知应变。贯之大体未尝亡也。"。杨倞注
曰:"贯,条贯也。""条贯"即一贯。针对《文心雕龙》之"故知九变之实(贯)
匪躬,知言之选难备矣。《文心雕龙集校》解释道:"一贯者,不变之常理,
与九变对文,意甚分明。舍人所谓九变之贯,即指文学原理而言。盖辞有
质文,因时而异,理无二致,不以代殊,故曰'九变之贯',犹言万变之宗也。
逸诗'九变复贯',贯亦一也,犹言九变而复于一也。数极于九,至九则复
归于一,故曰'复贯'也。"

④《吕氏春秋》高诱注:贯,同也。其所有亡之道同,同于不仁,且不知足也。

参考文献

中国社会科学院语言研究所词典编辑室编 2012　现代汉语词典(第6版)
　　[Z].商务印书馆。

李行健 2004　现代汉语规范词典[Z].外语教学与研究出版社、语文出版社。

商务印书馆辞书研究中心编 2000　应用汉语词典[Z].商务印书馆。

侯学超 1998　现代汉语虚词词典[Z].北京大学出版社。

陈昌来 2013　"近来"类双音时间词演化的系统性及其相关问题[J].上海师
　　范大学学报,第5期。

陈昌来、张长永 2009　"后来"的词汇化及相关问题[J].汉语学习,第4期。

陈昌来、张长永 2010　"由来"的词汇化及其相关问题[J].世界汉语教学,
　　第2期。

陈昌来、张长永 2011　"从来"的词汇化历程及其指称化机制[J].上海师范
　　大学学报,第3期。

罗竹风 1986　汉语大词典(缩印本)[Z].汉语大词典出版社。

词源 1988(修订本/合订本)[Z].商务印书馆。

赵吉惠、郭厚安 1988　中国儒学辞典[Z].辽宁人民出版社。

吴福祥 2004　近年来语法化研究的进展[J].外语教学与研究,第1期。

吴福祥 2005　汉语语法化研究的当前课题[J].语言科学,第2期。

吕叔湘、饶长溶 1981　试论非谓形容词[J].中国语文,第2期。

曹保平 2010　关于属性词[J].四川理工学院学报,第3期。

(本文发表于《上海师范大学学报》2014年第6期)

副词化
——兼论复杂句构造策略

陈振宇[1]　李双剑[2]([1]复旦大学中国语言文学系；
[2]上海外国语大学语言研究院,国际文化交流学院)

1. 复杂句及其向简单句的转化

1.1　小句、句子

从世界语言看,"小句"(clause)是指在逻辑上具有"真值"(truth value)的语言单位,即它所表示的事件、事件论元的指称、事件的时间、肯定或否定、程度或可能性等性质都已经得到了解释。句子(sentence)则是在小句的基础上加上言语活动的功能后形成的语言运用单位,它既是最大的语法结构单位,即它集成了所有特定的、语法化了的、稳定的语法结构,也是最小的言语单位,即它能独立担任言语活动中的一个话轮。(陈振宇,2016:2—4)

从小句到句子,有两种实现方式:1)简单句(simple sentence),由一个小句直接实现而成的句子,即在小句基础上,加上一些与言语活动有关的成分,构成陈述句、疑问句、祈使句、感叹句等不同的句类,并表达各种语气意义。2)复杂句(complex sentence),由两个或两个以上小句共同实现而成的句子。除了加上一些与言语活动有关的成分外,更重要的是如何处理这些小句之间的关系。

根据小句在句子中的不同地位,可以把小句分为三种类型:

1) 独立小句(independent clause,也译为"非依存小句"),实现为句子主干的那个小句,包括实现为简单句的那个小句,也包括在多小句中起支配、主导地位的那个小句(如主次关系中的主要小句,主从关系中的主句)。

2) 非独立小句(dependent clause,也译为"依存小句"),有时,一个小句由于缺乏某种要素,或者被加上了某种限制,或者受制于某种语用目的,无法直接实现为句子;它们必须依附在独立小句上作为该独立小句的一个部分,或者由若干非独立小句结合在一起,成为一个整体后再实现为句子。①

3) 残留小句(residual clause,"残句"或"崩塌小句"),非独立小句进一步弱化,最终完全失去了独立的谓词地位,从"降阶"(reduce)到最终被完全合并(integrated)到一个简单句中,仅在简单句中还残留有原来小句的某种痕迹。

本文研究的重点是残留小句。

1.2　复杂句的四大策略

在多小句表达过程中,小句之间之所以构成多种关系,是因为世界语言中复杂句有四种基本策略:②并列、主次、主从、合并。其中前三种可以清楚地看到每个小句的谓词,所以可以从形式上把各个小句分开。但第四种中除了主要小句,都只剩下了残句形式,所以从形式上讲,它已是简单句的模样。

对于这四种策略,每种语言进行的快慢或阶段并不一致,趋向也有所差异。大致可以分为两种情况:

第一种,尽可能或趋向于快速语法化,多小句结构以主从为主,并存在较丰富的小小句(minor clause),以及形态标记(即已经语缀化、词缀化的成分)等。印欧语言即是如此。

第二种,尽可能或趋向于慢速语法化,多小句结构以并列与主次为主,小小句、形态标记都不发达。汉语即是如此。

　　不同语法化阶段的语言,在处理同样或相似的命题语义内容时,会采用不同的策略。以英语和汉语为例:[③]

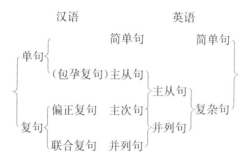

　　左列的"单句"与"复句"划分,是中国结构主义的理论思考,它的理据是:汉语母语者的感觉中,主从关系与非主从关系(主次、并列)存在较大的差异,前者在汉语口语中并不发达,汉语口语中的单句尽可能的字数少、层次少(大多是独立句或只有一层主从结构),而后者才是汉语常用的策略(如"流水句"或"多重复句")。所以中国结构主义不但在主从与非主从之间做了重大的区分(是单句与复句的区别所在),而且还诞生了发达的复句研究,并将复句内部的两个层次(偏正与联合)做出较为明晰的分化,还为它们划分了小类。另外,汉语研究者也将主从句称为"包孕复句",并将它与一般的单句(简单句)及复句区分开来。

　　而英语则以发达的"主从句"为显性特征,它既包括主从关系,也包括大部分的主次关系,所以被单独拿出来,与简单句和并列句并立。英语的并列句却相对简单得多,包括主次中的转折关系"but"和并列中的"and、or",由于它们与其他复杂句在形式上很不一样,所以英语语法把它们单列。由于英语从形式上讲主从句这个类太庞大,所以又进一步分为至少三个小类:①补足语从句和关系从句,相当于汉语的包孕复句,是单句结构;②状语从句

(与汉语的部分偏正结构,以及时间方式状语等相当),如下例 a;
③条件伴随从句(也称为"非论元型状语从句",与汉语的部分偏
正结构和部分时间连贯复句相当),如下例 b。

(1) a. Carry this as I told you to. (带上这个,像我告诉你
那样。)

I'll meet you where the statue used to be. (我会在雕像
那儿等你。)

b. Having told a few jokes, Harvey proceeded to
introduce the speaker. (说了一些笑话之后,Harvey 继
续介绍演讲人。)

If I were a rich man, I would fiddly all day long. (如果
我是有钱人,我会整天胡混。)

实际上,SOV 语言通常比 SVO 语言有更强的主从倾向,如那
些在英语中被当作并列句的,在维吾尔语中往往只有一个小句为
主句形式,其他小句的动词都要降阶,加上所谓副词化形式,成为
状语从句,也就是说,在维吾尔语中,主从关系的范围更大,虽然
并不能涵盖一切。

我们认为,一个具体语言的语法系统,并不与功能和策略类
型完全一致,这是由该语言的具体形式表现决定的。汉语、英语
的两种划分都是合乎自身语言的实际的,用一个去套另一个都是
荒唐的。

下面我们简要地介绍汉语中的四种基本策略情况,详细讨论
可参看陈振宇(2016:162—248)。

1)"并列"(coordination)策略,是让两个或多个小句共同构
成一个整体,它们各自的独立小句特征都差不多,无所谓主次,当
然也可以有时间先后、程度递进等方面的区分。如:

(2) 他性格开朗、为人豪爽大方。

我会去学校(并且)努力学习的。

　　请注意,这里讲的并列策略涉及小句,而所谓"成分之间的并列"则只是多个名词、动词、形容词的直接并列,如"张三和李四""痛并快乐""美丽大方"等,两种并列是不同的语法现象。其中动词、形容词的直接并列,有可能是直接发生的,也有可能是小句合并的结果,所以大多与小句并列采用相似的策略,汉语中都可用"并(且)、而(且)"标记;但名词的直接并列与小句合并相距更远,很可能是直接产生的,所以大多与后者采取不同的策略。汉语中"和"一般只用于名词性并列或主要论元的并列,而不用于谓词或小句的并列。由此可知,对汉语而言,把"并(且)、而(且)"与"和"划入同一个"连词"类是不合适的。例如:

　　(3) 他喜欢小玉和小妍。——名词并列

　　　　他的聪明和勇敢打动了观众。——主语并列(论元并列)

　　　　他聪明而勇敢!　　*他聪明和勇敢!　——谓词并列

　　只不过在英语中,and、or 既可用于谓词或小句的并列,也可用于名词性并列或主要论元的并列,所以常被误以为是同一范畴;但英语的这种情况并非世界语言的普遍现象。因此,更好的方法是把汉语"和、跟、与、同"称为"连接助词"(conjunctive particle),保留"连词"这一术语给那些小句、动词、形容词的连接成分。

　　2)"主次"(cosubordination)策略中,两个或多个小句共同构成一个整体,其中一个较重要,具有更多的独立小句特征,称为"主要小句",另一个称为"次要小句"。但次要小句对主要小句的依附性并不很强,甚至次要小句完全是"非独立性压制"(即加上非独立的标记)的结果,所以完全有可能稍加改造,就成为了独立小句。如"因为[生病],(所以)[小张没去]"中次要小句为"生病",主要小句为"小张没去"。

　　在汉语中,主次关系有一个优势的线性序列策略,即"偏(次)＋正(主)"语序,在常规上将主要小句放在后面,作为表述的强调的部分(带焦点的部分)。但在世界语言中,可以有相反的顺序。④

在主次小句结构中,常有表示两个小句关系的连结性成分,如连词或连结副词,即使在句中没用,也可根据语义而补出,只不过补出时根据语境可能会有歧解,如"文革"中的一句话"卫星上天红旗落地",可以补为"卫星上天后红旗落地"(时间先后)、"(苏联)因为卫星上天所以红旗落地"(因果)、"卫星上天同时红旗落地"(同时)等。大多数主次关系都涉及两个小句,它们共同构成一个"语义对子",作为一个语义整体,其语义内容是较为固定的。

主次小句之间,大多数都可以自由或较自由地互换小句的位置,不过一旦互换就会颠倒原有的主次格局,如"[小张没去],因为[生病了]"中原因小句成为了表述的强调的部分,而"小张没去"反倒成了背景与偏(次)句。

3)"主从"(subordination)策略,以一个独立小句担任主句,以非独立小句作为从句,担任独立小句即主句的一个论元。汉语中主要有主语从句"<u>你在会上乱讲话</u>很不妥",宾语从句"我不知道<u>他几点来</u>",定语从句"<u>昨天买的</u>书",时间和方式状语从句"<u>天晴</u>时它回到院子里溜溜""他<u>像只疯狗似</u>地扑了上来"。至于补语从句(如"他跑得<u>气喘嘘嘘的</u>")是否从句还有争议。

4)"合并"(integration)策略,原来的一个并列或次要或从属小句,从属化、语缀化,乃至词缀化,从小句缩减为"小小句",又缩减为独立小句上的一个补充性甚至粘附性成分,从而使两个小句变为一个小句。因此所谓"简单句",实际上有两个来源:⑤

一是从论元结构中,直接将主要论元句法化后形成的"基干句模",或称为"最简简单句",包括主语、谓词与宾语。

二是多小句合并以后产生的简单句,称为"扩展句模",或称为"复杂简单句",简称"复杂单句",它不但通过语义格标(介词)等手段将次要论元也纳入一个简单句中,而且还可以加上副词,以及实施主题化、焦点化等信息操作,从而形成一个复杂的小句或句子结构。

1.3　汉语合并策略的类型

我们认为,汉语中的合并有以下几种类型:

1) 来自连谓结构(主次)的"介词化"。如"他用毛笔写字",其中两个谓词可以有各自的名词性宾语。但当连谓式中的次要动词介词化后,原来的双小句结构就被打破,其中一个小句被合并到另一个小句中,这种演化到一定深度就产生了专门的介词,如"不可以相貌取人"中的"以",整个结构完全是一个小句,仅残留有谓词性的"以"而已。

广义的"介词化"包括两种,即狭义的"介词化"和"主题标记化"。但不论是哪一种,"不可单用"与"否定词位置固定"两个标准基本上是一致的。

A. 狭义的"介词化",必须或倾向于把否定词加在介词上,而一般不能加在后面的谓词上;但在否定时,否定的对象可以默认为后面的谓词。如"他没把作业做完"(可以否定"做完"),而一般不能说"他把作业没做完",否定的对象也可能是介词宾语,如"他没从北京过"(否定的是"北京"),一般不能说"他从北京没过"。这些介词的否定分布,是因为它与后面的谓词有紧密的句法关系,形成一个句法整体,所以否定词被"挤"到了外围,这就合乎紧缩的"连动式"的规律了,说明它们语法化程度相当地高,已不能看成汉语连谓式。实际上,这类介词大多也不能单用。

狭义的介词在汉语中有"给[受益/被动]、让[被动]、以、由[施事/路径]、被、向、用、比、把、按[方式]、照[方式]、拿、同[伴随者]、和[伴随者]、跟[伴随者]、从[源点/路径]"等。

B. "主题标记化",否定词倾向于加在后面的谓词上,而一般不能加在这个"介词"上,如"他对于集体的事不热心"就不能说成"他不对于集体的事热心"。这一类"介词"语法化程度也很高,但不是狭义上的介词，而是"主题标记"，起引入语篇主题的作用，因为主题不可以被否定，所以不能加否定词。

主题标记在汉语中有"对［对象］、对于、连［连…都/也］、同［比较］、和［比较］、跟［比较］、从［时间/方面］、在［方面］"等。

2）既可能来自连谓，也可能来自主次、主从，甚至可能来自并列的"谓词合并"，其结果可能是"谓＋谓"复合词（词干＋词干），也可能是"谓＋缀"形式（词干＋词缀），以及介于二者之间的过渡环节。又根据其功能趋向的不同，分为"状中"型、"中补"型与"联合"型三种。联合的主要是"复音词"，如"打骂、崩溃"等，来自主次的有著名的汉语"述结式"，如"打碎、唱（哭）"等，同样是述结式的"跑累、下输（棋）"是来自连谓，"来早、跑冤（路）"是来自主从。

在谓词合并中，两个谓词都进入到小句的谓词位置，共同担任小句谓词的功能，从而形成"复杂谓词"（complex predicate），又称为"复合谓词"。每个谓词原本都有自己的论元结构，在谓词合并中，有时得以保持，有时则不得不进行论元的"再构造"（reconstruction）。在汉语述结式中，这两种情况都有大量的例子。在汉语历史上，谓词合并是一个显著的语法运动，体现在谓词双音节化、述结式以及时间助词（语缀）的发展等历史进程中。

3）来自主从结构的"副词化"。这是本文要详细加以讨论的问题。

2. 副词化

2.1　副词化的本质

广义的"副词化"包括形容词做状语、狭义副词化和话语标记化等方面，它们的共同特点是将两个谓词中的一个保留为小句谓词，而将另一个谓词变为在句法上从属于小句的成分；并且副词化成分，在语义上不是小句谓词的论元，而是对小句进行修饰、说明等附带功能,并使小句的语义框架更为具体化的附加性成分。⑥

"副词化"(adverbialization)字面上可译为"状语化",但严格地讲,状语化包括状语从句、介词化、副词化等语法操作。状语从句是从属小句,介词化的功能则是为小句引入次要论元,而副词化并无引入任何论元的功能,而是对小句事件的性质进行进一步的描写与限定。

从逻辑语义上看,副词化成分是所谓的"高阶谓词",即在语义上会对小句施加影响,但具体的语义作用域则各有不同。有的会落在小句的谓词上,如下例 a,有的则落在小句的某一个论元上,如下例 b,有的则是落在整个小句上,如例 c,甚至有的副词具有连接功能,其语义作用域还包括其前或后的小句,如例 d(有下划曲线的部分就是这些"广义副词",而有下划直线的部分是它们的语义作用对象):

(4) a. 他飞快地跑进了教室

　　 b. 他只看了一本书

　　 c. 这个人啊,看上去挺不错的。

　　 d. 他七点赶到,我才放下心来。

"高阶谓词"的另一面,是指副词往往来自于原来的主句成分,它被从属化,而原来的从句反倒"上升"为独立的小句了。例如:

(5) It was slow that she walked through the stree.

　　⇒ She walked through the street slowly.

汉语副词不少都来自于原来的主句动词或助动词,如助动词"应该[1][道义情态]",本来是在谓语之前,并以后面的事件作为其宾语从句,这时"应该[1]"与其他主句结构一样,可以否定与疑问,如"他不应该[1]来。他应不应该[1]来?"但它在变成了表示认识情态的"应该[2]"后,就变成了依附性的副词,如"他应该已经来了",不可以否定与疑问,如不能说"＊他不应该[2]已经来了。＊他应不应该₂已经来了?"这一点导致了汉语副词几乎都是位于它所支配的谓语部分之前,或在整个小句之前,因为后者"本来"是它的"宾语"。

2.2 副词化的来源与过程

副词化既然是一个过程,便会存在方式与程度上的差异。

1) 副词化中最浅的语法化方式是,原主句还保留着小句的基本特征,所以从句法上讲仍是主句或连动式中的一个。如下面Akan语的例子中,是第一个动词带上一致性标记,后一动词则是简单形式,所以是主从或连动结构,但在相应的汉语或英语译文中,第一个动词的功能则是由一个副词或状语位置上的形容词来担任的。这说明至少对这些意义而言,Akan语的副词化很浅。⑦

(6) a. ɔtaa   ba   ha
      追求|第三人称|单数   来   这儿(他经常来这儿)
    b. Ohintaw   kɔ   hɔ
      藏|第三人称|单数   去   那儿(他偷偷地去那儿)

2) 动词、名词、形容词等担任小句状语,是世界语言的一个常见现象,其中时间名词、形容词做状语最为常见。在阿拉伯语中,形容词、名词在受事格中可以直接做状语,如 yadan(明天)、yoman(每天)、sariɛan(交替地)等。Trique 语则不做任何形式变化,直接以形容词做状语。⑧

很多语言通过对形容词进行句法操作来表示方式状语。如在 Tagalog 语中是在形容词上加一个 nang,如 nang mabilis(很快地)、nang malakas(大声地)、nang bigla(突然地)。英语用加后缀 - ly 来副词化。法语则加后缀 - ment,如 lentement(慢慢地)、malheureusement(不幸地)、activement(活跃地)。土耳其语则通过将形容词重叠来表示,如 yavas yavas(慢慢地)、derin derin(深深地)。⑨

在阿拉伯语中,用名词或形容词的宾格形式来充当有关事件修饰功能,如 ɣadu-ɣadan(次日)、yom-yoman(每天)、sariɛsarieam(迅速地)。⑩在英语中，today、tomorrow、yesterday 等时间名词本来自介宾结构，词汇化为名词后也可直接做状语。

在汉语中，时间名词一般是直接做状语。而形容词做状语，则可以视为介于状语从句与狭义副词化之间的现象。如果它松散一些，更多地呈现小句的特征，是状语从句；反之，如果它紧密一些，更多地呈现词汇化的功能，则更像是一个副词；下面从 a 到 c 就是这样一个过程：

　　(7) a. 他慢，再慢，再慢一点地走过去。

　　　　b. 他慢慢地走过去。

　　　　c. 您慢走。

在不少语言中，如英语中的"形容词＋ly"结构，已被视为彻底的副词形式。不过在汉语中，"AA 地"或"状态形容词＋地"重叠结构，已经副词化了还是仍是方式状语从句存在争议。因为在汉语及其方言中，"AA 的"与"AA 地"并无语音上的差异，所以"AA 地"有可能仍然是表示强描写性的状态形容词的表现方式。但汉语也有进一步地发展，当性质形容词无须重叠、无须加"地"便可做状语时，实际上已经到了"谓词合并"的地步，如"高举、快走、慢走"等。

　　3) 当充当状语的形式固化或语法化之后，它就成为专用的状语形式，包括三种成分：助动词、话语标记和狭义的副词。它们的区别主要表现在与小句动词（包括动词性的形容词）的关系上：

某些小句形式固化并固定充当语篇或言语行为的成分，一般称为"话语标记"(discourse marker)或"插入语"(interjector)。如英语的 you see/you know(你知道)、I mean(我是说)、that is to say(那就是说)、as I said(如我曾经说过那样)等。汉语话语标记"你看、你想、我看、我以/认为、我觉得、看上去、听起来"等，本是主句形式，但后来主句性质变弱，仅起到辅助性的"传信"(evidential)作用，与非论元型状语功能类似：

（8）你看　他打球　　祈使句
　　　主句　宾语从句

　　　你看，　他球打得挺好的！
　　　话语标记　　主要句子

　　助动词自身充当小句谓语核心，如英语 do、be、have、may、must 等，它们带时态、一致性标记、否定标记，而动词反而是光杆或分词形式，所以"助动词＋动词"仍保留着主从关系的基本格局，助动词为"主"，动词为"从"。汉语中情态成分很多是助动词。

　　与话语标记和助动词相比，狭义的副词粘附性更强，动词充当小句谓语核心，动词带时态、一致性标记、否定标记等，而副词采用固定的形式，仅仅是小句或句子外围的成分。

　　在不同的语言中，同一个意义可以采用不同的副词化手段。如下列由英语-ly 副词表示的意义，在汉语中要用话语标记表示，说明英语的副词化阶段更深：

（9）I honestly had no idea about that. 老实说，我真的没想到那个。

　　I'm excited about that, but frankly I wonder if I can. 我对那个很兴奋，但坦率地说，我担心自己是否能做到。

　　His voice, amazingly, sounded like he was laughing. 令人吃惊的是，他的声音听起来像在笑。

　　More than two hundred people have reportedly been killed in the last week. 据说/据报道，上周有 200 多人被杀。

　　4）更为极端的副词化，是相关成分虚化为粘附在谓词或小句核心上的词缀或附缀，也包括粘附在整个句子上的附缀。分为三种：谓词修饰成分、小句核心修饰成分和句子修饰成分。如在综合性语言中,附加在谓词上的词缀起到了英语等语言中副词的功能,如爱斯基摩语中的词缀-nirluk(糟糕地)、-vluaq(正确地)、-ɣumaaq(未来)、-kasik(不幸地)、-qquuq(可能地)等;再如 Yana 语的-ʔai(在火里)、-xui(在水里)、-sgin(清晨)、ca(a)(晚上)、-xkid(慢慢地)、ya(a)gal(迅速地)等。

法语中 y(那里)在一般情况下是在谓语前面的语缀,如下例 a、b;而在肯定祈使句中则是动词后的词缀,如下例 c。显然后者比前者语法化程度更高,这有点类似于汉语述结式中某些结果补语的词缀化:

(10) a. Elle   y   reste   aujourd'hui
　　　　她　　那儿　　待　　　今天(她今天待在那儿)

　　 b. Il   faut   y   rester   aujourd'hui
　　　　它　必要　那儿　待　　　今天(今天必须待在那儿)

　　 c. Restez-y   aujourd'hui
　　　　待—那儿　今天(今天待在那儿)

小句核心修饰成分以时态、否定最为常见。世界语言中普遍可见的时态标记,都有各自语法化的过程,如过去时可来自以下成分,它们都是极端副词化的结果。[14]

(11) a."得到"义动词,如 Khmer 语的 baan:

　　　　haəj   baan   haw   Thombaal   məək   cuəp
　　　　接着　过去　叫　　　人名　　　来　　　开会(接着叫
　　　　　　　　　　　　　　　　　　　　　　　Thombaal 来开会)

　　 b."完成"义成分,如日耳曼语族语言中的 have 或 be+过去分词结构发展为过去时意义。

　　 c."昨天"义状语名词或副词,如"巴卡语"的 ngili(名词"昨天")、-ngi(词缀"过去"):

　　　　　　pamɛ   ʔe   wətə-ngi   ngli.

　　　　野猪　　第三人称|单数经过—过去　　　　　昨天(昨天野
　　　　　　　　　　　　　　　　　　　　　　　　　猪曾经经过)

　　某些语言中的否定标记是否定助词(negative auxiliary),独
立使用,并且像其他助词一样,一旦使用,就吸引了句子的语法
项,如时、体、态、人称等到自己的身上,成为句子的核心,动词反
倒采用光杆形式,成为附着在它之上的东西,如 Finnish 语:

　(12) Luen 　"I read "　　　　En lue 　"I do not read"

　　　　Luet "Thou readest"　Et lue 　"Thou dost not read"

例中,否定词 e 带有人称词缀,构成 en 和 et;动词 lue 反倒失去人
称词缀。不过,独立否定形式往往是不充分的,如 Finnish 语中时
态是加在动词上而不是否定助词上的。否定助词也是一种十分
少见的语言现象。

　　在更多的语言中,否定句是小句核心上的附缀,称为否定小
品词,如英语的 not,"John does not smoke"。除了这些之外,英
语还有否定副词,如 hardly、raerly 等。汉语的"不、没(有)、别/
不要"都是从动词或动词性成分演化而成的否定副词,而不
是真正意义上的语缀,但它与英语的否定副词比,虚化得更
厉害些。

　　汉语副词系统语法化的特殊性是:

　　由于都是在谓词之前,所以汉语中副词或助动词都可以进一
步向附缀虚化,但又不可能真正附缀化,这样便在"谓前"位置上
"堆积"了一大堆成分,其功能相当于英语从副词到谓词性附缀的
一大片区域,而英语的副词与附缀是完全不同的两种形式,但这
些汉语形式之间却又有着巨大的同质性,表现为两点:

　　1) 一个形式往往有多个功能,如"只"既是限定副词又是语气
副词,"没"既是动词又是副词(或称为"副词化的动词"),"不"既
表否定又表语气,等等。

　　2) 这些形式大多有"浮动"(floating)可能,即交换位置以表

示不同的意义,如"不都、都不""不可能、可能不",但这种浮动
又受到功能上的限制,呈现一种大致的、不太严格的配置
层次。

上述事实表明,汉语的所谓"副词"不能按严格的词类定义去
理解,而应该视为处于不同副词化阶段的语法形式的一个相对同
质性的集合。

所谓句子修饰成分,指加在句子外围,对句子进行进一步修
饰、限定的粘附性成分,口语、韩语的"句尾"与汉语的"语气词"即
是如此。它们可能是由原来的副词在句尾虚化而来,如在一些汉
语方言中,有语用性的副词后置现象,如下面广州话的例子:

(13) 你行先。(你先走)

你拎只添。(你再拿一个)

走晒喇。(都走了)

你要识多几个同学仔。(你要多认识几个同学)

之所以认为这是语用现象,首先是适用的副词很有限,只有
几个,而该方言大多数副词是在谓词之前的;其次是后置时都有
强烈的语气功能,一般只用于祈使、感叹特殊语境之中,并且其中
有的已经发展出了语气词功能;第三,这也许是受其他语言,如壮
侗语的影响。所以我们仅把它们视为特例。

但汉语中普遍存在的句末否定词,如"你去了学校没有?"以
及由它虚化而来的疑问语气词,如"你去了学校吗/么?"就不再是
语用现象,而是完全成熟的语法化形式了。

最后需要强调一下,在语法书中归入同一范畴的形式,并非
都是同一语法化过程的产物。如上面谈到时态成分及句末语气
词可以由副词化产生,但汉语的时间性谓词附缀"着、了、过、起
来、下去"等是我们前面提到的谓词合并操作的结果,具体而言是
来自历史上的述结式,并未经历副词化阶段。再如汉语语气词
"啊"是原初性的语气词(不经虚化而是直接运用的语气词),"吧、

了₂"虽来自主句动词的虚化,但也未经历副词化。

2.3　副词化的深度

以下是语言中的副词化程度等级序列:

连动式	名词动词形容	助动词	[狭义]副词	语缀	词缀
主句形式	词小句做状语	话语标记/插入语		小品词	屈折形式

◄───►

浅   深

图 1　副词化程度等级序列

实际上,汉语副词化进程中几乎每一个等级的方式都有,如:

(14) a. 连动式前一个小句做状语:

他满头大汗(,)跑了进来。

b. 主句形式:

他,我们不知道能不能行。

c. 名词、形容词直接做状语:

人立　仔细研究　过去/刚才/未来发生

d. 名词、形容词加"地"做状语:

我们要历史地看待这一问题　人们辛勤地劳动

e. 形容词、动词重叠后加"地"做状语:

认认真真地想一想　摇摇摆摆地走了出去

f. 小句加"地"做状语:

你别像个傻小子似的向前冲　头脑发热地去投资

g. 助动词:

他可能不来　能完成任务　应该早点来

h. 话语标记/插入语:

老实说我并不怎么理解　这事儿看起来没什么大不了的

i. 狭义副词：

　　幸好　如何　白白　已经　不　没(有)

j. 更小的副词(靠近小品词)：

　　不、没、别

k. 语缀：

　　句尾语气词、句尾副词

l. 词缀：

　　一个<u>愿</u>打，一个<u>愿</u>挨。他很<u>能</u>干。

不过汉语副词化词缀是否存在是有争议的，因为对汉语而言，这只是一些词汇化现象，似乎并非语法化的产物，如上面的"愿、能"仅用在个别词或构式中，不具有普遍性。另外，汉语中屈折形式很罕见，而且"看看、漂漂亮亮"这一种是否是副词化的产物，还值得商榷，限于篇幅，此处不再详谈。

仅就汉语与英语比较，汉语也是副词化较浅的语言，即汉语在等级中偏向左边的形式方面十分发达。同样的功能汉语常常用较独立的小句或插入语，英语用副词；或者汉语用副词，英语用小品词。

2.4　以程度意义为例

下面我们来看看汉语副词化的位置，以及汉语副词化的不彻底性。汉语中较为普遍的一类现象，是表示程度的词语的位置，例句如下，其中例 a 是可前可后的，例 b 却只有在谓词之后，例 c 只能在谓词之前：

(15) a. 这孩子<u>绝顶聪明</u>——这孩子<u>聪明绝顶</u>

　　他对同志<u>无比热情</u>——他<u>热情无比</u>地和大家握手

　　他<u>过分热情</u>了——你<u>热情过分</u>了

　　晚上回来，<u>寂寞透顶</u>，心里很不痛快。

　　其母对他<u>非常疼爱</u>——这孩子三岁丧父，其母<u>疼爱非常</u>

他万分欣喜——他欣喜万分

风景极美——风景美极了

b. 其诗清丽绝伦

他热情过头了

他羡慕死了

着实可爱,令人爱煞

c. 他很聪明

裤子稍微大了一点

他十分高兴

这人着实了得

衣服顶/真时尚

实际上,b组程度词语仍是谓词性的,可以看成是对前面谓词的述谓,当然不能放在谓词之前做状语;c组是完全副词化的词语,只能放在谓词之前做状语,不能后置;只有介于中间过渡环节的a组可以两用(其中少量如"万分"是名词性的,但在谓语后也是名词性谓语)。a、b、c三组的差异实际上是副词化程度的差异,但其机制是统一的。

下面我们具体考察"甚"是如何从主句谓语副词化的。"甚"本是动词或形容词,从甘,从匹,指沉溺于男女欢情,后指过分,又指程度极高,如:

(16) 甚矣,汝之不惠。(《列子·汤问》)

孟子曰:"王之好乐甚,则齐国其庶几乎?"(《孟子》)

后一例中"王之好乐"是主语从句,"甚"是它的谓语,对"王之好乐"这事做出评价。

后来可以构成"A甚"程度式:

(17) 太傅孚奔往,枕帝股而哭,哀甚,曰:"杀陛下者,臣之罪也。"(《三国志(裴松之注)》)

于是孔甲乐甚,嘉刘累之功,赐号曰御龙。(明《夏商

野史》)

"甚"很早就程度副词化，因此它的主要用法，是在谓词之前：

(18) 当文王与纣之事邪？是故，其乱危。危者使平，易者使倾。<u>其道甚大</u>，百物不废，惧以终始，其要无咎，此之谓易之道也。(《周易》)

天地百物，皆将取焉，胡可专也？<u>所怒甚多</u>，而不备大难，以是教王，王能久乎？(《国语》)

子墨子南游使卫。关中<u>载书甚多</u>。弦唐子见而怪之。(《墨子》)

<u>行者甚众</u>，岂唯刑臣？(《左传》)

"甚"的用法体现了汉语副词化的典型方式之一：句末主句谓词前置后成为副词。如下所示：

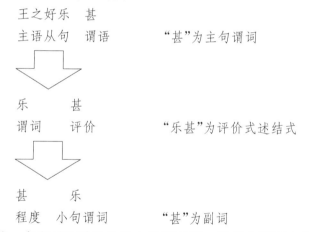

王之好乐　　甚

主语从句　谓语　　　　"甚"为主句谓词

乐　　　甚

谓词　　评价　　　　"乐甚"为评价式述结式

甚　　　乐

程度　小句谓词　　　　"甚"为副词

从这一点也可以看出为什么汉语副词一般都在谓词之前的另一个原因：这和汉语定中的语序一样，是为了将状中单一小句化，以便与主谓小句关系区别开。

但上述事实也揭示了汉语副词化的不彻底性：在同一个共时平面上，汉语往往有两种语法操作，一个是原来的非副词性操作，一个是副词化以后的操作，它们长期共存，并分担着各自的语用功能,彻底副词化的往往只是它们中的一小部分。

3.　结语

副词化作为小句之间依存策略之一的合并的类型的一种,演化过程是,原来的两个谓词,有一个保留为小句的主要谓词,而另一个则外围化,作为状语起到修饰、进一步说明的作用。副词化是对小句事件的性质进行进一步的描写与限定,因此是"高阶谓词"。广义的副词化包括形容词做状语、(狭义)副词化和话语标记化等方面。副词化作为一个过程,存在语法化词汇化的程度等级,从主句形式到词缀、语缀都可能存在,汉语的副词化进程中几乎每一个等级的方式都有,但偏向语法化程度较浅的形式,而且有很大的不彻底性。

在副词化研究中,并不承认有"副词"这一个绝对的词类范畴,而是把(狭义)副词视为语法化整体链条中的一环,向前是更为松散的合并,向后是更为紧密的合并;居于其间的"副词"的内部则被拉成一个区间,只有相对的等级,并无绝对的边界,然而这些"副词"却又有较大的同质性;与此同时,同一个形式处于不断的发展变化之中,从一种功能演变为另一种功能。应该小心提防两种错误认识:一是把汉语"副词"视为完全同一的范畴实体,二是把汉语"副词"彻底取消。我们应该看到的是:没有"同"就没有相互演化的基础,而没有"异"则根本不可能相互演化。

对于汉语,我们还要更多地关注语言事实,尤其是承认汉语"谓前"成分的"堆积"现象,它将其他语言中许多不同层次的功能都放到了一起,从而自然聚合为一个"副词"类,它是汉语语法化演化核心链条之一,各种形式在这里交换功能,最大程度地避免了形式上的制约,而纯由功能上的关联关系来操作。如果对汉语的这一观察是正确的,这将是对世界语言类型研究的巨大贡献,也是今后研究的重点之一。

附注

① Payne(1997:306)认为,独立小句(independent clause)在形态发达的语言中就是小句在句法上具备完备的屈折(fully inflected)形式并且能够独立进入语篇,实际上就是论元结构,定式项等小句层次的语法项目完整的小句;而非独立的小句,又称为依存小句(dependent clause),是缺少某些小句层次的信息,不能独立进入语篇,必需依靠其他小句才能得到阐释的小句。

　　请注意,完全的独立与完全的依存之间是一个连续统,存在着各种中间状态的半独立小句,这是因为一个具体语言往往不是只有两种小句表达形式,而是常会采用各种独立或去独立的语法手段,每种手段的独立性并不一致。因为西方研究者们最先研究的是完全独立的小句(简单句),所以把这些手段称为"去句化"(desententialization),或称为"取消小句独立性"的语法操作。参看 Lehmann(1988:181—225)、Haboud(1997)的研究,以及高增霞(2003、2006:116—141)及朱庆祥(2012)的介绍。

② 前三种策略,在语法书中多有提及,参看 Whaley(1997/2009 第 15、16 章)、Robert(2007)以及方梅(2008:291—292)的介绍。但最后一种一般是在简单句中讨论。Foley 和 Van Valin(1984)用依存和嵌入两个特征来定义前三种类型:主从关系是[＋依存,＋嵌入],并列关系是[－依存,－嵌入],而主次关系是[＋依存,－嵌入]。

③ 另参看王春晖(2009:14)的"国际范式",本书与这一范式有一定的差异,但基本认识一致。

④ 王力(1989:337—338)认为,汉语的条件式和让步式复句中从属分句在前,主要分句在后,但"五四"以后,由于汉语受到西洋语言的影响,从属分句有了后置的可能。

⑤ 范晓(1996)认为,句子深层语义中有"动核结构"(还包括"名核结构"),它通过句法结构显示,成为句模结构。这尤其反映为"基干句模"中的"基底句模"。

　　学界一直认为复杂单句是一种"扩充"(或称为"扩展")的过程:首先得出核心结构,然后在不受语境影响时,把非核心的成分插入核心结构中,从而得到一个扩充了的基本结构,最后再在语境影响下,通过移位、加上外层结构等方式生成最终的实际的句子。这种思路的一个新版本是鲁川、缑瑞隆、刘钦荣(2002)中的"基本句模""里层句子"和"表层句子"。

⑥ 生成语法中称为 VP 的"附加语"(adjunct)。

⑦ 例引自 Paul & Timothy(2007:22)。纯粹从形式的角度看,这一类型与所谓"副词"并不相干,所以也可以认为它就是一个主从结构。但从功能上讲,这种结构与典型的主从句有很大的不同,其中最为重要的,是后面的动词不是该语言典型的从句形式,而是一个光杆形式,这和助动词的情况很相似。

⑧ 例引自 Paul & Timothy(2007:21)。

⑨ 例引自 Paul & Timothy(2007:20—21)。

⑩ 例引自 Paul & Timothy(2007:21)。

⑪ 参看陈振宇(2007:296—297),其限制条件是,这些原来的主句结构上,不能再有时间性或描摹性状语等成分,仅以光杆谓词或加"不"的简单否定形式呈现,在功能上起言语活动的作用,或表示信息来源,或表示与听者的互动关系,等等。

⑫ 例引自 Paul & Timothy(2007:22)。

⑬ 例引自 Paul & Timothy(2007:53)。

⑭ 例引自 Bernd & Tania(2012:199、315、434)。

⑮ 例引自 Dahl(1979)。

⑯ 关于汉语的否定词是副词的论述,参见陈振宇、陈振宁(2015)。

⑰ 参看张谊生(2000),据其统计,有"极、透、死、煞、坏、甚、尽、透顶、绝顶、绝伦、万分、非常、异常、无比、过分"等。

参考文献

陈振宇 2007 《时间系统的认知模型与运算》,学林出版社。

陈振宇 2016 《汉语的小句与句子》,复旦大学出版社。

陈振宇、陈振宁 2015 为什么"不、没(有)₂、别"是副词而不是附缀——汉语句子结构的类型,《语言研究集刊(第十四辑)》,上海辞书出版社。

范晓 1996 句模、句型和句类,见范晓《三个平面的语法观》,北京语言文化大学出版社。

方梅 2008 由背景化触发的两种句法结构——主语零形反指和描写性关系从句,《中国语文》第 4 期。

高增霞 2003 《现代汉语连动式的语法化视角》,中国社会科学院研究生院博士学位论文。

高增霞 2006 《现代汉语连动式的语法化视角》,中国档案出版社。

鲁川、缑瑞隆、刘钦荣 2002 汉语句子语块序列的认知研究和交际研究,《汉语学习》第 2 期。

王春晖 2009 《汉语条件句的结构与功能》,中国社会科学院研究生院博士学位论文。

王力 1989 《汉语语法史》,商务印书馆。

张谊生 2000 程度副词充当补语的多维考察,《世界汉语教学》第 2 期。

朱庆祥 2012 《现代汉语小句的依存性与关联性——基于分语体语料库的研究》,中国社会科学院研究生院博士学位论文。

Bernd, Heine and Tania, Kuteva 2002 *World Lexicon of Grammaticalization*. Cambridge:Cambridge University Press.(《语法化的词库世界》,龙海平、谷峰、肖小平译,世界图书出版公司北京公司,2012 年。)

Dahl,Osten 1979 Typology of sentence negation. *Linguistics* 17.

Foley,William A. and Robert D. Van Valin. jr. 1984 *Functional Syntax and Universal Grammar*. Cambridge:Cambridge University Press.

Haboud,Marleen 1997 Grammaticalization,clause union and grammatical relations in Ecuadorian Highland Spanish. In Talmy, Givón ed., *Grammatical Relations:a Functionalist Perspective*, Amsterdan;Philadelphia:J. Benjamins,199—227.

Lehmann,Christian 1988 Towards a Typology of Clause Linkage. In John Haiman and Sandra A. Thompson eds. , *Clause Combining in Grammar and Discourse*. Amsterdan:J. Benjamins.

Paul,Schachter and Timothy,Shopen 2007 Parts-of-speech Systems. In Timothy Shopen(ed.)*Language Typology and Syntactic Description*(*2nd edition*)*Volume* Ⅰ:*Clause Structure*. Cambridge:Cambridge University Press,1—60.

Payne,Thomas 1997 *Describing Morphosyntax:A Guide for Field Linguistics*. Cambridge:Cambridge University Press.

Robert,E. Longacre 2007 Sentences as combinations of clauses. In Timothy Shopen(ed.)*Language Typology and Syntactic Description*(*2nd edition*)*Volume* Ⅱ:*Complex Constructions*. Cambridge:Cambridge University Press,372—420.

Whaley,L. J. 1997 *Introduction to Typology:The Unity and Diversity of Language*. California:Sage Pulications,Inc.(《类型学导论——语言的共性和差异》塞奇出版公司,世界图书出版公司,2009 年。)

主观性与副词描写的精细化
——以"可是"为例[*]

丁　健(中国社会科学院语言研究所)

1. 引言

"可是"在现代汉语共时平面中有连词和副词两种语法属性。例如:

(1) 他论文虽然发表得不多,可是学问非常高。

(2) 我可是没说过这话啊,你不能冤枉我。

例(1)中的"可是"是一个表示转折的连词。至于例(2)中的"可是",在《现代汉语词典》(第6版)、《现代汉语规范词典》(第2版)、《现代汉语八百词》(增订本)、《现代汉语虚词词典》(侯学超编)和《现代汉语虚词词典》(朱景松主编)等常用的词典中都解释为:表示"强调语气"的副词,相当于"真是、实在是"等。

将副词"可是"的意义概括为"强调语气",固然不能说错,但却过于笼统、不够细致。因为除了表达强调语气外,"可是"更主

＊ 本文初稿曾在"首届主观化理论与汉语语法研究学术研讨会"(2014年11月21—24日,山东威海)上宣读,承蒙王珏、张谊生、吴福祥、完权、乐耀诸位先生提出宝贵意见,谨此致谢。文中尚存问题,概由本人负责。

要的功能在于表达话语中所负载的说话人的态度和评价等。例如：

　　(3) 这一回，你可是赔了夫人又折兵啊。

　　(4) 你说以前见过我，我可是从没见过你啊。

　　例(3)中的"赔了夫人又折兵"是说话人对听话人"你"作出的评价，"可是"的使用表达出说话人认为这一评价"合理"的主观态度。例(4)中的"可是"不仅强调了"我从没见过你"的真实性，而且还表达出说话人认为对方话语"出乎意料"的主观评价。

　　Lyons(1977:739)指出，"说话人在说出一段话的同时表达了自己对这段话的评价和对所说内容的态度。"这些话语中所包含的"说话人'自我'的表现成分"(沈家煊 2001)就是语言的"主观性"(subjectivity)。

　　Lyons(1982:102)进一步指出，"自然语言用结构和通常的运作手段作为表达言内施事(locutionary agent)自我及其态度、信念的方式。"也就是说，语言结构本身就可以用来表达主观性。汉语中表达主观性的手段也很丰富，李善熙(2003)提到有语音手段、词汇手段、语序手段、重叠手段和语气词等。此外，情态动词、副词、连词和一些构式也是表达主观性的重要手段。从例(3)和例(4)来看，副词"可是"也是一种主观性的表达手段。

　　尽管已经有学者指出，主观性和主观化是导致副词"可是"语法化的主要动因(姚小鹏 2007)，但也仅限于历时平面的讨论，并没有将"可是"在共时平面上的各种主观性用法及其主观性程度的差异都描写出来，也没有讨论主观化的过程是如何发生的。但是，像例(3)和例(4)那样在主观性表达上的细微差异，正是副词"可是"意义的关键所在。如果忽略这些差异而笼统地概括为"强调语气"的话，就会影响到学习者对"可是"的掌握。

　　本文将积极运用主观性理论及相关的功能语法学概念对副词"可是"展开细致、深入的描写和分析，以期从主观性的角度来更为准确地认识和把握"可是"的意义和用法特点。

2. 主观性用法

例(3)和例(4)中的"可是"虽然都表达了说话人的主观性,但其具体的意义却是不同的。比如,例(4)中带有"出乎意料"的主观评价,而例(3)中就没有。那么,副词"可是"在主观性的表达上可以归纳为几种不同的意义或功能呢?本节就具体来讨论这个问题。

2.1 主观认识

上文提到,许多词典都认为副词"可是"的功能是表达"强调语气",但却没有说明"可是"强调的内容是什么。通过对语料的分析,可以发现,"可是"强调的是说话人的主观认识,具体表现为以下两个方面。

一是强调事件的真实性。例如:

(5)他可是没透出慌张来,走南闯北的多年了,他沉得住气,走得更慢了。(老舍《上任》)

(6)程女士朝乔治冯笑了笑:"我今天可是要亲手下厨了。"(徐贵祥《历史的天空》)

例(5)中的"可是"表达了说话人对"他没透出慌张来"这一事件真实性的高度确认,后续小句中还给出证据来说明说话人作出这种确认的理由。例(6)中的"可是"也是说话人对"我今天要亲自下厨"这一事件真实性的强调。如果将例(5)和例(6)中的"可是"都删去,句子仍然能成立,而且句子的真值条件义也不变,但在主观性表达上却是截然不同的。如例(5′)和例(6′)所示,没有"可是"的句子仅仅是陈述一个事实,不带有说话人主观上的态度。

(5′)他没透出慌张来,走南闯北的多年了,他沉得住气,走得更慢了。

（6）程女士朝乔治冯笑了笑："我今天要亲手下厨了。"

可见,例（5）和例（6）中"可是"的作用在于：表明其所在小句内容上的真实性是说话人着意强调的。

需要注意的是,"可是"所强调的事件真实性,仅限于说话人的认知范围之内,有时也未必是客观事实。例如：

（7）甲：老陈怎么可能对长春不熟悉？他可是在那儿住了两年多呢。

乙：你搞错了,他是在长沙住了两年多,不是长春。

例（7）中,甲用"可是"来强调"老陈在长春住了两年多"这一事件是真实可信的,但这种认识却与客观事实不符,随后就被乙纠正了。这一点也体现出了"可是"的主观性,即"可是"所强调的并不是客观事实,而是说话人主观认识下的"真实"事件。

二是强调评价的合理性。例如：

（8）孙生旺忙说："伪村长王怀当可是早该杀啦！"（马峰《吕梁英雄传》）

（9）大军渡黄河的时候,孟明视对将士说："咱们这回出来,可是有进没退,我想把船烧了,大家看怎么样？"（《中华上下五千年》）

与例（5）—例（7）所不同的是,例（8）和例（9）中"可是"所强调的"早该杀啦"和"有进没退"都不是真实的事件,而是说话人在主观推理的基础上对相关的人物（王怀当）或事件（咱们这回出来）作出的评价。因此,"可是"在这里的作用也不是强调事件的真实性,而是强调评价的合理性,即说话人强调自己作出的某种评价是显然成立的。

可见,以往所说的"强调语气"实际上是说话人主观上对事件的真实性或评价的合理性进行强调而产生的一种表达效果。

2.2　主观对比

表强调义的副词"可是"也可以出现在对比性的语境中,即

"可是"所在的小句与前一小句在内容上构成了正反相对的语义关系。例如：

(10) 柜房和东间没有灯光,西间可是还亮着。(老舍《骆驼祥子》)

(11) 您的命金贵,我的命可是不值钱。(毕淑敏《女人之约》)

上述两例都是就同一类事物的不同个体在同一特征上的不同表现所进行的对比。例(10)对比的是"房间是否亮着灯",例(11)对比的是"命是否值钱"。不过,这里的"可是"仍表强调义(对"西间亮着灯"和"我的命不值钱"进行强调),而不表对比。因为即便删除这两个"可是",句子仍然成立,而且前后两个命题的真值义之间也还是对比关系。例如：

(10) 柜房和东间没有灯光,西间还亮着。

(11) 您的命金贵,我的命不值钱。

也就是说,对比关系与"可是"无关,而是通过意义上正反相对的词或短语来表达的,比如例(10)中的"没有灯光"和"亮着",例(11)中的"金贵"和"不值钱"。

在言语表达中,"整体的构式义与其组成成分义之间在语义上要和谐"(陆俭明 2010:187)。对比句的表达重心在于前后相反的语义关系,而不是只凸显或强调其中某个对比项的语义。在"语义和谐"这一需求的促动下,"可是"的强调义在对比句中就会逐渐减弱,而"语义很弱时的虚词又很容易把语境的意义吸收进来"(Bybee, et al. 1994:294—295)。这样,语境中的对比义就会逐渐"语义化"(semanticized)为"可是"的新义项。[①]例如：

(12) 虽然还差几分钟才到九点,堵西汀可是等得已十分不耐烦了。(老舍《蜕》)

(13) 在法国,人们把葡萄酒生产者的作坊称作庄园。虽然都叫庄园,规模可是有大有小。(新华社 2004 年新闻稿)

例(12)、例(13)和例(10)、例(11)在对比关系的表达上是不同的：例(10)、(11)是将前后两个小句的内容直接进行对比;而例(12)、(13)中前后两个小句间并不构成对比关系,所对比的是后一个小句的内容和句中隐含的说话人的常理性预期。例(12)中隐含的常理性预期是"在九点钟之前等没必要不耐烦",例(13)中隐含的常理性预期是"庄园的规模应该一样大"。例(12)和例(13)的后一小句都提出了与人们的常理性预期相悖的情形,表达的是一种"反预期"(counter—expectation)信息。

　　可以看到,例(12)和例(13)中"可是"在使用时,前一小句还有"虽然"与之相配合。这表明这里的"可是"已经在某些程度上具备了转折连词"可是"的特征,如例(1)所示。[②]如果将例(12)和例(13)中的"虽然"和"可是"都删掉,这种"预期—反预期"的对比语义关系也就不存在了。例如:

　　(12) 还差几分钟才到九点,堵西汀等得已十分不耐烦了。

　　(13) 在法国,人们把葡萄酒生产者的作坊称作庄园。都叫庄园,规模有大有小。

　　例(12)中前一个小句提供了一个时间背景,而后一个小句则陈述了"堵西汀"在该时间背景下的状态。例(13′)也是直接向听话人陈述"(庄园)规模有大有小"的事实。

　　也就是说,例(12)和例(13)中的对比义,不像例(10)和例(11)中那样是由表达句子内容的词汇或短语所体现出来的,而是专门用"可是"来表达的。

　　由于预期是一种"与人的认识、观念等相联系的抽象世界"(吴福祥 2004),具有主观性,因此可以将"可是"提出一种反预期的情形来与人们的常理性预期进行对比的表达功能称为"主观对比"。

2.3　话语标记

　　在话语交际中,"可是"还可以充当"组织谈话单位","为进行中的谈话提供语境坐标"的话语标记(discourse marker)

(Schiffrin 1987:31,315)。这主要表现在话题的处理上。例如:

> (14) 从结婚起,我就把工资卡上交。她花钱可是一点都不心
> 疼的,每月单是长途电话费就要花去两千多元。……
> (《新闻晨报》2004 年 7 月 27 日)

例(14)中,说话人开始并没有谈论"花钱"的话题,但是根据
人们的百科知识,"把工资卡上交(给她)"与"(她)花钱"之间是存
在着某种认知上的联系的。副词"可是"在这里的作用就是激活
认知网络里潜在的谈论对象"花钱",并使其"前景化"
(foreground)为话题。后面的"每月单是长途电话费……"则是对
这个话题的阐述。

除了引出话题外,"可是"还具有切换话题的功能。例如:

> (15) ……他原来在保定一家医院里拉药抽屉,手艺儿自然不
> 高,为人可是十分热情。不管早起夜晚,谁家有了病人,
> 去个小孩子请他,也从来没有支吾不动的时候。(孙犁
> 《风云初记》)

例(15)中,开始谈论的话题是"手艺",说话人用"可是"来控
制话题的切换,将当前谈论的话题从话语中撤出,并引入一个关
于"为人"的新话题。在话题切换之后,说话人又接着说明了"为
人"的情况,"不管……"就是对新话题的进一步展开。

在引出或切换话题的同时,"可是"还指示了说话人对听话人
的态度。为了达成交际目的,说话人在言语交际中需要考虑听话
人的感受,并对话语编码的方式进行调控。如果说话人在听话人
毫无准备的情况下直接引入一个话题,或是直接将当前话题切换
为另一个话题,就会使听话人觉得突兀和生硬,甚至还会影响话
语交际的顺利进行。

相反,如例(14)和例(15)所示,说话人在进行话题处理之前
以"可是"作为信号来提示听话人,就给听话人提供了心理上的缓
冲和接受新话题的准备。因此可以说,话语标记"可是"是说话人

用以明确自己对听话人进行关注的一种语言形式,体现了一定的
"交互主观性"(intersubjectivity)。③

3. 主观性程度的差异

上一节中分析并归纳了"可是"在主观性表达上的三种功能,
即:主观认识、主观对比和话语标记。本节将进一步讨论这些用
法在主观性程度上的差异。

3.1　传信与情态

"可是"用作"强调事件的真实性"时,主要表达说话人对事件
是否已经发生或将会发生的强烈肯定,不存在主观推理。比如,
例(3)中的"可是"是对事件已经发生的肯定,例(6)中的"可是"是
对事件将会发生的肯定,而例(2)中的"可是"是对事件未曾发生
的肯定。

说话人对事件真实性的确认必须基于一定的客观事实,比如
例(5)中的"走得更慢了"就是说话人用以确认"他没透出慌张来"
的真实性的一个客观依据。也就是说,"可是"的使用突出了说话
人对信息来源真实性的关心。这种用法直接反映了传信范畴
(evidentiality)的语法表达(张伯江 1997),虽是主观性用法,但仍
具有较强的客观性。

"可是"用作"强调评价的合理性"时,主要表示说话人对自己
所作评价的高度自信,而且这种评价是建立在某种主观推理的基
础上的。比如例(9)讲的是"崤之战"的故事,秦国大将孟明视曾
三次败给晋国,但秦穆公都没有治他的罪,反而委以重任。这使
他内心很过意不去。当第四次与晋国交战时,他就有了"这次不
打胜仗就以死谢罪"的想法,因而作出了"咱们这回出来有进没
退"的主观评价。

因此,像例(9)中这样的"可是",在使用时更侧重于表达说话

人的主观感受和态度,属于情态范畴(modality)中认识情态(epistemic modality)的语法表达(参看沈家煊 2001)。相对于表传信范畴的"可是"而言,表情态范畴的"可是"具有更强的主观性。

因此,从传信表达和情态表达的角度来看,强调评价合理性的"可是"在主观性程度上要高于强调事件真实性的"可是"。

3.2　元语用法

"可是"在表达主观对比的同时还负载了说话人对话语本身的评价。这种评价的产生与"老套模式"(stereotypes)有关(参看 Lakoff 1987:168—169)。

无论是行为的实施还是话语的表达,都必须具备一定的适宜条件(felicity conditions)。在特定的言语社会中,人们会基于自身对客观世界的认识和经验建立起有关某种适宜条件与其相关结果之间常规关系的老套模式,而且这种模式为广大社会成员所认同。当人们已知某个条件时,往往就会套用老套模式对相关的结果作出预期。如果发现话语中表达的实际结果与预期结果相反的话,如例(12)和例(13)所示,就会导致说话人作出"不合常理,出乎意料"这样的评价。

虽然强调评价合理性和表达主观对比这两种用法中都含有说话人的评价,但它们评价的对象和方式却并不相同。前一种用法中,说话人直接对某种事物或事件进行评价,这种评价可以看作是说话人对相关事物或事件的一种陈述。"可是"在句中只起强调作用,并没有评价的功能。后一种用法中,说话人评价的对象不是话语中所谈及的事物或事件,而是话语本身的语义搭配关系,评价方式也不是直接的,而是间接地通过"可是"表达出来,而且话语中并不出现说话人评价的内容。这种评价可以看作是说话人对命题的引述。例如:

(16)这个十七岁的小伙子还满身的孩气,心眼里可是挺有见

识。(吉学霈《两个队长》)

(17) $[C_2[C_1$这个……心眼里 Ø 挺有见识。](这)可是(出乎意料的)。]

例(17)是对例(16)中引述评价模式的图示。说话人先引出相关的话语内容 C_1，再对 C_1 本身进行评价，得到 C_2，即认为 C_1 中"满身的孩气"和"心眼里挺有见识"这两个小句的命题意义搭配在一起是"出乎意料"的，违背了人们的常理性预期"满身孩气的十七岁小伙子不会有见识"。"(这)"是对 C_1 的指代，用来表示说话人在心理上有一个引出话语的过程。但在实际话语例(16)中，话语的引出和评价的内容都没有出现，而是单由"可是"隐性地表达出来的。"Ø"表示"可是"进入句子后的位置。

相对于强调评价合理性的"可是"只强调却不评价的表达功能而言，表达主观对比的"可是"具有对话语本身进行评价的功能，传递了"关于语言本身传递信息的情况"，是一种元语(meta—language)用法(参看沈家煊 2009)，其用意不在传递命题内容，而在表达主观评价，因此也具有更强的主观性。

3.3　交互主观性

用作话语标记的"可是"是一种交互主观性的表达手段，"特别关注听话人的面子或自我形象"(Traugott 2003)，因而在对说话人"视点"(point of view)的表现上与表达主观认识和主观对比的"可是"都不相同。

视点是说话人对话语进行表达的出发点。在表达主观认识时，说话人的视点在话语内容，即说话人以一个"报道者"的身份向听话人陈述或评价某个事物或事件。话语中的主语可以与说话人重合，如例(6)所示，也可以与说话人相分离，如例(5)所示。

在表达主观对比时，说话人的视点已经由话语内容转向了语言本身。说话人将自己对语言本身搭配关系的评价信息传递给了听话人。话语中的主语实际上是说话人所引出的整个部分，如例(17)中的 C_1 所示。

话语标记"可是"的主要功能是引出或切换话题,属于语篇功能。在表达语篇功能时,说话人的视点也在话语本身。但出于对听话人的考虑,说话人要做到话语组织与听话人的认知相协调,以达到顺利交际的目的。因此说话人的视点就会在话语内容与听话人之间来回移动。这样,"可是"就在语篇功能的基础上衍生出了人际功能。主要表现为以下两个方面:

一是提请注意。如例(14)所示,"可是"的表达效果是提请听话人注意现在开始谈论的这个话题。这个话题是说话人表达的重点,因此也希望听话人能对此加以关注。

二是缓和语气。如例(15)所示,说话人在切换到新话题之后用"可是"停顿了一下,暗示听话人下面是关于这个新话题的陈述,在一定程度上起到了缓和语气的作用。

无论是视点移动还是人际功能,都体现了说话人对听话人的关注。相比只关注话语内容或语言本身的主观态度而言,这种交互的主观态度具有更强的主观性。因此,用作话语标记的"可是"在主观性程度上是最高的。

4. 主观化的过程

"主观化"(subjectivisation)是指语言在实现主观性的过程中采用了哪些结构和策略,或者是经历了哪些相关的语言演变过程(参看 Finegan 1995)。主观化的过程使得"意义变得越来越依赖于说话人对命题内容的主观信念和态度"(Traugott 1995)。"可是"的几种主观性用法也是经历了一系列主观化过程的结果。本节就重点来讨论"可是"的主观化过程是如何发生的。

4.1　语义保持

Hopper(1991)提出的语法化原则中有一条"保持原则"

(principle of persistence)，是指由实词语法化而来的虚词，会保持原来实词的一些特点。

实际上，不仅是实词，虚词的意义也可以在语法化的过程中得到保持。汉语中有许多双音节虚词在语义上都等同于原结构中的单音节虚词，比如"但是"和"但"，"虽然"和"虽"，"因此"和"因"等。这些虚词的原结构都是由一个单音节虚词和一个单音节实词（主要是判断动词或指示代词）所构成的跨层结构。在词汇化和双音化的过程中，原结构中实词的语义彻底虚化，而原结构中虚词的语义则保持下来作为新的双音节虚词的语义。

"可是"也是如此，而且跨层结构的"可是"在现代汉语中仍然存在。例如：

(18) 这里既由我当家，我就不好意思跟你吵嘴。这可是个错误。（老舍《四世同堂》）

例(18)中的"是"是判断动词，"可"是表强调义的副词，修饰后面的"是NP"。副词"可"在句中的作用是强调说话人所作判断的真实性，带有说话人的主观态度。

随着词汇化程度的加深，"是"的语义不断虚化乃至消失，原先的跨层结构"可是"也被重新分析为一个双音节副词"可是"。判断动词"是"后面跟的是NP，但是作为副词的"可是"后面修饰的是VP。因此，在词汇化的同时，"可是"后面的成分也由NP向VP发生转变，如例(5)和例(6)等所示。词汇化之后的副词"可是"仍表强调义，但由于"是"的判断动词义已经消失，"可是"的作用也就由强调判断的真实性变成了强调说话人所说事件的真实性或是强调说话人所作评价的合理性。可见，"可是"的这种主观性用法是副词"可"语义保持的结果。[①]

4.2　语用推理

Traugott(1995)强调语用推理（pragmatic inference）在主观化过程中所起的作用，认为语用推理反复运用的结果就形成了主

观性的表达手段。在继承了"可"的主观性用法之后,"可是"也在
语用推理的作用下发展出了主观对比和话语标记的用法。

4.2.1　情理诱导推理

"情理"也就是上文中提到的常理性预期或"老套模式"(参看
3.2节)。人们习惯于从情理出发来认识世界,当说话人发现实际
情况与情理不符时,就会认为这是"不合常理,出乎意料"的。"可
是"表达主观对比的用法正是情理诱导推理的结果,这在3.2节
中已经讨论过了。

沈家煊(2001)指出,"语用推理的产生是由于说话人在会话
时总想用有限的词语传递尽量多的信息,当然也包括说话人的态
度和感情"。这就是单用"可是"就可以将隐含了的预期信息和主
观评价都表达出来的原因。同时,听话人之所以单凭"可是"就能
解读这些隐含的信息,关键在于"情理"是听说双方所共享的背景
知识。

情理诱导推理所引发的"不合常理"的主观评价,以及由此产
生的"转折"义在人类语言中非常普遍,可以找到大量的证据。这
里再举一个英语里的例子:

(19) Mary read while Bill sang.(玛丽看书的时候比尔在
唱歌。)

例(19)中,如果不受特定情理的诱导,那么 *while* 就是连接
Mary read 和 *Bill sang* 这两个动作的并列连词,并表示这两个
动作是同时发生的。但如果说话人受到"别人看书的时候不应该
唱歌影响他(她)"这一情理诱导的话,那么就会对例(19)的话语
本身产生"不合常理"的主观评价,与此同时 *while* 也变成了一个
转折连词。

4.2.2　回溯推理

与表达主观对比的"可是"不同,用作话语标记的"可是"不是
在情理诱导推理的作用下产生的,而是回溯推理(abduction)的

产物。

回溯推理是基于常识或事理,从已知结果出发来寻求其最佳解释的一种推理模式(参看沈家煊 2003)。其推理过程如下:

(20) 前提:如果 p,那么 q;结果:q;推论:很可能 p。

回溯推理是一种或然性推理,其特点是可以从充分条件假言推理的肯定后件得到肯定前件,因此所推导出的命题不一定为真。不过,这种推理在日常生活中十分常见,对语言演变的影响也很大。比如,基于"天上下雨,地上会湿"的常识,如果有人看到"地上是湿的",那么就会作出"很可能下雨了"的推论。当然,导致"地上湿"的原因不一定就是"下雨"。

再回到"可是"的问题上来。徐烈炯、刘丹青(1998:97)指出,话题焦点具有"只有对比没有突出"的性质。基于这一认识,当人们已知表主观对比的"可是"也具有只表对比不表强调(突出)的性质之后,如例(12)和例(13)所示,就可以推论出"'可是'很可能是话题焦点"。

话题焦点的语用意义可以描述为"现在谈论一个(与对比对象)不同的话题,请注意我们对它的(与对比对象)不同的陈述"(徐烈炯、刘丹青 1998:228)。然而,话题焦点所标示的话题的"被比对象"既"可以隐含在背景知识中,也可以说出来"。(徐烈炯、刘丹青 1998:98)例如:

(21) a. 周末啊,人很挤。

　　　b. 平时啊,人倒挺少;周末啊,人很挤。

例(21a)中的话题焦点是"啊",其所标示的话题"周末"是与"平时"相对比的。作为被比对象的"平时"在(21a)中是隐含的,而在(21b)中则是出现的。

因此,在话题的处理上,当话题的被比对象隐含时,话题焦点的功能是引出一个话题;而当话题的被比对象出现时,话题焦点的功能就是将旧话题切换为一个新话题。同样,表主观对比的

"可是"在溯因推理为话题焦点之后也就具有了引出或切换话题的两种功能,如例(14)和例(15)所示。

需要注意的是,表主观对比的"可是"与用作话语标记的"可是"之间并不存在着衍生关系,两者都是由表主观认识的"可是"发展而来的。只是由于起作用的语用推理的类型不同,因而导致了两者的功能也不同。

5. 结论和余论

综上所述,副词"可是"在共时平面上具有表达主观认识、主观对比,以及用作话语标记等三种用法。其中,主观认识的表达又包括强调事件的真实性和强调评价的合理性这两种用法。"可是"的这些用法都负载了说话人的主观态度或主观评价,具有主观性。而且,它们在主观性程度上的表现也是有所差异的,可以按照主观性由低到高的顺序排列如下:

(22) 强调事件的真实性＜强调评价的合理性＜主观对比＜
　　　话语标记("＜"读作"主观性低于")

"可是"的这些主观性用法也是经历了一系列主观化过程的产物。具体来说,"可是"表达主观认识的用法是对副词"可"的主观性用法的保持。主观对比和话语标记这两种用法则是人们出于表达的需要,分别在情理诱导推理与回溯推理的作用下,对表达主观认识的"可是"进行主观化的结果。

郭锐(2008)指出,"虚词在语言表达中的重要性学界早有认识,然而目前的汉语虚词语义分析仍较为粗疏","很多细微的语义没有观察到,不利于汉语教学"。这种"粗疏"的表现之一就是许多词典和教材中只是笼统地给出一个宽泛的解释,却没有注意到虚词内部复杂的用法。

以往只把"可是"解释为"表强调语气的副词"就是"粗疏"的

一个案例。通过上文的分析，可以看到，这样解释至少存在以下两个问题：一是没有明确"可是"强调的对象是什么；二是只讲"强调"而忽视了"可是"表达主观对比和用作话语标记等"非强调"用法。

　　另外，有些词典（比如《现代汉语八百词》（1999：334））还认为副词"可是"和副词"可"在语义上是相同的。如果只看"强调义"的话，这么说也没什么问题。但要从释义"精细化"的角度来看，它们所强调的对象并不相同，"可是"是强调事件的真实性或评价的合理性；而"可"是强调判断的真实性。

　　本文的研究表明，精细化的描写不仅能更好地把握虚词的意义和用法，而且也有助于理解不同用法之间的联系。因此，今后应该重视对虚词做精细化的描写，揭示其中的细微差别，力求为汉语教学提供虚词知识的详实清单。当然，虚词的精细化描写不能流于"随句释词"，义项的划分也不是越细越好。做好这项工作必须要以当代语言学理论为基础来指导研究，从而努力为虚词的描写提供一些更为合理的新方案。本文只是以副词"可是"为个案来探索运用主观性理论对副词进行精细化描写的方法。这种方法能否推而广之，运用到其他带有主观性的副词（主要是评注性副词）或连词的描写中，还有待进一步的研究。

附注

① Dahl（1985：11）将"语义化"的过程描述为："如果使用特定范畴时，一些条件正好经常成立，在条件和范畴之间将会发展出强有力的联系，导致这些条件被理解为该范畴意义中不可或缺的部分。"

② 尽管例（12）和例（13）中的"可是"可以与"虽然"配合使用，但与转折连词（"但是"等）还是不同的。"可是"用在小句主语"堵西汀"和"规模"的前后皆可，如果换成"但是"的话，只能用于小句主语之前。张谊生（2000：19）将这种"既可以位于句首，也可以位于句中，皆可以单用，也可以合用，既有连接功能而又有限定或修饰功能的"词称为"副连兼类词"。

③ 关于"交互主观性"及其与"主观性"之间的联系,详见 Traugott(2003)。

④ 为了使研究更为集中,同时也限于篇幅,这里不对副词"可"的主观化过程
   展开讨论。

参考文献

郭锐 2008 语义结构和汉语虚词语义分析,《世界汉语教学》第 4 期。

侯学超编 1998 《现代汉语虚词词典》,北京大学出版社。

李善熙 2003 《汉语"主观量"的表达研究》,中国社会科学院研究生院博士
   学位论文。

李行健主编 2010 《现代汉语规范词典》(第 2 版),外语教学与研究出版社。

陆俭明 2010 语义和谐律,载陆俭明《汉语语法语义研究新探索(2000—
   2010 演讲集)》,商务印书馆,185—201 页,。

吕叔湘主编 1999 《现代汉语八百词》(增订本),商务印书馆。

沈家煊 2001 语言的"主观性"和"主观化",《外语教学与研究》第 4 期。

沈家煊 2003 复句三域"行、知、言",《中国语文》第 3 期。

沈家煊 2009 副词和连词的元语用法,《对外汉语研究》第 5 期。

吴福祥 2004 试说"X 不必 Y·Z"的语用功能,《中国语文》第 3 期。

徐烈炯、刘丹青 1998 《话题的结构与功能》,上海教育出版社。

姚小鹏 2007 副词"可是"的语法化及相关问题,《汉语学习》第 3 期。

张伯江 1997 认识观的语法表现,《国外语言学》,第 2 期。

张谊生 2000 《现代汉语虚词》,华东师范大学出版社。

中国社会科学院语言研究所词典编辑室编 2012 《现代汉语词典》(第 6
   版),北京:商务印书馆。

朱景松主编 2007 《现代汉语虚词词典》,语文出版社。

Bybee,Joan. ,Revere Perkins & William Pagliuca. 1994. *The Evolution of
   Grammar — Tense,Aspect,and Modality in the Languages of the
   World*. Chicago:The University of Chicago Press.

Dahl,Osten. 1985. *Tense and Aspect Systems*. Oxford:Basil Blackwell Ltd.

Finegan,Edward. 1995. Subjectivity and subjectivisation:an introduction. in
   Dieter Stein & Susan Wright (eds.). *Subjectivity and Subjectivisation:
   Linguistic Perspective*. Cambridge:Cambridge University Press. 1—15.

Hopper,Paul. 1991. On some principles of grammaticalization. in Elizabeth
   Closs Traugott & Bernd Heine (eds.),*Approaches to Grammaticalization*,
   Vol. 1. Amsterdam:John Benjamins Publishing Company. 17—35.

Lakoff，George. 1987. *Women，Fire and Dangerous Things：What Categories Reveal about the Mind*. Chicago：The University of Chicago Press.

Lyons，John. 1977. *Semantics，Volume 2*. Cambridge：Cambridge University Press.

Lyons，John. 1982. Deixis and subjectivity：Loquor，ergo sum?. in R. J. Jarvella and W. Klein（eds.）. *Speech，Place and Action：Studies in Deixis and Related Topics*. Chichester：John Wiley. 101—124.

Schiffrin，Deborah. 1987. *Discourse Markers*. Cambridge：Cambridge University Press.

Trautott，Elizabeth Closs. 1995. Subjectification in grammaticalization. in Dieter Stein & Susan Wright（eds.）. *Subjectivity and Subjectivisation：Linguistic Perspective*. Cambridge：Cambridge University Press. 31—54.

Traugott，Elizabeth Closs. 2003. From subjectification to intersubjectification. In Raymond Hickey（ed.）. *Motives for Language Change*. Cambridge：Cambridge University Press. 124—139.

（本文原载《中国语文法研究》2015 年卷（总第 4 期），京都：朋友书店，2015 年。）

现代汉语量化方式副词的语义特征、句法表现及教学建议*
——以"逐一""纷纷"为例

董正存(中国人民大学)

0. 前言

副词的研究与教学一直以来都是汉语语法学界及对外汉语教学界的重点,其中的方式副词,相较于其他副词小类,在研究成果数量、研究深度与广度、外国留学生的习得研究等几个方面都存在较大的提升空间。在本体研究方面,目前学界对于方式副词的研究贡献主要集中在以下三个方面:(1)方式副词的词类归属、范围及划界,主要的如胡裕树(1981)、刘月华等(1983)、陆丙甫(1983)、陈一(1989)、钱乃荣(1990)、邢公畹(1994)、李泉(1996)、黄伯荣、廖序东(1997)、张谊生(2000)、李泉(2001)、张亚军(2002)等;(2)方式副词的内部分类,如张谊生(2000)、史金生(2002)、李铁范(2005)、郭小娜(2010)、关蕾(2011)等;(3)含有共同义素、形异义近的方式副词小类的对比研究,如王茜(2013)、吴永荣(2013)、任海波(2013)等。从目前方式副词所取得的研究成

---

* 本文原刊于《宁夏大学学报(人文社会科学版)》2016 年第 4 期。

果来看,前人的研究内容或研究对象对汉语中具有量化特征的方式副词(下简作"量化方式副词")这一小类缺乏应有的关注与重视。本文的"量化方式副词"是以[＋表量]或[＋涉量]为分类标准对方式副词进行语义提取而得出的方式副词的下位小类,这个分类角度可以丰富和拓宽目前汉语语法和语义研究中的量化研究领域,或许可以这样认为,对于量化研究而言,量化方式副词是现代汉语量化研究较少关注或涉猎的空白地带。概而言之,现代汉语的量化研究主要集中于代词(如"每""各""一切")、形容词(如"所有""全/全部""整")和范围副词(或全称量化副词)(如"都""全/全部")等词类或副词小类上。量化方式副词的研究有助于将方式副词的研究与量化研究相结合,从量化意义的实现方式这一角度关注方式副词的价值和意义在于:(1)方式副词实质上对谓词性成分进行修饰与限定,量化方式副词与他类方式副词对谓词性成分的限定是否具有异同点,异同点的发现与获得有助于深刻理解与认识方式副词对谓词性成分的选择与限制;(2)除了对谓词性成分修饰与限定外,量化方式副词还常常要求其所在的句法环境中出现一个受其约束的名词性指称集合,这是其他方式副词所不具备的特殊之处,对量化方式副词进行深入研究有助于深刻理解与认识此类副词与其所约束的名词性指称集合之间的相互制约关系;(3)挖掘量化方式副词的量化特点及量化实现方式既有助于扩展量化研究的范围,也有助于建立更为全面、立体、多层次的汉语量化表达系统。因而,本文以现代汉语的量化方式副词为研究对象,主要解决如下几个方面的问题:(1)现代汉语量化方式副词的内部分类及范围;(2)现代汉语量化方式副词的语义特征及量化实现方式;(3)现代汉语量化方式副词对所约束名词性指称集合及谓词性成分的修饰与限定;(4)以服务于汉语教学、避免或减少外国留学生的习得偏误为最终落脚点,在对现代汉语量化方式副词的教学进行教学设计的基础上,提出相对客观合理、科学有用的教学建议。

1. 现代汉语量化方式副词的分类

经过考察发现,从语义特征的本质来看,现代汉语的量化方式副词区分可以分为集合性的和分配性的两类,后者的数量多于前者。上文已述,量化方式副词在对其后谓词性成分进行修饰限制的同时也会要求在其所在句子中出现具有复数意义的名词性成分作为所约束的指称集合。按照所约束的名词性指称集合与量化方式副词之间的位置关系,可分为:(1)名词性指称集合位于量化方式副词的左侧;(2)名词性指称集合位于量化方式副词的右侧两种情况;按照所约束的名词性指称集合须满足的个体成员的数量,可分为两种情况:(1)名词性指称集合为复数(≥2);(2)名词性指称集合为多数(≥3)。综合这两个标准,现代汉语量化方式副词的内部分类可概括为下表:

语义特征	例词	指称集合常规位置		指称集合成员数量		例示
		左侧	右侧	复数	多数	
集合性 (collective)	互相 相互	+	−	+	+	咱们六个互相/相互提醒
	共同	+	−	+	+	咱们六个共同完成
分配性 (distributive)	逐一 逐个	+	+	+	+	例详下文
	一一	+	+	+	+	例同"逐一"
	陆续	+	+	+	+	同学们陆续走出教室 小王陆续去过日本、法国等几个国家。

语义特征	例词	指称集合常规位置		指称集合成员数量		例示
		左侧	右侧	复数	多数	
	纷纷	＋	－	－	＋	例详下文
	分别分头	＋	＋	＋	＋	他们六人分别发表了自己的看法。我分别找了三个朋友帮忙。
	依次	＋	＋	＋	＋	他们六人依次发表了自己的看法。人类社会依次经历了几个历史时代。
	轮番	＋	＋	＋	＋	四个人轮番上场。李三遭受了轮番毒打和逼供。

由此表可以看出,(1)所约束的名词性指称集合倾向于出现在量化方式副词的左侧,是其常规句法位置,可以视为其原型用法即无标记用法,内部成员倾向于多数;(2)所约束的名词性指称集合与量化方式副词的位置关系存在着右侧蕴涵左侧的规律,反之则不然,即能够出现在右侧的指称集合一般也都能出现在左侧,而能在左侧出现的指称集合不一定必然会出现在右侧,如"互相""相互""共同""纷纷";(3)内部个体成员存在着复数蕴涵多数的规律,反之则不然,即内部个体成员为复数的名词性指称集合,其内部个体成员也可以是多数,而其内部个体成员必须是多数的名词性指称集合,其内部个体成员则不能为复数,如"纷纷"。由此可见,"纷纷"是相对比较特殊的量化方式副词,相关的成果主要着重于对其后的谓词性成分进行研究(陆汝占、宋春阳,2003),而

对其所约束的名词性指称集合进行研究的相关成果未见，因而，从此角度并结合相关文献在谓词性成分研究方面存在不足之处，本文会对"纷纷"所约束的名词性指称集合和谓词性成分进行说明。另外，考虑到留学生在习得"纷纷"时会存在着与"陆续"发生混淆的情况，而"陆续"的部分用法又与"逐一""一一"的某些用法相类似，也会造成留学生混淆，因而，本文以"纷纷""陆续""逐一"为例对量化方式副词的分配性语义特征和句法表现及其该如何教学进行重点探讨。

2. 量化方式副词的分配性特征——以"逐一"为例

本节以方式副词"逐一"为例来讨论量化方式副词的分配性特征。根据董正存（2015），现代汉语中的方式副词"逐一"可以通过对集合内每一个个体的周延达成对整个集合的周延，能够约束论域内的任何或每一个个体成员，具有分配性（distributivity）特征，如：

（1）中方代表对文本中的每一个字都逐一推敲，据理力争。

（2）尸骨被逐一编号鉴定。

（3）这也暗示出，他愿意开门见山的把来意说明，而且不希望逐一的见祁家全家的老幼。

具体而言，"逐一"能够将同一个谓词性成分 VP 所表达的动作行为分配给有序集合内每一个不同的个体成员，从而使得每一个不同的个体成员均实施或参与这个谓词性成分 VP 所表达的动作行为，或是受到这个谓词性成分的支配。与此相应的是，具有复数意义的名词性指称集合可以用作谓词性成分 VP 的施事、与事和受事，其中受事既可以是受事宾语也可以是受事主语，指称集合为谓词性成分 VP 的受事宾语最为常见，占全部用例的近90％，如：

（a）受事宾语

（4）胡锦涛夫妇和希拉克夫妇在奥赛博物馆馆长勒穆瓦讷的陪同下，逐一欣赏、品评着<u>这些佳作</u>。

（b）受事主语

（5）现在对许多都市家庭来说，<u>彩电、冰箱、音响、录像机等家用电器</u>都已逐一添置。

（c）施事

（6）<u>唐翔千、唐骥千、倪少杰、丁午寿、罗肇强、格士德、朱祖涵、邵炎忠</u>逐一走进人民大会堂，聆听邓小平讲香港前途问题。

（d）与事

（7）邓小平亲自走到门外迎接，与<u>他们</u>逐一握手。

副词"逐一"的分配性特征要求其所约束的名词性指称集合应该具有复数意义，这可由以下几个方面的语言事实得到验证：

（a）名词性指称集合受"每""各""全""所有""全部"等量化成分限定

（8）<u>各</u>部门主管都将与部属逐一交谈，讨论得失。

（9）对<u>所有</u>的信访案件逐一调查摸底、造册登记、落实处理。

（b）名词性指称集合受"几""一些""许多""部分""一系列"等量化成分限定

（10）出版社费时 7 个月，对<u>几</u>万片经板逐一清点登录，重新按《千字文》序号排列出来。

（11）目前两国领导人确定的各项共识和双方达成的<u>一系列</u>协议正在逐一得到落实。

（c）名词性指称集合中出现并列格式

（12）前进中道路上的<u>困难和问题</u>当然要逐一解决。

（d）名词性指称集合中出现具有复数意义的具体数目

（13）全县对县直<u>75 个</u>部、办、委、局领导班子的<u>310 名</u>干部逐一考评。

（e）名词性指称集合受重叠格式限定

（14）将大大小小的毛病一一列举在车间的黑板报上，逐一加以克服。

（f）名词性指称集合后带后缀"们"，或受带后缀"们"的名词性成分限定

（15）听说父亲生病住院，（邱凯俊）二话没说便赶回了家，为此还逐一和朋友们解释。

（16）李鹏总理逐一解答了代表们提出的问题。

有时，虽然名词性指称集合缺乏表示复数意义的形式标志，但依然需要作复数意义理解，如：

（17）中共中央办公厅、国务院厅和有关部门，对民主党派的建议逐一答复。

从具有复数意义的名词性指称集合所在位置来看，副词"逐一"既可以左向指称，也可以右向指称，以前者最为常见。有时，"逐一"并不严格要求与其所指称的集合毗邻，但是要求所修饰限定的谓词性成分与其他谓词性成分处在同一个完整的事件语义框架中，如：

（18）各有关部门和各地区要统一部署，在清理市场、控制流通的同时，对违法侵权产品穷根究底，查明来源，查明集散地，逐一予以重点整顿。

通过上述三个方面可知，"逐一"的分配性具有三个特点：（a）"逐一"所约束的指称集合是一个具有复数意义的名词性成分，指称集合内部的不同个体成员之间应该呈有序性排列；（b）"逐一"所约束的名词性指称集合与其所修饰的谓词性成分应该出现在同一个事件语义框架中；（c）指称集合的复数意义是语义的，而不是语法的。

从另一个角度来看，可以把"逐一"看成是一个修饰符，它以事件中多名参与者为目标，将一个事件分解为若干个有序子事件，并将多名参与者分配在这些子事件中。郭锐（2008）指出，"虚

词虽然不表达实在意义，但提供了一个表义的框架，把表达实在意义的成分组织起来，整体表达一个新的意义。虚词的意义实际是一个语义结构，这个语义结构由语义要素（semantic element）和要素间关系构成，换句话说，语义结构是一个以带有一定关系的语义要素为成员的集合（set）"，据此我们可以概括出量化方式副词"逐一"的语义结构：

语义要素：{n_1，n_2，n_3，n_4……n_n}

要素间的关系：n_1到n_n依序执行或参与或受到同一个谓词性成分 VP 所表达的行为，n_n位于n_{n-1}后

需要说明的是，量化方式副词"逐一"得以实现的前提为其所约束的名词性指称集合是一个内部有序的集合，董正存（2015）指出，"'逐'的分配性特征依托内部有序的复数集合而存在，序列性是'逐'表达量化的前提与基础，二者关系十分密切"，"逐一"的量化特征依托"逐"的分配性特征而存在，要求其所约束的指称集合内的全部个体成员之间依序排列，这是量化方式副词"逐一"有别于其他方式副词小类的特殊之处，因而对量化方式副词"逐一"进行教学的首要前提就是要建构留学生对"逐一"所约束的具有复数意义的指称集合的认知（下文详述）。

3. 量化方式副词的句法表现——以"纷纷"为例

本节以方式副词"纷纷"为例来讨论量化方式副词的句法表现。与其他方式副词相比，量化方式副词除同样与其后谓词性成分 VP 密切相关之外，还与所在句上下文中存在的具有复数意义的名词性指称集合有着密切的联系，因而，在对量化方式副词的句法表现进行研究时，应该从具有复数意义的名词性指称集合和谓词性成分两个方面着手。需要说明的是，因上文已对"逐一"所约束的具有复数意义的名词性指称集合进行了较为深入的探

讨,因而,本节对此不再作重点讨论,但是考虑到方式副词"纷纷"所约束的名词性指称集合在语义要求上的特殊性,在此还是会对不同于"逐一"所约束的名词性指称集合的内部结构作个简要说明。

3.1 "纷纷"所约束的名词性指称集合须为多数,即≥3,一般出现于"纷纷"左侧,其所关涉的个体并不一定要求是其所约束的名词性指称集合内的每一个或全部个体成员,如:

(19) 在他的带动下,<u>一批有头脑的人</u>意识到这样做的甜头,也纷纷挤进了这个行列。

(20) 随后,"四人帮"把持的<u>一些报刊</u>纷纷发表影射攻击周恩来和其他一些领导人的所谓批"经验主义"的文章。

(21) <u>许多人</u>出于好奇,纷纷购买,圆珠笔风靡一时,雷诺趁机大发其财。

3.2 一般而言,从音节数量上来看,"纷纷"所修饰的谓词性成分很少为单音节光杆动词,在检索到的 15735 例语料中,仅有37 条语料为单音节光杆动词,占全部用例的 0.24%,如:

(22) 二室的同志纷纷说,党没有忘记我们,国家没有忘记我们,我们应该做的,是更好地为党工作。

(23) 观众纷纷问,能把英雄刘邦、项羽、吕后、虞姬的恩怨情仇写得如此栩栩如生的大手笔是谁呢?

(24) "是啊,今天就不要出去了,歇一天吧。"大家也纷纷劝。

其后为双音节动词的用例为 3085 例,占全部用例的 19.61%,如:

(25) 一幢幢摩天大楼纷纷倒塌。

除了单音节和双音节动词外,"纷纷"所修饰的谓词性成分多为短语,根据考察发现,谓词性成分为述宾短语的用例占到40.25%,如:

(26) 近几年来,科学家们纷纷提出保护臭氧层的问题。

需要说明的是,不管是双音节动词还是各种类型的短语,"纷

纷"所修饰谓词性成分中的谓语核心多表现出有界性的特征,这可以得到如下句法事实的支撑:

(1)动词＋结果/趋向补语,如:"降落下来、涌出地面、涌向、咬破"等;

(2)"把"或"被"字句,如:

(27)进入新世纪以来,大国纷纷把眼光投到了非洲,德国当然也不能例外。

(28)此时,村里未参加转地仪式的人陆续扶老携幼赶来,临近村庄以及过路行人也都纷纷被吸引过来。

(3)动词＋了,如例(19)

这些句法表现都受到"纷纷"后的谓语动词一般具有[＋变化]这一语义特征的制约,根据考察,具有[＋结果]、[＋位移]或[＋出现]、[＋消失]等意义的动词常与"纷纷"共现,这些语义可概称为[＋变化]:

具有[＋结果]义的动词如"上浮、独立、倒闭、杀死、溃逃、投降"等;

具有[＋位移]义的动词如"挤进、逃往、离开、赶来、逃离、降落、前来、爬向、加入、退出"等;

具有[＋出现]义的动词如"建立、涌出、出现、涌现"等

具有[＋消失]义的动词如"倒塌、死亡、凋零、解散"等。

"纷纷"所修饰的谓词性成分具有有界的特征,也得到陆汝占、宋春阳(2003)的支持,但通过语言事实可以看出,"纷纷"后面所修饰的谓词性成分还可以具有无界的特征,这一看法陆、宋(2003)一文并未发现,谓词性成分具有无界性的特征,在句法上的表现是其所修饰的谓词性成分后可以带"着",如:

(29)人们纷纷猜测着。

除了心理动词"猜测"外,言说动词"说""喊""叫""讨论""谴责""抨击""赞叹""表达""表示"等后面也可以带"着"。

4. 量化方式副词的教学设计及建议——以"逐一"为例

  李晓琪、章欣(2010)指出,"对外汉语教学语法的另一个鲜明特点是讲使用条件的语法。使用条件是一个宽泛的概念,指的是制约该语法点使用的各种条件",具体到量化方式副词,让学生自如自由、准确无误地构建出具有复数意义的名词性成分指称集合是正确习得量化方式副词的首要前提,因而可以这样认为,对量化方式副词的教学首先是对其所约束的名词性指称集合的教学,只有保证对此正确习得才能谈到对量化方式副词的正确习得。有鉴于此,下文以"逐一"为例探讨量化方式副词的教学,提出我们的教学设计及教学建议。在开始讨论之前,先交待一下教学设计的思路。简言之,在对量化方式副词"逐一"进行教学时,我们坚持:(1)"归纳"与"演绎"相结合的原则。这一原则在语言操练形式上则对应于语段转单句(归纳思维)和单句转语段(演绎思维)两种练习方式;(2)"已知"激活"未知"的原则。这一原则在教学操作及组织上则体现为教学知识的合理建构与教学内容无限接近于学生的最近发展区,在操作步骤上严格遵守"学生理解优于、先于、重于教学内容"的顺序,在确保学生理解无误后才进行下一步的教学,使用各种教学手段充分发挥学生的元认知,调动学生认知的能动性和思维的积极性,保证有效教学的充分实施。

  上文已述,方式副词"逐一"所约束的名词性指称集合可以是谓词性成分的施事、受事和与事,当指称集合为受事时可分为受事宾语和受事主语两种。根据语言事实并结合句法角色和句法位置,对于方式副词"逐一"的教学应该分为如下四种情况:

4.1 指称集合用作施事,出现在"逐一"左侧,占据主语位置

  方式副词"逐一"所约束的名词性指称集合用作谓词性成分的施事主语时,具有复数意义的指称集合常出现在其左侧,并且

指称集合内部不同个体成员之间具有先后顺序,这些都应该体现在教学设计里,为此,在教学时可以提供如下的语境用例:

(30) 下课后,同学A走出了教室。(之后)同学B走出了教室。(之后)同学C走出了教室……

这个语段提供了具有复数意义的名词性指称集合"同学",也表明了指称集合内部具体成员之间的先后顺序(如"之后"),并且可以让学生充分感知到不同的具体成员A、B、C……都实施同一个谓词性成分所表达的动作行为,下划线和斜体的使用可以提醒学生注意到相关成分之间的共性。在学生充分理解了这个语段之后,教师就可以引入方式副词"逐一"将这个语段转换成如下的单句:

(31) 下课后,同学们逐一走出了教室。

　　这样就可以使"逐一"所约束的名词性指称集合落实到出现在其左侧的主语身上。单句转换完之后,教师可以用提问的方式问学生"谁走出了教室""怎么走出的教室",在此基础上向学生强调方式副词"逐一"与指称集合"同学们"之间的位置关系。此后,可以将(30)、(31)图示如下:

同学们　逐一　走出了教室。

(教室里)所有的同学都走出了教室。

从(30)到(31)实质上是一个由具体到概括的归纳推理过程。在此基础上,可以设置一些练习题型进一步巩固学生的理解,如:

(32) 请根据上述材料进行判断。

    a. 同学 A 走出教室的时间最早。（　　）

    b. 同学 C 比同学 B 走出教室的时间早。（　　）

    c. 同学 A、B 和 C 都走出了教室。（　　）

如果学生能够回答正确(32)的三个问题,说明对方式副词"逐一"所约束的指称集合及集合内部成员之间的序列性存在已经有了正确的认识,这样,就可以再增加一些这样的语段转换成单句的练习,巩固学生对方式副词"逐一"的正确认识,如:

（33）a. 学校领导 A 走进了会场。（之后)学校领导 B 走进了会场。（之后)学校领导 C 走进了会场……

    b. 古典模范芭蕾舞团登台亮相。（之后)加拿大阿尔伯塔芭蕾舞团登台亮相。（之后)黎巴嫩卡拉卡拉音乐舞剧团登台亮相。（之后)土耳其伊斯坦布尔歌舞团登台亮相。

    语段转换成单句的练习实质上是归纳推理的过程,为了保证与帮助学生真正习得方式副词"逐一",减少偏误的发生,深入挖掘和监控学生的习得过程,还有必要设计单句转换成语段的练习,这样的练习是个演绎推理的过程,有助于在教学中监控到学生在理解和使用方式副词"逐一"时的认知过程。因而,教师可以示范性地举例并带领学生一起完成练习,如:

（34）20 名演员逐一上台致谢。

    在经历了语段转换成单句的练习之后,学生对方式副词"逐一"的此种用法应该会有较为正确的认知,应该比较能够容易发现此句中具有复数意义的名词性指称集合为"20 名演员",也能够知晓这 20 名演员并不是同时一起上台致谢,而是一个接一个地、有先后顺序地上台致谢,因而,教师可以带领学生一起将(34)转换成如下的语段:

（35）一名演员上台致谢。（之后)另一名演员上台致谢。（之后)第 3 名演员上台致谢……第 20 名演员上台致谢。

在学生能够正确将单句转换成语段之后,教师可针对施事主语这

一语义类型再提供多个单句转换成语段的练习,如:

（36）a. 应聘者逐一与公司签订了合同。

　　　 b. 选民逐一投票进行选举。

在完成了语段与单句互转的练习之后,学生充分调动和使用了归纳与演绎两种推理形式,对于方式副词"逐一"所约束的名词性成分指称集合出现在其左侧且用作谓词性成分的施事这一用法应该会有深刻而正确的认识,为正确习得方式副词"逐一"奠定了良好的开端。同样道理,方式副词"逐一"所约束的名词性指称集合用作谓词性成分的受事和与事时,也可以采用语段与单句互转的练习题型来强化与巩固学生对方式副词"逐一"的理解,因而,下文三种情况只略举数例,不作深入讨论。

4.2　指称集合用作受事,出现在"逐一"左侧,占据主语位置

方式副词"逐一"所约束的名词性指称集合用作谓词性成分的受事主语时,具有复数意义的指称集合常出现在其左侧。语段与单句之间的互转练习如下:

（37）a. 问题 A 得到了解决。（之后）问题 B 得到了解决。（之后）问题 C 得到了解决……

　　　 b. 黑板 A 将予以更换。（之后）黑板 B 将予以更换。（之后）黑板 C 将予以更换……

（38）a. 行李要逐一打开检查。

　　　 b. 各种假设逐一被科学家推翻了。

　　　 c. 路障逐一拆除。

4.3　指称集合用作受事,出现在"逐一"左侧或右侧,占据宾语位置

4.3.1　指称集合用作动词宾语,具有复数意义的指称集合常出现在"逐一"右侧,用例更为多见。语段与单句之间的互转练习如下:

（39）a. 公司解决了问题 A。（之后）公司解决了问题 B。（之后)公司解决了问题 C⋯⋯

　　　　b. 市领导带领各部门负责人,察看了市区的一个农贸市场。(之后)察看了第二个农贸市场。(之后)察看了第三个农贸市场。(之后)察看了第四个农贸市场。

　　(40) a. 记者逐一访问了几户贫困家庭。

　　　　b. 当天晚上,他逐一拜访了班长、排长、连长和指导员。

　　4.3.2　指称集合用作介词宾语,具有复数意义的指称集合出现在"逐一"左、右两侧均可,以前者最为常见。语段与单句之间的互转练习如下:

　　(41) a. 他们对书店 A 进行清理。(之后)对书店 B 进行清理。(之后)对书店 C 进行清理⋯⋯

　　　　b. 研究员韩小忙对《同音》这本辞书进行了整理研究。(之后)对《文海宝韵》这本辞书进行了整理研究。(之后)对《五音切韵》这本辞书进行了整理研究⋯⋯一共整理研究了9本辞书。

　　(42) a. 市领导全体出动,对村级小学实地考察,对危房情况逐一了解。

　　　　b. 警察对 256 条船逐一进行检查登记。

　　　　c. 这次安全生产大检查将逐一对生产现场、关键装置、要害部位进行检查。

　　　　d. 山西省妇联为她们逐一购置了毛巾、牙具、食品、提包和卫生巾等。

　　4.4　指称集合用作与事,出现在"逐一"左侧或右侧,占据介词宾语位置

　　方式副词"逐一"所约束的名词性指称集合用作谓词性成分的与事时,具有复数意义的指称集合体现为介词宾语,介词短语既可以出现在"逐一"左侧也可以出现在其右侧,以前者最为常见。语段与单句之间的互转练习如下:

(43) a. 习主席和代表 A 握手。(之后)习主席和代表 B 握手。(之后)习主席和代表 C 握手……

　　b. 除夕夜,他用电脑和短信向朋友 A 表达了祝福。(之后)向朋友 B 表达了祝福。(之后)向朋友 C 表达了祝福……

(44) a. 事后,他逐一和朋友们解释并道歉。

　　b. 各部门主管都将与部属逐一交谈,讨论得失。

　　c. 他逐一和我们握手道谢。

上述四种情况可总结为五种用法:

用法	指称集合的语义类型	指称集合的位置	指称集合的句法角色
1	施事	"逐一"左侧	主语
2	受事	"逐一"左侧	主语
3		"逐一"右侧	动词宾语
4		"逐一"左右两侧均可	介词宾语
5	与事	"逐一"左右两侧均可	介词宾语

从这个表可以清晰地看出,指称集合用作受事是"逐一"的主要用法,因而,这种用法应该作为教学重点,可以着重在这个语义类型上多投入教学时间,在讲解时多举例、多设置各种练习。另外,根据我们的教学经验,用作介词宾语(即用法 4 和 5),由于指称集合可以出现在"逐一"左右两侧,相对于其他位置单一的用法而言,学生习得起来会相对有些困难,偏误数量可能会相对多一点,习得效果可能会相对差一点,因而,这两种用法可作为教学难点,对其讲解宜在确保学生正确习得了其他用法之后进行,万万不可在学生刚开始习得时在教学中就直接出现了用法 4 和 5 的用例和练习。

4.5　相关教学建议

需要说明的是,(1)方式副词"逐一"的教学设计不拘于语段和单句的互转练习，除此之外还可以有多种练习方式，如判断正误、排序、连线、图片描述、情境描述、布置活动任务等，教师都可以根据教学对象、教学环境、教学条件等教学实际灵活运用。不管设计何种练习，首要前提是确保学生正确理解"逐一"的语义结构，确保在他们的头脑中先有一张清晰而深刻的语义结构图，这个图里包含着指称集合的不同个体、个体之间的先后顺序及每一个个体都与谓词性成分发生联系。(2)在五种用法中，用法1和3中的"逐一"容易与副词"陆续"发生纠缠。之所以如此，是因为两种用法中的"逐一"同"陆续"一样，分别要求主语和宾语具有复数意义（张占山，2006；唐为群，2011）且个体成员具有离散性，但是二者强调的语义重点及对谓词性成分的选择有所不同。"逐一"强调指称集合的不同个体成员依序与谓词性成分发生联系，对它而言，指称集合最为重要，指称集合的存在是保证其内部个体成员与谓词性成分发生联系的语义前提，而对于"陆续"而言，更强调事件发生及事件之间的先后顺序，"着眼点在谓词上"（唐为群，2011）。对于谓词性成分，唐为群（2011）指出，"表动态的性质形容词"可以用作"陆续"所修饰的谓语，但"逐一"所修饰限制的谓词性成分未发现形容词用例；另外，唐文在谈"动词性谓词句"时曾指出，"动词谓语中心结构对动词没有任何限制条件，所有的动词都可以进入这一结构"，但我们发现，"逐一"后能出现的动词性相对较弱的动词就不能用作"陆续"所修饰的谓语中心，如表达言语行为的言说动词如"表示、转达、申明、解释、点评、回答、讨论、交谈、盘问、过问、询问"等；心理感官动词如"感受""体会""回忆"以及"展现""梳理""纠正""检查""检测"等动词均不能出现在"陆续"后。统而言之，"陆续"后的谓词性成分一般而言都具有较强的动词性，而"逐一"后也可以出现动词性较弱的动词性成分。"逐一"和"陆续"的异同之处在进行教学之前教师应该了然于胸，何时向学生讲解二者的异同点应视具体情况而定。"逐一"所约束的名词性指称集合用作谓词性成分 VP 的语言事实相对较少，在其五种用法中，用例数最少，这种用法在教学顺序上我们倾向于放在最后讲解，甚至不作讲解。需要说明的是，根据我们的教学经验，在学生理解和习得了施事这一用法之后，"陆续"立刻会被激活，就会有学生问及二者的异同，因而，不管是最后讲还是不讲，作为教师都应该对二者的差异了然于胸方可做到有备无患。(3)这五种用法的教学顺序应该与语言事实的使用频率及学生的可理解度为原则，为此，我们的实际教学顺序为 3—2—4—5—1。先教受事，再教与事，最后再教施事（也可考虑不教）。在受事中，先教受事宾语，这是"逐一"教学的重中之重；其次教受事主语，相对于受事宾语而言，受事主语更难于理解；最后教介词宾语，相对于动词宾语，介词宾语更不易为学生所感知和捕捉到。

综合上述，如果用较为形象与直观的方法来概括"逐一"的语义和用法，会发现其本质上非常类似于中国书法的"描红"，毛笔随笔画顺序描摹，描摹的过程实际上是笔画依序接连起来的过程，描摹停止前的所有字体或字体部分都已是红色。因而，在教学过程中，教师可以结合"描红"的 gif 动态图片来增强学生对"逐一"的直观认识，这样便于学生理解，也可以帮助记忆，为正确运用打下基础。利用形象化的教辅手段来帮助虚词的教学，是我们在教学中常常使用的办法，如在为学生总结量化方式副词"纷纷"与"陆续"的差异时，将二者的差异归结为成像原理不同，前者类似于照相机的成像原理，而后者则类似于录像机的成像原理，前者强调某一时间点上的多个个体呈现，而后者则是一帧一帧在时间轴上的个体累加。前者内含共时性，后者内含历时性。

5. 余论

在对留学生的汉语教学过程中，汉语教学本体研究与汉语教学的结合度不强、可结合性不高,两拨研究队伍很少沟通对话,很少在某个语言现象或语言问题上有交汇点和交锋点,但是众所周知与基本认同的是,汉语本体研究是汉语教学的前提与基础,服务汉语教学是汉语本体研究的目标之一;汉语本体研究得能够落实于汉语教学,汉语教学也应该成为汉语本体研究的出发点和落脚点。本文是将汉语本体研究与汉语教学研究进行结合的一次尝试,结合得成功与否暂且不论,旨在提醒学界同仁面向汉语教学的本体研究具有广大的研究空间,目前也已经成为汉语教学研究中的热点取向之一,期待有更多学人在此研究取向中创作出更多论作。

　　另外,目前的偏误研究多集中与关注于学生的输出偏误,而对于因教学特别是教材而导致的输入偏误则关注较少,如量化方式副词"纷纷",之所以造成留学生使用错误,主要是由于教材释义及英文翻译。"纷纷"在很多汉语教材中都被翻译成"one after another",而这个释义会让留学生误以为"纷纷"与"陆续""依次"或"逐一"同义,而根据上文所列出的语言事实可知,它们几个无论是在所约束的名词性指称集合上还是在句法上都存在着相当的差异;另需特别说明的是,在英语中,基本上就没有一个适当的词能够用来对译汉语的"纷纷"。遇到"纷纷"时,英语通常使用besige/rain/pour/shower 等实义动词、pile out/blaze down/spring up 等动词词组、in crowds/in abundance 等介宾词组来把"纷纷"所表达的意义给引带出来。我们需要对因教学输入而导致的偏误进行深入研究,努力减少输入偏误,从源头上把学生输出偏误的可能性降至最低,从根本上保证汉语教学的质量与效果。

参考文献

陈一　1989　试论专职的动词前加词,《中国语文》第 1 期。
董正存　2015　汉语中序列到量化的语义演变模式,《中国语文》第 3 期。

关蕾 2011 《现代汉语方式副词的句法语义研究》,中国人民大学博士学位论文。

郭锐 2008 语义结构和汉语虚词语义分析,《世界汉语教学》第 4 期。

郭小娜 2010 现代汉语方式副词的界定及再分类,《广东广播电视大学学报》第 3 期。

胡裕树 1981 《现代汉语(增订本)》,上海教育出版社。

黄伯荣、廖序东 1993/1997 《现代汉语》,高等教育出版社。

李泉 1996 副词和副词的再分类,载胡明扬:《词类问题考察》,北京语言文化大学出版社。

李泉 2001 《汉语语法考察与分析》,北京语言文化大学出版社。

李铁范 2005 《现代汉语方式词研究》,上海师范大学硕士学位论文。

李晓琪、章欣 2010 新形势下对外汉语语法教学研究,《汉语学习》第 1 期。

刘月华等 1983 《实用现代汉语语法》,外语教学与研究出版社。

陆丙甫 1983 词性标注问题两则,《辞书研究》第 5 期。

陆汝占、宋春阳 2003 说"纷纷",《语言研究》第 3 期。

钱乃荣 1990 《现代汉语》,高等教育出版社。

任海波 2013 《基于语料库的现代汉语近义虚词对比研究》,学林出版社。

史金生 2002 《现代汉语副词的语义功能研究》,南开大学博士学位论文。

唐为群 2011 "陆续"和"陆续"句,《语文知识》第 2 期。

王茜 2013 方式副词"赶紧""赶快""赶忙"的共时比较,《现代语文(语言研究)》第 7 期。

吴永荣 2013 基于语料库的"亲自""亲手"对比研究,《语言与翻译(汉文版)》第 1 期。

邢公畹主编 1992 《现代汉语教程》,南开大学出版社。

张亚军 2002 《副词与限定描状功能》,安徽教育出版社。

张谊生 2000 《现代汉语副词研究》,学林出版社。

张占山 2006 "陆续"与"连续"的区别及词典释义,《辞书研究》第 1 期。

副词"大不了"语义表达结构分析

樊中元(广西师范大学文学院)

0. 引言

　　"大不了"是汉语中使用得比较多的一个口语词,在词性上可作形容词和副词。本文讨论的是其副词用法。近几年,人们对副词"大不了"从语义、语法、语用及其形成等角度作了一些探讨,这主要有周敏莉(2012)、杜超(2012)、谢晓明(2013)、宋丹(2014)等。周敏莉认为副词"大不了"表示对极度消极效果的估计和对极高程度量级事例的凸显;副词"大不了"是在形容词"大不了"的足量准则作用下经过语用推理的固化形成的。杜超(2012)认为"大不了"属于评注性副词,动态义是表示不满意、不在乎,静态义表示至多也就是;句法上"大不了"属于高层谓语,不受其他成分修饰,位置灵活。谢晓明(2013)侧重于"大不了"的句式义研究,认为"大不了"本身是一个表示主观小量的副词,后面的限定成分一般表示消极推测,属于客观大量。但主观上却不把客观大量视为大量,造成的是一种不以为然的句式。宋丹(2014)从积极事件和消极事件角度说明了"大不了"的主观量和减量的量性特征。从主观量看,无论是积极事件还是消极事件。说话人对事件 P 的评述都有一个逆反的过程。在积极事件中,由于说话人的视角参照是期待量,因实际量与期待量的差异而产生逆反;在消极事件中,由于说话人的视角参照量是极性量,使得说话人对受话人的认识产生了逆反。逆反的过程,说话人对 P 的态度、情态、评价表现了出来。从减量角度看,积极事件中,"大不了"从量的活动方向上来说,是完成一个从期待量到实际量的减量过程。消极事件中,从量的运动方向上来说,"大不了"是一个从极性量到社会常态量的运动过程,因而是减量,减少事件 P 的严重性、消极性。已有的研究主要侧重于对"大不了"的语义和语用特征的探讨,总体上看,我们可将"大不了"的语义、语用特征概括为[＋主观推测]、[＋客观大量]、[＋主观小量]、[＋消极结果]。

　　本文在已有的对副词"大不了"的核心语义和句式义的研究基础上,进一步对由"大不了"形成的语义表达结构进行分析。"大不了"语义表达结构是指形成"大不了"语义完整表达的各关联项所组成的结构。根据各关联项在语义上与"大不了"的关联度,我们可把"大不了"语义表达结构分为基本语义表达结构和扩展语义表达结构。本文研究是在我们收集到的 213 例语料基础上进行的,所有语料来自北大语料库及相关研究中的语料。

1. "大不了"基本语义表达结构

　　根据谢晓明(2013)、杜超(2012)等,"大不了"所引导的成分是说话者的主观估测结果。而从语义关系看,有结果就必然有引起该结果的原因成分,结果和原因是形成语义表达的基本结构。在语言表达中,当"大不了"引导一个估测结果时,必然存在一个产生该结果的原因语义成分,这个成分和"大不了"及其结果构成"大不了"的基本语义表达结构。因此,"大不了"基本语义表达结构主要包括三个部分:一是引起结果的事件或者性质状态(P),二是该事件或性质状态引起估测结果(X),三是表示关联和主观性成分的"大不了"。这三个成分构成"大不了"语义表达的基本成分,并形成"大不了"的基本语义表达结构,表示为: P＋大不了＋X。例如:

(1) 因为我投降了(P),<u>大不了</u>回老家去(X)。

(2) 喝! 喝!(P),<u>大不了</u>直的进来,横的出去(X)!

1.1　基本语义表达结构项的语法表现

1.1.1　P 和 X 的语法表现

P 和 X 构成语义上的事件或性质状态及其产生的结果关系,而在句法上,两者存在不同的语法表现。

一是 P 和 X 构成的句法关系,即两者存在句子成分或分句上的句法关联。例如:

(3) 我,一个 40 岁的人,大不了一死。

(4) 你厉害,你就赢,但我还是要跟你斗,大不了我不活了。

(5) 他们总是想,被海关逮到了,大不了破财,只要渔船在,就有机会把损失赚回来。

(6) 这次如果不能妥善地解决官司的事情,大不了我重打鼓另开张,再费点功夫扶植一个!

例(3)是句子成分关系,P 为主语,X 为谓语。例(4)、(5)、(6)的 P 和 X 是分句与分句关系。

二是 P 和 X 构成非句法关系,即两者在某个语篇内形成语义关联。但在句法上不构成句法的直接关联。例如:

(7) 可可又问:"那,<u>你要被抓起来怎么办?</u>"我说:"也没有什么,<u>大不了明年夏天我看不到你穿紫裙子了。</u>"

(8) "那杨大王八找你要人怎么办?"肖阳着急地说道:"老郑,我看不行了,干脆叫小其跑了算啦!"郑敬之听了,倒背着手在地下踱来踱去,思索起来。"不要紧,我顶得过去,<u>大不了挨一顿打。</u>"

(9) 啊,这里原本是小表弟的房间,大学生难道没有练习本什么的？想到这儿,她<u>就</u>不管不顾地开始翻起别人的抽屉<u>来</u>。可是,这房里除了这个好像又没有别的纸了。而且,这还不是喜欢不喜欢的问题,根本用这种信纸给他写信就不合适。一边翻一边想,<u>大不了明天告诉他们一声</u>,没有人会责怪她的。

(10) <u>卡丽玛又要求给我化妆</u>。看到她兴致很高的样子,我只好豁出去了,大不了<u>一会儿回家就洗掉</u>。

例(7)、(8)是在会话语篇中,P 和 X 分别处于不同的话轮中,在转换的话轮中形成关联。例(9)、(10)是在一个叙述语篇中,P 和 X 前后构成关联。

1.1.2 "大不了"的语法表现

"大不了"作为副词,可用于句中,也可用于句首。根据对语料的统计,结果是位于句首的"大不了"占大多数,有 179 例;位于句中的只有 34 例。不过我们对于位于句首的"大不了"区分两种情况,一是位于单句前的"大不了"。例如:

(11) 没什么了不起,大不了咱们回佟家庄园去!

(12) 你们别拿法律蒙我,愿意上哪儿告就上哪儿告,大不了我这个厂长不当了!

(13) 看着方宏愈加地沉默,姚沁薇劝他道:"大不了总经理不做就是了。"

(14) 他长须长发、目光呆滞。宝姑心痛道,你别急,出来以后另找事做,大不了我养你。

放在单句句首的"大不了"有两种情况,一是句首的"大不了"可以移入句中的主语后,如例(11)和(12),这个"大不了"是修饰句中的谓语成分,这个时候的主语表达的主要是和说话者自身相关的结果状况。二是句首的"大不了"不能移入句中,如例(13)和(14),这时的"大不了"修饰的是整个句子。在我们收集到的 96 条"大不了"位于单句前的语料中,有 84 个句子的主语是省略的,这说明大多数位于单句句首"大不了"主要修饰限制的成分是谓语部分。

二是位于复句前的"大不了"。例如：

(15) 二老就容我再下这么一回大注，大不了，咱再过一穷日子，从头来。

(16) 他们要逼死大家，大家跟他们干就是！大不了咱们把从前那些破枪挖出来，擦擦干，上点油，也就对付着能使唤了！

(17) 做不做官，还是我自己作主。大不了我跑出鲁国，再去周游列国便了。

(18) 顾不上那么多了，搞错了大不了赔礼道歉，哪怕挨他一顿打。

位于复句前的"大不了"，除了表达其主观性语义功能外，还能更加凸显其衔接功能，并体现一定程度上的陈述性特征，具有谓语化功能，如在"大不了"后还可以停顿，可以加语气词"呢、啊、嘛"等。

我们还发现有时"大不了"修饰短语成分构成"大不了X"，在句中作句子成分。例如：

(19) 发展市场经济，多年来埋头种地，大不了到小集市上摆个小摊的陵县农民，如今猛醒了：广告能招财，农产品也需做广告。

1.2　基本语义表达结构项的语义关系

1.2.1　P项和X项的情态语义

"现实"和"非现实"是一对情态范畴，"现实"指说话人认为相关命题所表达的是现实世界中已经/正在发生或存在的事情，"非现实"指说话人认为相关命题所表达的是可能世界中可能发生/存在或假设的事情。(沈家煊，1999；张雪平，2009；周韧，2015)。相应地，表达现实情态的句子是现实句，表达非现实情态的句子是非现实句。"大不了"语义表达结构主要表达的是对 P 产生的结果 X 的主观估测,因此,和该表达义密切相关的是非现实情态。语料说明,无论是 P 项还是 X 项,主要表达的是非现实义。但是也有部分 P 和 X 表达的是现实义。从情态范畴看,P 项和 X 项可形成下面几种模式。

A:非现实句(P)+非现实句(X)。例如:

(20) 我们先前还想就着大路,大不了多走几步,一定找得到山下的大街。

(21) 怎么把他敷衍得舒舒服服,就交给你办了;大不了多花几两银子,不要紧。

(22) 心想,就是犯事儿,大不了说我贩卖"封资修"黑货,宣扬才子佳人罢了。

B:现实句(P)+非现实句(X)。例如:

(23) 酒显然是变质了,大不了就是变成醋吧! 我不信会有害。

(24) 雄立岩并不高,大不了像个小山而已。

(25) 他常对秘书说:"嗨,咱得罪人多啦,管他呢。咱工人上来的,大不了再回去当工人。"

C:现实句(P)+现实句(X)。例如:

(26) 虽然公安、工商、税务、市容等部门屡次打击和清理,这个手机黑市却始终不曾消失过。大不了也只是暂时转入地下:小贩们不再坐在地上,而是在路上四处转悠。

(27) 她早就追求他,大不了通通电话,假期回来见见面,他连身边的人都顾不了,哪有闲情去理她。

(28) 过去,白莲是顶温柔的,从来没有恶言恶语,和天培吵过一次,大不了为了白太太,两个人曾经闹得不大愉快。

(29) 从前她一心要留学,嫌那几个追求自己的人没有前程,大不了是大学毕业生。而今她身为女博士。反觉得崇高的孤独,没有人敢攀上来⋯⋯

区分 P 和 X 的情态义,有利于我们更好地了解"大不了"的语义特征及其主观度。

一是当 X 表达非现实义时,其主要特征是[＋主观估测],但是当 X 表达现实义时,由于 X 表达的是已经发生或者存在的事件和状态的客观结果,并不表示主观估测结果,因此,"大不了"也就不表达主观估测,而是一方面表达 X 属于客观大量,另一方面表达说话人对 X 不以为然、不在乎的主观态度。

二是在 A、B 和 C 三种模式中,表达的主观和客观度上,A 模式中的 X 是非现实的主观估测结果,具有强主观性,C 模式的 X 表达的是现实的客观结果,具有强客观性,B 模式中,一方面由于 P 具有现实性,对 X 结果具有较为客观的预期,例如(23)、(24);另一方面也体现了说话者对现实 P 而导致的 X 结果的主观预测,例如(25)。因此,在"模式 A→模式 B→模式 C"中,X 体现了从主观到客观的强弱等级。如果用">"表示"主观性强于"或"客观性弱于",则可表示为:$X_A > X_B > X_C$。

1.2.2　P 和 X 的语义关系。

P 和 X 的语义关系可从两个方面来分析。一是当 P 和 X 表现为句法结构关系时,除了个别例子构成句法成分关系外,如例(3),其他的则形成转折、因果、假设、条件、顺接、让步等多种语义关系。例如:

(30) 提问题可能带来最坏的后果,但大不了是激发对方下逐客令。

(31) 即使是"投机贩运"又有何妨,大不了让投机者赚几个钱。

(32) 如果情势不好,大不了我们补回去。

(33) 因为我投降了,大不了回老家去,照样跟名士们交往。

(34) 高瑞挺直胸膛,豪言道:"只要东家放心,高瑞就敢干,大不了把事情弄得一塌糊涂,银子连同丝货绸货一同让长毛军劫了。

例(30)的 P 和 X 具有转折义;例(31)的 P 和 X 具有让步义;例(32)的 P 和 X 具有假设义;例(33)中,P 是原因,X 是结果,两者具有因果义;例(34)的 P 和 X 具有条件义。

二是 P 的客观结果和 X 的主观结果的语义关系,这是指"大不了"基本语义表达结构的语义关联中,P 的客观结果与主观结果 X 的语义关系。从主观义的表达来看,X 表示的是大量,而从事件 P 的客观结果与主观结果 X 的关系义看,主要有:

1) 一致关系。事件 P 结果与 X 结果在语义上构成基本一致关系。例如:

(35) 进不去大不了不进去就是了。

(36) 赶不上公交车,大不了咱们走回去。

(37) 队里几位领导感到,只生产砖和砖机,就是再干它十年八年,大不了还是个砖厂。

(38) 巨户沟村的农民阎玉贵说,买双劣质鞋穿几天就坏了,大不了损失几元十几元。

例(35)"进不去"的客观结果就是"不进去",这和"大不了"引导的主观结果是一致的。例(36)"赶不上公交车"的客观结果就是"走回去",这和"大不了"引导的主观结果"咱们走回去"具有一致关系。例(37)"只生产砖和砖机,就是再干它十年八年"的客观结果"还是砖厂"这与"大不了"引导的主观"还是个砖厂"是对应关系。例(38)"买双劣质鞋穿几天就坏了"的结果从价值上来说,就是损失几元几十元钱,这与"大不了"引导的主观结果"损失几元十几元"是一致关系。

2) 级差关系。事件 P 的结果存在多种可能,X 是说话者对 P 的多种可能结果中的极性结果表达,因此,P 的事件结果与 X 存在程度上的差异关系。例如:

(39) 案件小,小到鸡毛蒜皮,固然可以不出村,由村民长老劝
　　 说劝说,亲朋邻里和解和解,也就算了。大不了由村民
　　 调解委员会调解调解,也就到顶了。

(40) 我挖了这个东西,虽然说是个小小的古董。但在我的心
　　 里头呢,我认为这个东西不是太值钱的东西。大不了卖
　　 个一二百元钱,甚至说卖个三五十元钱。

　　例(39)对于"案件小,小到鸡毛蒜皮"的解决方式结果有不同
的可能,如"由村民长老劝说劝说,亲朋邻里和解和解"等,但由
"大不了"引导"由村民调解委员会调解"是采用的各种方式中的
极性结果,后面还用"到顶了"以示确认。这个最大量结果和其他
结果构成级差关系。例(40)中,小小的古董不是太值钱,由"大不
了"引导的"卖个一二百元钱"是说话人认为古董的最高价钱。

　　一致关系语义结构和级差语义结构中,"大不了"的语义及其
语法表现也有差异。主要是:

　　在一致关系语义结构中,由于事件 P 的结果和 X 是基本一致
的,事件 P 和 X 构成直接的事件及其引起的结果关系,语义上,事
件 P 和 X 属于直接关联,因此,"大不了"的主要功能是表达说话
者对结果表示的不在乎、不以为然的主观态度。因此,在这样的
结构中,"大不了"的出现与否主要体现于主观态度和客观陈述的
差异。比较:

(41) 赶不上公交车,大不了咱们走回去。

　　 →赶不上公交车,咱们走回去。

(42) 队里几位领导感到,只生产砖和砖机,就是再干它十年
　　 八年,大不了还是个砖厂。

　　 →队里几位领导感到,只生产砖和砖机,就是再干它十
　　 年八年,还是个砖厂。

　　级差关系语义结构中,由于事件 P 的结果和 X 存在级差关
系,X 是事件 P 中具有级差关系的结果中的极性结果,因此,语义

上,从事件 P 至 X 之间存在具有级差关系结果的语义间隔。我们不妨形式化为:P→X1、X2、……X。在这样的结构中,"大不了"不仅仅表达 X 的主观小量义,还有在由 X1、X2、……X 组成的结果集合中对 X 的选择义,并且因 P 和 X 之间由于语义间隔而产生的对结构的关联义。句法上,往往"大不了"不能省略。例如:

(43) 案件小,小到鸡毛蒜皮,固然可以不出村,由村民长老劝说劝说,亲朋邻里和解和解,也就算了。大不了由村民调解委员会调解调解,也就到顶了。

　　→? 案件小,小到鸡毛蒜皮,固然可以不出村,由村民长老劝说劝说,亲朋邻里和解和解,也就算了。由村民调解委员会调解调解,也就到顶了。

(44) 我挖了这个东西,虽然说是个小小的古董。但在我的心里头呢,我认为这个东西不是太值钱的东西。大不了卖个一二百元钱,甚至说卖个三五十元钱。

　　→? 我挖了这个东西,虽然说是个小小的古董。但在我的心里头呢,我认为这个东西不是太值钱的东西。大不了卖个一二百元钱,甚至说卖个三五十元钱。

2. "大不了"扩展语义表达结构

在基本结构上添加了情态、评议、补充等附加成分,因而构成"大不了 X"的扩展语义表达结构。在扩展性语义表达结构中,附加成分的缺少并不影响"大不了 X"的语义表达,但从态度、情感、立场、评价、解说等主客观义以及其他语义上丰富了"大不了 X"的语义。并且,对附加成分及其形成的结构分析,可以比较全面地体现"大不了 X"使用的语义、语法和语用环境。

2.1　情感附加成分　情态附加成分表达的是说话者的情绪、意向、感情、态度等主观性成分。当"大不了 X"表达说话者将一个大量成分"X"作主观小量看待时，则该句式体现了说话者的一种主观上的感情和态度倾向。杜超（2012）认为"大不了"作为评注性副词，表示了不满意、不在乎的主观义，谢晓明（2013）也认为"大不了"的限定成分属于客观大量。但主观上却不把客观大量视为大量，因此造成的是一种不以为然的句式。"不满意""不在乎""不以为然"等是"大不了"表现出来的主观义，而为了更加突显这种主观义，说话者常利用情感性成分进行配合，进而扩展了"大不了X"的主观义表述框架。根据我们的考察，情感成分表达出来的情感态度的意向主要有：

2.1.1   劝慰义。

对于可能出现的客观大量结果 X，说话人从情感上进行安慰和劝解，以降低听话人对 X 的认知量度。例如：

（45）你放心，大不了要他们去种点药草罢了。

（46）我都不介意，你为我紧张什么？ 大不了等你们离去后，我再好好睡一大觉。

（47）没有关系，大不了明年再考一次。

（48）不要紧，我顶得过去，大不了挨一顿打。

2.1.2   自慰义。

对于可能出现的客观大量结果 X，说话人从情感上进行自我安慰，以表达自己对 X 在主观上小量上的态度和认识。例如：

（49）怕什么？ 大不了丢了选票，不当书记再去干我的老本行！

（50）怕个啥子哟，大不了就是我这一百五六十斤！

（51）男同学很自信地对女同学说："成绩不好怕什么，大不了像比尔·盖茨那样退学创业，一个人打天下，多伟大！"

有时，附加性情感成分在情感或态度意向上指向他人和自己，具有双向性。例如：

（52）叶茂大声回应道："怕啥！ 大不了我去坐监，不连累你们!"

(53) 乔家弄成这个地步! 兄弟,哥嫂连累你了! 罢了! 反正乔家已败,大不了拿出全部家业破产还债,若还是不够,我和景泰母子就从这座老宅里净身出户。

(54) 管他呢,咱工人上来的,大不了再回去当工人。

2.2 评说附加成分 X 是说话者对 P 引起的结果预测,而这种主观结果的预测也并非完全是臆想,常常具有一定的现实基础或者心理分析依据。这些现实基础或心理分析依据成分形成对产生 X 结果的证实因素,这些证实因素成为"大不了"扩展语义表达结构的语义成分。由于这些成分具有评议解说功能,因此我们称之为评说附加成分。例如:

(55) 有几人因"开口子"而受到处罚了呢? 实在太少! 碰到"风头"上,大不了把多收的钱退回去。风头一过,换个名目接着来。

(56) 他想,这镇党委书记又算个几品官呢? 追查下来,大不了掉顶乌纱帽,只能为老百姓干好一件他们称心如意的事,就是发配回家种地也值。

(57) 你和他们性质不一样。你去顶,大不了关个十天八天,这个我有数。

(58) 你就把责任往我身上推,我是个伙头军,头上没有"乌纱帽",大不了夺走我的锅铲把。

(59) 于是约翰便不想再去工作,反正"一人吃饭,全家不饿",大不了这一辈子不存钱不置房。

2.3 释义附加成分 释义附加成分主要是针对 X 的结果义进行的语义补充。当说话者表达出了 X 结果后,还言犹未尽,需要对涉及 X 的相关情况进一步解释说明,对 X 进行补充说明的成分,在语义上可构成因果、转折、顺承等语义关系。例如:

(60) 我承认我有偷税罪,大不了坐几年牢,出来后我就是个富翁。

(61) 我还要看,我还要斗争! 大不了罢官嘛,大不了外交部
长不当了,我还可以去看大门,去扫大街。

(62) 怕个啥子哟,大不了就是我这一百五六十斤! 我已经死
过好多次,是马克思他老人家有眼不肯收我。

(63) 上次我感冒从单位拿的药还没吃完,让她吃点不就行
了? 大不了就是"先锋"、"冲剂"、退烧片之类,再花钱不
也是这个!

(64) 鲁豫:你没想过吗? 我就大不了赔钱给你们,这样下去
我不行了。

(65) 过去,白莲是顶温柔的,从来没有恶言恶语,和天培吵过
一次,大不了为了白太太,两个人曾经闹得不大愉快,不
过,白莲的态度,毕竟温柔的。

(66) 郁青青似乎还在想蒋寒的事情,若有所思地答道:"大不
了就是花钱呗。能用钱解决的问题都不是真正的
问题。"

(67) 她早就追求他,大不了通通电话,假期回来见见面,他连
身边的人都顾不了,哪有闲情去理她。

(68) 我就不信我看不懂那出戏。大不了是出外国戏。要么
就是出古装戏。什么了不起的!

(69) 他就是窃贼? 顾不上那么多了,搞错了大不了赔礼道
歉,哪怕挨他一顿打。

例(60)、(61)中,X 与后续的成分构成顺承义;例(62)、(63)
中,X 与后续的成分构成并列义;例(64)、(65)中,X 与后续的成分
构成转折义;例(66)、(67)中,X 与后续的成分构成因果义;例(68)
的 X 与后续成分构成选择义;例(69)X 与后续成分构成让步义。

从"大不了"的扩展性语义表达结构中各附加成分的语义辖
域来看,主要是:情感附加成分辖域为整个"P＋大不了＋X"结

构,评说附加成分和释义附加成分主要语义辖域为 X。可以表示为：情感附加成分＋[P＋大不了＋X＋（评价附加成分＋释义附加成分）]。

4. 结语

副词"大不了"的基本语义是表达主观估测量，与"大不了"形成语义关系的 X 是"大不了"引导的估测结果。但是，"大不了 X"并非独立的语义结构，而是具有语义依附性，要形成"大不了 X"的完整语义表达，还需要有其他成分的共同参与。本文从语义表达结构角度出发，根据"大不了"的语义特征，将"大不了"语义表达结构分为基本语义表达结构和扩展语义表达结构。

参考文献

杜超 2012 "大不了"多角度考察，浙江师范大学硕士学位论文。

沈家煊 1999 不对称和标记论，南昌：江西教育出版社。

宋丹 2014 "大不了"的多角度考察，上海师范大学硕士学位论文。

孙茂恒 2011 "大不了"的词汇化及其词典释义探究，《鲁东大学学报》第 4 期。

谢晓明 2013 "大不了"的表达功用与演化过程，《汉语学报》第 1 期。

张雪平 2009 非现实句和现实句的句法差异，《语言教学与研究》第 6 期。

张谊生 2000 现代汉语副词研究，上海：学林出版社。

周敏莉 2012 副词"大不了"及其词汇化，《理论月刊》第 12 期。

周韧 2015 现实性和非现实性范畴下的汉语副词研究，《世界汉语教学》第 2 期。

欧洲汉学视域下汉语副词的
分类及其特征

方环海   陈梦晔

(厦门大学海外教育学院)

0. 前言

从历时的角度看,自 1653 年卫匡国《中国文法》的撰成到 1881 年甲柏连孜《汉文经纬》的出版,欧洲汉学家对汉语语法的研究历时已超过两百年。描写汉语的侧重点在古典类型学视角下也体现出语族的差异,不仅汉语本身经历了从近代走向现代汉语的过程,西方汉学家的研究方法、研究重点也有所改变,所得结论也随之发生了变化。本文将结合历时的考察与讨论,着重从汉语中副词的次类划分、副词的构词、副词的句法功能等三个方面入手,展示欧洲汉学中汉语副词类型特征的流变。

1. 副词次类的划分

1.1   次类划分的数量、依据及特点

在 1898 年《马氏文通》出版之前,欧洲对汉语研究的历史已历两百余年,意大利耶稣会士卫匡国(1614—1661)的《中国文法》

(1653)当是现存最早的西方人编写的汉语语法书。卫匡国通过细致的观察,通过与欧洲语言的对比分析,注意到汉语异于欧洲语言的特征,在用拉丁语法模式解说汉语时,也努力阐释汉语的语法事实,勾勒出汉语语法的初步研究框架(张西平、李真2011)。《中国文法》内容仅有三章,第一章论述语音,第二、三章讨论语法,根据我们考察,卫匡国将副词分为21次类,分别表选择、回答、确认或肯定、否定、疑惑、选择性、比较级、联合、转折、做法、时间、地点、数量、序数、事件、类同、性质、量的、唯一、非全部、前置词等,每次类列1—6个例子不等。次类名称也与次类下副词的拉丁语翻译近似。同时,我们也看到,该书中存在几个次类的名称、例子相似度高的情况,如"表示回答"与"表示确认、肯定"、"表示数量"与"表示量的"此类次类名称都十分接近,有时所列的副词次类名称甚至无法很好地诠释他所给出的例子的类属,如"事件"次类下的释例为"或然",对应的拉丁语翻译为"FORTE,FORTUITO(偶然,意外)",等等。其后的瓦罗在《华语官话语法》中的做法与卫匡国可说基本一致,副词次类划分的依据和特点呈现极高的相似性,只在数量上要远高于卫匡国。

　　到马若瑟时,基于对汉语文法特点的认识,他极力想要避免使用拉丁文法的理论框架来规划汉语语法,采取的做法是引用了大量的语例,虽然他仍然借助了副词、介词等拉丁语词类范畴的名称,但是没有对副词次类进行划分。至此,欧洲的汉学家们在副词次类划分上呈现出两种截然不同的势态:一是过于细致而忽略了次类总数的合理性及部分副词句法功能的同一性;一是干脆不作副词次类再划分,这一点或许与他们自身对汉语的认识和对汉语教学特点的认识有关(王建军2015)。

　　进入19世纪后,欧洲对汉语的关注度大为提升,情况出现了较大的变化,次类总数趋向于控制在十类左右,且汉学家在次类命名时均使用了与母语副词次类命名相接近而非罗曼语族似的语义翻译的方法,如"Time、Place、Affirmation、Negation"等等。从总体上说,19 世纪欧洲的八位汉学家都进行了副词次类的划分、形成了各自独有的分类体系,但各家划分数量及名称仍然有所不同,如下表:

表 1   19 世纪欧洲汉学家汉语副词次类划分数量及名称

作者著作	数量	名　　称
马士曼《中国言法》	5	Likeness；Number and Order；Quantity and Comparison；Time and Place；Doubt, Interrogation，Affirmation and Negation
马礼逊《通用汉言之法》	11	Number；Order；Place；Time；Quality；Quantity；Doubt；Interrogation；Affirmation；Negation；Comparison；
比丘林《汉文启蒙》	8	Time；Place；Quantity；Number；Comparison；Quality；Affirmation，Negation and Doubt；Interrogation；
郭实猎《汉语语法指要》	7	Interrogatives；Affirmatives；Negatives；Time；Place；Quality；Quantity；
艾约瑟《官话口语语法》	5	Manner；Intensity and Quality；Time；Place and Direction；Affirmative，Negative and Emphatic Particles；
萨默斯《汉语手册》	8	Time；Place；Manner；Intensity and Frequency；Quantity；Quality；Affirmation,Doubt and Negation；Interrogative；
罗存德《汉语文法》	11	Place；Time；Number and Order；Quality and Extension；Comparison；Quality and Manner；Indication；Interrogation；Conclusion；Affirmation and Negation；Conjunction and Disjunction；
威妥玛《语言自迩集》	5	Time；Place；Number；Degree；Miscellaneous Adverbial Constructions；

　　八名汉学家中,分类最少为五类、最多达到十一类,数量差距较为明显。其中,所有汉学家都分出了时间副词(Time)和处所副词(Place):马士曼虽将两者分到同一次类中,但在讲解时是分开介绍的;艾约瑟在处所副词这一次类名称上添加了"方向"一词,与其释例内容更贴合。所有日耳曼语族汉学家都认同时间副词和处所副词的存在,不难理解,英语中表示时间的"today、yesterday、tomorrow、now、then、hence、sometimes、ago、before、after、afterwards"、"early、lately、recently、formerly、suddenly";和表示方位、朝向的"here、there、forward、behind、inside、outside、above、beyond、within、without"等词语均属于或可作副词。虽然他们列出的汉语时间副词包含许多时间和方位名词在内的词,如"今天(日)、昨天(日)、明天(日)、前天(日)、现在(时)、如今、从前、以前、以后、将来、后来";《中国言法》中的"过去、未来";《汉语语法指要》中的"既往、瞬间、暂时、一时、当时、少时、平时";《汉语文法》中的"上午、正午、下午、早晨、近日、近来"等,但也不乏如"方才、才、刚、将、就、已经、常、常常、时常、时时、往往、一向、向来、从来、随即、随时、有时、即时、即刻、时刻、接连"等现汉副词,而各汉学家认知中的处所副词可大致分为以下几类:

    A. "这、那、此、彼、各、何"等代词加上"里、处、方、头、边、地"等名词所构成的词或词组;

    B. "上、下、左、右、前、后、内(里)、外"等形容词加上"面、边、头"等名词所构成的表示相对方位的词组;

    C. "在、到、去"等动词加上 A 或 B 类词组所构成的述宾短语;

    D. "从、向、自、往"等介词加上 A 或 B 类词组构成表示朝向、方向、去向的介词短语;

　　在其余分类中,艾约瑟以外的所有汉学家也基本都划出了表数(Number)或表量(Quantity)副词,其中罗存德和威妥玛的划分更偏重数字和顺序(Order),其列举的"副词"例子多为含"先、后、始、终、头、末、第"和数字、量词的词组;郭士立和萨默斯更注重的是数量问题,所举例子多包含"几、多、少、些"等词;而马士曼和马礼逊则是数、序和量都有所涉及。同时,除威妥玛、马士曼外,表质(Quality)副词也普遍被多数汉学家认作是一个次类,他们所说的"质"并非物品的质量,而多形容事件完成的情况或是人、物品比对的结果,如"一样、一般、如此、这般、异样、好、快、几乎、差不多"等。罗存德将表质副词一分为二,与英语中"same、much、very、almost、nearly、extremely、extraordinarily"等修饰形容词的副词相对应的为"表质范围(Extension)副词",如"甚好、十分好、多、差不多、几乎、将近、上下一样"等;与"earnestly、indifferently、peacefully、willingly、accidentally、generally、gradually、suddenly、quickly、secretly"等修饰动词的副词相对应的为"表质方式(Manner)副词",如"偷走、私传、速去、忽明忽灭、快的起身、偶然遇着佢"等。

与表数、表质副词类似,多数汉学家都分出了表示肯定(Affirmation)、否定(Negation)、疑问(Interrogation)或怀疑(Doubt)等语气的副词,但也存在一定的分歧,而对肯定、否定、疑问、怀疑副词的归类不同,是汉学家们副词分类数量差异较大的主要原因之一。马士曼、艾约瑟认为这些语气副词同属于一个次类;马礼逊、郭士立则全部归入独立次类;萨默斯、罗存德将肯定和否定副词归入一个次类、疑问副词单独作为一个次类,可见各汉学家对此类"表示说话人主观评价和态度"的副词持有不同的看法。此外,马士曼、马礼逊、萨默斯三人都提出了不同于疑问副词的"怀疑(Doubt)副词"说法,认为汉语怀疑副词主要由:①含"或"字的词或词组,如"或者"等;②大概、大约、庶几、恐怕、未必、只怕,这两类词汇组成。艾约瑟则提出了"强调(Emphatic)副词",主要由以下五类词汇组成:①强调事实用词,如"是、是的、不差、不错";②强调肯定和否定两种语气的用词,如"毕竟、实在、断乎、却、也";③加强肯定语气的词,如"正、正是、便、便是、就、就是";④断言事物肯定性的词,如"总、必定、一定";⑤表达"ought(not)"语义,"总要、务要、务必、定要"用于肯定语气,"绝、切、千万、断乎"用于否定语气。

　　除以上分类外,艾约瑟、萨默斯都分出了"方式(Manner)副词"和"强度(Intensity)副词";马士曼、马礼逊、比丘林、罗存德分出了"比较(Comparison)副词"。汉学家独创的分类则有:马士曼"情状(Likeness)副词"、罗存德"指示(Indication)副词、连接与分隔(Conjunction and Disjunction)副词、推断(Conclusion)副词"、威妥玛"程度(Degree)副词、混合结构(Miscellaneous Adverbial Constructions)副词"。从各汉学家所给出的次类名称可以看出,他们划分时的主要根据应当是副词的语义。同时,汉学家们在详细举例时倾向于依据各副词的具体修饰对象、与被饰成分组合时的位置情况而对其进行介绍和阐述,可见各汉学家并非是从副词的功能角度出发而做分类的。

　　根据上述分析,再加上罗曼语族的三位汉学家的分类,我们可以用下表将十一位汉学家的副词次类划分情况进行归纳和展示:

表2　西方汉学家副词次类划分的数量、依据、特点

汉学家	语族—语言	数量	依据	特点
卫匡国	罗曼—意语	21	副词语义	① 分类过细; ② 次类名称概括性较弱而阐释性较强、与副词语义翻译相对接近; ③ 划分时忽略副词句法功能方面的类同;

汉学家	语族—语言	数量	依据	特点
瓦罗	罗曼—西班牙语	20/110	副词西语翻译的首字母顺序/语义	① 分类过细; ② 次类名称概括性较弱而阐释性较强、与副词语义翻译相对接近; ③ 划分时忽略副词句法功能方面的类同; ④ 在讲述动词变格时提到"时间副词"类称而未运用到次类划分上;
马若瑟	罗曼—法语	—	—	① 不得已而借助拉丁语法体系词类划分方式及名称因而无次类再划分; ② 忽略副词句法功能方面的类同;
比丘林	斯拉夫—俄语	8	副词语义	① 程度副词不在此八个次类之中,而单独存于形容词章节; ② 划分时忽略副词句法功能方面的类同;
马礼逊	日耳曼—英语	11	副词语义	① 怀疑、肯定、否定、疑问副词是单独的次类; ② 划分时忽略副词句法功能方面的类同;
马士曼	日耳曼—英语	5	副词语义	① 总分类为五类,实际阐述时共有11类; ② 与马礼逊分法的从名称、内容、释例上均较为接近,描述用语略有差异;

汉学家	语族—语言	数量	依据	特点
郭士立	日耳曼—德/英语	7	副词语义	① 注重副词语义、句法功能不在划分依据之中； ② 疑问、否定、肯定副词是单独的次类；
艾约瑟	日耳曼—英语	5	副词语义	① 肯定、否定、强调副词为同一类； ② 没有疑问或怀疑此等分类；
萨默斯	日耳曼—英语	8	副词语义	① 肯定、怀疑、否定副词为同一类； ② 疑问副词单独为一类；
罗存德	日耳曼—德/英语	11	副词语义	① 独创"指示副词"、"结论副词"、"连接与分隔副词"三个次类； ② 疑问副词单独一类，肯定与否定副词为一类；
威妥玛	日耳曼—英语	5	副词语义	① 独创"混合性副词结构"次类 ② "混合性副词结构"次类下所含副词与其他次类下副词存在重叠情况；

　　根据此表格，我们能够看出，作了副词再分类的十位汉学家所依据的划分标准在两百年间并未产生多大变化，各个次类名称与其所含副词语义的关联性较大，因此我们可以得知这些汉学家划分时均以副词的语义为参考。同时，次类的数量和名称变化较大且各家分类结果不统一，日耳曼、斯拉夫两语族的汉学家划分数量在5—11个不等，但明显都与早期罗曼语族的分类结果不

同,不仅数量显得较为合适,名称也开始具有概括性,而此时正是两语族汉学的崛起之时,此前的罗曼语族汉学家在副词再分类问题上注重的是分类的细致、语义的细微区分,而此后的斯拉夫、日耳曼语族汉学家则更加注重次类总数的合理性、名称所具有的代表性。

然而,值得注意的是,罗曼语族汉学家过于精细入微的分类实际上与罗曼各支系语言的副词次类划分是截然不同的,马若瑟更是没有遵从拉丁语或法语的方法来做汉语副词的再分类。事实上,三语族所含的各语种,如各汉学家所掌握的意大利语、拉丁语、法语、英语、德语、俄语等语言的副词再分类结果都与日耳曼语族的汉学家所作的汉语副词再分类在数量、名称上呈现出较大的相似性。也就是说,罗曼语族汉学家看似不合理的分类结果在方法上也许忽略了副词在句法功能方面的类同,但他们并没有完全选择依照其母语的既定模式来进行汉语副词的再分类。其中,马若瑟做得最为明显,仅仅只是借用了既有的"副词"这一词类名称而已,他对待真正的汉语副词的方式是将它们归入"指小"等各类"功能词"中,并一一进行单独的列举和解释。相比之下,在同样缺乏对句法功能这一分类依据的考虑时,其他两语族汉学家的做法更像是直接照搬了其母语的框架,而将具体的词翻译好了填充进去而已。

1.2　副词各次类所含内容

对比 17—19 世纪的十一部汉语语法著作,除了次类数量、名称方面的差异之外,次类下所含的内容也存在较大的差别。各位汉学家对副词的归类结果及范畴划分并不一致,具体表现可分为次类名称相同而范畴不一,或是次类名称不同但实质相近两种。如艾约瑟和萨默斯在论述"方式(manner)副词"时两人所作出的相关介绍:

表3 "方式（manner）副词"比较举例

艾约瑟《官话口语语法》	萨默斯《汉语手册》
1. 形容词作方式副词：多用心思、高得多、高多； 2. 辅助性实词加"一"或"两"可做句末副词：和父母一样； 3. 疑问副词"多"有时相当于英语的"how"，带有"赞赏"的语义，如：多重、多大、多么大； 4. "thus, so, how?"主要由代词和实词等复合词表达，如：这样、这么着；怎样、如此；怎么、怎的、怎么的、怎么着、怎么样； 5. ①"as"和"like"：如、好像、像、倒像、如同、仿佛；②口语：一样、一般、似的；③"相互性（reciprocity）"用"相"、"大家"表达，如：相商、相与；彼此、大家伙儿； 6. ①表示"矛盾（contradictories）"的词：两样的、不像、差远的、不差什么；不见是这样，又是一样；不相来往；②"基本一样（It is nearly the same）"用"差不多"、"不离"、"差的有限"表达； 7. 许多单音节或重复后的形容词置于动词之前做方式副词：嘹嘹亮亮、悠悠当当、花花鲜鲜、咭咭呱呱、刷喇刷喇、淅沥忽噜、淅沥刷喇。	用于回答"如何"（how）。 1. 方式副词基本由形容词或动词加上标记"然"组成，如：忽然、断然； 2. 其他例子：这样、如此、如……一样/一般、别样； 3. 副词或形容词的重复常构成副词，如：平平安安、欢欢喜喜、慢慢地。

可以看出，艾约瑟与萨默斯两人都提出了形容词AABB式重复、及"一样、一般"这二类方式副词，但艾约瑟所划分的范畴显然与萨默斯有所不同，他所提到的第1、3、4、6点及第5点中的第③点，萨默斯都未提及，相比之下艾约瑟划分的"方式副词"的范畴更广，他的举例和解释也更为详细。类似情况又如马士曼、马礼逊、比丘林、罗存德四人都作出的"比较（Comparison）副词"的划分：

表4 "比较（Comparison）副词"举例分析

《中国言法》	(1) 副词"多"常用作动词的附加成分，或是构成多种比较级，如："肉虽多，不使胜食气"； (2) "少"也是构成比较级的副词，表示"稍多（somewhat more）"，如："始有，曰：苟合矣。少有，曰：苟完矣。"；或表

	示"较少(less)",如:"而或少温润之色"; (3) 书面语中,"甚"可以构成比较副词,如:"听言甚易,知人甚难";口语中则用"实"加动词"在",如:实在易、实在难; (4) "况"构成疑问状语,如:"而况鲁国乎";口语中,形容词"好"加"多"构成比较副词,如:好多人、好多船;"许多"等同于"好多"。
《通用汉言之法》	(1) 多、少;一向;差不多;如此;周围; (2) 'How much more'的表达:何况、况且; (3) 好几;太;甚、实在;好久; (4) 又上等;……得狠;要得紧;高高的;多一些;同一样。
《汉文启蒙》	(1) 譬如;犹如;不如;如同; (2) 越越;愈愈; (3) 太;比;至;又;甚;更;极;益;绝;尤;最;还。
《汉语文法》	(1) 佢係一样;嗽样做得;一样好; (2) 或者唔係;如此咁黑; (3) 中等者; (4) 像似;好似。

　　可以看出,马士曼与马礼逊的认知较为相似,但马礼逊的比较副词的范畴相较而言稍大一些,他认为"要得紧、高高的、多一些、同一样"等也是比较副词,而罗存德列举的例子则较少,近半数属方言口语句,其余例子如"中等者、像似、好似"也与马士曼、马礼逊两人的看法存在较大差异。

　　再看比丘林"比较副词"、艾约瑟"强度(Intensity)副词"、萨默斯"强度(Intensity)副词"、威妥玛"程度(Degree)副词"认知之对比:

《汉文启蒙》	(1) 譬如;犹如;不如;如同; (2) 越越;愈愈; (3) 太;比;至;又;甚;更;极;益;绝;尤;最;还。

《官话 口语 语法》	1. 限制形容词的词可以根据不同的比较等级而被分类,构成比 　较级的词有：更、还、又、再；越加、越发儿； 2. 构成最高级的虚词有：顶、极、至、绝、最；"夠"在北方方言口 　语中表示令人厌恶的味道和气味； 3. 表示"很(very)"的强度虚词：大、不、狠、怪、好、老、好不、甚； 　前缀极、紧；"煞"用作后缀； 4. 形容词前表示感觉"太(too)"的词：太、忒、过、过于、越； 5. 以下一些副词用于表示双重比较级：越、愈；用于形容动词的 　副词：狠、更。
《汉语 手册》	用于回答"多久一次"(how often)、"程度如何"(how much)： (1) 强度、频率副词有时也称比较副词：更、再、又、顶、极、 　　还、复； (2) 一些构词形容的比较级和最高级的音节,及表示"超过"的 　　词也是副词：过、越、太、忒、多、不过、十分、大凡、一些、少、 　　略、颇、上下、大约；
《语言 自迩 集》	(1) 很、太、顶、极、万、最、不大、十分、过于、实在； (2) 几分； (3) 差不多、可怕、厉害、可喜、些微、有点儿； (4) 是、并； (5) 很好、不好； (6) 偏重的是、着重的是。

　　可以看出,四人对于汉语表示程度级别的副词的认知非常相近,他们所作的释例里包含了许多当代国内学者归入"程度副词"中的词。尽管《官话口语语法》与《语言自迩集》是专门介绍汉语口语的书籍,《汉语手册》《汉文启蒙》是口语与书面语兼顾的教材,但艾约瑟与萨默斯两人列举的"强度副词"呈现出高度的相似性。威妥玛、比丘林与他两人的认知也存在相同点,但他们使用的名称却是"程度"和"比较"而非"强度",威妥玛也是十一位汉学家中唯一在介绍副词的章节里使用"程度"这一名称的人。然而,即便艾

约瑟与萨默斯的举例相似,两人所分出的条目却不同,描述用词也不一致。比丘林的"比较副词"则涵盖了马礼逊、马士曼的"比较副词"和艾约瑟、萨默斯的"强度副词"两个不同次类中的大部分内容。

此外,虽然多数汉学家都划分出了质量副词、肯定副词、否定副词、疑问副词次类,但他们界定的次类范畴并不相同,如马士曼认为否定副词里含有"禁止(Prohibitive)副词"和"领属(Possession)副词",其他汉学家无类似的用辞;郭士立指出"断、切、绝、决、总、终、万、全、大、毫、稍、略、并"等词是用于加强否定语气的前缀;艾约瑟则认为强调语气的词有的只用于修饰肯定语气、有的只修饰否定语气、有的是二者皆可等;卫匡国、瓦罗更是事无巨细,做了许多细小的区分。

可见,汉学家们基于语义的标准为汉语副词划分出的次类虽然名称一致,但由于认知存在差异,这些次类包含的内容并不雷同,描述的方法也各异;而有些次类的名称虽然不同,但汉学家们的认知却可能是相近的。因此,在副词各次类所涵盖的内容方面,两百年间汉学家的认知变化情况较为复杂,但可以肯定的是,来自三个语族的十一名汉学家都在对此作出努力,即便后人在描述时可能借鉴和参考了前人的研究,也并非原原本本照搬其内容,而是在其基础上添加自己的看法与思考,这一点在马士曼和郭士立的著作中得到了很好的体现。

2. 副词的构词

2.1 副词的来源

卫匡国 1653 年在副词章节的开头便谈到:"(汉语)没有呼格副词、劝说副词和指示副词,所以需要有动词和名词来代替。"他也是第一个提出汉语副词是可以由其他词类的词充当的人。在他认知里,名词和动词的位置发生一定变化之后就成为了副词。

如今,某些副词的词性属于兼类的情况又是不可避免的,由于屈折语中许多语言里都或多或少含有借用其他词类词而作副词使用的情况,且这些词也都具有借用后词形不变化的特点,所以西方人对此思路显得较为开放,但也有汉学家未在其文中提及此事的,如瓦罗、马若瑟、威妥玛。下表用于展示其余七位汉学家所提出和列举的副词借用情况:

表5　三语族汉学家对副词借用情况的分析

汉学家	语族—语言	副词来源分析	文中相应释例
卫匡国	罗曼—拉丁/意语	动词和名词可作副词用	无
马礼逊	日耳曼—英语	英语中表示事物完成方式(manner)的词在汉语中既是形容词又是副词	见识的样;快;
马士曼	日耳曼—英语	① 书面语中数字可作副词; ② 代词"今"用于构成表示现在时的副词; ③ 部分肯定副词借自情状方式副词; ④ 部分比较副词来源于形容词比较级; ⑤ 形容词和动词常充当副词;	① 二、三; ② 今、今兹; ② 自然、果然; ④ 甚; ⑤ 或;
比丘林	斯拉夫—俄语	① 表质副词来源于动词或形容词; ② 形容词假借为副词;	① 粗、细;快、慢; ② 稍
郭士立	日耳曼—英/德语	① 形容词直接作副词; ② 疑问代词作疑问副词; ③ 构成最高级的虚词可作副词; ④ 动词作副词;	② 何; ③ 极; ④ 杀、煞;

续　表

汉学家	语族—语言	副词来源分析	文中相应释例
艾约瑟	日耳曼—英语	① 位于动词前的形容词可充当副词； ② 形容词重叠、派生都可作副词； ③ 代词和实词等复合词表示"thus，so，how"；	① 白、慢、徒； ② 明、明明； ③ 这样、如此、怎的；
萨默斯	日耳曼—英语	① 表示形容词比较级和最高级的音节及表示"超过"意义的词可副词； ② 表示比较意义的词放在形容词后作副词；	① 过、越、太、忒、多、不过； ② 一点儿；
罗存德	日耳曼—英/德语	① 先行于动词的词即副词； ② 两个形容词同时先行或后置于动词时，第一个形容词即副词； ③ 形容词与实词作副词；	① 远行、宽待人； ② 树林"绿"绿、"芬"芬其风； ③ "公义"之行为；

　　通过表格中的总结可以看出,副词来源于其他词类这一观点在卫匡国提出之后的两百年间并无变化,大多数汉学家们都对此持支持态度,只是在其具体来源上有各自的提法而已。在各提法中,最普遍的有三类:①形容词;②形容词比较级(含最高级)、形容词变形(加缀或重叠等)、表示比较意义的词;③动词。数词、代词、副词及其他虚词的借用相比之下情况较少。"由于位置的变化,同一个词可分别做名词、形容词和副词"乃卫匡国原话,马礼逊观点亦如是,而在后人的论述里,则逐渐变为其他词类的词作副词使用。这两种说法看起来似乎不同,一是兼类一是借用,但从认知的角度来看,其过程和结果都无本质的差别,二者都认为汉语词可以由于位置的变化(即句法功能的变化)而改变词性,所

以众多时间、方位名词、形容词、动词都可以变为副词,组合关系决定聚合关系看起来似乎也确实符合汉语语法的特点。但事实上,我们在实行词类划分时并不是完全根据词的句法功能来操作的。汉语副词基本用于作状语,然而这不能成为我们鉴别副词的唯一标准,因为在句中作状语的成分并不都是副词,其他词类的词即使位于状语位置也并不一定改变其原本的词性。词类的功能与其鉴别标准并不是时时等同的,这一点西方汉学家并未意识到。

2.2 副词的构词方法

西方人在副词构成方面的关注点除了其来源之外,还有构词法在副词构词时的运用。由于屈折语众多语言都存在词形变化丰富、词缀多、构词方式显而易见的特点,所以西方人尝试运用构词法来分析副词的组成,一定程度上与其记忆母语词语的习惯有关。但是,三语族的汉学家在副词构词法方面的关注程度并不完全相同,罗曼语族的卫匡国、日耳曼语族的马礼逊与威妥玛均未提出与构词相关的内容,而瓦罗、马若瑟和另两个语族的其他汉学家则有将此视为绝对重点而在论述一开始就大幅描写的。笔者现将 19 世纪六位汉学家对此的分析展示在下表中:

表6 19世纪汉学家对汉语副词构词法的分析

汉学家	语族—语言	构词法分析	文中相应释例
瓦罗	罗曼—西班牙语	"然"用于构成肯定性副词;	自然、该然、卒然、忽然、别然、必然、果然
马若瑟	罗曼—拉丁/法语	① "然"是副词的表征; ② "尔/耳"可构成副词; ③ "如"用于副词构词;	① 喟然、循循然; ② 卓尔、率尔; ③ 空空如也;

汉学家	语族—语言	构词法分析	文中相应释例
马士曼	日耳曼—英语	①　"以"加实词构成副词； ②　"然"加其他字构成副词； 　　"然"加重复后的字以构词； ③　单字重复可构成副词； ④　"次"字加数字作副词； ⑤　属格标记词"的"加在序数词之后构成副词； ⑥　单字与其他字组合构成副词的有： "几"常用于构成疑问副词； "实"与"在"组合； "今、现"、动词"在"与"兹、时、天"、"如"等其他汉字组成副词构成副词； 动词与其他字组合表示过去； "前"字之前加汉字用于构词； 动词"来"或副词"后"、代词"此"组成表示"未来"的副词； "明"用于表示'tomorrow'； "时"加"常"表示不定时副词； "处"字构成大量处所	①　以义、以敬、以时； ②　默然、判然、浑然；欣欣然、芒芒然； ③　申申、夭夭； ④　一次、二次； ⑤　第一的、第二的； ⑥　几何、大几、几多、实在； 如今、现今、现在、现在、今日、今天； 昔者、曩者； 从前、以前、前日； 将来、后来、后日、以后、此后； 明日、明天； 时常； 此处、彼处、何处； 这里、那里； 或者、或以； 何如、何故、因何； 有未有。

汉学家	语族—语言	构词法分析	文中相应释例
		副词； "里"常组成表示处所的副词； "或"字常组成表示怀疑的副词； "何"字组成疑问副词； 动词重叠构成肯定副词；	
比丘林	斯拉夫—俄语	① 形容词后加介词"于"构成副词； ② 形容词重叠后加"的"；	① 桃为美于杏儿； ② 多多的、轻轻的；
郭士立	日耳曼—英/德语	① 形容词加"然、如"等词缀； ② 实词加前缀； ③ "这、那"、"没"与"些"字组合；	① 好然、侃侃如也； ② 以义、以礼； ③ 这些、那些；
艾约瑟	日耳曼—英语	① 形容词、其他词、或形容词重叠加后缀"的、着、儿、里"； ② "乎、然、之"后缀构成固定组合； ③ 词根副词重叠或两两组合； ④ 词根副词与其他字组合； ⑤ 数字"一"、"两"与各类词组合； ⑥ 时间名词重叠构成副词； ⑦ 数字与表数虚词组合	① 空空的、轻轻儿、锋块儿、暗地里； ② 断断乎、欣欣然； ③ 刚刚； ④ 况且； ⑤ 一块儿、一齐、两下； ⑥ 年年一样的； ⑦ 一个一个走出去； ⑧ 和父母一样； 多重、多大、多么大； 怎样、如此、这么着；

汉学家	语族—语言	构词法分析	文中相应释例
		后重叠； ⑧ 单字与其他字组合构成副词： 辅助性实词加"一"或"两"做句末副词； 疑问副词"多"用于构词； 代词和实词等复合词的组合； "相"、"大家"等的组合； 说明性代词与时间名词组合构成复合时间副词； 说明性代词与固定实词组成处所副词； "前、后"加上"面、头、边、底"； "左、右"加上"手、半边"； "前、后、上、下、外、内"，与"以"共同放于句尾以明确行为的方向，东南西北的词以及"来"的用法类同； "不"加上"差"或"错"，或其他词；	相商；大家伙儿；那时、此刻、这个时候；不论几时；这里、那里；前头、后边；左手、右半边；如今以后、京东自古以来、庙西；不错、不能、不定；
萨默斯	日耳曼—英语	① 两词根词组合构成双、多音节复合词； ② 名词、形容词、动词参与副词构词的有： 同义词的联合或单音节词的重复；	① 已经、从前； ② 天天、平平安安、欢欢喜喜； 他前去； ③ 在此地、在这边、在那头、在此；

汉学家	语族—语言	构词法分析	文中相应释例
		主语加动词、形容词加实词、属格定语加被修饰的名词;介词与动词连用; ③ 处所副词的构成: 介词"在"加指示代词加"地、块、头、处、方、面、边"构成处所副词; "从"加简单方位副词; "到、向"加简单方位副词; ④ 形容词或副词加"然"构成派生副词; ⑤ 方式副词与形容词连用;	① 已经、从前; ② 天天、平平安安、欢欢喜喜; 他前去; ③ 在此地、在这边、在那头、在此; 从这里、从那里; 到这里、向这里; ④ 忽然、断然; ⑤ 这样好人、百般;
罗存德	日耳曼—英/德语	① "然"附于名词、形容词后构成副词,常跟"而"; ② "然"常用于构成表示方式的副词; ③ 形容词重叠加"然"构成三音节副词; ④ "如"可用作词尾;	① 善然而行、安然而死、忽然而至; ② 徒然、忽然、公然; ③ 纷纷然、谆谆然; ④ 愉愉如也;

通过此表格内容,我们可以将主张汉语副词存在构词法的几位汉学家的观点大致归为四类:

A. 由形容词或其他词类的单音节词重叠构词;

B. 由形容词、动词、名词、代词、数词、副词等词类的单音节词互相组合构词;

C. 各类单音节词根词的组合构词;

D. 由前三类词加词缀(主要为后缀)构词。

其中,前三类均属于复合式构词法,第四类属于附加式构词法。复合式构词法在17—18世纪罗曼语族著作中未曾出现,系日耳曼、斯拉夫两语族所提出。卫匡国、瓦罗对此没有太多想法,马若瑟非常重视汉语单音节语素,然而也还未到能够意识到复合、附加构词法的阶段。进入19世纪之后,马礼逊、马士曼大胆将英语副词中的构词构形概念引入汉语副词,开启了一种新的视角,此后几乎每一个汉学家都不断提出新的用于复合构词法的汉"字"。

再看副词是否存在词缀这一问题。瓦罗与马若瑟虽然提出了"然、如、尔"等字用于副词的构词,却没有明确指出它们属于词缀。瓦罗认为"然"属于小词(虚词)、是一种构词成分,马若瑟的认知应当说更倾向于将它们看作构词能力强的虚字,而非词缀。而自马士曼《中国言法》起,此情况发生了变化:表格中所有日耳曼语族的汉学家都在其书作里提出了副词存在词根词缀构词法一说,只在具体词缀方面略有所不同。从1814至1864年的五十年间,在罗曼语族汉学家的基础上提出的新构词词缀有马士曼、郭士立所说的"以";比丘林所说的"的";艾约瑟所说的口语副词词缀"着、儿、里"、书面语副词词缀"乎、之"。同时,在艾约瑟与萨默斯的著作中,已出现了诸如"词根(primitive)"、"派生(derive)"等字眼,证明他们认为屈折语的派生式构词法同样可以运用于解释汉语副词的构词,郭士立文中举例"然"所派生出的副词达到了35个,他更是提出这样的派生几乎可以无穷尽。

国内学者目前基本承认复合式构词法是双音节副词的主要构成方式,少数副词也可以由附加式构成,而西方人这一提法明显早于我们,且其分析已达到相当精细的程度。从瓦罗所提出的构成成分,到日耳曼语族汉学家普遍认同的词缀,时间上历经了百余年,认知上也产生了较为明显的变化。另外,后人在写作时可能受前人影响或参考其论述,但从上述比较看来,这样的借鉴并非是一成不变或直接抄袭,而更像是一种为我所用。如"以"作前缀用于构词,最早在马礼逊《通用汉言之法》中出现,但他本人并未对此作什么表述,而马士曼注意到了这一点,并将之与英语的词缀概念相结合;郭士立在文中直接使用了马士曼这一点论述,但随后的种种举例往往都自成一派。至 19 世纪下半叶,更多的口语词缀被艾约瑟提出。尽管如此,两百年间各汉学家一致认同可用于副词构词的词缀只有"然"一个而已,其余的词缀中只有"如"与"的"被两名或以上的汉学家认同,可见西方人的认知在此方面的变化较大。

3. 副词的句法功能分析

3.1　副词的具体功能

在西方汉学家的认知中,副词在句中作状语是其一大功能,原因不外乎各汉学家将众多能在句中充当状语的成分也纳入副词范围。而他们本人在书中的具体观点有:

表 7　三语族汉学家对汉语副词句法功能的论述

汉学家	语族—语言	副词句法功能	文中相应释例
瓦罗	罗曼—西班牙语	① 修饰句中的其他成分(动词),加强或减弱其所表达的意思; ② 副词可以被否定词否定;	① 你去就说。 　 他去就回来。 ② 走不快。来不迟。
马礼逊	日耳曼—英语	双重否定表示强烈肯定	其船无不被坏也。你无不知。你不得不知。

续　表

汉学家	语族—语言	副词句法功能	文中相应释例
马士曼	日耳曼—英语	① 用于描述动作完成的方式; ② 表示过去的、现在的、将来的或不确定的时间(非时态); ③ 作疑问状语; ④ 表示比较等级; ⑤ 表示动作发生的时间; ⑥ 用于指示地点; ⑦ 表示单纯否定、否定动词"存在"、否定未然之事;否定副词用于表示肯定; ⑧ 否定副词连用加强肯定语气;	① 晏平仲善与人交。 ② 今时则易然也。 　　欲人常自警省。 ③ 而况鲁国乎? ④ 肉虽多不使胜食也。 ⑤ 此君未视朝时也。 ⑥ 有楚大夫于此。 ⑦ 无友不如己者。 　　天下莫敢告也。 ⑧ 无不明矣。
比丘林	斯拉夫—俄语	① 表示一个对象优于其他对象,有比较含义; ② 表示过去的、将来的时间; ③ 在主动行动词前比较互惠行动、修饰动词; ④ 副词一般不能放在名词前;	① 万物人为最灵。 ② 想来不得。 ③ 相见。易通难解。
郭士立	日耳曼—德/英语	① 用于构成和表示最高级; ② 用于加强否定程度;	① 这也可笑极了。 ② 万万不赦罪。 ③ 未有不如此。

汉学家	语族—语言	副词句法功能	文中相应释例
		③ 双重否定表示肯定语气的加重；	
艾约瑟	日耳曼—英语	① 用于表示"像……"； ② 用于表示相互性； ③ 用于表示与前两类语义相反的意思； ④ 用于限制形容词、表示其比较等级，部分也用于限制动词； ⑤ 用于肯定事实、强调其肯定性； ⑥ 用于否定命题、或否定拥有某种事物； ⑦ 双重否定有时表示疑问；	① 如同皇帝一样。 ② 相与。相商。 ③ 不见是这样。 ④ 更、还、越发儿。更爱他。狠动气。 ⑤ 是。不错。必定。 ⑥ 不是。没有人。 ⑦ 莫非。
萨默斯	日耳曼—英语	① 时间副词用于回答"when?"或"how long?"； ② 处所副词用于回答"where?"或"whence?"或"whither?"； ③ 方式副词用于回答"how?"； ④ 强度/频率副词用于回答"how often"或"how much"；	①（未举例） ② 在这里。在彼处。不拘什么地方。 ③ 平平安安。慢慢的。 ④ 上下。大约。一些。少。略。破。多。 ⑤ 这样多。这个洋钱不到三百块。 ⑥ 这样好人。百般。 ⑦ 冇。

汉学家	语族—语言	副词句法功能	文中相应释例
		⑤ 表量副词用于回答"how great?"或"how much"; ⑥ 表质副词用于回答"of what sort"; ⑦ 用于否定拥有某物;	
罗存德	日耳曼—德/英语	① 副词用于描述行为的模式; ② 副词用于限定动词;	① 侃侃如也。与与如也 ② 爱人者人恒爱之。

　　从各汉学家对副词功能的论述之中我们看到,国内学者反复强调的"副词作状语"这一最主要功能并未出现在其具体表述里。不过,西方人认为汉语副词用于修饰、限定其他成分这一点显然毋庸置疑。

　　在被饰成分的具体构成方面,各汉学家提法不一,但仍然有一定的沿袭与发展关系。其中较为明显的一点莫过于马礼逊所提出的否定词连用表示肯定语气一说,马士曼、郭士立都如法炮制。当然,此二人的创作本身就是在参考和借鉴了马礼逊的诸多观点后完成的,如此的观点承袭也代表了他们对《通用汉言之法》中一些副词认知的认同和肯定,而其后的艾约瑟又在此基础上发展出否定副词组合表示疑问语气的观点。除萨默斯对副词功能的形容较为独树一帜外,其余汉学家所关注的基本点都为副词修饰谓词性成分,如形容词、动词、述语等的能力,或用于比较多个对象、表示比较含义、表示动作发生的方式等。同时,西方人也基本认为副词的功能与其语义有较大的关系:时间、处所、表质、表量、比较等副词在他们的描述之中应当都属于语义较为明显的次

类,各汉学家对此的论述也较为相似和类同,如方式和表质副词
用于描述动作和行为如何发生、时间副词用于限定动作或事件发
生的时间等。在否定副词的具体功能上,马士曼、艾约瑟、萨默斯
的说法也十分相似。

　　总体而言,后人都继承并发展了前人的观点:继承的是对副
词整体最主要功能的认知,即修饰和限定句中的其他词类(主要
是动词和形容词),这一点从瓦罗指出到罗存德再度提出,几乎没
有产生任何改变;发展的是对各次类,乃至单个副词具体功能的
探讨。因此,我们能看到的对副词句法功能认知的变化,主要集
中在个别次类、个别副词的用法上,如瓦罗所说的否定副词"不"
可以修饰其他副词、比丘林所说的副词"都"一般不修饰名词等。

3.2　副词与其他词类的序列关系

　　汉语语序的重要性一直都为西方人所强调:学生若是想要学
会使用汉语副词,除了解其基本句法功能外,还需掌握它们在句
中所处的位置。瓦罗、罗存德等汉学家也指出语序的不同与语体
风格的差异、优美程度密切相关。笔者现将各汉学家著作之中的
对于副词位置的总结、释例中体现的各词类与副词的位置关系归
纳如下:

表8　副词与其他词类的位置关系一览

汉学家	语族—语言	副词在句中的具体位置	文中相应释例
卫匡国	罗曼—拉丁/意语	"多"放在钱数或类似事物的后面	十年多。 十多年。
瓦罗	罗曼—西班牙语	① 副词位于动词前、祈使语气不用"得"; ② "得"位于动词与副词之间;	① 果然来了。 ② 吃得慢。走得快。 ③ 你去就说。 　 他去就回来。 ④ 断然不爱他。你明日

汉学家	语族—语言	副词在句中的具体位置	文中相应释例
		③ 存在两个动词时，副词位于它所修饰的动词之前； ④ 句中有与格、宾格、离格成分时，副词位于它们之前； ⑤ 否定副词时，动词最前、副词最后； ⑥ "quo（从某处来/到某处去）"和"huc（从这里去/到这里来）"总是前置；	去千万与他说。 ⑤ 走不快。来不迟。 ⑥ 那里去。这里来。哪里来？哪里去？
马礼逊	日耳曼—英语	① 表次序、处所的副词常位于句首； ② 副词常位于主语之后，动词之前； ③ 表质副词位于句末、"得"字标记之后； ④ 否定词位置较不固定，可位于句首、动词前、动词后、名词前； ⑤ 比较副词常位于数量词之前、也可位于句末、或动词之后； ⑥ 当副词被强调时，它位于名词后；	① 始者他论及天文。 ② 你到那一处去？ ③ 他走得快。他写得好。 ④ 我做不来。他感谢靡涯。我未之逮也。 ⑤ 好几遭。好几回。你行了多两步。 ⑥ 这个系一端事敝得狠。

汉学家	语族—语言	副词在句中的具体位置	文中相应释例
马士曼	日耳曼—英语	① 副词一般位于主语之后,动词之前; ② 否定词位于句首、而后是其他副词、最后是动词; ③ 表质副词常位于句末; ④ 比较副词可位于名词之前; ⑤ 时间副词常位于句首; 　表示"when"的词位置不固定; ⑥ 地点副词可位于句首、动词前、介词后; ⑦ 否定副词可位于句首、或动词前;少数位于句末或名词之前否定事物的存在;	① 回也默然听受。 ② 不多食。 ③ 仁矣鲜。 ④ 好多人。许多枝叶。 ⑤ 今时则易然也。将行时你来唤我。 ⑥ 有楚大夫于此。 ⑦ 人心之灵莫不有之。其益无方。今也则无。
比丘林	斯拉夫—俄语	① 副词一般位于谓词之前,主语之后; ② 时间副词位于句子的开头;	① 父母俱存。庶绩咸熙。
郭士立	日耳曼—德/英语	① 疑问副词多位于句首、部分特定疑问副词位于句末; ② 否定副词多位于句首、或其要否定的对象之前;	① 岂有此理乎?何以知其然耶? ② 国不可一日无君。不一而足。莫大于天。 ③ 自今以后。生死之时。

汉学家	语族—语言	副词在句中的具体位置	文中相应释例
		③ 时间副词多位于句首、部分特定时间副词位于句末; ④ 表质副词多位于谓词之前、位于动词之后时需要加标记"得"、部分副词位于谓词之后、名词之前; ⑤ 加强否定程度的词位于否定副词之前;	正抽揪间。 ④ 好不热闹。太冷静些。 说得极是。弄些手脚。 题起些什么。 ⑤ 并无一杆旌旗。
艾约瑟	日耳曼—英语	① 实词辅助成分与数词组合位于句末; ② 疑问副词常位于句首、或谓词前; ③ 时间词重叠时中间可加其他成分; ④ 形容词构成或直接作副词时,位于动词前后皆可; ⑤ 强度副词位于形容词、动词前后皆可; ⑥ 时间、处所副词常位于句首; ⑦ "不"通常位于动词和形容词之前; ⑧ 表示事物本来如此,或"应当"语义的副词要用于实词前;	① 和父母一样。 ② 多重? 多大? ③ 一世过一世。 ④ 白费功夫。冷不防。 ⑤ 只得一个。学问有限。 ⑥ 预先防备。 ⑦ 不能。不定。不通。 ⑧ 原是儆戒没良心的。千万不可。

汉学家	语族—语言	副词在句中的具体位置	文中相应释例
萨默斯	日耳曼—英语	① 表示处所的副词常与"在、从、到、向"连用,并被置于其后; ② 部分表量副词位于否定词"不"之后; ③ 部分疑问副词常位于句首;	① 在一样地方。到那里。 　从你边这里。向这里。 ② 这个洋钱不到三百块。 ③ 安在?为何?
罗存德	日耳曼—德/英语	① 否定副词通常位于动词、形容词之前; ② 当语义指向长度、容量单位时,副词位于动词、形容词之后; ③ "的"字标记位于支配与受支配的实词之间起连接作用; ④ 副词位于介词之前,而介词将之与动词隔开; ⑤ "而"字常用于连接带"然"字词缀的副词与动词; ⑥ 疑问副词、表示"never"语义的词位于名词或代词之后; ⑦ 当句中的时间被切实的年数所界定时,副词位居主	① 其不准。 ② 走不过三尺。 　高不过十寸。 ③ 快的行。 ④ 善为我辞焉。 　故由由然与之偕。 ⑤ 善然而行。安然而死。 　忽然而至。 ⑥ 你去何时何日乎? 　吾未尝不得见也。 ⑦ 其去外国有十年之久。 　同治年间我云云。 　同治二年。 ⑧ 归德门外处。 　处归德门外。 　我向你去。 ⑨ 聪明智慧独赋于人。 ⑩ 在此在彼。 　来此去彼。

续 表

汉学家	语族—语言	副词在句中的具体位置	文中相应释例
		语或述语之后；若所说事件已经发生，副词需位于主语或述语之前； ⑧ 处所副词可位于其所限定的动词前后；表示方向、去向、朝向的副词位于主语之后、宾语之前； ⑨ 表示"only"和"similar"语义的副词位于动词之前、宾语之后； ⑩ "此、彼"位于动词之后；它们被强调时则位于动词前；句中介词被省略时，副词位于动词之后；	
威妥玛	日耳曼—英语	① "又"在"去"前； ② "几次"用在动词和宾语之间；	① 怎么第三次又去呢? ② 你纳通共进过几次京

　　对副词在句中所处位置关注度最高的当属瓦罗和罗存德，其他汉学家对此并非不关注，而是大都选择以短语和例句方式来展现副词的具体位置，因此著作中可能缺少总结性和归纳性的表述。汉语修饰语居左的原则广为人知，马士曼也强调修饰成分总是位于被饰成分之前，但就表格中归纳的内容及相应的例句看来副词的位置并不是永远固定的。

　　自瓦罗起，副词位于其所修饰的成分，如动词、谓语之前是各

汉学家所公认的,然而多部著作中都出现了副词位于句末、或述
语之后的例句。马礼逊、马士曼、郭士立等人也没有表明两个副
词连用时的位置先后顺序。尽管如此,汉学家们对时间、处所、疑
问副词居句首,及大多数副词居谓词之前这二点都予以肯定,且
这一观点两百余年来几乎没有变化。而副词位于其他位置的情
况,各人则有各人的说法,原因显而易见:被各汉学家纳入汉语副
词范围内的词不尽相同,而不同的词具体用法不同。

4. 结语

这些汉学家的作品均由其编者个人独立完成,因此不完全排
除汉学家编纂时出现存有遗漏或是疏忽的可能,对过往说法的沿
用与增删亦可能系后人对前人想法并不赞同因而另作新论。十
一部著作里无论是对副词的次类划分、构成,或是对句法功能的
探讨,都是从词类而非如语块等其他角度出发的,且若是将后人
新提出的看法屏蔽,只关注大家都热衷于讨论的焦点,那么众汉
学家的论点与论据并没有本质的改变。

我们认为,两个世纪来欧洲人汉语副词认知的流变主要体现
于在前人基础上提出进一步细化的内容或补充和辅佐论证其观
点,而非否定和推翻前人的理论进而创造新的体系,我们在这些
著作里也没有看到指正前人副词认知错误的言论。可以肯定的
是,欧洲的汉学家们始终没有脱离对希腊—拉丁语法体系框架的
依赖,他们也许注重汉语作为孤立语区别于屈折语的类型方面的
差异,却大都站在西方人的立场与视角来看待和解释副词的诸多
现象,而将差异的根本原因直接归结于语种的不同更是有逃避进
一步深究引出更多疑问的嫌疑。对于这样的流变,我们确实看到
了其继承的一面,但不能说所有的变化都是进步与发展的,毕竟
当今的汉语语法研究与两百年前西方人的研究相比也仍有许多

本质的相同之处。在十一位汉学家之中,对副词讨论看似最少的马若瑟也许是西方人认知的顶峰,因为其后的汉学家们撰书的目的与目标逐渐从如何更加充分地认识和掌握汉语、更好地描写与解释各方面的差异,转变为如何更好地利用既有的框架来阐释汉语语法、更好地让欧洲社会理解汉语这门语言,甚至是如何帮助学生实现汉语习得。屈折语语法体系也从不得不借之以用于帮助汉学家本人理解汉语的无奈之举,转变为利于西方人构建自己学说的必不可少的工具、填充和放置现成语料的良好载体。

　　(基金项目:国家社会科学基金项目"19世纪稀见英文期刊与汉语域外传播研究"(15BYY052)、教育部人文社会科学规划项目"17—19世纪欧洲汉学视野中的汉语类型特征研究"(13YJAZH021)、厦门大学社科繁荣计划科研启动项目"欧洲的汉语传播与华文跨境教育研究"(HGF04)、厦门大学两岸关系和平发展协同创新中心专项课题的阶段性成果。)

参考文献

贝罗贝　2000　《20世纪以前欧洲汉语语法学研究状况》,见北京大学中国传统文化研究中心编《文化的馈赠:汉学研究国际会议论文集(语言文学卷)》,北京大学出版社。

弗朗西斯科·瓦罗　2003　《华语官话语法》,姚小平、马又清译,外语教学与研究出版社。

何莫邪(Christoph Harbsmeier)　2000　《马氏文通》以前的西方汉语语法书概况,见北京大学中国传统文化研究中心编《文化的馈赠:汉学研究国际会议论文集(语言文学卷)》,北京大学出版社。

张西平　2003　《西方人早期汉语学习史调查》,中国大百科全书出版社。

内田庆市　2009　《关于马礼逊的语法论及其翻译观》,《东アジア文化交涉研究》第2期。

上古汉语不确定语气副词的区分[*]

谷　峰（南开大学文学院）

1. 引言

　　按照莱布尼茨的观点，"必然"是说某命题在所有的可能世界中都为真，"可能"是说某命题只在有些可能世界中为真（陈波，2003:93）。模态逻辑用符号"□"和"◇"表示"必然"和"可能"，它们可以类比主观认识的"确定"和"不确定"（周北海，1997:2）。自然语言的不确定语气比模态逻辑的"可能"复杂，汉语各方言的不确定语气副词平均4～7个（见表1），也有些方言如山阴话的不确定语气副词只有3个（郭利霞，私人交流），而上海话多达20个（钱乃荣，1997:166）。上古汉语的这种副词有"庶"、"庶几"、"盖""或""或者""殆""其""其诸""无乃（毋乃）""得无（得毋、得微）"。在汉语书面语的发展史中，上古书面语的语气副词数量最少，中古汉语不确定语气副词约30个，近代汉语至少40个（唐贤清，2004:146;李素英，2010:83）。但与方言口语相比，上古书面语的

---

　　* 研究得到国家社科基金青年项目（14CCY034）和天津市社科规划项目（TJHY11-010）支持。《中国语文》匿名审稿人的修改建议细致认真且富于启发性，郭利霞、潘家荣、乐耀提供了很好的资料，特此致谢。

不确定语气副词比较繁复，这很值得关注，原因可能一是书面语累积了不同地域和不同年代的副词；二是副词的用法有区别。本文将以先秦和西汉的 28 种传世文献为基础，分析语气副词在分布和功能上的差异。①

表 1　汉语方言中的不确定语气副词

台湾闽南话（杨秀芳，1991）	舟山话（方松熹，1993）	绍兴话（盛益民，2014）	长沙话（鲍厚星、崔振华、沈若云、伍云姬，1999）	吉首话（李启群，2002）
无定著、无的确、敢、拍算	侬方、恐怕、作兴、吭数	刚作、奥卯、总、好、倘话	怕、怕莫、作兴、崽不	不限定、恐怕、也许、也兴、莫（兴）、大概
梅县话（林立芳，1990）	神木话（邢向东，2000）	东干话（海峰，2003）	海门话（王洪钟，2011）	博山话（钱曾怡，1993）
盲知、惊怕、莫、董	不敢定、未量、咋也、大概儿、还把、敢	哈巴、散脱、但怕、棒尖、想打、莫必是、未了	大概、大约酌、得怕、作兴得、话勿定、莫非、要末	恐怕、也许、备不住、不格、不叫准、到好、大约摸

需要特别说明"其"，它有多种功能（时间、语气、指代、连接），有时候相互之间不容易分辨。例（1）—（4）过去被认为表示推测语气或反问语气，实际上"其"都可以解释为"将要"。真正表示不确定语气的"其"出现于两种语境：一是句子叙述当前、已然、泛时情况；二是句子虽然叙述未然情况，但有另外的词语提示将来时，比如"将"。

(1) 保君父之命而享其生禄，于是乎得人。有人而校，罪莫大焉。吾其奔也。（《左传·僖公二十八年》）[比较：诺，吾将仕矣。（《论语·阳货》）]

(2) 吾闻夫犬戎树惇,帅旧德而守终纯固,其有以御我矣!
(《国语·周语上》)[比较:叟! 不远千里而来,亦将有以
利吾国乎?(《孟子·梁惠王上》)]

(3) 天生德于予,桓魋其如予何?(《论语·述而》)[比较:陈
文子见崔武子曰:"将如君何?"(《左传·襄公二十三
年》)]

(4) 一国两君,其谁堪之?(《左传·昭公七年》)[比较:君讨
臣,谁敢仇之? 君命,天也。 若死天命,将谁仇?(《左
传·定公四年》)]

何乐士(1989:364)认为"若(如)之何其 VP"的"其"表示语
气,实际上"其"是指代词,这种句子是"其 VP 也,若(如)之何"
的倒装,其他作谓语的疑问词如"何""奈何"与"若之何"有类似
的移位,即[其+VP(也,)+WH一>WH一+其+VP]。例如:

(5) 父子失处,夫妇失宜,民人呻吟,其以为乐也,若之何哉?
(《吕氏春秋·大乐》)

(6) 以至仁伐至不仁,而何其血之流杵也?(《孟子·尽心
下》)

(7) 且也若与予也皆物也,奈何哉其相物也?(《庄子·山
木》)

"其"不能看作语气副词是因为:一是"若(如)之何 VP"询问原因
且有诘责语气,这种句子形式上虽然是疑问,但说话者的态度特
别肯定,"若之何 VP"如果搭配语气词,多是表示肯定的"也",这
与副词"其"表示不确定语气有冲突;二是"其"可以替换为"NP
之"。例如:

(8) 子曰:"圣王无乐",此亦乐已,若之何其谓圣王无乐也?
(《墨子·三辩》)

(9) 若之何子之不言也?(《左传·哀公十一年》)

2. 上古汉语不确定语气副词的位序、分布

2.1　副词与主语的排序

上古汉语的 10 个不确定语气副词全都能出现于主谓之间，其中可以前置于主语的副词占 7 个，比例颇高。然而，这些副词前置于主语的例子很少（"其"18 例、"庶"2 例、"庶几"2 例、"其诸"1 例、"或者"4 例、"得无"1 例、"盖"18 例），约占 7 个不确定语气副词出现总频次的 5.2%，接近小概率事件的数值。但是，这组副词前置于主语并不是完全无规律可循，分析相关例句可知，不确定语气副词前置于主语可能与主语的性质、副词的语篇功能有关，较有代表性的三种情况是：甲、主语是代词（适用于"其""庶"），见例（10）（11）；乙、主语是强调对比的对象（适用于"其""或者""得无"），见例（12）—（14）；丙、副词关联两句话甚至引导一段话（适用于"其""或者""其诸""盖"），见例（15）—（17）。例如：

(10) 思君其莫我忠兮，忽忘身之贱贫。(《九章·惜诵》)[②]

(11) 以其慌惚以与神明交，庶或飨之。(《礼记·祭义》)(郑玄注：或，犹有也，言想见其仿佛来)[③]

(12) 晋侯曰："卫人出其君，不亦甚乎？"对曰："或者其君实甚。良君将赏善而刑淫，爱民如子……"(《左传·襄公十四年》)

(13) 反先王则不义，何以为盟主？其晋实有阙。(《左传·成公二年》)[④]

(14) 王视晏子曰："齐人固善盗乎？"晏子避席对曰："……所以然者何？水土异也。今民生长于齐不盗，入楚则盗，得无楚之水土使民善盗耶？"(《晏子春秋·内篇杂下》)

(15) 寝不安与？其诸侍御有不在侧者与？(《公羊传·僖公二年》)

(16) 吾安知刺灸而欲生者之非惑也？又安知夫绞经而求死者之非福也？或者生乃徭役也，而死乃休息也？（《淮南子·精神训》）

(17) 古者之赋税于民也，因其所工，不求所拙。农人纳其获，女工效其功……盖古之均输，所以齐劳逸而便贡输，非以为利而贾万物也。（《盐铁论·本议》）

需要说明：一、甲、乙、丙三种情况可以重合。例（18）句子主语是代词"或"，同时"其"起句际衔接作用；例（19）句子主语是代词"我"，"我"与"人"形成对比，同时"其"衔接两个句子。二、"庶几"只有 2 例出现于主语前，暂时看不出规律，见例（20）。例如：

(18) 其或是也，其或非也邪？其俱是也，其俱非也邪？（《庄子·齐物论》）

(19) 人之生也固若是芒乎？其我独芒而人亦有不芒者乎？（同上）

(20) 愿以所闻思其则，庶几其国有瘳乎？（《庄子·人间世》）

2.2　同义副词并用

有"庶几其""庶其""其或者""其或""其殆"等并用形式：

(21) 今吾日计之而不足，岁计之而有余，庶几其圣人乎！（《庄子·庚桑楚》）

(22) 不法其制，法其节俭也，则虽未成治，庶其有益也。（《晏子春秋·内篇谏下》）

(23) 今周室少卑，晋实继之，其或者未举夏郊邪？（《国语·晋语八》）

(24) 是赏盗也，赏而去之，其或难焉。（《左传·襄公二十一年》）

(25) 颜氏之子，其殆庶几乎？（《周易·系辞下》）

2.3　两项副词连用的排序

不确定语气副词总体上位于表示时间、范围、否定、程度、方式等意义的副词的左侧。例外是"庶",它在《诗经》和《尚书》中有2例见于范围副词"咸"和否定副词"无"右侧,这种现象出现的原因大概是上古早期的"庶"在句法上尚未爬升到CP层,且表示量化的"咸"、表示禁诫的"无"在句中的位置不低。⑤例如:

(26) 颜渊问于仲尼曰:"文王<u>其犹</u>未邪? 又何以梦为乎?"(《庄子·田子方》)

(27) 臣闻忠臣毕其忠,而不敢远其死。座<u>殆</u>尚在于门。(《吕氏春秋·自知》)

(28) 既已存亡死生矣,而不矜其能,羞伐其德,<u>盖亦</u>有足多者焉。(《史记·外戚世家》)

(29) 臣之所见,<u>盖特</u>其小小者耳,名曰云梦。(《史记·司马相如列传》)

(30) <u>其不</u>然乎! 其不然乎! 夫明器,鬼器也。祭器,人器也。(《礼记·檀弓》)

(31) 故象刑<u>殆非</u>生于治古,并起于乱今也。(《荀子·正论》)

(32) 堂下<u>得无微</u>有疾臣者乎? (《韩非子·内储说下》)

(33) 君子如怒,乱<u>庶</u>遄沮。(《诗经·小雅·巧言》)(毛传:遄,疾;沮,止)

(34) 哀敬折狱,明启刑书胥占,<u>咸庶</u>中正。(《尚书·吕刑》)(曾运乾正读:咸,皆也。庶,幸也……刑罪吻合,庶几皆协于中正也)

(35) 会且归矣,<u>无庶</u>予子憎。(《诗经·齐风·鸡鸣》)(马瑞辰传笺通释:"无庶"即"庶无"之倒文……犹《诗》言"无父母遗罹"、《左传》"无遗寡君羞也")

2.4　副词进入宾语小句

"庶(几)""或(者)""其诸"只见于主句。"其"所在的陈述句可以作"谓"(表示"评议、估计")的宾语,"其"所在的疑问句可以作"未知""意者"的宾语,⑥"殆""得无"所在的句子可以作"意者"

的宾语,"盖"所在的句子只作"闻"的宾语。例如:

(36) 臣<u>谓</u>君之入也,<u>其</u>知之<u>矣</u>。(《左传·僖公二十八年》)
（杜预注:知君人之道）

(37) 今我则已有谓矣,而<u>未</u>知吾所谓之<u>其</u>果有谓<u>乎</u>?<u>其</u>果无谓<u>乎</u>?(《庄子·齐物论》)

(38) <u>意者</u>堂下<u>其</u>有罴憎臣者<u>乎</u>?杀臣不亦<u>蚤乎</u>!(《韩非子·内储说下》)

(39) 即如君言,衣狗裘者当犬吠,衣羊裘者当羊鸣,且君衣狐裘而朝,<u>意者得无</u>为变<u>乎</u>?(《说苑·善说》)

(40) <u>意者</u>中国<u>殆</u>有圣人,<u>盍</u>往朝之?(《韩诗外传》卷五)

(41) 吾闻晏婴,<u>盖</u>北方辩于辞,习于礼者也。(《晏子春秋·内篇杂下》)

2.5　副词移位

现代汉语语气副词的移位一般是"也许经理会答应/经理也许会答应""他幸好没去/幸好他没去",但这种移位在上古极其罕见,下面的移位倒是不乏其例。例如:

(42) <u>盖</u>闻君子犹鸟也,骇则举。(《吕氏春秋·审应》)[比较:寡人闻大国之君,<u>盖</u>回曲之君也。(《晏子春秋·内篇杂下》)]

(43) 子<u>其意者</u>饰知以惊愚,修身以明汙,昭昭乎如揭日月而行,故不免也。(《庄子·山木》)[比较:以群则和,以独则足,乐<u>意者其</u>是邪!(《荀子·荣辱》)]

"盖"、"其"从宾语小句移位到主句动词"闻"、"意者"前面,即:"闻……盖……">"盖闻……"、"意者……其……">"其意者……"。这种类型的移位是李明(2013)发现的,他称为"副词长距离移位",能够这样移位的副词多数表示认识情态。

2.6　小结

上面试图通过位置(主语前/后)、两项副词排序、副词移位、主句现象去窥探不确定语气副词的差异,这是形式学派研究副词的思路(Travis,1988;Ernst,2002)。但我们发现不确定语气副词在句法上的共性很多,差异不大,而且这些差异零散、无规律,各种句法标准对副词的划分参差不齐,看不出和副词的语义、构词方式有何关系("殆""或""无乃"不出现于主语前,"盖""得无""无乃"不与别的副词并用,"庶"在两项副词排序上的表现滞后,仅见于主句的和可见于从句的副词数量相当,"盖"、"其"在移位方面不同凡响)。下面将考察它们身处的语用环境(交谈内容、文体、篇章位置、社会情境),希望有新发现。

3. 上古汉语不确定语气副词的语用区分

3.1 获取信息的途径

藏缅语言的传信范畴存在亲见和非亲见的对立,非亲见情态又包括推测和传闻(黄布凡,2007)。在保安语、撒拉语、西部裕固语中,非亲历、非目睹的事情用不确定语气或普通语气标注,与确定语气对立(刘照雄、林莲云,1980;陈宗振、雷选春,1985:92)。

汉语的语气副词有传信语的作用(张伯江,1997),传信语既说明信息来源,也可以提示人对信息的态度(Chafe,1986)。过去对语气副词的研究,大都只看到主观态度一方面。以"盖"为例,唐朝以来经籍旧注、文人笔记都把它看作"疑辞":

唐·张守节:"盖"、"或",皆疑辞也。(《史记·老子列传》:"盖老子百有六十岁,或言二百余岁"正义)

宋·洪迈:予观《史》、《汉》所纪事,凡致疑者,或曰"若",或曰"云",或曰"焉",或曰"盖",其语舒缓含深意。(《容斋续笔·卷七·迁固用疑字》)

明·陆粲:盖者,疑辞也。(《左传·桓公二年》杜预注"盖伯夷之属"附注)

除"盖"外,吕叔湘(1982:301)认为"其""殆""庶""或者""得无""无乃"也有"传疑"的功能。这些副词为什么表示传疑? 通过什么方式表示传疑? 以往并不予以深究。如果把注意力放到信息获取途径上,就会发现"盖"引导的信息与传闻和转述有关,"殆""其""得无""或者""庶(几)"引导的信息与思考和推理有关。表现是:

一、"盖"字句经常作"闻"的宾语(37 例),有些"盖"虽然不直接出现于"闻"的宾语小句,但语段中会有"闻……",表明说话内容是在传闻基础上的演绎。例如:

（44）丘也闻有国有家者,不患贫,而患不均;不患寡,而患不安。盖均无贫,和无寡,安无倾。(《论语·季氏》)

二、"盖"字句叙述的内容多是古人古事,不乏三皇五帝的传说、夏商周三代的史事、孔子的行状和逸闻、民间寓言故事(68 例)。一些语篇以"古者""昔者"起头,汉代以后"盖"可以搭配表示传闻、转述的语气词"云"。例如:

（45）古者帝尧之治天下也,盖杀一人、刑二人而天下治。(《荀子·议兵》)

（46）昔者圣人之作《易》也,幽赞于神明而生蓍……离也者,明也。万物皆相见,南方之卦也。圣人南面而听天下,向明而治,盖取诸此也。(《周易·说卦》)

（47）鲁南宫敬叔言鲁君曰:"请与孔子适周。"鲁君与之一乘车,两马,一竖子俱,适周问礼,盖见老子云。(《史记·孔子世家》)

（48）余登箕山,其上盖有许由冢云。(《史记·伯夷列传》)

三、"其""殆""得无"出现于"谓"、"未知""意者"的宾语小句,它们与心理活动有关。"得无""无乃""殆"出现于条件复句的正句,它们与逻辑推理有关。例如:

（49）夫南郹之与郑,相去数千里,大夫死者数人,厮役死者数

百人,今克而弗有,无乃失民臣之力乎!(《韩诗外传》卷六)

(50) 以管仲之能,乘公之势以治齐国,得无危乎?(《韩非子·外储说左下》)

(51) 若是,则虽为之筑明堂于塞外而朝诸侯,殆可矣。(《荀子·强国》)

"盖"字句一般是叙述往事、解释原因、归纳总结、补充说明,不用于推断,说明"盖"主要不是用来表现人的逻辑推理或心理活动。例如:

(52) 黄帝、尧、舜垂衣裳而天下治,盖取诸乾、坤。(《周易·系辞下》)

(53) 不克不忌,不念旧恶,盖伯夷、叔齐之行也。(《大戴礼记·卫将军文子》)

(54) 有司曰:"陛下肃祇郊祀,上帝报享,锡一角兽,盖麟云。"(《史记·封禅书》)

四、"殆""其""庶几""或者"可以并用("殆其""庶其""其或者"等),"盖"不与上述副词并用,说明"盖"特殊,与"殆""其""庶几""或者"意义相隔。《鹖冠子》有"盖殆"并用的例子,但此书的真伪有争议,相关的争论见吴光(1983)。例如:

(55) 今以所见合所不见,盖殆不然。(《鹖冠子·近迭》)

3.2 情感倾向

3.2.1 庶、庶几

说话者的情感倾向包括:赞同/反对、庆幸/遗憾、如意/失意、合理/意外,等等。从这个角度看,上古汉语的不确定语气副词也有差别。

"庶(几)"出现的句子表现正面的情感,叙述说话者希望看到的事情。证据是:

一、有些"庶(几)"搭配积极义的谓语。例如:

(56) 愿以所闻思其则,庶几其国<u>有瘳</u>乎?(《庄子·人间世》)(成玄英疏:瘳,愈也)

(57) 君姑修政而亲兄弟之国,庶<u>免于难</u>。(《左传·桓公六年》)

(58) 余将老,使郤子逞其志,庶<u>有豸</u>乎?(《左传·宣公十七年》)(杜予注:豸,解也)

二、"庶几"所在的句子叙述"希望"的内容。例如:

(59) <u>王庶几改之,予日望之</u>。(《孟子·公孙丑下》)

三、经籍旧注经常把"庶"解释为"幸",或是解释成表示希望义的动词。例如:

(60) <u>庶见素冠</u>兮,棘人栾栾兮,劳心博博兮。(《诗·桧风·素冠》)(毛传:庶,幸也。郑笺:故觊幸一见素冠)

(61) <u>庶几其果为圣人乎</u>?(《庄子·大宗师》)(成玄英疏:庶,慕也)

《礼记·祭义》"庶或飨之",朱彬集解引方性夫曰"庶者,幸而不必之辞",翻译成现在的白话就是"庶"表示"正面情感(期望)+不确定语气"。

四、汉代"庶几"演变成"希望"义动词,这与"庶几"表现正面情感有关。例如:

(62) 天子既已封泰山,无风雨灾,而方士更言蓬莱诸神若将可得,于是上欣然<u>庶几遇之</u>,乃复东至海上望,冀<u>遇蓬莱</u>焉。(《史记·封禅书》)

3.2.2　得无、无乃

"将无""将非""不多"等含否定语素的语气副词最初多表现负面情感。例如:

(63) 于意云何?长者赐子珍宝大乘,<u>将无</u>虚妄乎?(西晋·竺法护译《正法华经》,《大正藏》9/263/75c)

(64) 初闻佛所说,心中大惊疑,<u>将非</u>魔作佛恼乱我心耶?(姚

秦·鸠摩罗什译《妙法莲华经》,《大正藏》9/262/11b)

(65) 此人向我道家中取食,<u>不多</u>唤人来提我以否?(《敦煌变
     文集·伍子胥变文》)

"得无""无乃"在情感倾向方面有相似的表现。"得无"若出
现于叙事句,就提示主语是受害者,若出现于评议句,就提示听话
者有过失。例如:

(66) 楼缓言不媾,来年秦复攻王,<u>得无更割其内而媾</u>?(《战
     国策·赵策三》)

(67) 孔子为鲁摄相,朝七日而诛少正卯。门人进问曰:"夫少
     正卯,鲁之闻人也。夫子为政而始诛之,<u>得无失乎</u>?"
     (《荀子·宥坐》)

例(66)赵王是"更割其内而媾"的受害者,例(67)"失"是批评孔子
杀少正卯,孔子是过失者。有时候要完整地了解一个故事才能概
括副词的情感倾向。例如:

(68) 其冬,公孙卿候神河南,言见仙人迹缑氏城上,有物如
     雉,往来城上。天子亲幸缑氏城视迹。问卿:"<u>得毋效文
     成、五利乎</u>?"(《史记·封禅书》)

文成将军李少翁、五利将军栾大是汉代的方术之士,曾经得宠,后
来因为装神弄鬼蒙蔽汉武帝而被杀,"得毋效文成、五利乎"含有
对公孙卿的怀疑和警告。

"无乃"也表示一种负面态度,包括两种情况:若出现于叙事
句,主语是受害者;若出现于评议句,就是对听话者的批评。
例如:

(69) 楚将北师。子囊曰:"新与晋盟而背之,<u>无乃不可乎</u>?"
     (《左传·成公十五年》)

(70) 天则不雨,而望之愚妇人,于以求之,<u>毋乃已疏乎</u>?(《礼
     记·檀弓下》)

(71) (楚灵王)为章华之宫,纳亡人以实之,无宇之阍入焉,无

宇执之,有司弗与……王将饮酒,无宇辞曰:"……若从
有司,是无所逃臣也。逃而舍之,是无陪台也。<u>王事无
乃阙乎?</u>"(《左传·昭公七年》)

　　3.2.3　或者、其、其诸、殆(调查《左传》《国语》《论语》《孟子》
《晏子》)

　　"其诸"出现的句子表达中性情感(9例)。"或者"出现的句子
多数表达中性情感(32例),少数表达负面情感(5例)。"其"出现
的句子多数表达中性情感(127例),少数表达正面(15例)和负面
情感(28例)。只举一例:

　　(72)是晋再克而楚再败也,楚是以再世不竞。今天或者大警
　　　　晋也,而又杀林父以重楚胜,<u>其无乃久不竞乎?</u>《左
　　　　传·宣公十二年》)

当年城濮之战失利、令尹子玉自杀导致楚国一蹶不振,如今邲之
战已经失败,又要杀荀林父,这会导致晋国一蹶不振,句子的负面
情感靠"无乃"提示,与"其"无关。"其"没有明显的褒贬色彩,正
因如此,"其"既与"无乃"并用,也与"庶(几)"并用。

　　"殆"出现的句子多数表现中性情感(30例),也有许多表示负
面情感,不乏"死""病""失""毙"等消极义动词(28例),少数表示
正面情感(7例)。例如:

　　(73)赵盾曰:"彼宗竞于楚,<u>殆将毙矣</u>。姑益其疾。"(《左传·
　　　　宣公二年》)

　　(74)公子居则下之,动则谘焉,成幼而不倦,<u>殆有礼矣</u>。(《国
　　　　语·晋语四》)

　　(75)寡人闻韩侈巧士也,习诸侯事,<u>殆能自免也</u>。(《战国
　　　　策·楚策三》)

3.3　"信"或"疑"的程度

　　一种语言如果有几个表推测的词语,它们可能会表达不同的
信疑程度。内蒙古丰镇话的"管(兀)"用于拟测可能性高的事,

"敢情"用于拟测可能性低的事（周利芳，2008）。在达让僜语中，语气词 $tu^{31}pu^{55}bo^{53}m^{55}$ 表示有充足把握的拟测，den^{35} 表示把握不大的拟测，$n^{55}n_ba^{35}$、$bo^{53}m^{55}$ 表示没有把握的拟测（孙宏开、陆绍尊、张济川、欧阳觉亚，1980：221）。汉语认识情态词的可能性程度（升序）是：也许＜可能＜大概＜很/非常可能＜会（郭昭军，2003）。

　　对于活着的语言，母语者凭借语感就能够分辨一组词语的信疑程度，像英语 would 表示不确定，will 和 be going to 表示比较确定，而 be going to"确定不变"的意思更强。但是，在分析消亡的古代语言时，后代人的语感就不可靠，会出现两种情况：一、后人对古语的解释过于笼统，《孟子·公孙丑》"或者不可乎"朱熹集注、何晏《论语集解》"得无素不讲习而传之"刘宝楠正义、《礼记·檀弓》"有子盖既祥"孔颖达疏，它们对"或者"、"得无"、"盖"的注解全都是"疑辞"，不加区分；二、后人对古语的解释有分歧，裴学海（1954）解释"殆"是"疑而有定"，杨伯峻（1981）的解释是"不肯定"。可见，仅凭语感或注疏归纳不确定语气副词的信疑程度，无法让每个人都信服。相比而言，语法测试更有说服力，"语法测试"在这里具体指根据分布和搭配分析虚词的意义，其理论基础是虚词的核心意义会影响它出现的语境。

　　学者们利用格式、句类、搭配测试情态词、语气副词、语气词的信疑程度，思路和结论都很有启发。郭昭军（2003）发现"也许、可能"的可能性程度低于"大概、会"，因为可以说"我（也许/可能）去，（也许/可能）不去"，但不能说"我（大概/会）去，也（大概/会）不去"。周利芳（2008）发现语气偏于肯定的"管（兀）"多见于陈述句（平调或降调），语气偏于疑惑的"敢情"多见于疑问句（升调）。华建光（2013：120）认为语气词"夫"表示相信，"乎/邪/与"表示质疑，因为"夫"搭配表示肯定的"必"、"果"，不搭配表示不确定的"其""得无"；"乎/邪/与"经常搭配表示不确定的"其""无乃""得无"。下面将按照这种思路分析上古的不确定副词,先要剔除"得无""无乃""庶(几)",它们有明显的褒贬色彩,不是纯粹表示不确定的。

从与语气词的搭配看,"其"、"或者"、"其诸"语气比较不肯定,"或""殆""盖"语气相对肯定。因为,"其"经常搭配传疑的"乎、邪、与"(166 例),较少搭配传信的"也、矣"(44 例);[⑦]"或者"多搭配"乎、邪、与"(16 例),较少搭配"也、矣"(7 例);"其诸"只见于疑问句,7 例搭配"与、乎",2 例搭配"也、矣"。只举"其"的例子:

(76)《诗》云:"迨天之未阴雨,彻彼桑土,绸缪牖户。今此下民,或敢侮予?"孔子曰:"为此诗者,<u>其知道乎</u>! 能治其国家,谁敢侮之?"(《孟子·公孙丑上》)

(77)君子务本,本立而道生。孝弟也者,<u>其为仁之本与</u>?(《论语·学而》)

(78)诗曰:"辞之辑矣,民之协矣;辞之绎矣,民之莫矣",<u>其知之矣</u>。(《左传·襄公三十一年》)(杜予注:谓诗人知辞之有益)

(79)所谓"臣义而行,不待命"者,<u>其此之谓也</u>。(《左传·定公四年》)

"殆"多见于陈述句和感叹句,经常搭配"矣、也、夫、哉"(42 例),很少见于疑问句,很少搭配"乎、邪"(6 例)。"或"只见于陈述句,搭配"也、矣"(5 例)。例如:

(80)乃悉取其禁方书尽与扁鹊。忽然不见,<u>殆非人也</u>。(《史记·扁鹊仓公列传》)

(81)若堂无陛级者,堂高<u>殆不过尺矣</u>。(《新书·阶级》)

(82)夫子曷为至此? <u>殆为大台之役夫</u>! 寡人将速罢之。(《晏子春秋·内篇谏下》)

(83)颜氏之子,<u>其殆庶几乎</u>?(《周易·系辞下》)

(84) 是或一道也。（《孟子·公孙丑下》）（赵岐注：是或者自
　　 得道之一义）

"盖"大都出现于陈述句，搭配"也、矣"（113 例），汉代以后才
出现于疑问句，搭配"乎、邪"，数量很少（3 例）。例如：

(85) 其用之社奈何？盖叩其鼻以血社也。（《公羊传·僖公
　　 十九年》）

(86) 盖有之矣，我未之见也。（《论语·里仁》）（朱熹集注：
　　 盖，疑辞）

(87) "大直若诎，道固委蛇"，盖谓是乎？（《史记·刘敬叔孙
　　 通列传》）

受古籍注疏的影响，杨树达（1954:89）、高名凯（1957:482）、杨伯
峻（1981:45）认为"盖"表示怀疑、不肯定语气。但 Pulleyblank
（1995:124）、许威汉（2002:202）认为"盖"表示肯定，本文赞同后
一种意见。俗话说"耳听为虚，眼见为实"，在一些语言中"传闻"
会引申出"怀疑、不肯定"，而与传闻有关的"盖"语气却比较肯定，
这表明信息获取途径与叙述者的主观态度没有绝对的关联
（Aikhenvald，2004:3）。

进一步说，在"其""或者""其诸"中，"其""或者"传疑的程度
更高，因为"其""或者"关联的两句话表示相反或互补关系，"其
诸"关联的小句不表示这些关系。例如：

(88) 今我将出，子可以止乎，其未邪？（《庄子·德充符》）

(89) 君子服然后行乎？其行然后服乎？（《墨子·公孟》）

(90) 楚王方侈，天或者欲逞其心，以厚其毒而降之罚，未可知
　　 也；其使能终，亦未可知也。（《左传·昭公四年》）

(91) 寝不安与？其诸侍御有不在侧者与？（《公羊传·僖公
　　 二年》）

在"或"、"殆"、"盖"中，"或"传疑的程度略高一些，因为它可
以出现于假设句，假设句描述的事情是否会发生很不确定

(Comrie,1986)。⑧例如：

> (92) 虽游，然岂必遇哉？<u>客或不遇</u>，请为寡人而一归也。
> 　　（《吕氏春秋·报更》）

不确定语气副词的信疑程度(升序)是：其、或者＜或、其诸＜盖、殆。需要特别说明"殆"，杨树达(1954：44)说"殆"是"或然之词"。受此影响，后来的学者多将"殆"解释为"不肯定"，实际上"殆"的肯定程度比较高，一些注疏和异文资料显示它的意思接近"必"，⑨裴学海(1954：463)、王叔岷(1990：257)也有这样的注解。例如：

> (93) 座<u>殆</u>尚在于门前。（《吕氏春秋·自知》）（高诱注：殆，犹必也）

> (94) 婴其有淫色乎？何为老而见奔？<u>殆有说</u>。（《列女传·辩通》）[比较：婴其淫于色乎？何为老而见奔？虽然，<u>是必有故</u>。（《晏子春秋·内篇谏下》）]

3.4　叙事体与评议体

> (95) 千金，重币也；百乘，显使也。<u>齐其闻之矣</u>。（《战国策·齐四》）

> (96) 世有三亡，而天下得之，<u>其此之谓乎</u>！臣闻之曰"以乱攻治者亡，以邪攻正者亡，以逆攻顺者亡"。（《战国策·秦一》）（关修龄高注补正：盖古语，以比六国有三亡之道，而秦得天下也）

例(95)"齐闻之"是叙事，用"其"表示冯谖不确信是否发生了这件事；例(96)"此之谓乎"是评议，用古代格言影射当前时事，张仪用"其"表示自己对于这种借古喻今的附会有所保留，不愿意说得太确凿。评议句的主观性强于叙事句(王洪君、李榕、乐耀，2009)，根据语义发展规律，"其"很可能先出现于叙事句，后来延伸到评议句。

叙事是描述特定时空中的人物和情节，评议是表达见解或阐述道理。叙事、评议既是两种文体，也可以说明句子的语篇性质。叙事句一般是动词句，中心谓语经常是行为动词、变化动词、使役动词、存现动词、表示客观可能的助动词"能""可""得"。例如：

(97) 上有所幸王夫人，夫人卒，<u>少翁以方术盖夜致王夫人及
灶鬼之貌云</u>，天子自帷中望见焉。（《史记·孝武本纪》）

(98) （曾参）仆地，有间乃苏，起曰："<u>先生得无病乎</u>？"（《韩诗
外传》卷八）

(99) 苏子怒于燕王之不以吾故，弗予相，又不予卿也，<u>殆无燕
矣</u>。（《战国策·燕二》）

(100) 以齐国之困，困又有忧。少君不可以访，是以求长君，
<u>庶亦能容群臣乎</u>？（《左传·哀公六年》）

(101) 勉而为瘠，则吾能，<u>毋乃使人疑夫不以情居瘠者乎</u>哉！
（《礼记·檀弓下》）

评议句一般包括判断句、比拟句、命名句、解说句等，谓语核
心经常是名词、代词、性质形容词、关系动词、表示估价和许可等
主观情态的助动词"可""宜""足"。例如：

(102) 阳人未狎君德，而未敢承命。君将残之，<u>无乃非礼乎</u>！
（《国语·晋语四》）

(103) 今君王既栖于会稽之上，然后乃求谋臣，<u>无乃后乎</u>？
（《国语·越语上》）

(104) 齐宣王谓田过曰："吾闻儒者丧亲三年，丧君三年，君与
父孰重？"田过对曰："<u>殆不如父重</u>。"（《说苑·修文》）

(105) 官致良工，因丽节文，非无良材也，<u>盖曰贵文也</u>。（《荀
子·宥坐》）

(106) <u>信其不可不慎乎</u>！澶渊之会，卿不书，不信也。（《左
传·襄公三十年》）

叙事体和评议体的说法是受李佐丰（2004：343）研究叙事句、
说明句、论断句的启发。实际上，虽然谓语的属性可以帮助辨别
叙事和评议，但叙事与评议的划分不完全取决于谓语的属性，有
时候谓语类型相同，句子类型却不同。例如：

(107) a. 天其或者正训楚也,祸之适吴,其何日之有?(《左传·哀公元年》)

　　 b. 天殆富淫人,庆封又富矣。(《左传·襄公二十八年》)

(108) a. 太史公曰:余登箕山,其上盖有许由冢云。(《史记·伯夷列传》)

　　 b. 盖均无贫,和无寡,安无倾。(《论语·季氏》)

例(107)"训""富"都是形容词的使动用法,金理新(2006:122)认为"训"是"顺"的使动式。但 a 句是就吴国攻灭楚国一事而说,是叙事,句中用"正"提示时间;b 句围绕"恶人是否有恶报"这个话题来讨论,是评议。例(108)两句话的谓语"有""无"都是存现动词,a 句是摆事实,b 句是讲道理。

根据调查,"庶(几)""或者""得无""盖"多见于叙事句,"无乃/毋乃""其""其诸"多见于评议句,"殆"在叙事句、评议句中出现的比例相差不悬殊,叙事句多一些,"或"见于叙事句、评议句的比例相等(见表2)。

表2　不确定语气副词在叙事句/评议句中的分布(只统计先秦语料)

	庶(几)	或者	得无	盖	殆	或	无乃	其	其诸
叙事句	35	18	16	52	27	5	33	91	0
评议句	4	5	3	17	19	6	73	221	1

3.5　社交互动

语气副词会反映一些社交互动(social interaction)的信息。比较:

(109) 冉有、季路见于孔子曰:"季氏将有事于颛臾。"孔子曰:"求!无乃尔是过与?夫颛臾……是社稷之臣也。何以伐为?"冉有曰:"夫子欲之,吾二臣者皆不欲也。"(《论语·季氏》)

(110) 子禽问于子贡曰:"夫子至于是邦也,必闻其政,求之与? 抑与之与?"子贡曰:"……夫子之求之也,<u>其诸异乎人之求之与</u>?"(《论语·学而》)

(111) 君子曰:"宋宣公可谓知人矣。立穆公,其子飨之,命以义夫! 商颂曰'殷受命咸宜,百禄是荷',<u>其是之谓乎</u>!"(《左传·隐公三年》)

(112) 仲尼,天下圣人也,修行明道以游海内,海内说其仁、美其义而为服役者七十人。<u>盖贵仁者寡</u>,能义者难也。(《韩非子·五蠹》)

例(109)是对话,孔子批评冉有,冉有对此做出回应;例(110)也是对话,子贡评价不在场的孔子,子禽没有再回应;例(111)是史官记言录事之后的画外音;例(112)议论历史人物,这两段话都是独白。从例句看"无乃"互动性强,"盖"、"其"互动性较弱。

语气副词的互动性表现在:A. 说话内容(你方 vs. 我方、他方)。它在主语人称上有一些体现;B. 语体(对话 vs. 议论、独白)。下面从这两点分析不确定语气副词的互动性。

搭配第二人称是语气副词互动性高的表现,10 个副词搭配第二人称的比例是(降序):得无(30%)>庶、殆、无乃(>10%)>或、或者、其、庶几(<10%)>盖、其诸(<1%)。虽然"得无"、"无乃"表面上主要搭配第三人称,但它们搭配第三人称的句子多数也传达与听话者有关的信息,分别高达 82% 和 86%,它们的互动性最强。例如:

(113) 岁旱,穆公召县子而问然,曰:"天久不雨,吾欲暴尪而<u>奚若</u>?"曰:"天则不雨,而暴人之疾子,虐,<u>毋乃不可与</u>!"(《礼记·檀弓》)

(114) 楚潘党逐之,及荥泽,见六麋,射一麋以顾献,曰:"子有军事,<u>兽人无乃不给于鲜</u>? 敢献于从者。"叔党命去之。(《左传·宣公十二年》)

(115) 景公饮酒,夜移于晏子,前驱款门曰:"君至!"晏子被元端,立于门曰:"诸侯**得微**有故乎? 国家**得微**有事乎? 君何为非时而夜辱?"(《晏子春秋·内篇杂上》)

例(113)"暴人之疾子"是鲁穆公的意图,这是委婉的规劝;例(114)"兽人""从者"都隐指"你(们)",这是外交辞令的迂曲说法;例(115)"国家有事"的直接受损者是齐景公,这是委婉的讥刺。"得无""无乃"有社交直指语的功能,⑩高度关注听话者。

对话体的实时性和互动性高于独白体和议论体,10 个副词在对话体中的分布比例(降序)是:得无、无乃>或者>殆>或>庶(几)>其>其诸>盖。综合两方面因素,不确定语气副词的互动性等级是:得无、无乃>殆>或者>庶(几)>或>其>盖、其诸。此序列也许可以解释"殆"出现于祈使句、"庶"出现于道义情态句的现象。例如:

(116) 令尹往而大惊曰:"此何也?"无极曰:"君**殆**去之,事未可知也。"(《韩非子·内储说下》)(王先慎集解:谓君必去之也)

(117) (鲁庄)公曰:"吾属欲美之。"(匠师)对曰:"无益于君,而替前之令德,臣故曰**庶**可已矣。"公弗听。(《国语·鲁语上》)(韦昭注:已,止也)

表3　不确定语气副词与主语人称的搭配("其"只统计先秦语料)

	庶	庶几	殆	盖	或	或者	其诸	得无	无乃	其
第一人称	26% (6)	13% (3)	1% (13)	1% (3)	0	0	0	2% (1)	3% (4)	4% (12)
第二人称	17% (4)	7% (1)	16% (1)	0.4% (1)	5% (1)	9% (3)	0	30% (15)	12% (17)	7% (21)
第三人称	57% (13)	80% (12)	83% (68)	98.6% (231)	95% (21)	91% (29)	100% (9)	68% (34)	85% (117)	89% (275)

表 4　不确定语气副词的语体分布("其"只统计先秦语料)

	得无	无乃	或者	或	殆	庶(几)	其	其诸	盖
对话	100%(19)	100%(106)	91%(21)	63%(7)	76%(35)	49%(19)	46%(145)	22%(2)	20%(14)
非对话	0	0	9%(2)	37%(4)	24%(11)	51%(20)	54%(167)	78%(7)	80%(55)

4. 结语

不确定语气副词的区分见表 5。本文得出四点认识:一、以往笼统地称"其""殆""或(者)""盖"是测度语气副词,并不恰当,"其""殆""或(者)"表示推测,"盖"与听说传闻有关;二、近年来,有学者运用句法制图(cartography of syntactic structure)方法研究副词(Cinque,1999;蔡维天,2010)。当分析不同种类副词在句中的功能层级时,这种方法成效显著,但如果分析一组近义副词,语用学的角度更有助于发现有价值的规律;三、不确定语气副词并非单纯表现认识情态,还与评价、祈愿等意义有瓜葛;四、语气副词在传信、情感、语体等层面的表现相互关联、一以贯之:如"盖"表示转述,情感是中性的,语气较为客观、肯定,基本只见于叙事体;"无乃"表示批评,情感偏向负面,语气比较委婉,只见于对话。

表 5　不确定语气副词的区分

消极情感	积极情感	中性情感			
		拟测			传闻
得无、无乃	庶、庶几	其、或者	或、其诸	殆	盖
		较低确信度	中确信度	较高确信度	

附注

① 先秦:《尚书》《诗经》《周易》《仪礼》《左传》《国语》《论语》《墨子》《孟子》《庄子》《荀子》《韩非》《吕览》《国策》《管子》《晏子》;《西汉》:《史记》《礼记》《大戴礼》《公羊传》《谷梁传》《新语》《新书》《淮南》《春秋繁露》《盐铁论》《新序》《说苑》。

② 审稿人指出"其莫……"只在汉代文献有2例,是偶发现象。受此启发,本文补充调查,发现:"其莫……"在《楚辞》有1例,《史记》、《大戴礼》各1例,可能是楚地方言的说法。楚人在秦末战争和西汉开国以后发挥重要作用,楚方言对西汉的语言和文学(例如汉赋)有一定影响。

③ 审稿人指出"或"是副词而非代词,"庶或"是复音虚词。本文认为:(1)作主语是"或"在上古的最主要用法。郑玄注"或"为"有"("某物、某人"),它是不定代词;另外,《礼记·祭义》"勿勿诸其欲其飨之也",郑玄按语"想见其仿佛来"的"其"都表明"或"有所指称(神灵);(2)魏晋六朝时期,"庶或"确实是复音虚词,受这种语感影响,孔颖达解释"庶或飨之"为"庶望神明或来歆飨",似乎认为"或"是副词,朱彬训纂引方性夫曰"或者,疑而不定之辞",明确把"或"理解成副词,这是唐代以后的人对汉代古书的误解。

④ 例(12)的"实",Pulleyblank(1995:89)认为是指代词,功能是回指并强调主语,对译英语分裂结构"It is…who/that…"。一位审稿人认为"实"是语气副词"确实"义,本文仍坚持认为是指代词,这种"实"紧贴在主语后面,句段中必定存在两个对比项,例如《左传·襄公二十七年》:"我实不天,子无咎焉。"从与主语排序、进入知觉动词的宾语句、焦点域和焦点约束方向、现实情态/非现实情态看,这种"实"与"信、诚、固、果、真、审"等表示"确实"的语气副词有很大差异。这种"实"一般只见于《诗经》《左传》《国语》,汉代以后消亡,后人不理解其用法,误读为"确实"义,这种误解始于朱熹《诗集传》对"我思古人,实劳我心"的解释。

⑤ 铜器铭文中表示禁诫语气的"毋"可以飞越至句首:
世孙孙子子左右吴大父,母(毋)汝有闲。(同篇)[比较:女(汝)母(毋)敢妄(荒)宁。(毛公鼎)]

⑥ 曾经有学者认为"意(者)"是语气副词,跟"或者"差不多。实际上,"意(者)"与"或者"很不相同。在上古汉语中,如果一个句子主、谓、宾俱全,"意者"总出现在主语前,"或者"总出现在主谓之间,例外极少。由此可见,"意(者)"更像是谓宾动词,"或者"是副词。

⑦ 调查《左传》《论语》《孟子》《庄子》《荀子》《晏子春秋》《战国策》。

⑧ 《庄子·人间世》"若殆往而刑耳!"(成玄英疏:汝若往于卫,必遭形戮者

也)看上去"殆"落在假设句中,但此句有异文,陈碧虚《庄子阙误》引张君房本写作"若往而殆刑耳","殆"加在正句(主句)上,这种写法与成玄英注疏比较合拍,看来"殆"没有见于假设从句的确凿书证。

⑨ 审稿人指出古人多将"殆"训为"疑",这里为何忽略众多故训资料,却只取高诱的"殆,犹必也"? 本文认为古汉语的"殆"有虚实两种用法,虚词"殆"多训释为"近、几、将",实词"殆"多解训为"疑",这种表示"疑"的"殆"与本文无关。需要说明《礼记·檀弓》"殆不可伐也"孔颖达疏"为疑辞也",孔颖达的注解与"殆"自身的演变有关,调查发现:先秦语料里"殆"有 3 例见于疑问句,西汉语料里 4 例见于疑问句;调查《论衡》《太平经》《搜神记》《后汉书》《三国志》《宋书》等 10 种语料后发现,东汉魏晋六朝语料里这一数字达 20 例。从上古到中古,"殆"的传疑程度增加,大概这影响到孔颖达的语感,他觉得文言中的"殆"表怀疑。

⑩ 直指语是语言结构中能够反映语言与语境关系的成分,包括空间直指、时间直指、社会直指(Levinson,1983:45)。目前已发现古汉语人称词有社会直指功能,提示人际关系(尊卑、亲疏)(李子玲,2014)。

参考文献

鲍厚星　崔振华　沈若云　伍云姬 1999 《长沙方言研究》,湖南教育出版社。

蔡维天 2010 谈汉语模态词的分布与诠释之对应关系,《中国语文》第 3 期。

陈波 2003 《逻辑学导论》,中国人民大学出版社。

陈宗振　雷选春 1985 《西部裕固语简志》,民族出版社。

方松熹 1993 《舟山方言研究》,社会科学文献出版社。

高名凯 1957 《汉语语法论》,科学出版社。

郭昭军 2003 从"会 2"与"可能"的比较看能愿动词"会 2"的句法和语义,《语法研究和探索》(十二),商务印书馆。

海峰 2003 《中亚东干语言研究》,新疆大学出版社。

何乐士 1989 《〈左传〉虚词研究》,商务印书馆。

华建光 2013 《战国传世文献语气词研究》,光明日报出版社。

黄布凡 2007 羌语支,孙宏开、胡增益、黄行主编《中国的语言》,商务印书馆。

金理新 2006 《上古汉语形态研究》,黄山书社。

李明 2013 说"定知":古汉语中的一种长距离副词移位,曹广顺、Hilary Chappell(曹茜蕾)、Redouane Djamouri(罗端)、Thekla Wiebusch(魏婷兰)主编《综述古今,钩深取极》,中研院语言学研究所。

李启群　2002　《吉首方言研究》，民族出版社。

李素英　2010　《中古汉语语气副词研究》，山东大学博士学位论文。

李子玲　2014　《论语》第一人称的指示义，《当代语言学》第 2 期。

李佐丰　2004　《古代汉语语法学》，商务印书馆。

林立芳　1990　梅县方言口语副词汇释，《韶关大学、韶关师专学报》（社科版）第 4 期。

刘照雄　林莲云　1980　保安语和撒拉语里的确定与非确定语气，《民族语文》第 3 期。

吕叔湘　1982　《中国文法要略》，商务印书馆。

裴学海　1954　《古书虚字集释》，中华书局。

钱乃荣　1997　《上海话语法》，上海人民出版社。

钱曾怡　1993　《博山方言研究》，社会科学文献出版社。

盛益民　2014　《吴语绍兴柯桥话参考语法》，南开大学博士学位论文。

孙宏开　陆绍尊　张济川　欧阳觉亚　1980　《门巴、珞巴、僜人的语言》，中国社会科学出版社。

唐贤清　2004　《〈朱子语类〉副词研究》，湖南人民出版社。

王洪君　李榕　乐耀　2009　"了 2"与话主显身的主观近距交互式语体，《语言学论丛》第四十辑，商务印书馆。

王洪钟　2011　《海门方言语法专题研究》，安徽师范大学出版社。

王叔岷　1990　《古籍虚字广义》，华正书局。

吴光　1983　《鹖冠子》非伪书考辨，《浙江学刊》第 4 期。

吴庆峰　2006　《〈史记〉虚词通释》，齐鲁书社。

邢向东　2000　神木方言的副词，《内蒙古师大学报》（哲社版）第 6 期。

许威汉　2002　《古汉语语法精讲》，上海大学出版社。

杨伯峻　1981　《古汉语虚词》，中华书局。

杨树达　1954　《词诠》，中华书局。

杨秀芳　1991　《台湾闽南语语法稿》，大安出版社。

张伯江　1997　认识观的语法表现，《国外语言学》第 2 期。

周北海　1997　《模态逻辑导论》，北京大学出版社。

周利芳　2008　内蒙古丰镇话的语气副词"管（兀）"和"敢情"，《语文研究》第 4 期。

Aikhenvald, Alexandra Y.　2004　*Evidentiality*.　Oxford/New York：Oxford University Press.

Chafe, Wallace L.　1986　Evidentiality in English Conversation and

Academic Writing. In W. Chafe，&. J. Nichols（Eds.）*Evidentiality*：*The Linguistic Coding of Epistemology*，pp. 261—272. Norwood，NJ：Ablex.

Cinque，Guglielmo 1999 *Adverbs and Functional Head*：*A Cross Linguistic Perspective*. New York：Oxford University Press.

Comrie，Bernard 1986 Conditionals：A typology. In Traugott Elizabeth C.，Ter Meulen A.，Schnitzer Reily，J.，Ferguson，C.（eds）. *On Conditionals*(pp. 77—99). Cambridge：Cambridge University Press.

Ernst，Thomas 2002 *The Syntax of Adjuncts*. Cambridge：Cambridge University Press.

Levinson，Stephen C. 1983 *Pragmatics*. Cambridge：Cambridge University Press.

Pulleyblank，Edwin G. 1995 *Outline of Classical Chinese Grammar*. Vancouver：UBC Press.

Travis，Lisa D. 1988 The syntax of adverbs. In *McGill Working Papers in Linguistics*：*Special Issue on Comparative Germanic Syntax*.

祈使否定意义的浮现与发展[*]

侯瑞芬(中国社会科学院语言所)

1. 引言

祈使否定用来劝阻或禁止别人做某事,是一种重要的交际功能。汉语中表示祈使否定的词有"别""甭""不""少"等,还有一些由它们构成的复合形式。人们对这些词的意义、句法限制以及语义发展过程进行了较为细致的分析(袁毓林,1993;邵敬敏、罗晓英,2004;项开喜,2006;高增霞,2003;宛新政,2008;陈爽,2005;姚占龙,2014;叶建军,2007;李宇凤,2007;陈丽、马贝加,2008等),这为我们的研究奠定了很好的基础,这些个案研究的成果促使我们进一步思考这样的问题:

1)汉语中表达祈使否定意义的结构各自有哪些不可替代的独特效果?

2)表达祈使否定的这些结构往往同时或曾经具有非祈使否定意义,那么祈使否定意义会从哪些结构中浮现? 又会朝哪个方向发展? 这种意义变化背后的语用动因是什么?

---

* 本文是国家社科基金青年项目"基于语料库的汉语应答性成分语义和话语功能研究"(项目编号:13CYY61)的阶段性成果。

本文在整合前人个案研究成果的基础上，着重分析汉语表达祈使否定意义的结构在功能上的互补性，同时，我们以祈使否定意义为核心，考察它们祈使否定意义产生和发展的方向，并从礼貌原则和交际策略的角度进一步探求这种意义演变的语用动因。

2. 汉语的祈使否定结构

汉语有多种祈使否定结构，有单个的祈使否定词，也有一些复合形式，我们可以从主观与客观、语气强硬与语气委婉两个角度对现代汉语中常用的祈使否定结构进行分类：

表 1   汉语的祈使否定结构

	主观		主观中带客观	
	祈使否定词	复合形式	祈使否定词	复合形式
语气强硬	少	不许、不准		不得
多种语气	别	不要	甭	不可、不能
语气委婉	不	不敢		不用、不必

2.1   汉语的祈使否定词

"别"是典型的祈使否定词，可以表达"禁止"、"劝阻"和"祈求"多种语气(邵敬敏、罗晓英，2004)，除了"别"外，"不"和"少"也发展出了祈使否定的用法。

2.1.1   "不"的祈使否定用法

"不"本来是一般否定词，但在特定条件下也可以用来表达祈使否定功能。

> 不 bù 副……⑧不用；不要(限用于某些客套话)：～谢｜
> ～送｜～客气。

(《现代汉语词典》第 6 版)

这里的括注"限用于某些客套话"非常重要。因为如果不是在"客套话"中，"不"不一定表示"不要"的意思。试比较下面两组句子：

(1) 于是我非但不谢他们，反而狠狠地瞪他们。（梁晓声《表弟》）

(2)"谢谢您啊，警察同志。"

"不谢不谢，为人民服务嘛。"（英宁《东北一家人》）

这里的"不谢"有"不感谢"和"不用谢"两种意义，其中的"不"分别表示一般否定和祈使否定。

在日常会话中，"不"表示"不要"的例子也逐渐多了起来。如：

(3) 郭芳蹲下去，给俏俏擦擦眼泪，"不哭，啊！不哭。"（彭三源《半路夫妻》）

"不"表示的是一种委婉的祈使否定，正如宛新政（2008）所说，"(N)不V"具有"柔劝"功能。这种"柔劝功能"形成的动因在于说话人在心理和情感上与听话人的主观融合，是语言移情的结果。当我们和别人的立场或看法不一致时，通过语言的移情功能，把自己放在对方的立场上来表达，以求得与对方的一致，这是"不"表达祈使否定的独特性。

2.1.2 "少"的祈使否定用法

"少"的基本用法是作为形容词，表示"数量小"或"比原来的数目有所减少；数量上不足"（吕叔湘，1980），修饰动词时，"少"可以构成祈使句，用来提醒或建议对方减少做某事的数量。如：

(4) 你做饭要少放盐，他口味清淡。

(5) 大家都少说几句吧。

"少"用于祈使否定，表示"不要"（陈爽，2005；姚占龙，2014；张谊生，2014），如：

(6) 你少来这一套。

（7）你少管闲事。

与"不"的委婉祈使否定用法不同，"少"表示的是一种非常强硬的祈使否定。姚占龙（2014）指出，"形容词和副词'少'作状语处于相同的句法位置是'少'由形容词向否定副词转化在句法层面的直接促发因素，而'少'的数量意义的消失和说话人带有的否定性的主观态度的增强，则是其语法化的深层诱因。"我们同意这种观点并进一步认为，强硬的祈使否定是客观存在的表达需要，而选择"少"这个非否定词来承担强硬的祈使否定功能，是因为它的形式可以掩盖强烈的不礼貌意味，从而缓解交际的冲突。

2.1.3　"不"和"少"的互补性

"不"和"少"构成主观色彩强烈的两个表达极端，它们对否定项的选择也形成互补。"不"表示祈使否定时，后面的动词或形容词多是中性的，较少带贬义（宛新政，2008），而"少"则正好相反，"少"后面常常跟带有贬义色彩的词语。

（8）不　　　　　　　　　　少
　　*不推三阻四。　　　少推三阻四。
　　*不阿谀奉承。　　　少阿谀奉承。
　　*不出风头。　　　　少出风头。
　　*不煽风点火。　　　少煽风点火。
（9）不　　　　　　　　　　少
　　不生气。　　　　　? 少生气。
　　不哭。　　　　　　? 少哭。
　　不想它了。　　　　*少想它了。
　　不犹豫了。　　　　*少犹豫了。

它们在人称代词的选择上也表现出互补。"少"前的人称代词只限于第二人称，而"不"表示祈使否定很少使用第二人称。"不"表示祈使否定时常常使用第一人称代词"咱（们）"，通过与听话人的融合来增加其礼貌性，而"少"则不可以这样。例如：

(10)　　　不　　　　　　　　　　　　少

　　? 你不管他的事。　　　　你少管他的事。

　　* 你不乱说。　　　　　　你少乱说。

　　* 你不操心这件事。　　　你少操心这件事。

(11)　　　不　　　　　　　　　　　　少

　　咱不管他的事。　　　　　? 咱少管他的事。

　　咱不乱说。　　　　　　　* 咱少乱说。

　　咱不操心这件事。　　　　* 咱少操心这件事。

"不"和"少"这种形式上互补的格局是它们功能上互补的体现。它们分别从"委婉"和"强硬"两个不同的方向对"别"的祈使否定功能进行了补充。

2.2　复合祈使否定结构

现代汉语中还有一些由"不"和情态动词构成的复合形式可以表达祈使否定,主要有"不能、不要、不可、不敢、不得、不用、不必、不准、不许"等。除"不要"外,情态动词的否定形式并非专门的祈使否定形式,它们表达祈使否定通常需要祈使语境的激发。

除"不敢"外,与"不"组合产生祈使否定意义的情态动词主要有三类:表示允许;表示必要;表示可能。从语义上来说,表示"允许"的情态动词最容易有祈使否定用法,语气也较为强硬。但即使表示"不允许"的"不许"、"不准"也并不总是表示祈使否定,只有用在祈使语境中,它才表示祈使否定。例如:

(12) 当真只许州官放火,不准百姓点灯了?(周梅森《绝对权力》)

(13) 文化大革命中,工宣队进驻出版社,不许大家回家。(郭宝臣《一位封面画家的故事》)

(14) 白文氏:"以后缺什么跟我说,不准再偷鸡摸狗的,听见了没有?"(郭宝昌《大宅门》)

(15) 这是我的地方,不许你来喝水!(刘后一《大象、老鼠和

鳄鱼》)

这里前两个例句中的"不许/准"表示"不允许",后两个例句中的
"不许/准"才表示祈使否定。

通过说"不必要"做某事("不必"、"不用")或"不可能"做某事
("不得")来表达"不要"做某事,是一种回溯推理。用客观的叙述
来表达主观的祈使否定,以客观条件与听话人意愿的不一致代替
听说双方意愿的不一致,从而避免听说双方的直接冲突。两者的
不同是,"不可能"完全否定了做这件事的可能性,所以,虽然采用
了回溯推理这种迂回曲折的方式,但它表达的祈使否定语气要强
硬得多。

"不敢"有"没有胆量做某事"和"不要做某事"两种意义,前者
不表示祈使否定,后者表示祈使否定。如:

(16) 我<u>不敢</u>晚上一个人出门。

(17) 你可<u>不敢</u>晚上一个人出门。

"不敢"表示祈使否定的用法主要在陕西、山西、河南北部、内
蒙古西部、甘肃、宁夏、新疆等地区使用(参看赵久湘、杨雅丽,
2014)。其祈使否定功能浮现也是语言移情的结果。与"不"不同
的是,"不"的祈使否定是主观融合,把自己放在听话人的立场上
来表达,而"不敢"的祈使否定则是"以己度人",由"我不敢"来推
及"你不敢",语气最为委婉。

还需注意的是,否定和疑问是情态动词"允许"义产生的重要
条件,而且这些情态动词在表示"允许"的时候,多用于否定或疑
问,肯定形式通常只有"可以",这就形成了语言中表达"允许"和
"不允许"的形式在数量上的不平衡。这是因为,对于听话人也就
是被允许者来说,他们希望得到的结果就是"被允许",如果结果
与他们的预期吻合,他们就不再去追问"被允许"的原因,也不关
心"被允许"的程度等级,只有不被"允许"时他们才会去探究其原
因是什么,也才关注语气的强硬与委婉之分,所以只有"不允许"

才会需要不同的结构来表达。

3. 祈使否定意义的发展

通过上面分析我们看到，一方面本身没有祈使否定意义的结构在祈使语境中可以产生祈使否定意义，而另一方面，具有祈使否定意义的结构又经常会发展出非祈使否定意义，大家讨论比较多的是"别"、"别说"和"别提"，除此之外，其他祈使否定结构也有类似的情况。

3.1 "别"的非祈使否定意义

除了表示"禁止或劝阻"外，"别"还可以表示"提醒或防止"。"禁止或劝阻"是请对方"不要做某件事"，是祈使否定，而"提醒或防止"则是请对方"去做某事，以免不好的事发生"，在语义上已经不表达祈使否定。或者说，它只具有祈使意义，否定意义淡化了。在形式上的表现就是这时重音只能落在动词上（彭可君，1990）。如：

(18) 别看电视了。　　　　（禁止或劝阻）

(19) 歇会吧，别累着了。　（提醒或防止）

重音的取消正是"别"否定意义淡化在形式上的表现，表示"提醒或防止"的"别"构成的是祈使句，而非否定祈使句。

"别"还有表示"猜测"的用法，常与"是"连用，句子的重音也在"别"后。这时它的否定功能和祈使功能都已经模糊或者消失。如：

(20) 两天的时间都过了，别是他有事不来了。（《现代汉语八百词》）

(21) 现在有点志气的青年谁心里都有套计划，别是在准备考研究生吧。（《现代汉语八百词》）

这里第一个例子中"他有事不来"是说话人不期望发生的事，"别"

的否定意义在这里表现为所揣测的事件是"不如意"的,而在第二个例子中已经没有这种"不如意"的意味,"别"的否定意义进一步弱化。

3.2 "别 X"的非祈使否定意义

3.2.1 "别看"

说话人不让对方注意某件事,往往是因为觉得这件事不重要,因而会提醒对方撇开这种情况,重点关注另外的情况。这时,前后两个句子的意思相反,就有了转折的意味,类似于"虽然……但是……"的关系。这样,"别看"就从表示祈使否定的短语发展为表示转折意义的连词,如:

(22) 可也别说,四爷并不傻,别看他年青。(老舍《黑白李》)

(23) 别看它有点瘸,走几十里路可不算一回事!(老舍《正红旗下》)

3.2.2 "别管"

我们不让别人"管"一件事,往往是因为这件事情不重要或者它不足以改变事情的结果。这样,"别管"就发展出"无论"的意思。例如:

(24) 最要紧的是穿上你最旧的旧鞋,别管他模样不佳,他们是顶可爱的好友,他们承着你的体重却不叫你记起你还有一双脚在你的底下。(徐志摩《翡冷翠山居闲话》)

这里的轻重意思很明显:登山时穿的鞋"最要紧"的是舒服,而"模样不佳"没有太大的关系。因为某件事情不重要或者与对方没有关系,使得事情的结果不会因此而改变。

最初,"别管"可以有"不要管"和"无论"两解。如:

(25) 老人家你要是打算要这个姑娘,我双手奉送,别管我花多少钱买的!(老舍《老张的哲学》)

(26) 别管将来叫咱们干什么,咱们得把最难干的先预备好!(老舍《女店员》)

而有些句子就只能理解为"无论"了，"别管"也成为一个连词，后面也常与疑问代词、"多么"、"是……还是……"等结构搭配。如：

(27) <u>别管</u>天下怎么乱，咱们北平人绝不能忘了礼节！（老舍《四世同堂》）

(28) <u>别管</u>它多么美，多么动人，我可不愿意重复它！（张洁《爱，是不能忘记的》）

3.2.2　"别想"

我们不让别人"想"某件事，往往是因为这件事情不可能发生，所以"想"也没用。我们用"别想"告诉对方"不要希望"某件事情的发生或实现，因为它不可能发生，这样，"别想"就从"不要希望"变成了"不能希望"的意思，是对可能性的否定。如：

(29) 不是将要接受检阅的红卫兵，怕是<u>别想</u>通过的。（梁晓声《一个红卫兵的自白》）

(30) 郊区车车少人多，车速也不高，等我进了城正赶上下班高峰，每辆公共汽车都挤满穿厚大衣的人，没劲儿根本<u>别想</u>挤上去。（王朔《玩儿的就是心跳》）

3.3　"莫"祈使否定意义的产生与发展

"莫"经历了祈使否定意义产生的过程，同时又产生了非祈使否定意义。它本来是一个否定代词，表示"没有谁，没有什么"。如：

(31) 在天者，莫明于日月。（《荀子·天论》）

"莫"可以表示劝戒，相当于"不要、不可、不能"。《国语·吴语》中已出现了6例表禁止的"莫"，到六朝这种用法开始普遍使用。例如：

(32) 王乃之坛列，鼓而行之，至于军，斩有罪者以徇，曰："莫如此以环填通相问也。"明日徙舍，斩有罪者以徇，曰："莫如此不从其伍之令。"明日徙舍，斩有罪者以徇，曰："莫如此不用王命。"明日徙舍，至于御儿，斩有罪者以

徇,曰:"莫如此淫逸不可禁也。"(《国语·吴语》)

(33) 君有急病见于面,莫多饮酒。(《三国志·魏书·方技传》,转引自《古代汉语虚词词典》)

之后"莫"又产生了"揣测"的用法,相当于"或许;大约;莫非"。如:

(34) 师便把住云:"莫屈着兄弟摩?"(《祖堂集》卷10"長庆和尚",转引自《唐五代语言词典》)

(35) 盼天涯,芳訊絕,莫是故情全歇。(清·纳兰性德《满宫花》)

3.4 从祈使否定到"揣测"

具有祈使否定意义的结构常常发展出表示"揣测"的意义,这其实是情态动词从道义情态到认识情态的发展平行的过程。如"应该"就是从道义情态发展出了认识情态的"揣测"意义。

(36) a. 道义情态:

你应该早点回家。

b. 认识情态:

他应该已经回家了。

"要"也从道义情态发展出了认识情态的"揣测"意义,

(37) 道义情态:

虽国储未丰,要令公私周济。(《宋书·武帝纪下》,转引自张定,2013)

(38) 认识情态:

又约我明日大战,战时又要输与他。(《喻世明言》,转引自张定,2013)

如前所述,"别"、"莫"都由祈使否定义发展出了"揣测"意义的用法,"不要"也经历了同样的过程。例如:

(39) 玉芬携着她的手,轻轻对着她耳朵道:"这个人不要是得了精神病吧? 我看他的举动,真有些反常了。"(张恨水

　　　　《金粉世家》）

　　（40）这小说我好像在哪本刊物上读过，<u>不要</u>是抄袭吧？（王
　　　　　朔《修改后发表》）

与情态动词的肯定形式发展而来的"揣测"义不同的是，祈使否定
结构发展而来的"揣测"往往带有"担心"的意味，是对说话人不愿
意看到的事将要发生的揣测，这是祈使否定意义的滞留。在形式
上的一个表现就是肯定形式和否定形式同义。例如：

　　（41）a. 他<u>别</u>是病了吧？

　　　　　b. 他<u>别不</u>是病了吗？

　　（42）a. 你<u>莫</u>是绰号唤做青面兽的？（《水浒传》第十二回）

　　　　　b. 你<u>莫非</u>是绰号唤做青面兽的？

　　汉语中的另一个表示对担心的事进行揣测的词"怕"也曾经
历过肯定形式和否定形式同义的阶段。例如：

　　（43）伯爵同西门庆说："他两个<u>怕不</u>的还没吃饭哩，哥吩咐拿
　　　　　饭与他两个吃。（兰陵笑笑生《金瓶梅》）

　　（44）画童道："<u>怕不</u>俺姐夫还睡哩，等我问他去。（兰陵笑笑
　　　　　生《金瓶梅》）

这里的"怕不"其实就是"怕"。

4. 祈使否定意义演变的机制与动因

　　通过对汉语中表达祈使否定的结构的分析，可以看到它们的
意义变化表现出很强的规律性：一些形式上不具有祈使否定意义
的结构逐渐获得了祈使否定的意义，而形式上表示祈使否定的一
些结构又逐渐失去了其祈使否定的意义。这样的结果是，具有祈
使否定功能的这些结构经常存在着形式和意义不一致的情况。

　　在会话交际中，我们以一般常识为前提，根据听到的话来推
断未被说出的意思，从而建立起原有语言形式和新的意义之间

的关系,回溯推理在这个过程中起着重要的作用。前文已经提到,通过说"不必要"做某事或"不可能"做某事来表达"不要"做某事,是一种回溯推理,而"莫"祈使否定意义的产生也是通过回溯推理实现的(刘丹青,2005),除此之外,"不"和"少"的祈使否定用法也是回溯推理的结果。

我们这里主要从主观化的角度对祈使否定意义产生和发展的方向进行分析,从礼貌原则的角度解释祈使否定意义产生和发展的动因,同时,我们对肯定否定对比的并列形式在祈使否定意义发展中的助推作用进行分析。

4.1　祈使否定与主观化

祈使否定意义多是从否定性结构发展而来的。我们看到,汉语中的存在否定形式(如"莫")、一般否定形式(如"不")以及情态动词的否定形式都可以发展出祈使否定功能。"少"虽然不是一个否定词,但"少量"本身也是和否定相关的。我们不能想象"多"能发展出祈使否定用法。

张敏(2002)指出,"汉语作为一种缺乏形态标记的语言,其祈使句并不像很多语言那样需要特别的语法标记(即不存在一个外显的语气范畴),一般的直陈形式在一定语境中加上一定的句调就成为祈使句。"正是汉语缺乏形态的这一特点使得从非祈使否定到祈使否定的语义变化成为可能,而这种变化是一种主观化(参看 Lyons,1977:739;沈家煊,2001)的过程。

从语义发展的方向上看,这种变化总是从一般否定到祈使否定,而不是相反。祈使否定是语义上与其相契合的结构在祈使语境中发展出来的语用功能,祈使语境在其中起着关键的作用。情态动词的否定形式表示祈使否定以及"不"和"少"表示祈使否定都离不开祈使语境的激发。

祈使语境的主要特点就是主观意愿的表达,所以祈使否定意义的产生是一个主观化的过程,这里的主观性体现为"主观意愿"。从祈使否定到表示"揣测",同样是一个主观化的过程,这里的主观性体现为"主观认识"。

4.2　祈使否定与礼貌原则

礼貌原则(Politeness Principle,参看 Leech,1983)是人们在言语交际中所遵守的一个重要策略,它很重要的一条准则是一致准则,它要求我们减少自己与别人在观点上的不一致,包括"尽量减少双方的分歧"和"尽量增加双方的一致"两个次原则(Leech,1983)。祈使否定是要禁止或劝阻别人做某事,这本身是与一致准则相悖的,因此,是一种不够礼貌的行为,应该尽量避免。

在礼貌原则尽量避免冲突寻求一致的要求下,我们在表达祈使否定时尽量采用间接的手段,通过语用推理来完成祈使否定的表达,使得不具备祈使否定意义的形式获得了祈使否定的功能。"不"、"少"和"莫"祈使否定用法的产生就是这种间接表达的结果。

也正是礼貌原则尽量避免冲突寻求一致的要求,使得我们尽量避免直接使用表示祈使否定的形式来完成祈使否定的表达,从而造成了具有祈使否定意义的结构逐渐发展出非祈使否定功能。"别"、"别说"、"别提"、"别看"以及"莫"非祈使否定用法的产生也正好说明了这一点。

礼貌原则在语言交际中起着重要的作用,制约着人们对语言的选择,更重要的是,它对语言意义的发展也有一定的影响,经常是语言意义发生变化的内在驱动力。在礼貌原则的作用下,一些不礼貌的语言功能常常由原来比较礼貌的语言形式来承担,而那些原先不够礼貌的语言形式中的不礼貌性则会逐渐消解。这是礼貌原则对语言意义发展所具有的两种作用。

4.3　祈使否定与并列结构

肯定和否定的对比对祈使否定意义的浮现和消解有重要影响。祈使否定意义的浮现通常伴随着肯定对比项的隐退,祈使否定意义的消解通常伴随着肯定对比项的强化。我们从"少"和"别

X"的发展过程中可以很清楚地看到这一点。

当"少"和"多"对举出现时,"少"表示"数量小"或"数量减少"的意义。

(45) 少说话,多干活。

(46) 少喝酒,多吃菜。

这时的"少"只有祈使义,没有祈使否定义。即使不和"多"对举,只在"少"后说明理由也不表示祈使否定。

(47) 以后少喝酒,对身体不好。

只有肯定对比项隐退后,"少"才可能表达祈使否定的意义。

(48) 少说话!

(49) 少喝酒!

与"少"的情况相反,"别 X"祈使否定意义的消解则需要增加肯定对比项。"别看"和"别管"在表示祈使否定意义的时候可以单独出现,但是在不表示祈使否定时则不能单独出现。

(50) 别看电视。

(51) 别管他去不去。

(52) a. 别看他个子小,力气可大着呢。

　　　b. *别看他个子小。

(53) a. 别管以前发生过什么事,今后我们还是好朋友。

　　　b. *别管以前发生过什么事。

有时候肯定对比项的有无对意义的理解也有影响,如:

(54) a. 别管他去不去。

　　　b. 别管他去不去,你都得去。

而"别说"的话语标记的用法则不仅是增加肯定对比项,同时还伴随着否定项的退隐(侯瑞芬,2009)。试比较:

(55) "哦,你们镜州还真有这么廉政的好干部呀?"

　　　　出租车司机是个很年轻的小伙子,眉目清秀,像个女孩子,也像女孩子一样多话:"那是! 同志,你可别说

　　　　现在没有好干部了，我看我们京州的干部大多数还就不
　　　错哩！"　周梅森《绝对权力》)

这里对方对"京州有好干部"提出质疑，说话人对此进行否认并阻
止对方说这样的话。

　　(55′) 你可别说，我们京州的干部大多数还就不错哩！

　　否定项的退隐是"别说"从祈使否定短语发展为没有祈使否
定意义的话语标记的重要句法条件。

5. 结语

　　语言结构在特定的交际语境中可以产生特定的交际功能，这
种临时的用法可能会稳定下来成为一种固定的意义。本文的研
究展示了非祈使否定形式是如何获得祈使否定功能，祈使否定形
式又是如何衍生出非祈使否定用法的。汉语中祈使否定意义的
产生和发展既与汉语缺乏形态的特点相适应，又受到人类语言普
遍遵循的礼貌原则这一规律的制约。

　　从交际功能的角度出发将相关的语言形式放在一起进行分
析，能帮助我们深化对这些结构的认识。汉语中围绕祈使否定意
义发生的这些语义变化是主观化的过程，体现了说话人主观意愿
与主观认识的增强。

参考文献

陈丽、马贝加 2008 "莫"的语法化，《温州大学学报》第 4 期。

陈爽 2005 祈使性否定副词"少"，《柳州职业技术学院学报》第 3 期。

董秀芳 2007 词汇化与话语标记的形成，《世界汉语教学》第 1 期。

高增霞 2003 汉语担心——认识情态词"怕""看""别"的语法化，《中国社会
　科学院研究生院学报》第 1 期。

侯瑞芬 2009 "别说"与"别提"，《中国语文》第 2 期。

李宇凤 2007 也论测度疑问副词"莫"的来源，《语言科学》第 5 期。

刘丹青　2005　汉语否定词形态句法类型的方言比较,《中国语学》(日本)
　　252 号。

刘坚、江蓝生(主编)　1997　唐五代语言词典,上海教育出版社。

吕叔湘　1980　现代汉语八百词,商务印书馆。

彭可君　1990　副词"别"在祈使句里的用法,《汉语学习》第 2 期。

邵敬敏、罗晓英　2004　"别"字句语法意义及其对否定项的选择,《世界汉语
　　教学》第 4 期。

沈家煊　2001　语言的"主观性"和"主观化",《外语教学与研究》第 4 期。

宛新政　2008　"(N)不 V"祈使句的柔劝功能,《世界汉语教学》第 4 期。

项开喜　2006　"制止"与"防止":"别＋Vp"格式的句式语义,《语言教学与研
　　究》第 2 期。

姚占龙　2014　祈使性否定副词"少"的产生及其语用解释,《语文研究》第
　　1 期。

袁毓林　1993　现代汉语祈使句研究,北京大学出版社。

叶建军　2007　疑问副词"莫非"的来源及其演化,《语言科学》第 3 期。

赵久湘、杨雅丽　2014　"不敢"一词在西北方言中的祈使用法探源,《长江师
　　范学院学报》第 4 期。

张定　2013　语义图模型与几个情态动词的语义演变,《汉语史学报》(第十三
　　辑),上海教育出版社。

张敏　2002　上古、中古汉语及现代南方方言里的"存在—否定演化圈",载
　　Proceedings of International Symposium on the Historical Aspect of the
　　Chinese Language: Commemorating the Centennial Birthday of the Late
　　Professor Li Fang—Kuei, Vol II. pp. 571—616. Edit by Anne Yue.
　　University of Washington, Seattle。

张谊生　2014　贬抑性否定规劝构式"你少 X"研究,语言的描写与解释国际
　　学术研讨会(上海,复旦大学)。

中国社会科学院语言研究所古代汉语研究室编　1999　古代汉语虚词词典,
　　北京:商务印书馆。

中国社会科学院语言研究所词典编辑室　2012　现代汉语词典(第 6 版),商
　　务印书馆。

Leech, Geoffrey N.　1983　*Principles of Pragmatics*, London and New
　　York: Longman Singapore Publishers.

Lyons, Jone 1977　*Semantics*, 2 vols. Cambridge: Cambridge University Press.

"倒好"的话语标记倾向
及其具体表现[*]

胡承佼(安徽师范大学文学院)

0. 引言

关于副词"倒"的性质与功能,研究中学者们提出了各自的看法。吕叔湘(1982:344)认为"倒"是表转折关系的副词,王力(1985:176)将"倒"看成表达"轻说语气"的语气词;彭小川(1999)认为"倒"是"表示对比的具有很强的语篇功能的语气副词";郭志良(1999:60)把"倒"分为"表示跟意料轻微相反"的"倒₁"和"表示一般意义上的与意料相反"的"倒₂";李宗江(2005)在吕叔湘(1980)和郭志良(1999)的基础上,将"倒"的语义功能总结为:"表示与预期相反"、"表示转折关系"和"表示舒缓语气"。

副词"倒"可以与形容词"好"结合,构成短语"倒好"。例如:

(1) 方旗心灰意懒地说,"你要真打死我<u>倒好</u>,也算成全我了。"(金仁顺《冬天》)

(2) 姜秀兰看着书学满头大汗、棉袄都湿透了,便对书学的母

---

　　* 本文得到国家社会科学基金项目"汉语意外范畴的句法实现与类型特征研究"(16BYY132)的资助。

亲说:"咱姊妹俩倒好,可苦了书学。"(《人民日报》1996
年第三季度)

(3) 哦,这倒好。你愿不愿意同我做一个情人游戏? 现在开
始到你结婚。你不想在结婚之前留下单身生活的纪念?
(姜丰《爱情错觉(连载之一)》)

(4) 刘亚楼却毫不让步地说:"你不是说你忘了吗? 你以为说
'老头子'就没事啦? 我们的总司令是德高望重的红军领
袖,谁都拥护他,爱戴他。你倒好,说他是个'老头子',你
也太放肆了……"(卢弘《"太上皇"李德离开中国之后》)

(5) 人家说,千做万做,折本生意不做。红卫倒好,专做折本
生意。怎么会呢? 原来,每有工程,徐都想做成样板,无
论是用料,还是用工,都往好里做……(《徐红卫:做只破
笼的九头鸟》,《江南晚报》2014 年 3 月 30 日)

例(1)"倒好","倒"表示跟情理相反,即情理上一般认为"死"不
好,"方旗"却认为是"成全了自己",是"好"。例(2)"倒好","倒"
表示转折,即"咱姊妹俩好","书学"却不好。例(3)"倒好","倒"
表示舒缓语气,即说话人对前面内容传达一种"委婉的肯定"(李
宗江 2005)。从例(1)到例(3),"好"反映的都是说话人的真实心
理,概念意义明确,"倒好"的语义差异均是"倒"不同语义功能的
体现。

问题在于例(4)、例(5)。两例中"好"并不承担真实概念意
义,"倒好"的概念意义非常弱,主要用来传达一种出乎意料之外
的语用意义。一个体现是,例(1)至(3)中的"倒好",可以在"倒"
与"好"之间插入一些程度副词,可以在"好"的后面添加"了";而
例(4)、(5)中的"倒好"则不可以。进一步观察,例(4)、(5)中的这
类"倒好"如果被删除,对语句命题意义影响不大。这说明这里的
"倒好"在语义上具有非真值条件性,它的有无并不影响语句命题
的真值条件。这类"倒好"显然与例(1)至(3)中的"倒好"不具有

同一性。为示区分,我们将例(1)至(3)中的"倒好"记作"倒好$_1$",将例(4)、(5)中的"倒好"记作"倒好$_2$"。"倒好$_1$"是偏重概念意义表达的句法成分,"倒好$_2$"则更像是偏重语用意义表达的功能性成分,具有一定的话语标记倾向。[①]"倒好$_1$"本文暂不考察。本文主要讨论"倒好$_2$"的功能和用法,以往研究对此尚未有专文分析。下文的"倒好"均指"倒好$_2$"。

1. "T 倒好"的语句特征与语义背景

1.1　语句特征

"倒好"位置固定,只能出现在话题性成分(记作"T")的后面,构成"T 倒好"形式。单独的"T 倒好"不自足,需要后接对话题 T 进行追加陈述的述题性成分(记作"S")。例如:

(6) 现在(T)倒好,等于丢了十万元,换了一个破货(S)。(莫言《红树林》)

(7) 我排了一上午队了,你(T)倒好,来了就插(S)。(《车检服务满意度不到两成》,《楚天金报》2014 年 4 月 14 日)

除了例(6)、(7)这样的"T 倒好,S"形式外,"T 倒好"与"S"有时还会以分离式出现。例如:

(8)"你(T)倒好,"何应元对陈万利说,"五十两银子就买了一个漂亮媳妇(S)!"(欧阳山《三家巷》)

(9)"大队把问题推给了镇政府。镇政府(T)倒好,"他喝了口水接着说,"又把问题踢回到了大队(S)。"(《土地征收补偿竟成"皮球"》,《铜陵日报》2010 年 5 月 8 日)

大部分情况下,"T 倒好,S"的前面还会出现一个引导性成分(记作"I")。前引成分 I 与追补成分 S 之间具有或明或暗的矛盾性。例如:

(10) 以前常听亲戚议论姨妈不会过日子,别人养儿防老,养

儿富家(I)，她(T)倒好，<u>两个儿子一养大就往部队送，
自己连栋好房子都住不上</u>(S)。(《人民日报》1993 年 9
月份)

(11) 金枝说："也未准您气不忿儿的地方全是您占理儿！就
说今儿这事，<u>好歹也是个客人</u>(I)，您(T)倒好，<u>一出来
就奔拉下脸子</u>(S)，这干吗呢这？您昨儿受了惊，心里
撮火，跟家里怎么都行，别跟外人……"(陈建功、赵大年
《皇城根》)

例(10)前引成分 I 与追补成分 S 之间的矛盾性比较明显。例(11)
前引成分 I 与追补成分 S 之间的矛盾性相对隐晦：对客人按常情
应该客气一些，"奔拉下脸子"却意味着不客气。

使用前引成分 I 的目的其实正在于构建与追补成分 S 之间的
矛盾性，以满足"T 倒好"对于语义背景的需求。这一点后文会谈
到。正因此，如果前引成分 I 的语义内容基于的是我们按常理理
解的某种世界知识或常态认识，而这种世界知识或常态认识与追
补成分 S 之间具有不言自明的矛盾性时，前引成分 I 就可以作为
语义背景隐含起来，不必出现。例如：

(12) 于是就有人私下自嘲："<u>这年头</u>(T)倒好，<u>造原子弹还不
如卖茶叶蛋</u>(S)。"(中国新闻网 2007 年 2 月 12 日)

(13) <u>现在有些女生</u>(T)倒好，<u>竟然公开宣称"学得好不如嫁
得好"</u>(S)。(《文化访谈录》,2010 年 4 月 17 日)

例(12)前引成分 I 的语义内容应是"(按理说)造原子弹要远胜于
卖茶叶蛋"，例(13)前引成分 I 的语义内容应是"(照理说)依附他
人的'嫁得好'远不如依靠自我的'学得好'"。前者是我们对于
"造原子弹"和"卖茶叶蛋"在价值观判断方面的一种世界知识或
者说常态认识，后者是我们对于"学得好"和"嫁得好"在人生观判
断方面的一种世界知识或者说常态认识，因此它们也就毋须多
言，不必在语句中加以显性表征。

由以上分析可见,前引成分 I 不出现,并不意味着不存在 I。I 只是隐含为语义背景,没有被表征为具体语言形式。在话语理解上,I 实际不可或缺。所以,对于没有出现前引成分 I 的"T 倒好,S"不妨认为在"T 倒好"的前面有一个零形式的 I。零形式的 I 在具体语句中结合语境一般都能够补出,即可以有形化。以(12)、(13)例来说,我们完全可以依照前文的分析将其补充完整:

(12′) 于是就有人私下自嘲:"<u>按理说造原子弹要远胜卖茶叶蛋</u>(I),<u>这年头</u>(T)倒好,<u>造原子弹还不如卖茶叶蛋</u>(S)。"

(13′) <u>照理说与其"嫁得好"不如自己"学得好"</u>(I),<u>现在有些女生</u>(T)倒好,<u>竟然公开宣称"学得好不如嫁得好"</u>(S)。

非零形式 I 的"I,T 倒好,S"和零形式 I 的"(øI),T 倒好,S"之间差异何在? 这可以从表达的理据性和表达的经济性两方面看。"I,T 倒好,S"直接呈现 I 与 S 之间的矛盾性,重在凸显表达的理据性;"(øI),T 倒好,S"基于认识常理隐含 I,重在强调表达的经济性。当前引成分 I 的语义内容是我们的世界知识或常态认识时,可以强调表达的经济性将其隐含,也可以凸显表达的理据性将其呈现;而一旦前引成分 I 不是基于我们的世界知识或常态认识,此时经济性需求则要让位于理据性需求,也就是说 I 必须出现,不能隐含。比较:

(14) <u>人家是 RELAX 了三天</u>(I),<u>她</u>(T)倒好,<u>完全是煎熬了三天带三夜</u>(S)。(李可《杜拉拉升职记》)

(15) (øI),<u>现在</u>(T)倒好,<u>公司连打字员都要本科以上文凭了,硕士博士满地走</u>(S)。(六六《蜗居》)

例(14)前引成分 I 无法隐含,因为要凸显表达的理据性。例(15)前引成分 I 可以隐含,因为要强调表达的经济性。

还有一种极少见的情形:由于话语被打断或难以明说,本来

必须出现的 S 没有在"T 倒好"之后出现。例如:

(16) 陆尼古说:四代堂堂正正的工人! 我爹的名字在"二
七"大罢工的史册上永垂不朽,我们为党为人民开了一
辈子的机器,我自豪啊! 毛主席都说工人阶级是领导阶
级,我们应该自豪啊(I)! 现在(T)倒好——得了! 陆
武桥给陆尼古泼了一瓢冷水:给你点颜色就开染坊。
(池莉《你以为你是谁》)

(17) "要说国有兴替,家有盛衰,人无千日好,花无百日红呢,
这事儿也不新鲜。想当初,金家借金丹以扬威的那个气
派,不说九城闻名,在皇城根儿,也算得上够风光够脸面
的人家儿了(I)。现如今(T)倒好……啧啧啧!"(陈建
功、赵大年《皇城根》)

例(16)话语被打断,S 没有来得及说出来。例(17)S 被代之以省
略号,没有明说。但由于前引成分 I 的存在,出于与 I 的矛盾性,S
仍能得到大体上的理解。

1.2 语义背景

马真(1983)对"反而"出现的语义背景进行了描述。借鉴其
方法,我们可以将"T 倒好"的语义背景做如下描述:

A. 甲存在或出现现象、状况 P;

B. 按说[说话人认为的常情]/原想[说话人事先的预料]乙
可能会与甲一样,存在或出现现象、状况 P;

C. 事实上乙不存在或没有出现现象、状况 P;

D. 倒存在或出现与 P 相背的现象、状况 Q。

以上四项都是"T 倒好"语义背景中的必有项。A 项在前引
成分 I 中体现,D 项在追补成分 S 中体现。例如:

(18) 妈的,老子都当分区的司令员了,还是光棍一条(I),你
狗日的(T)倒好,先下手为强,把我的粮草官搬到了你
那张破竹笆床上(S)。不是看你打过几次好仗,我就不

批你的结婚报告,就眼看着洪英肚皮提前大了,老子再收拾你。(当代影视《历史的天空》)

(19) 你傻啊你! 那恰恰证明她心里对他还抱有希望! <u>真夫妻离婚,都还得分房子分地</u>(I),<u>她</u>(T)<u>倒好</u>,<u>不仅不分,到手的还主动还回去</u>(S),为什么? (当代影视《新结婚时代》)

例(18),甲"老子"存在现象、状况 P——"还是光棍一条",说话人按预料认为乙"你"也应该是现象、状况 P,可事实上乙出现的现象、状况是 Q——"把我的粮草官搬到了你那张破竹笆床上",即乙已经有男女之亲,与 P 相背,所以说话人说"你狗日的倒好"。

例(19),甲"真夫妻"存在现象、状况 P——"离婚会分房分地",说话人按常情认为乙"她"更应该是现象、状况 P,然而事实上乙出现的现象、状况是 Q——"不仅不分,到手的还主动还回去",与 P 相背,所以说话人说"她倒好"。

对于零形式的 I,A 项基于的是说话人的世界知识或常态认识。例如:

(20) <u>这个世界</u>(T)<u>倒好</u>,<u>笑贫不笑娼</u>(S)。(《大江时评》,2007 年 10 月 26 日)

(21) <u>这帮学生</u>(T)<u>倒好</u>,<u>见了老师都不知道打声招呼</u>(S)。(搜狐教育 2008 年 9 月 7 日)

例(20),在说话人的世界知识中,甲"以往的世界"表现的现象、状况是 P——笑娼不笑贫,说话人按预料认为乙"这个世界"也应该是现象、状况 P,可事实上乙出现的现象、状况是 Q——"笑贫不笑娼",与 P 相背,所以说话人说"这个世界倒好"。例(21),在说话人的常态认识中,甲"学生"表现的现象、状况是 P——见到老师会打招呼,说话人按常情认为乙"这帮学生"也应该是现象、状况 P,可事实上乙出现的现象、状况是 Q——"见了老师都不知道打声招呼",与 P 相背,所以说话人说"这帮学生倒好"。

可以看出，甲的 P 状况与乙的 Q 状况之间的相背性，是说话人采用"T 倒好"的语义保障，而说话人对乙可能会与甲的 P 状况相一致的推想或认识，则是最终形成"T 倒好"表达的语义前提。

2. "倒好"的关系标记功能

Traugott(1999)认为，话语标记可以大体分为两大领域：基于语句关联上的关系标记和基于人际功能上的语用标记。同样，"倒好"的话语标记倾向也体现在关系标记和人际功能这两方面。本节我们主要谈"倒好"的关系标记功能，下节再谈其语用上的人际功能。

就"倒好"的关系标记功能而言，其具体作用可以从句内和句外两个角度来看。在句内，"倒好"的作用表现为对话题性成分的停顿凸显；在句外，"倒好"的作用表现为对语句（包括小句）的转折衔接。下面分述之。

2.1 停顿凸显功能

"T 倒好，S"表达中，"T 倒好"与"S"之间的停顿具有不可消除性。如果想要消除停顿，必须连同"倒好"一起删除。比较：

(22) 还有一次开家长会，正巧刘政、李虎和我撞车了，<u>爸爸妈妈倒好</u>（T 倒好），<u>一个去了刘政的学校，一个去了李虎的学校</u>（S），好像我反而成了孤儿似的……（黄道强《从持刀行凶到创办孤儿院》）

(22′) *还有一次开家长会，正巧刘政、李虎和我撞车了，爸爸妈妈倒好一个去了刘政的学校，一个去了李虎的学校，好像我反而成了孤儿似的……

停顿与"倒好"这种共生性表明，"倒好"在句内具有引发停顿的作用，如果用"倒好"，"T 倒好"与"S"之间就一定会产生停顿。有个旁证："T 倒好，S"中"倒好"多数情况下可以被语气词"呢"来替代。而语气词"呢"在陈述句中恰恰具有"在句中表示停顿"(《现代汉语虚词例释》:344)的作用。例如：

(23) 你不知道这些乡下人，全是些短见鬼，人心坏透了。和尚为他们坐监，<u>他们倒好</u>，没一个人肯去帮帮忙，连头牲口都没人借给。（田中禾《最后一场秋雨》）

(23′) 你不知道这些乡下人，全是些短见鬼，人心坏透了。和尚为他们坐监，<u>他们呢</u>，没一个人肯去帮帮忙，连头牲口都没人借给。

有一种"这倒好，S"形式，表面上"倒好"不能被"呢"替代。实际，这里的"这"是"这下"、"这次"、"这回"等的简略。将其还原后，"倒好"仍可替换为"呢"。例如：

(24) 我就想，您招张全义做倒插门儿的女婿，还不就是为了生个孙子传宗接代吗？<u>这倒好</u>，全义两岁半的时候，就是您老爷子收养的义子，如今他又抱了一个回来，这该怎么论呢？（陈建功、赵大年《皇城根》）

(24′) 我就想，您招张全义做倒插门儿的女婿，还不就是为了生个孙子传宗接代吗？<u>这下呢</u>，全义两岁半的时候，就是您老爷子收养的义子，如今他又抱了一个回来，这该怎么论呢？

从作用对象看，"倒好"所停顿的是句内话题性成分。其目的是通过这种有意识的停顿，尽量拉开话题性成分与后面述题性成分之间的距离。语言成分之间的距离反映了所表达的概念的成分之间的距离（Haiman 1983），话题性成分与述题性成分之间距离的扩大，使得两者在概念上的独立性各自增强，由此均获得前景（foreground）化的认知识解。表现在句义上，话题性成分 T 成为语句的对比焦点成分，必须重读。此时的"倒好"实际上已经具备一定的"焦点性话语标记"（杨才英、赵春利 2014）属性。比较：

(25) 你……你老说要本分，要敬业，还不能饯行，道理都对，

 但实际操作起来呢？人家入户，都是偷完就走，你倒好，
 偷完东西，还帮人家收拾屋子。（当代影视《武林外传》）
（25′）你……你老说要本分，要敬业，还不能饯行，道理都对，
 但实际操作起来呢？人家入户，都是偷完就走，你偷完
 东西，还帮人家收拾屋子。

例（25′）"你偷完东西，还帮人家收拾屋子"，"你"作为话题性成分
处于背景（background）地位，重音落在常规焦点"偷完东西，还帮
人家收拾屋子"上。②例（25）"你倒好，偷完东西，还帮人家收拾屋
子"，除了常规焦点"偷完东西，还帮人家收拾屋子"，"你倒好"中
对比焦点"你"也必须重读，"倒好"则轻读。

　　也就是说，通过"倒好"对话题性成分的停顿，原本在概念认
知上处于隐退（recession）地位、属于背景信息的话题性成分得以
凸显（prominence）出来被前景化，成为对比焦点成分，以此来显
示说话人对话题性成分的高度关注，并同时激活听话人同样关注
该话题性成分。以（25）为例，说话人将"你"前景化，既显示了对
"你"的高度关注，也使得作为听话人的"你"将注意力放回到自己
身上。

　　另外，由于汉语中主语兼具话题属性（从信息论的角度看，主
语也是话题），"倒好"在凸显话题性成分的过程中，如果遇到既有
话题又有主语的情况（此时实际上是复合话题形式），既可以凸显
话题，也可以凸显主语，有时甚至还会将它们一起凸显出来。
比较：

（26）回到家里，母亲听我说要去支教，抹着泪，说，我和你爸，
 把你辛辛苦苦拉扯大还指望把你留在身边，养老送终。
 现在你倒好，为了一个女人，竟然跑那么远去支教，你心
 中还有没有我们？《彷徨》，《羊城晚报》2014 年 5 月
 26 日）

（26′）回到家里，母亲听我说要去支教，抹着泪，说，我和你

爸,把你辛辛苦苦拉扯大,还指望把你留在身边,养老送终。<u>现在倒好</u>,你为了一个女人,竟然跑那么远去支教,你心中还有没有我们?

(26″) 回到家里,母亲听我说要去支教,抹着泪,说,我和你爸,把你辛辛苦苦拉扯大,还指望把你留在身边,养老送终。<u>你倒好</u>,现在为了一个女人,竟然跑那么远去支教,你心中还有没有我们?

话题与述题密不可分。"倒好"对话题性成分的停顿凸显,如果以句内衔接为视角,对述题性成分而言则就是起引续述题的作用。停顿凸显话题与引续述题一体两面,整体上反映了"倒好"在句内关联上的功能表现。这可能也正是 1.1 小节中提及的单独的"T 倒好"必须后接述题性成分否则不自足的原因。

2.2 转折衔接功能

冉永平(2000)指出,话语标记可从局部或整体上对话语理解起引导或路标的功能,帮助听话者识别话语的各种语用关系,从而在认知上对话语理解进行制约。"倒好"关系标记功能的另一体现就是从篇章整体上来对其前言后语加以转折衔接,通过显化当前话语与前一话语之间的相背性联系,进而为整个语段的理解提供方向,以之来引导听话人对话语前后关系的识别和说话人交际意图的准确理解。即,"倒好"除了句内关联外,同时还具有篇章层面上用来衔接语句与语句(包括小句与小句)的句外关联性。例如:

(27) 过去挺好的,任劳任怨,让往东啊,他不敢往西。哼,<u>现在倒好</u>,成大爷了。倒个水,都得来叫我。(当代影视《编辑部的故事》)

(28) 你开窍?别人都指着姑娘挣钱,<u>你倒好</u>,木头脑袋,为了这么个贱货还倒贴。(老舍《鼓书艺人》)

例(27)对比"过去挺好的,任劳任怨,让往东啊,他不敢往西"和

"现在成大爷了"两种状况,例(28)对比"别人都指着姑娘挣钱"和"你为了这么个贱货还倒贴"两种现象,分别用"倒好"进一步突出后项对于前项的逆转关系。

如果不用"倒好",虽然前后句之间的矛盾性依然存在,但表达上会有所差别。比较:

(29) 吹到"卡壳"的地方,人家正着急,她们<u>倒好</u>,一个劲地乐呀。(《人民日报》1993 年 10 月份)

(29') 吹到"卡壳"的地方,人家正着急,她们一个劲地乐呀。

例(29')不用"倒好",前项"人家正着急"与后项"她们一个劲地乐呀"之间是并列关系,是直接将两种状况放在一起加以对比。例(29)通过使用"倒好"则是更突出了"她们"之于"人家"在态度上的转折性,"她们倒好,一个劲地乐呀"承上转折"人家正着急"。

可见,对于"倒好"所连接的前后项,它们之间实际上既存在基于对比性的并列关系,也存在基于矛盾性的转折关系。"倒好"的转折衔接功能反映的是关系词语的选示作用,即邢福义(2002:33)所说的"有选择地用某种形式显示两种或多种关系中的一种",其有效消除了叙述过程中前后项之间的并重感,使之主次分明,表意明确,有利于表达的优化。有时,为了强化某种关系,"可以再加上更为明显地标示这种关系的词语"(邢福义 2002:36)。用"倒好"转折衔接时,在"T 倒好"的基础上还会出现"可 T 倒好"和"T 可倒好"等形式。"可"作为转折连词,其对于转折关系的标示要比"倒好"更明显。例如:

(30) 你清清楚楚知道我和她的关系,明明白白晓得我和她是有结果的,我早正告过你往她身上泼脏水,就是往我脸上泼脏水。<u>可你倒好</u>,将黑状告到老头子那里! 你究竟安的什么心? 你比我的敌人还要敌人! (胡辛《蒋经国与章亚若之恋(连载之十四)》)

(31) 这算怎么回事,客人全来了,她们娘儿俩<u>可倒好</u>,一个都

不露面。(谌容《梦中的河》)

特别是当前引成分 I 为零形式时,更能体现"倒好"转折衔接功能的存在。尽管语句形态层面上并没有与后项 S 相背的前项 I,但实际理解时我们仍还能理解出一种转折意义,语感上总觉得存在一个 I 与后面的 S 形成转折。比较:

(32) 现如今倒好,一年的工资不够买一平方。(搜狐房产 2006 年 7 月 11 日)

(32′) 现如今一年的工资不够买一平方。

例(32)仍能理解出转折意义——"过去"的状况与"现如今"的状况形成转折。例(32′)去掉"倒好",只能理解出对现在状况的一种客观叙述意义,在理解上并不必然引入与"现如今"有转折关系的"过去"。

从交际中信息传递的角度看,"倒好"的转折衔接功能表现为接引背景信息,突出前景信息。说话人以背景信息为衬托,利用"倒好"明确彰显前景信息对于背景信息的逆转关系,并藉以表明自己对于话题性成分 T 的关注是有理由的。就这一点而言,"倒好"起转折衔接作用时,实际兼具关联理论所认为的"明示刺激"(Sperber & Wilson 1986:49)的用途,即"倒好"的使用是说话人明确地向听话人表示意图的一种行为,它提供了推理依据。例如:

(33) 人家都是忙着跟失散在台湾的叔叔婶婶相认,因为都知道台湾人如今腰包鼓,你倒好,急着要认小地方的穷亲戚……(刘心武《七舅舅》)

(34) 我实在是太粗心大意了,本来只想让她泛泛知道我坏,现在倒好,她连具体事情都掌握了。(王朔《一半是海水,一半是火焰》)

例(33)"倒好"将"你"的做法与"人家"的普遍做法之间的转折关系进一步彰显,并明示:正因如此,所以我要凸显"你"。例(34)

"倒好"使得"现在"的状况与"先前预想"的状况之间的转折性更突出，并明示：正因如此，所以我要凸显"现在"。

3. "倒好"的人际评述功能

前文已经指出，"倒好"在语义上具有非真值条件性。这意味着就命题概念意义的表达而言，"倒好"是羡余成分。而根据言谈省力原则：说话人既要为听话人省力着想，说的话要充足（信息足量）；又要为自己省力着想，只说必要说的话（信息不过量）（沈家煊2009:240）。这表明，"倒好"并非可有可无，其必定承当了一定的交际功能。具体来说，"倒好"在言谈交际中表达了说话人的一种主观评述，表明了其立场、态度乃至情感，体现出意外性评价的语用意义。换言之，说话人在话语中"留下了自我的印记"（沈家煊2001）。例如：

(35) 我们缺什么？缺的是榜样，一个活着的雷锋什么的。他倒好，可丁可铆搞出这么个玩艺儿，跟咱们没两样。（王朔《谁比谁傻多少》）

(36) 原来说打个胜仗鼓鼓士气，这下倒好，胜仗没打成，自己倒死了十来个人；县大队本来人就不多，这下力量不更小了？（刘震云《故乡天下黄花》）

例(35)说话人对"他"进行评述，认为很意外。例(36)说话人对如今的现状加以评述，认为很意外。

"倒好"在进行意外性评价的时候，不仅有如例(35)、(36)这样对于主观性的体现（关注自我的认识和感受），也有对于交互主观性的体现（关注听话人的认识和感受）。例如：

(37) "我还记得上第一次课的时候，是我家孙子送我去的，别人都是爷爷送孙子上学，我倒好，是孙子送我上学。"老人笑着说道。（《92岁"大学生"中科大求学　80多岁上

初中诠释"活到老学到老"》,《合肥晚报》2014 年 4 月 10 日)

(38) 杨女士笑着回忆说,"那时我太小,别人偷过西红柿后都赶紧跑了,我倒好,偷了之后坐那儿吃起来了,结果主人来了之后把我逮个正着。"(《80 后童真消失取而代之的是责任》,《东方今报》2014 年 5 月 30 日)

以上两例都是说话人对自我进行评述。说话人是从听话人的立场和视角出发,表达了一种意外性评价。也就是,说话人认为自己的所作所为在听话人看来可能令人意外。

引发"倒好"表示意外性评价这一语用意义的动因是 S 的反预期性,[③] 即目前 S 表现与事先的推想或认识不一致,因而出乎人的意料。心理预期可以分为积极预期和消极预期两种,S 反的既有积极预期,也有消极预期。例如:

(39) 本来以为有"政府"作主,可以"竹筒倒豆子"了。这倒好,伸冤雪仇又待何时? 莫非传闻的:蒋介石和冈村宁次有瓜葛。她的心头隐隐作痛。(何登选《人证》)

(40) 他未婚妻的老弟,也就是他的准小舅子,骑车载人,过这岗时没下车,你猜后座上载的是谁? 正是他未来的丈母娘! 大汤倒好,不仅没有放行,反而把小舅子喊下车,给予严厉批评,并责成他写出深刻的检讨。(《人民日报》1996 年 8 月份)

例(39)S 反的是积极预期——可以作证,伸冤报仇。例(40)S 反的是消极预期——会包庇小舅子。

人际功能的加强会诱发情态化。(张谊生 2010:362)当 S 反积极预期,由于积极预期是说话人希望达成的,"倒好"表示意外性评价时,S 与预期矛盾有时还会衍生出否定性的消极情态特征。即,说话人在评价意外的同时,也在评价不该是如此,表现出不满意、不认可、反对等怨责性主观态度,情绪性明显,语气激烈。

例如：

(41) 他原以为苦心搜集的材料能在这个切口上震惊专员迷途知返，现在倒好，他成了专员情理交融滔滔恢宏演说的听者！（胡辛《蒋经国与章亚若之恋(连载之十四)》）

(42) 明明是大家一起做老虎机的，她倒好，自己偷偷把里面的游戏币取出来折现了！（《男女经营老虎机分赃不均拨110求调解二人被抓》，《宁波日报》2014 年 2 月 13 日）

例(41)S 反积极预期——专员迷途知返，说话人表示意外的同时，认为"现在"不应该是"他成了专员情理交融滔滔恢宏演说的听者"这种状况，并对此表示不满，传达一种怨责的主观态度。例(42)S 反积极预期——大家共同收益，说话人表示意外的同时，认为"她"不应该"自己偷偷把里面的游戏币取出来折现"这样做，并对此表示反对，表达一种怨责。

当 S 反消极预期，由于消极预期如果能避免掉则更好，"倒好"表示意外性评价时，尽管 S 与预期仍旧矛盾，但此时的否定是一种反语策略，实际传达的是肯定性的积极情态特征。即，说话人在评价意外的同时，表面虽也在评价不该是如此，但实则是赞同如此，流露出满意、认可、赞成的主观态度，语气舒缓。例如：

(43) 在朱建武讲解的间隙，一位游客赞叹说："别的导游是越讲跟的人越少，你倒好，讲得大家都不舍得离开你。"（《一样的导游不一样的讲解》，《陕西日报》2014 年 5 月 29 日）

(44) 一次公司领导出差，从外地带回一些特产糕点让大家品尝，"唐大师"倒好，通过自己的捉摸，连夜加班做出了一模一样的糕点。可见他对糕点的热爱已经到了痴迷的程度。（《"唐大师"怎样炼成的——记重庆中航食品唐志全》，民航资源网 2014 年 4 月 30 日）

例(43)S反消极预期——这个导游的讲解水平也不会多高,说话人表示意外的同时,对"你讲得大家都不舍得离开你"表示"赞叹"。例(44)S反消极预期——大家只会是尝尝而已,说话人表示意外的同时,对"唐大师通过自己的捉摸,连夜加班做出了一模一样的糕点"表示认可,认为这体现了他对事业的"热爱"。

最后需要指出的是,前面为了更方便说明问题我们经常用删除法来比较有无"倒好"的区别,但事实上"I,T倒好,S"句体现的是一个整合化的认知语义结构,其除了前后项之外实际还隐含了预期中的中项(即语义背景中的B),无论是从关系标记的角度和还是从语用标记的角度看,"倒好"都不宜删除,否则会影响语句衔接的顺畅性和语句表达的主观评述性。

4. 余论

上文将"倒好"的关系标记功能和人际评述功能分开论述,而在具体运用中,"倒好"的这两种功能往往交织在一起,以话语交际中的互动性为联系纽带,同时起作用。"倒好"关系标记功能的产生是基于言谈互动中话题性成分凸显和逻辑关系选示的需要,说话人使用"倒好"的目的是在显示自己对于话题性成分关注度高的同时,将听话人的注意力一同吸引到本属双方共同背景信息的话题性成分上,并为受话人正确理解语句提供逻辑上的引导。"倒好"人际评述功能的产生是基于"交际行为中对某一措辞意义的控制"(Hopper 1998:782)的需要,说话人使用"倒好"的目的是体现意外性的主观认识,乃至消极或积极情态特征,以向听话人明确传达作为言者个体的立场、态度、情感。

与"倒好"相近的还有"可好"、"却好",三者之间往往能够互换。例如:

(45) 施工现场泥泞不堪,前期就没有道儿,有人说他傻,别人都是公车私用,他可好(倒好/却好),私车公用,还换来异样的眼光。(《汗水铺就康庄道》,《邢台日报》2014 年 4 月 5 日)

(46) 南朝梁中书令徐勉官做的够大,是历史上有名的好官,但他在我们这个时代人看来未必就是个好父亲,别人都为自己的孩子置家业,留家财,他却好(倒好/可好),一个子也不留,并且说得振振有词:"人遗子孙以财,我遗之以清白。"(《铁拐李留给人类的警世名言》,新华网 2009 年 12 月 25 日)

可见,"倒好"的关系标记功能和语用标记功能很大程度上要依托整合化的"I,T 倒好,S"构式,"可好"、"却好"进入其中一样会显现出这两大功能,而一旦离开该构式,"倒好"的上述功能无从谈起,"可好"、"却好"亦是如此。所以,"倒好"还不能算严格意义上的话语标记。但另一方面,"I,T 倒好,S"构式恰恰是出于话语交际中特定互动性的需要以"I,TS""对待关系"(吕叔湘 1982:335)句为基础形成的。并且,在"I,T 倒好,S"中"倒好"语音上具有可识别性(停顿表现)、句法上具有非强制性、语义上具有非真值条件性、功能上具有衔接性,又似乎表现出了话语标记的特点。故此,我们将"倒好"界定为具有一定的话语标记倾向。这也一定程度上印证了浮现语法理论对于语法的认识:语法不是事先就存在的,而是在语言的动态使用过程中一些经常性的用法通过量变到质变的过程中"浮现"出来的(沈家煊 2005:6),即语法以话语交际的互动性为基础,具有临时性和语境依赖性的特点。

附注

① 我们采纳 Jucker & Yael(eds.)(1998:14)书中的观点:话语标记具有连续统的特点。在连续统的一端是固定、约定俗成的表达形式,其经历了词义虚化和音节紧缩,成为纯话语标记;而在连续统的另一端则是不那么固

定的一些表达形式,其在使用中表现出兼类现象,往往可以同其他语法结
构连用。

② 这里"你"也可以重读,但不是必须重读。如果重读,则意味着"你"同样是
一个对比焦点。根据张伯江、方梅(1996:76—77),汉语表现对比焦点的
手段主要有语音手段和句法手段两种。例(25')"你"若重读,是利用对比
重音这一语音手段来表现对比焦点;例(25)"你倒好"则是利用句法手段
来表现对比焦点。"倒好"虽然不是焦点标记词,但由于其对于话题性成
分 T 的前景化作用,使得 T 也得以成为对比焦点。

③ 按李宗江(2005),"反预期"有"与预期相反"和"与预期不合"两种情况,两
者程度上有差别,在本文中我们一并处理。

参考文献

北京大学中文系 1955、1957 级语言班编 1982 《现代汉语虚词例释》,商务
　印书馆。

郭志良 1999 《现代汉语转折词语研究》,北京语言文化大学出版社。

李宗江 2005 副词"倒"及相关副词的语义功能和历时演变,《汉语学报》第
　2 期。

吕叔湘主编 1980 《现代汉语八百词》,商务印书馆。

吕叔湘 1982 《中国文法要略》,商务印书馆。

马真 1983 说"反而",《中国语文》第 3 期。

彭小川 1999 论副词"倒"的语篇功能——兼论对外汉语语篇教学,《北京大
　学学报》(哲学社会科学版)第 5 期。

冉永平 2000 话语标记语的语用学研究综述,《外语研究》第 4 期。

沈家煊 2001 语言的"主观性"和"主观化",《外语教学与研究》第 4 期。

沈家煊 2005 汉语语法研究的新探索(代序),《现代汉语语法的功能、语用、
　认知研究》,商务印书馆。

沈家煊 2009 《认知与汉语语法研究》,商务印书馆。

王力 1985 《中国现代语法》,商务印书馆。

杨才英　赵春利 2014 焦点性话语标记的话语关联及其语义类型,《世界汉
　语教学》第 2 期。

邢福义 2002 《汉语复句研究》,商务印书馆。

张谊生 2010 《现代汉语副词分析》,上海三联书店。

Haiman,John 1983 Iconic and economic motivation. *Language*,59(4),781—
　819.

Hopper，Paul，J. 1998 Emergent Grammar. In Michael Tomasello(ed.)*The new psychology of language：cognitive and functional approaches to language structure*，155—175. Mahwah，NJ： Lawrence Erlbaum Associates,Inc.

Jucker,Andreas H. & Yael Ziv(eds.)1998 Discourse Markers：Descriptions and Theory,13—59. Asterdam
and Philadelphia：John Benjamin Publishing Company.

Sperber，Dan & Deirdre Wilson 1986 *Relevance：Communication and Cognition*,Oxford：Blackwell.

Traugott，Elizabeth Closs 1999 The rhetoric of counter—expectation in semantic change：A study in subjectification. In Andreas Blank & Peter Koch (eds.) *Historical Semantics and Cognition*，177—196. Berlin：Mouton de Gruyter.

(本文原发表于《语言教学与研究》2016 年第 1 期)

框式结构"'大约……左右'类"中"'大约'类"词语的语义要求*

李振中[1]　唐贤清[2]([1] 衡阳师范学院文学院　[2] 湖南师范大学文学院)

0. 前言

现代汉语有诸多约量表达式。由"估测性副词"、"量值词语"、"双向复合性空间方位词"三者构成的连续成分组合体,就是其一。但目前学界对此尚未引起足够关注,所以很有研究的必要。例如[①]:

(1) 现在,全世界哺乳动物的种类,大约四千种左右。(叶佩珉等编《动物学》(初中全一册),人民教育出版社 1992 年版)

(2) 只见他约莫二十岁上下年纪,身穿粗布麻衣,头戴白帽,手里拿著一跟哭丧棒,背上斜插单刀。(金庸《雪山飞狐》)

(3) 请问十二月中旬,大概 15 号前后去壶口,有水吗?景色好吗?(同程网 2008 - 08 - 31)

例(1)—(3)中,估测性副词,即"大约、约莫、大概";量值词语,即"四千种、二十岁、15 号";双向复合性空间方位词,即"左右、上下、前后"。

据李振中、唐贤清(2013)考察,该约量表达式有三个主要特点。

第一,其中的估测性副词,主要有(大)约、大概(大抵)、约摸(约莫)等,这里总称为"'大约'类"词语。

第二,其中的双向复合性空间方位词,只有左右、前后、上下,这里总称为"'左右'类"词语。"'左右'类"词语原本表空间方位,这里构成空间隐喻,表非空间约量。

第三,能够进入该约量表达式的量值词语,所表的量,是实量而非虚量。量值词语的语义类别有三种:[+时量]类,如例(3);[+寿量]类,如例(2);[+数量]类,如例(1)。[+时量]类,即为表时间量的量值词语。[+寿量]类即为表年龄量的量值词语。[+数量]类量值词语,所蕴含的量较为宽泛,除了[+时量]类和[+寿量]类之外的量,都蕴含其中。

为行文方便,这里将该约量表达式总称为"'大约+量值词语+左右'类",并且将具有开放性的量值词语用"……"代替,进而将该约量表达式简称:"'大约……左右'类"。"'大约……左右'类"更主要的是表约量量值估测,加之,它在当代汉语中,使用度和接受度越来越高,使用域越来越广,已"框式化"或者已迈向"框式化"征程(李振中 2009:245—253),因此笔者把"'大约……左右'类"作为估测性框式结构加以考察(邵敬敏 2011)。

对该类框式结构②,有三个方面的问题引起笔者的关注:一是"量值词语"的语义倾向;二是"'大约'类"词语的语义要求;三是"'左右'类"词语的认知辨察。第一个方面的问题,李振中、唐贤清(2013)已有专文讨论。这里,继续讨论"'大约'类"词语的语义要求。

1. "'大约'类"词语的语义性质及语义功能

1.1 "'大约'类"词语的语义性质
考察"'大约……左右'类"量值估测结构的形式类别,常见的有三类 15 种。第一类:"(大)约……左右/上下/前后",包括 6 种:大约……左右、大约……上下、大约……前后;约……左右、约……上下、约……前后。第二类:"约摸(约莫)……左右/上下/前后",包括 6 种:约摸……左右、约摸……上下、约摸……前后;约莫……左右、约莫……上下、约莫……前后。第三类:"大概……左右/上下/前后",包括 3 种:大概……左右、大概……上下、大概……前后。

目前,关于"'大约…左右'类"量值估测结构,有"否定说"和"肯定说"两种极性意见。"否定说"将它当作"用词赘余"的典型病例处置。例如:

(4) 团长是一位<u>大约三十岁上下</u>的年轻干部。(黄伯荣、廖序东《现代汉语》下册之"实词的运用"病例,北京:高等教育出版社 1991 年增订版第 34 页)

(5) 在这次演讲比赛中,那个表现最突出的女孩<u>大约 15 岁左右</u>。(鲍亚民《词语累赘分析》病例,《中学教与学》2005 年第 8 期第 16 页)

对于例(4)"大约三十岁上下"、例(5)"大约 15 岁左右","否定说"明确认为:"大约"与"上下/左右",两者必删其一。必删其一的理由是:表推测的副词"大约",本来就具有不确定性语义特征,其后再缀以表约量的、含不确定语义特征的"上下"或"左右",这样前后语义就重复、累赘了;"否定说"为此进一步指出:同类的语义赘余现象还有"约摸……左右(上下)"、"大概……左右(上下)"等。

笔者认为,"否定说"的意见可以继续讨论,或坦率地说,持明确的"肯定说"。所持"肯定说"的理由,还得从"'大约'类"词语的语义性质谈起。查检相关代表性虚词辞书关于"'大约'类"词语的词条,如北京大学中文系 55、57 级语言班(1982),侯学超(1998),吕叔湘(1999),张斌(2001),朱景松(2007),无一不认为"'大约'类"词语是副词,其语义是表"推测或估计"。这种"推测或估计"就是[—确定性]主观估测。直言之,[—确定性]主观估测即为"'大约'类"词语的语义性质。

1.2 "'大约'类"词语的语义功能

既然"'大约'类"词语的语义性质是[—确定性]主观估测,那么它们不仅可以对确量表[—确定性]主观估测,而且可以对约量表[—确定性]主观估测。

首先,考察"'大约'类"词语对确量表[—确定性]主观估测的情况。例如:

(6) 就这样,没有多久,上博的账上便有了<u>大约 1000 万美元</u>。(《人民日报》1996 年 9 月 6 日第 11 版)

(7) <u>约摸50 米</u>远,这个头发卷烫、20 岁左右的歹徒见即将被擒,回刀刺来,王统年三处受伤,仍将歹徒的腰紧紧抱住。(《人民日报》1993 年 9 月 3 日第 12 版)

(8) 7 年来,他抓到过多少条蟊贼无以计数,<u>大概 1000</u>,<u>也许2000</u>。(傅旗平《孙大怪传奇》)

例(6)—(8),1000 万美元、50 米、1000、2000 等量值词语都是确量。"'大约'类"词语对这些确量表[—确定性]主观估测。暂且称例(6)—(8)为情况 A。

其次,考察"'大约'类"词语对约量表[—确定性]主观估测的情况。例如:

(9) 有一群工人,<u>大约一百几十个</u>,用叫骂和嘲笑追着警察,跟在后面给萨莫依洛夫送行。(高尔基《母亲》)

(10) <u>约莫一个多小时</u>,我们就越过尼、贝边境,到达贝宁的最大城市科托努。(《人民日报》1995 年 9 月 5 日第 3 版)

(11) 全区一年产粮<u>大概 150 多亿公斤</u>,除去农民留口粮,商品粮尚有缺口 18 亿公斤左右。(《人民日报》1996 年 9 月 6 日第 5 版)

(12) 据抽样调查,每个外出民工每年人均创收<u>大约千元左</u>

右。(《报刊精选》1994 年第 1 期)

(13) 新郎<u>约摸三十上下</u>,脸色苍白如纸,竟然有几分阴森可怕。(《南方农村报》2008－07－12)

(14) 去找你的时候,<u>大概五点钟左右</u>。(琼瑶《月朦胧鸟朦胧》)

(15) 纤细型身材高<u>约 1.20 到 1.30 米左右</u>,脑量平均不到 450 毫升,体重平均在 25 千克左右。(编委会《中国儿童百科全书》)

(16) <u>约摸七八岁上下</u>的小姑娘,和她的妈妈一样,有着一张清秀可人的小脸蛋儿,同样的长长的酒红卷发,依父亲平日里的叮嘱,整日梳着两根可爱的麻辫儿。(土豆网 2008－07－07)

(17) 怎么会呢? 况且,我们也不会去很久,<u>大概一个月到两个月左右</u>。(岑凯伦《蜜糖儿》)

例(9)—(17),一百几十个、一个多小时、150 多亿公斤、千元左右、三十上下、五点钟左右、1.20 到 1.30 米左右、七八岁上下、一个月到两个月左右等,都是约量,"'大约'类"词语对这些约量表[－确定性]主观估测。暂且称例(9)—(17)为情况 B。

细细考察,例 9—17 情况 B 又有两种情况:

例(9)—(11)中,一百几十个、一个多小时、150 多亿公斤等量值词语,本身表约量。暂且称例(9)—(11)为情况 B1。

例(12)—(17)中,千元左右、三十上下、五点钟左右、1.20 到 1.30 米左右、七八岁上下、一个月到两个月左右,量值词语与"'左右'类"词语组合后才表约量。暂且称例(12)—(17)为情况 B2。

如果再加细细考察,情况 B2 还有两种情况:

例(12)—(14)中,千元左右、三十上下、五点钟左右,量值词语本身表确量,与"'左右'类"词语组合后才表约量。暂且称例(12)—(14)为情况 B21。

例(15)—(17)中,1.20到1.30米左右、七八岁上下、一个月到两个月左右,量值词语本身表约量,与"'左右'类"词语组合后进一步表约量。暂且称例(15)—(17)为情况B22。

至此可以得出一个结论:由于"'大约'类"词语的语义性质是表[—确定性]主观估测,因此在"'大约+量值词语+左右'类"量值估测结构中,"'大约'类"词语具有[—确定化]的语义功能。这种[—确定化]的语义功能,其内涵有两个层面:第一,能使本来具[+确定性]的确量量值具[—确定性];第二,能使本来具[—确定性]的约量量值越发具[—确定性]。

"'大约'类"词语具有的[—确定化]语义功能,所带来的直接结果是:从量值估测结果的确信度而言,上述情况形成的确信度序列当为:{A>B[B1>B2(B21>B22)]}("">"表示"由高到低")。

本文讨论的范围就是"'大约'类"词语估测"约量"的情况B2。因此完全可以说,笔者将讨论对象称为量值估测结构,并且予以专文讨论,就建立在这个较为夯实的语言认知基础之上。

2. "'大约'类"词语与"量值词语+'左右'类"的语义关系

既然"'左右'类"词语与"量值词语"组合后,表达的是"约量",那么,"'大约'类"词语与该"约量"之间具有怎样的一种语义关系?这得从"量值词语+'左右'类"的语义属性谈起。

2.1 "量值词语+'左右'类"的语义属性

前已述及,"'大约……左右'类"量值估测结构中,"量值词语"所表的量,是实量而非虚量。尽管实量有确量、约量之分,但有一点毋庸置疑:确量、约量,都必然蕴含一定的量值(这量值大于或等于零),并且所蕴含的量值都可以在相应数轴上找到相应的位置。笔者据此认为,实量反映在数轴上有"点量"和"段量"之分。"确量"中既有"点量"也有"段量"(下称"段量₁"),"约量"中只有"段量"(下称"段量$_2$")。

点量,只相对时间量而言,它在数轴上与某一个确定的点相对应,起定位作用,其量值等于或接近于零,如"下午三点钟"的"三点钟"。段量,不单单相对时间而言,它在数轴上跟与之量值大小相等的某一线段相对应,其量值远大于零。"点量"和"段量$_1$"所反映的都是客观实际与主观把握之间"一对一"的确定关系;而"段量$_2$"所反映的却是客观实际与主观把握之间"一对多"的不确定关系。这种确定或不确定关系,对于"点量",读者或许易于理解,但对于段量("段量$_1$"和"段量$_2$")则会颇费思量。为此笔者将"段量$_1$"和"段量$_2$"分别以"购买布匹1000米"和"购买布匹1000米左右"为例来加以说明(杨娟2007:24—28)。

如果用"x"、"y"分别表示数轴上横轴和纵轴的取值,横轴取值表示"x"与"x左右"的量值,"y"表示该取值在量值表达式中的概率,那么,利用函数曲线图,既能很直观地反映出横轴上的具体量值在量值表达式中的隶属概率值,也能在数轴上显示出:由横坐标"x"和纵坐标"y"确定的点就是"(x,y)"。只是鉴于函数曲线图的复杂度,笔者拟改成通常的表格形式。当然,不可否认,表格形式对量值取值概率的精确性比函数曲线图要差许多。因为表格形式只能取具有代表性的数值,而函数曲线图却能连续不间断地反映数值的可能取值概率。但欣喜的是,采用函数曲线图或选取表格形式,在本质上都不会影响问题的有效讨论。因此笔者假设量值"1000"在量值表达式中的概率为1,则可列表一如下。

表一 "段量$_1$"和"段量$_2$"比较表

1000米	量值 x	800	900	950	990	1000	1010	1050	1100	1200
	概率 y	0	0	0	0	1	0	0	0	0
1000米左右	量值 x	800	900	950	990	1000	1010	1050	1100	1200
	概率 y	0	0.5	0.8	0.9	1	0.9	0.8	0.5	0

　　表一中"1000米"为确量,为"段量₁",量值为"1000",远大于零。该量值反映在数轴上,虽然没有像"点量"一样,位置固定,但由于其具体取值的取值概率唯一,因而其量值在数轴上是确定的。具体表现是:其起点与由横坐标"0"和纵坐标"1"确定而成的点"(0,1)"相对应,其终点与由横坐标"1000"和纵坐标"1"确定而成的点"(1000,1)"相对应。连接这个起点"(0,1)"和终点"(1000,1)"就成为确定的线段。这确定的线段投射映现到横轴上也依然是确定的线段。诚然,这投射映现而成的线段,两端坐标发生了改变:起点改为(0,0)、终点改为(1000,0),但"段量₁"的量值"1000"始终确定不变。因此笔者说,"段量₁"与"点量"一样,两者所反映的都是客观实际与主观把握之间"一对一"的确定关系。

　　表一中"1000米左右"为约量,为"段量₂"。该量值"1000左右",虽然在远大于零这一点上是确定无疑的,但由于其具体量值的取值概率不是唯一,而是多个。因此估测主体在具体量值的主观把握上,很明显地不是像"点量"和"段量₁"那样确定不变,而是游移不定。"段量₂"首先表现的是一个连续的量值区间,即:这个连续的量值区间由无数量值汇集成一条呈正态分布的抛物线。这条抛物线两端有限制,它有(900,0.5)和(1100,0.5)两个端点,并且这条抛物线投射映现到横轴上也是由端点"(900,0)"和端点"(1100,0)"形成的线段。但这个线段不是"段量₂"的确定量值,而是"段量₂"的取值量幅(或"取值范围")。这"取值量幅"就是估测主体对具体量值在主观把握上的游移域。如果设估测主体在主观把握上的具体量值为"z",那么该游移域是"$900 \leqslant z \leqslant 1100$"。据表一,当取值概率为"1"时,$z$为"1000";当取值概率为"0.9"时,$z$为"990"或"1010";当取值概率为"0.8"时,z为"950"或"1050";当取值概率为"0.5"时,z为"900"或"1100"。所以笔者说,"段量₂"所反映的是客观实际与主观把握之间的"一对多"的

不确定关系。

　　直言之,"段量₂"所反映的客观实际与主观把握之间的这种"一对多"的不确定关系,也就是"量值词语＋'左右'类"所合成的"约量"的语义属性。这种语义属性,凸显出"段量₂"的量值取值具有显然的开放性。当然,"段量₂"量值取值的这种显然的开放性,是相对"点量"和"段量₁"量值取值的确定性、唯一性而言的。至此可以得出另一个结论:"'左右'类"词语具有使量值词语约量化(或段量化)的语义功能。这种"约量化(或段量化)"语义功能,其内涵也有两个层面:一是使本来表确量(包括"点量"或"段量₁")的量值词语变得约量化(或段量化);二是使本来表约量(即段量₂)的量值词语变得更加约量化(或段量化)。

2.2　"'大约'类"词语与"量值词语＋'左右'类"的语义适配性

　　笔者所讨论的量值估测结构,其内部层次是:"'[大约＋(量值词语＋左右)]'类"。由于"'左右'类"词语具有约量化(或段量化)语义功能,"'左右'类"词语与"量值词语"组合形成"段量₂",给"量值词语"的量值取值范围扩展了一个[一确定性]伸缩空间。表[一确定性]主观估测的"'大约'类"词语对"量值词语＋'左右'类"组合的再加修饰限制,则可视作它对这个伸缩空间的再度扩容,从而加大了在这个伸缩空间中量值取值的[一确定性]。当然,[一确定性]决不等于[＋随意性]。毕竟,估测主体的主观取值虽然可以呈"左右、上下或前后"浮动,但这种浮动是[＋限制性]浮动,它决不会无穷无尽、无休无止地扩展。

　　估测主体这种主观取值的[＋限制性]浮动,体现在两个方面:其一,量值取值必然受到"量值词语"的具体量值的制约;其二,量值取值无疑受到上述"抛物线"或"线段"两个端点的拦截。该量值取值的伸缩空间蕴含着"等于/略大于/略小于某一个量值"三种可能性。可以说,"'大约'类"词语表[一确定性]主观估测，就是针对"量值词语＋'左右'类"量值取值的这三种可能性而言的。或者说，"'大约'类"词语是针对这三种可能性量值取值作[－确定性]主观估测的。言说者针对结果不确定的信息域进行具有[±肯定性]主观心理倾向的概率性判断或推理，即为"估测"（李振中 2009：3）。其中，估测诱因具[－确定性]，估测对象具[＋可推测性]，估测结果具[＋多值性]。

前已述及，"量值词语＋'左右'类"所合成"约量"的语义属性是：反映客观实际与主观把握之间"一对多"的不确定关系。很明显，"'大约'类"词语的"不确定化"语义功能，与"量值词语＋'左右'类"的[－确定性][＋可推测性][＋多值性]之间，具有语义匹配的选择性关系。或者说，从表达论的角度来讲，不管确量、约量，只要能够进入"'大约'类＋量值词语（确量/约量）＋'左右'类"框架序列，就必然具有或者越发具有[－确定性][＋可推测性][＋多值性]语义特征。

这是由汉语语法的组合必须符合语义匹配性原则（或者说必须符合语义先决性原则）所决定的。言说者使用"'大约'类"词语针对约量量值进行[－确定性]主观估测，源于言说者对量值估测对象在主观把握上的不确定性。这种主观把握的不确定性与量值估测结果的确信度之间刚好形成逆向互补关系。

如果以例(6)—(17)所举情况为例，那么这种主观把握的不确定性与量值估测结果的确信度之间刚好形成的逆向互补关系，可直接码化为如下"确信度"序列："{A＞B[B1＞B2(B21＞B22)]}"。在这个"确信度"序列中，越往"＞"右边的，其客观确信度越弱，越往"＞"左边的，其客观确信度越强。与之相对应，言说者对量值估测对象在主观把握上的不确定性序列则可以反向码化为"不确定性"序列："{A＜B[B1＜B2(B21＜B22)]}"。在这个"不确定性"序列中，越往"＜"右边的，其主观把握的不确定性越强，越往"＜"左边的，其主观把握的不确定性越弱。

由上面分析可以看出:"'大约'类"词语具[—确定化]语义功能与"量值词语＋'左右'类"的语义属性之间具有语义完全一致的匹配关系。或言之,从"'大约'类"词语与"'量值词语＋左右'类"之间的语义匹配关系来看,框式结构"'大约＋量值词语＋左右'类"之所以用以表量值估测,是因为估测主体对估测客体在某种量值上的主观把握度不高而选择的一种不确定性表达式。

可见,"'大约'类"和"'量值词语＋左右'类",各司其职,互不抵牾,组合在一起使用,绝没有重复累赘之感。甚而至于,笔者完全可以做出这样的评判:"否定说"关于"'大约'类"词语与"量值词语＋'左右'类"都具[—确定性]语义特征而导致语义重复、累赘,因而"必删其一"的否定性理据,恰恰是笔者之所以充分肯定该"量值估测结构"得以成立的语义前提或学理要求。

换言之,"'大约'类"词语具[—确定性]语义特征,"量值词语＋'左右'类"也具[—确定性]语义特征,两者能够作为直接成分加以组合,源于两者在语义特征上天然匹配。这完全符合汉语语法组合的语义先决性要求,这完全符合汉语语法组合的语义双向选择性原则(邵敬敏 1997:17—24)。直言之,这种语义一致的匹配关系,便是"'大约'类"词语与"量值词语＋'左右'类"之间的语义适配性。

3. "'大约'类"词语对框式结构核心语义的主导作用

正因为在学理上符合汉语语法组合的语义双向选择先决性要求,所以,在当代汉语中,框式结构"'大约……左右'类"的使用域越来越广,使用度和接受度越来越高。这种在语言实践中的"越广"、"越高"现象,已经不为"否定说"的意志所转移。据笔者考察,目前学界对该量值估测结构的认同度也逐渐高化。这种比较高化的认同度,有四个方面的具体表现。

第一,早在 20 世纪 80 年代,朱林清等(1987:70—72)选取现代汉语中或是比较复杂的、或是比较难于把握的、或是易于用错的、或是有争议的三十多种"格式"(按:即本文所指"框式结构"),"'大约……左右'类"就位列其一。

第二,学界不乏持"肯定说"的单篇论著。比如梁继芳(1999),金柬生(2000),张雁(2001),牛顺心(2004)等。值得一提的是,牛顺心(2004)在"'前后'和'左右'与其他约指词语的并用"一节中指出,在现代汉语中,表示约指的词语还有"大约"、"约摸"等。"前后"和"左右"也不时与这些词语并用,构成一种"框式结构",即"大约 X 前后"。据笔者考察,很显然,在这里,牛顺心(2004)明确而肯定地率先将"'大约……左右'类"作为"框式结构"提了出来。

第三,如前举例(4)的所谓"病例",在黄伯荣、廖序东《现代汉语》(下册,北京:高等教育出版社 1997 年增订二版)中已经不作"病例"而早已删除。这说明,框式结构"'大约……左右'类因其接受度、使用度越来越高,因其使用域越来越广,在语言实践的考验中,已取得或正在取得当代汉语规范用法的资格;同时,也反映这样一种语言认知:应该客观、慎重和正确对待某些语言现象在语言实践中反映出来的接受度、合理度和表现力,不要轻易否定或随意抹杀。

第四,当代主要现代汉语辞书不乏用例或引例。比如侯学超(1998):"大概五点左右结束吧","看他的岁数大约五十上下","此人约四十上下","在中国约公元前二千年左右的夏代(辞海)","每件大约二十元上下(朱自清)","外文出版社拟翻译出版我的作品选集,分四卷,约一百二十万字左右(茅盾)"。吕叔湘(1999):"这里离县城大概十里左右","大约一九七〇年前后,他来过北京","长度大约一百米左右(×一百米上下)"。中国社会科学院语言研究所词典编辑室(1987):"旧式房屋的宽度单位,相当于一根檩的长度(约一丈左右)","长约一尺左右,壳壁很厚,表面有很多瘤状突起"。

可见,框式结构"'大约……左右'类"的量值估测用法,不仅在学理上成立,而且符合社会用语习惯,在语言实践中所拥有的受众越来越多。语言是约定俗成的。笔者坚持语言的这一原则。因此承认并肯定"'大约……左右'类"的量值估测用法,且把它列为表量值估测的估测性框式结构,理据充分。

作为表量值估测的估测语义彰显型框式结构,"'大约……左右'类"的内部组成是这样的(李振中 2008):

从框式结构的内部构件来看,估测性副词"'大约'类",双向复合性空间方位词"'左右'类",都是框式结构的固定成分,是常项,是框架,具有固定不变性;"……"是框式结构的自由成分,是变项,是空位,具有自由可变性。该框式结构"'大约……左右'类"由常项(或框架),即"'大约'类"、"'左右'类"与变项(或空位)"……"框式化而成。该框式结构的变项(或空位),即该框式结构的自由成分限于"量值词语"充当。

从框式结构的内部层级来看,从内到外,常项"'左右'类"词语与变项(或空位)"……"(量值词语)是一对直接成分,构成内层级;"量值词语+'左右'类"与常项"'大约'类"词语是一对直接成分,构成外层级。直言之,框式结构"'大约……左右'类"的核心语义是:"对约量量值进行[一确定性]主观估测"。其中,"'大约'类"词语对框式结构表量值估测的核心语义起主导作用。

4. 结论与余论

框式结构"'大约……左右'类"中,"'大约'类"词语的语义要求是:"'大约'类"词语本身具有[一确定性]语义性质和[一确定化]语义功能;"量值词语+'左右'类"具有反映客观实际与主观

把握之间"一对多"不确定关系的语义属性;"'左右'类"词语具有
使量值词语约量化(或段量化)的语义功能;"'大约'类"词语与
"量值词语+'左右'类"具有[一确定性]的语义适配性;"'大约'
类"词语对框式结构表量值估测的核心语义起主导作用。

　　据笔者初步考察,"'大约……左右'类"的产生时代不晚于唐
代。如唐代柳宗元《小石潭记》:"潭中鱼可百许头,皆若空游无所
依。"其中,"可+量值词语+许"的用法与"'大约……左右'类"相
类似。到了明代,就有与"'大约……左右'类"完全一致的用法。
如明代施耐庵《水浒传》:"卢俊义杀到里面,约莫二更前后,方才
风静云开,复见一天星斗。"(第八十六回)到了清代,与"'大
约……左右'类"完全一致的用法增多。如《儿女英雄传》:"那背
弹弓的人,约莫五十光景。"(第十七回)"老爷今日走得早,大约晌
午前后就可到家。"(第四十回)到了当代,"'大约……左右'类"的
使用域越来越广,使用度和接受度越来越高。

　　根据邵敬敏(2008)所提出的"结构扩散理论",某一个新兴结
构组合的发展,往往历经"专化→类化→泛化→结构化"四个阶
段。首先是个别的、偶尔的、少量的使用("专化"阶段);然后是这
一结构不断被复制("类化"阶段);接着是从部分人逐步扩散到普
通的语言使用者,并且频度达到一定的量("泛化"阶段);最后是
从修辞、语用、交际的范畴,开始进入到语法范畴,并且最终成为
新的结构类型("结构化"阶段)。伴随互联网的日趋普及化及信
息传播技术的日趋完善化,该新兴结构组合往往以惊人的扩散速
度,达到前所未有的语用效果。框式结构"'大约……左右'类"就
经历了或经历着"专化→类化→泛化→结构化"的过程(李振中
2013)。

注释

① 本文例句语料主要来自北京大学 CCL 语料库、国家语委语料库和百度搜

索。为保证语料的信度和效度,语料(尤其百度搜索语料)经过受众的接
受度检测。例句下划线为笔者所加。

② "框式结构"作为语法研究专门术语,由邵敬敏(2008)首次提出并作界定,
李振中(2008)作了初步探讨,邵敬敏(2011)进行了全面论证。

参考文献

北京大学中文系 1955/1957 级语言班 1982 《现代汉语虚词例释》,商务印书馆。

侯学超 1998 《现代汉语虚词词典》,北京大学出版社。

金崑生 2000 "大约"与概数,《咬文嚼字》第 4 期。

李振中 2008 试论现代汉语框式结构,《甘肃社会科学》第 5 期。

李振中 2009 《现代汉语估测范畴研究》,暨南大学博士学位论文。

李振中 2013 框式结构"非……不可"用于估测表达的历时考察,《古汉语研究》第 2 期。

李振中 唐贤清 2013 试论框式结构"'大约……左右'类"中量值词语的语义倾向,《汉语学习》第 2 期。

梁继芳 1999 试说"大约"与数量短语连用,《襄樊学院学报》第 1 期。

吕叔湘 1999 《现代汉语八百词》,商务印书馆。

牛顺心 2004 对举的方位复合词,《郧阳师范高等专科学校学报》第 1 期。

邵敬敏 1997 论汉语语法的语义双向选择性原则,载《中国语言学报》(第八期),北京语言文化大学出版社。

邵敬敏 2008 "连 A 也/都 B"框式结构及其框式化特点,《语言科学》第 4 期。

邵敬敏 2011 汉语框式结构说略,《中国语文》第 3 期。

杨娟 2007 《现代汉语模糊量研究》,南京师范大学博士学位论文。

张斌 2001 《现代汉语虚词词典》,商务印书馆。

张雁 2001 "大约四十来岁"之类商榷,《语文知识》第 12 期。

中国社会科学院语言研究所词典编辑室 1987 《倒序现代汉语词典》,商务印书馆。

朱景松 2007 《现代汉语虚词词典》,语文出版社。

朱林清 1987 《现代汉语格式初探》,天津人民出版社。

(本文原载《励耘语言学刊》2014 年第 1 辑)

"差一点"和"差不多"的语义差异及其认知解释

鲁承发[1]　翟　汛[2]

([1]上海师范大学人文与传播学院

[2]武汉大学留学生教育学院)

"差一点"和"差不多"[①]的对比研究,已有较多成果(沈家煊,1987,1999;王还,1990;胡佩迦,2005;刘宇红,2007;徐素琴,2008;袁毓林,2011;宗守云,2011)。不过,他们的研究都将"差一点"和"差不多"各自作为一个整体来比较,这就可能忽视了"差一点"和"差不多"各自用法的内部差异。本文首先区分了"差一点"和"差不多"的下位用法类型,发现两者的下位用法存在平行性。在下位用法层面,"差一点"和"差不多"的可比性似乎更强。并且,在对比过程中,还发现"差一点"和"差不多"两句式在心理认知方式上存在严整的对立。

一　"差一点"的语义分析

1.1　"差一点"的语义类别

"差一点"的语义可以区分为两种:

1.1.1　当"差一点"的语义指向整个谓语时,表达一个事件接近于实现但未实现(记作"差一点₁"),如:

(1)当年他差一点读了数学专业。

例(1)中"差一点"语义指向"读数学专业",表达数学专业接近于读而最终未读。

1.1.2　当"差一点"的语义仅指向谓语中的量时,表达一个事件的某个程度接近于达到而未达到(记作"差一点$_2$")。如:

(2) a. 他今天差一点喝了10瓶啤酒。

　　 b. 钱差一点花完了。

　　 c. 他差一点冻病了。

(2a)中的量用数量短语"10瓶"表示,(2b)用程度副词"完"表示,(2c)用谓词"病"表示,分别表达"喝"、"花"、"冻"这些事件已然发生,只是未达到"10瓶"、"完"、"病"这样的程度。

1.2　"差一点"语义指向的倾向性

虽然"差一点"可以指向谓语中的量,但并不意味着只要谓语中有量,就一定会指向这个量,也可能还指向整个谓语。到底指向哪个,受两个因素制约:是否有区分意义和是否存在规约关系,如:

(3) a. 我差一点给了他两巴掌。

　　 b. 他差一点考了满分。

　　 c. 差一点撞了个满怀。

　　 d. 刚刚我差一点摔死了。

(3a)"差一点"只指向整个谓语,这是因为从数量上区分到底是一巴掌还是两巴掌,没有太大意义,这句话重点要区分是打了,还是没打。另外,这个谓词和量之间还隐含着规约关系,即说话人如果"给",就一定会一次性"给两巴掌"。(3b)"差一点"只指向数量,这首先是因为区分"满分与否"具有实际意义,另外,本句的谓词与量之间无法建立规约关系,即无法保证"考"了就一定是"满分"。

(3a)和(3b)"差一点"的语义指向是唯一的,不存在歧义;但(3c)和(3d)"差一点"的语义却既可以指向谓语,也可以仅指向量。如(3c)中,"差一点"可以指向"满",表达已然撞了,但未到"满"的程度;也可以指向"撞",表达接近于撞但未撞。如果指向"撞",那么"撞"与"满怀"就隐含着规约关系,即说话人认为如果"撞"实现,那么其程度一定是"满怀"。(3d)中,"差一点"可以指向"死",表达摔得很严重,接近于"死"但未死;也可以指向"摔",表达接近于摔但未摔,表达此义时,"死"就是说话人认为的规约程度,比如站在高楼上,差一点失足摔下来,如果摔下来,其后果很可能是死。这两句虽然都可两指,但语义指向的倾向性不同,(3c)倾向于指向"撞",(3d)倾向于"死"。这是因为:一方面,区分"是否满怀"没有区分"是否死"交际意义大,所以"死"比"满"更具有倾向性;另一方面,"撞"容易与"满怀"形成规约关系,而"摔"与"死"较难形成规约关系,所以"撞"又比"摔"更具倾向性。当然,这只是倾向性,在理解、运用时,还需要根据语境来判别。

二、"差不多"的语义分析

2.1 "差不多"的语义类别

"差不多"的语义可区分为三种:

2.1.1 "差不多"语义指向谓语时,表达所述命题接近于确信,但仍有保留(记作"差不多$_1$"),如:

(4) a. 我相信托托差不多也饿了。

    b. 脱离行政权力系统就不正规,这差不多已成为我国一部不成文法的第一要义。

这两句,"差不多"分别指向"饿"和"成为",表达的是,说话人已经相信所述判断是正确的,但是为了不把话说满,用"差不多"委婉其词,留有余地。不过,这两例之间也有些微差别,(4a)是一个事件,所以这句话是否正确可以通过事实来证实或证伪;(4b)是一种观点,无法用事实来证实或证伪,只能是认同或不认同。

2.1.2　"差不多"语义指向一个数量时,表达这一数量很可能就是实际数量,但也可能存在误差(记作"差不多$_2$"),如:

（5）a. 大厅里差不多有 8 个人。

　　b. 广场上差不多有 2000 人。

袁毓林先生曾分析过"差不多$_2$"的语义[②],将其概括为"接近 VP",但"不一定正好是 VP"。"不一定正好是 VP"包括三种情况:（1）"没有达到 VP",（2）"正好是 VP",（3）"超过了 VP",并认为三者语义优选顺序是:（1）＞（3）＞（2）(2011:69)。将此应用全（5a）,即"少于 8 人"最有可能,"多于 8 人"次之,"正好 8 人"最不可能。这不符合我们的语感,（5a）宜这样分析:说话人认为大厅里的数量最可能是"8"。当然,既然是估测,就可能存在误差,所以除了"8 个人"以外,也有可能是接近 8 的其他数量,如 7、9、6、10 等,即大厅里实际人数的取值范围是以"8"为中心的一个边界模糊的数值集合,其中"8"最有可能,其他数值距离"8"越远,其可能性越小。"差不多$_2$"的语义可用下图表示:

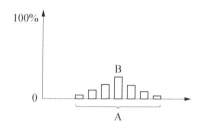

图 1　"差不多$_2$"的语义

图 1 中,横轴表示数量,纵轴表示可能性,"B"表示句中提供的数值,A 表示实际数值,A 的取值范围是接近 B 的一个数值集合,其中,B 的可能性最大,其他数值离 B 越远,可能性越小,各数值可能性的值形成了一条以 B 可能性值为顶点的抛物线,各数值可能性之和是单位 1。

这里有两个问题需要说明:

其一,数值 B 可能性的高低,受估测难度影响很大。如(5b)比(5a)估测难度大,所以其估测准度就会降低,即"正好 2000 人"的可能性相较"正好是 8 人"的可能性明显降低。不过,"正好2000 人"的可能性虽然降低了,但是相比较其取值范围内的其他数值来讲,其可能性还是最高的。试比较,说"差不多 2000 人"时,"正好是 2000 个人"要比"正好是 1000 人"或"正好是 3000 人"的可能性要高,这是以千为单位。以百为单位时,"正好是 2000个人"的可能性要比"正好 1900 人"或"2100 人"要高,直至以个为单位,"正好 2000 人"的可能性要比"正好 1999 人"或"正好 2001"要高。只是,以千为单位时,数值距离较远,其可能性的差值较大,我们能感受得到;而以个为单位时,其数值距离很近,其可能性差值较小,不容易感受得到。

以上我们是将每个数值的可能性作比较,而袁先生是将取值范围"接近 B"划分为三个集合:"没有达到 B","正好 B","超过了B"。其中"没有达到 B"和"超过了 B"包含很多数值,而集合"正好B"只包含 B 这一个数值。当估测难度大时,由于"正好 B"的可能性并不比其他数值的可能性高多少,所以,将这三个集合的可能性相比较时,"正好 B"的可能性会远远小于"没有达到 B"或"超过了 B"这两个集合可能性(即集合内所有数值可能性之和),此时,"差不多"的否定意味浓厚。又由于"没有达到 B"是否定高量得到低量,为无标记否定;"超过了 B"是否定低量得到高量,为有标记否定,无标记的可能性一般要高于有标记的,所以,从这个意义上讲,袁先生的观点是正确的。

但是,估测难度小时,估测准度是很高的,"正好 B"的可能性要比其他数值高很多,所以"正好 B"的可能性就未必比"没有达到B"或"超过了 B"两集合可能性小,如(5a),此时袁先生的观点就存在疑问。看来,袁先生的观点只适用于估测难度大的情况;而将"差不多$_2$"的断言义归结为,数值 B 是所有单个取值中可能性最高的,不仅适用于估测难度大的情况,也适用于估测难度小的情况。

其二,还需要注意数量单位。如:

(5) c. 小明的身高差不多有 1.85 米。

　　d. 小明的身高差不多有 2 米。

　　e. 我差不多学了十年钢琴。

(5c) 表达 1.85 米最有可能,1.84 米或 1.86 米次之,其余再次之;而(5d)并不表达 2 米最有可能,1 米、3 米次之,这是因为身高一般需精确到厘米,以"米"为单位时,就需要精确到小数点后两位,即表达 2 米最可能,1.99、2.01 米次之,其余再次之。(5e)也相同,"年"是一个精度较粗的单位,其下还有月、天,所以用"年"为单位时,数字"十"也要取值到小数点后。

2.1.3　上述两种语义都是"差不多"的主观估测用法,"差不多"还可以进行客观写实,即说话人明知实际数量并非句中的量,但故意用一个与之相近的整数量来替代(记作"差不多$_3$")。如:

(6) a. 我身上的钱差不多花完了,只剩两块钱了。

　　b. 他的被子差不多滑落到地上了。

(6a) 显然不是估测用法,因为说话人知道钱的实际数量,不过说话人认为"两元"与"完"已无差别。(6b)中,是否"滑落到地上"是很容易分辨的,如果已然落到地上,他会说"他的被子都滑落到地上了",用了"差不多",说明实际情况是接近落到地上而未落到地上。也就是说,"差不多$_2$"与"差不多$_3$"都表达实际量与句中的量相差无几,区别在于"差不多$_2$"对实际量是未知的,所以允许句中量成为实际量,并且最有可能是实际量;而"差不多$_3$"已知实际量,所以句中的量一定不是实际量。

2.2　"差不多"三种语义的交织

"差不多"的三种语义一般不会有交叉,即使有交叉,也往往

有相应的标记词来加以区分,如:

(7) a. 他的作业差不多做完了。

b. 他的作业差不多该做完了。

(7a)句中的"差不多"倾向于是"差不多₃",表达接近完成但未完全完成;如果想表达作业很可能完成,但也可能未完成,即为"差不多₂"时,往往会加标记词来辅助表达,如(7b)中增加了一个"该"。

三、"差一点"与"差不多"用法的对比分析

3.1 "差一点₁"与"差不多₁"的对比

"差一点₁"与"差不多₁"语义都指向谓语,但意义差异较大,"差一点₁"关注事件是否实现,考察的是事件实际发生可能性的高低;"差不多₁"关注命题是否真实,考察的是命题可信度的高低。人们关于事件实际发生可能性与可信度的心理认知方式是很不相同的,如下图所示:

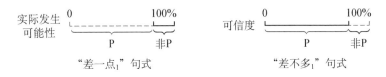

图2 "差一点₁"与"差不多₁"的心理认知方式比较

一个事件只能在其实际发生可能性达到100%时才会实际发生,如"中奖",如果规定5个号码全中才能中奖,那么即使中了4个,"中奖"的发生可能性达到80%,但还会因差"20%"而未实现。可信度不同,绝对的把握是不存在的,一个判断可信度达到一定高度时,就可认为它是可信的,即使它离确信(100%)还差一点,如"宇宙中差不多只有地球上才有生灵",虽然无法完全确信,但仍倾向于认为这是一个真命题。也就是说,"差一点₁"句式凸显

还差的这一点(用粗线表示),导致事件"P"被否定(用虚线表示);"差不多₁"句式忽略还差的这一点(用细线表示),而凸显命题"P"可信度很高(用粗线表示),倾向于肯定。

3.2 "差一点₂"与"差不多₃"的对比

先比较"差一点₂"与"差不多₃",是因为两者的语义取值范围是一致的,都是接近于句中的量值,但又不是这个量值,因此两者经常可以互换,如:

(8) a. 那天我差一点喝醉了。

　　b. 那天我差不多喝醉了。

两句的语义取值相同,都表达接近于醉但没醉;但两者的语用倾向不同,(8a)句表达的是,当天虽然喝得很多,但头脑还算清醒,没有醉;(8b)句表达的是,当天喝得很多,虽然没喝醉,但已头晕目眩,与"醉"已几无差别。即"差一点₂"和"差不多₃"在心理认知上是对立的,前者强调"量近而质异",而后者强调"量近而质同"。

3.3 "差一点₂"与"差不多₂"的对比

心理认知的对立同样表现在"差一点₂"与"差不多₂"的用法之中,主要体现在"差一点"句式中的量值一般是个临界点,"差不多"句式中的量值一般不是临界点,如:

(9) a. 他差一点考了 60 分。

　　b. ? 他差不多考了 60 分。

(10) a. ? 他差一点考了 80 分。

　　b. 他差不多考了 80 分。

60 分是临界点(及格线),(9a)成活,而(9b)成活度大大降低。80 分不是一个临界点,所以(10b)成活度要高于(10a)。如果,这次考试是普通话测试,80 分就是及格线,导致(10c)成活,(10d)反倒不成活:

(10) c. 这次普通话测试,我差一点就考到 80 分了。

(10) c. ? 这次普通话测试,我差一点就考到 60 分了。

另外,我们还发现下面两句也成活:

(10) e. 他考研英语差不多考了 60 分。

(10) f. 他考研英语差一点考了 80 分。

(10e) 能成活,是因为考研英语国家线一般是 55 分,60 分已经不是及格线了,没有了临界点的特点。(10f)中,80 分也不是临界点,考 79 分与 80 分并无太大差别,那为什么也成活呢? 我们认为其成活的原因是,说话人并不想强调他到底考了 79 还是 80 分,而是强调一般人考研英语只能考 60 分左右,而他却考了接近 80 分,这是一个偏离常量的异常量,但是由于考研英语常量与异常量没有清晰的临界点,所以说话人就选用了一个偏离常量的高量,来代表此程度与常量不同,即说话人也强调性质不同,只不过不是指实际分数与 80 分性质不同,而是指实际分数与常态分数在性质上不同。

四、结语

"差一点"和"差不多"用法特点的对立,可用下表来概括:

表 1 "差一点"和"差不多"用法对比表

语义类型	语义指向	所指成分特点	语 义	相差量值	心理认知方式	事件结果
差一点₁	谓 语（用 P 表示）	事件	事件 P 接近于实现但未实现	实际发生可能性与 100% 的差值（小量）	凸显小量	否定
差不多₁		命题	命题 P 接近于确信但有所保留	可信度与确信度 100% 的差值（小量）	忽略小量	倾向于肯定

语义类型	语义指向	所指成分特点	语　义	相差量值	心理认知方式	事件结果
差一点₂	数量（用 B 表示）	临界点或异常量	事件的程度 B 接近达到但未达到	实际程度与 B 的差值（小量）	凸显小量	否定
差不多₂		非临界点	B 最有可能是实际取值	实际数量与 B 的差值（小量）	忽略小量	未定（根据估测难度）
差不多₃			实际数量与 B 几无差别			否定

　　从这个图表来看，"差一点"和"差不多"都表达接近，相差无几，并且两者都可以指向谓语或者指向谓语中的数量，这些相同点使得两者具有了可比性。但是，心理认知方式上的对立，又导致两者存在诸多差异。"差一点"凸显相差的小量，因为这个小量处于临界点处，可以导致"量近而质异"。具体可以分为两种情况：一是事件 P 的实际发生可能性距离临界点 100％还相差着一个小量，这导致事件 P 被否定；二是距离事件 P 的某个程度 B 还相差着小量，而这个程度 B 具有临界点或异常量的特性，可以将事件 P 从内部切分成不同性质的子事件，程度上相差的小量，就意味着对事件 P 内部子事件的否定。

　　"差不多"忽略相差的小量，因为这个小量不处于临界点处，量上微小的差别可以忽略不计。具体可以分为三种情况：一是命题"P"的可信度距离确信（100％）还相差着小量，既然只是主观估测，绝对的把握一般是不存在的，所以这个小量可以忽略；二是实际数量与所估测数量可能相差着小量，由于估测是允许误差的，所以这样的小量也可以忽略；甚至，说话人在明知数量的情况下，由于允许误差，还可以用一个相近的整数量来替代，这就是"差不多"的第三种用法。

注释：

① 本文只考察"差一点"和"差不多"的副词用法，另外，"差一点"还存在"差点"、"差点儿"、"差一点儿"等变体，为了统一，本文全部使用"差一点"。

② 袁先生并未区分"差不多"的下位类型，但他的结论针对的是"差不多"数量的估测用法，与本文的"差不多₂"对应。

参考文献

胡佩迦　2005　"差不多"和"差点儿"的认知考［A］. 第四届全国语言文字应用学术研讨会论文集，四川大学出版社。

江蓝生　2008　概念叠加与构式整合——肯定否定不对称的解释［J］. 中国语文，第 6 期。

李宝伦　2013　"差不多"副词都差不多吗？［J］. 中国语文，第 5 期。

刘宇红，谢亚军　2007　也谈"差不多"和"差点儿"［J］. 湘潭大学学报，第 1 期。

鲁承发　2013　"差一点没 P"结构的语义取值策略［J］. 长江学术，第 3 期。

沈家煊　1999　不对称和标记论［M］. 江西教育出版社。

石毓智　1993　对"差点儿"类羡余否定句式的分化［J］. 汉语学习，第 4 期。

王还　1990　"差不多"和"差点儿"［J］. 语言教学与研究，第 1 期。

徐素琴　2008　"差不多"和"差点儿"的多角度比较分析［A］. 对外汉语论丛（六），学林出版社。

袁毓林　2011　"差点儿"和"差不多"的意义同异之辨［J］. 语言教学与研究，第 6 期。

袁毓林　2012　动词内隐性否定的语义层次和溢出条件［J］. 中国语文，第 2 期。

袁毓林　2013　"差点儿"中的隐性否定及其语法效应［J］. 语言研究，第 2 期。

张庆文　2009　谓词性成分的封闭性与"差不多"和"差一点"的语义阐释［J］. 世界汉语教学，第 2 期。

朱德熙 1959 说"差一点"[J].中国语文,第 9 期。

朱德熙 1980 汉语句法里的歧义现象[J].中国语文,第 2 期。

宗守云 2011 "差不多"和"差点儿"差异的情态动因[J].对外汉语教学。

Grice,H. P. *Logic and Conversation*[A]. P. Cole and J. Morgan,1975.

Langacker,Ronald W. (2008)*Cognitive Grammar*, A Basic Introduction, Oxford.

揣测副词"或许"的
词汇化与语法化[*]

罗耀华　李向农(华中师范大学文学院)

0. 前言

　　"或许"是揣测类语气副词。揣测是说话人根据客观存在或主观认定的事实,进行推理,得出或真或假的结论。"或许"属于认知情态范畴,是说话人对事物(包括人)、事件的不确定性的主观表达。揣测副词可以对整个句子起修饰作用,为句子副词,这是依据副词的语法功能来划分的一种副词。修饰句子成分的副词叫做成分副词,而修饰句子的副词叫做句子副词。换言之,只能跟句子的一个成分发生联系,而跟句子的其他成分有排他关系的,即以"怎么样"的方式来表示程度、范围、状态、时间等修饰作用的副词叫做成分副词,或叫做词语副词(金琮镐2000)。依据副词修饰成分不同,可以将副词分为句子副词、动词副词和篇章副词。吕叔湘(1979)指出:副词的内部需要分类,可是不容易分得

　　* 基金项目:2013年度国家社科基金项目"现代汉语'动+介'组配及'动·介'词汇化研究"(13BYY114);教育部人文社科重点研究基地重大项目"汉语词汇和语法关联互动的理论探讨与专题研究"(14JJD740006)。

干净,因为副词本身就是一个大杂烩。句子副词"或许"如何成词? 其词汇化、语法化的诱因和特点有哪些? 本文尝试对此进行讨论。

1. "或"、"许"的语法化

"或许"用来表达情态,经历了一个词汇化的过程。词汇化是这样一种变化:在某些特定的语言环境中,说话人使用某些句法结构或者词语组合表达一个新的意义,它既有形式也有语义,并且不能完全从其构成成分或者构型模式中派生或者推断出来(Laurel&Elizabeth 2005)。"或"与"许"在实现词汇化之前,各自经历了语法化。

1.1 "或"的语法化

"或"本义是国家。会意字。甲骨文字形从口(象城形),从戈(以戈守之)。表示以戈卫国。用本义时读(yù)。《辞海》中"或"列出 8 个义项:①或者。②也许。③有。④又。⑤作语助。⑥通"惑"。迷惑。⑦若,倘若。⑧《墨经》中的逻辑术语。用作虚词的"或"(《广韵》为入声职部匣母,今读 huò)与本义无关,可能是个假借字。代词和语气词的用法现代汉语中已基本消失,副词和连词的用法则保留下来。

(1) 有一于此,未或不亡。(《书・五子之歌》)

(2) 或燕燕居息,或尽瘁事国,或息偃在床,或不已于行。(周《诗经》)

(3) 惧或失之,故昭令德以示子孙。"(《左传・桓公二年》)

(4) 其先知也,任术用数,或善商而巧意,非圣人空知。(论衡・实知)

例(1)中的"或"为动词,《广雅・释诂一》:"或,有也";例(2)中的"或"为代词,表示泛指、虚指。一般常用于句首,作主语,泛指某人,意思是"有人、有的";代词用法的"或"还可以表示分指,前面一般有表示人或事物的词语限定其指代范围。例(3)"或"用于谓语前,作状语。表示动作行为、情况的揣测、估计,不能肯定。可译为"或许、也许、大概、恐怕"等。例(4)"或"为连词,连接词或分句,表示选择关系,"或"可翻译为"或者",或仍作"或"。

《辞海》里"或"的众多义项中,值得关注的有4个,即"或₁"动词,前面一般有否定副词"未、莫、无"等修饰,而后面一般可带名词或名词性词组作宾语,如"未或兹酷"等;"或₂"分布在谓语动词前面,充当主语,为不定代词,一般可翻译为"有人、有的人"等,多分布在"谓……曰、诉、问、告、譖"等言说义动词之前,或分布在"齐人、晋人、宋人"等体词性成分后,有指代功能,含[＋有指]语义特征;"或₃"分布在主谓之间,尤其是状语位置,表可能、揣测,句中的V多为心理动词,如"惧、寝处","或₃"所在的小句,为未然态,传达说话人对命题的主观态度,具有元话语功能;"或₄"则具有语篇衔接功能,在成分和小句之间,起到衔接作用。张谊生(2006)指出"有些副词带有非常强烈的主观情感或主观态度,因此,其元语用法同样也非常明显"。"或"的演变为:

$$或₁(动词)→或₂(代词)→或₃(副词)→或₄(连词)$$

第一,"或₁"通过转喻(转指)演变为"或₂"。张淑华等(2007)指出转指是转喻在句法和语义上的体现。转喻有一个认知框架,该框架是人们根据经验建立起来的概念与概念之间的相对固定的关联模式,是认知与外界交互作用的产物。认知框架内部显著度高的要件就可以激活认知框架内其他的要件,这就是"X的"转指机制。转指和转喻的规律比较相近,因此可以通过转喻来研究转指的规律。转喻是一种思维方式,所依靠的是临近关系,人们总是在思想上把所要认知的主体同与它关系密切的事物联系起来,因此在指称事物时,往往用这个与其关系密切的事物来指称它。王兴才(2009:220)认为由于词义假借,"或"又被用作与"莫"相对的肯定性无定代词,指"有的人"或"有的",常作句子的主语。转指有两种类型:一是"名词(代词)＋的",一是"动词短语＋的"。"或₁"演变为"或₂",即从"有"通过转指,用"X的"指称一个人或事物,如"开车的、修车的"等。例如:

(5) 殷其雷,在南山之阳。何斯违斯,莫敢或遑? 振振君子,归哉归哉!(《诗经·召南·殷其雷》)

(6) 乐正子如见,曰:"君奚为不见孟轲也?"曰:"或告寡人曰:'孟子之后丧逾前丧。'是以不往见也。"(《孟子·梁惠王下》)

(7) 宋人或得玉,献诸子罕,子罕弗受。(左传·襄公十五年)

例(5)中的"或"释为"有",为领有动词;(6)"或"表示泛指、虚指,常常位于句首,做主语,泛指某人。例(7)"或"前有主语"宋人",表示分指。此时"或"前一般有表示人或事物的词语限定其指代范围,译为"有的、有人"。从"有"到"有的"为转指。

第二,"或₂"通过隐喻演变为"或₃"。隐喻是两个不同目标域之间的投射。隐喻是一种类比,它运用一个领域的经历来阐释不同领域中的另一种经历,从而获得对复杂和陌生概念的更好的理解。"或₂"为指示代词,意思是"有人、有的",即指称上的不确定性;"或₃"表揣测,意思是"可能、也许"。由指称上的不确定性,映射到对事态发展情况估计等认知上的不确定性,〔＋不确定性〕特征上的相似,而建立起联系。这样,由"或₂"发展出"或₃"。当然"或₃"有三个用法:表示动作行为、情况的揣测、估计(或₃₁);表示几件事情同时存在或同时发生、出现几种动作行为(或₃₂);表示动作行为或情况的偶然发生、出现(或₃₃)。

第三,由"或₃"演变为"或₄"。

副词用法的"或"具有揣测义,一般是动作行为出现时间上具有不确定性,说话人对所表达的命题进行主观测度。当两个或两个以上"或₃"小句并列出现,因出现情况具有[＋不确定性],连词"或₄"用法也就产生了。两者在[＋不确定性]上相似,为隐喻。例如:

(8) 将有所止之,则千里虽远,亦或迟或速,或先或后,胡为乎其不可以相及也?(《荀子·修身》)

(9) 琰或为童子,或为老翁;无所食啖,不受饷遗。(《搜神记·介琰》)

(10) 夫金归,或受或不受,皆有故。非受之时己贪,当不受之时己不贪也。(论衡·刺孟)

(11) 冠先,宋人也……得鱼,或放,或卖,或自食之。(《搜神记·冠先》)

例(8)、(9)中"或"为副词表示动作行为或状态经常变换。可译为"有时……有时……"、"忽而……忽而……"等,两例中的"或"释为"有时"。例(10)、例(11)中的"或……或"连用,形成固定格式,《古代汉语虚词词典》将其处理为连词①,并指出连词用法的"或",是从副词义进一步引申而来的。它们连接词或分句,表示选择关系,至今沿用。译为"或者……或者……"。李英哲、卢卓群(1997)也认为"或"作选择连词是由作副词表示"也许、大概"的意思演化而来,并认为出现的时间是东汉。太田辰夫(1987:299)在讨论选择连词"或者"、"或是"时说:"这些词在近古多用作表示或然的副词,恐怕因为它们重复使用,所以连词化了。"其演变链为:

不定代词(指称上的不确定)→副词(时间上的不确定)→连词(出现情况的不确定)

由指称上的不确定,通过隐喻,表达对事态发展认识的不确定,于是"或"的连词用法形成。席嘉(2010:92)也认为例(8)中的副词用法的"或"处于不定指代词演化为选择连词的中间阶段,演化过程大致为：不定指代词→副词（表示不特定的时间）→连词（连接不特定的情况）。"或"作选择连词大致始于东汉，成熟于六朝。此外，"或"与"又"古音相近，意义相同，表示几件事情同时存在或同时发生、出现几种动作行为。一般用于并列复句后一分句的开头，有时前一分句开头有连词"既"与之呼应，如"既立之蓝，或佐之史"。

在隐喻的作用下，由指代上的不确定，到出现情况的不确定，二者同样在[＋不确定]上存在相似性。作为连词，一般出现语境有两个：一是连接分句，表示假设关系。"或"用于假设复句的前一分句，表示假设的条件或情况，后一分句表示在上述假设的条件或情况下，将会出现的结果或应采取的对策。二是连接词或分句，表示选择，此时"或"可译为"或者"。当然，连词用法最典型的语境，是"或"成对出现，如在"或出或处，或默或语"，由于连用两个以上"或"，相应表示两个以上的行为，几种行为之间已经蕴涵了可选择性，这为连词的产生奠定基础。

1.2　"许"的语法化

"许"虚吕切，上语、晓。本义是"应允、许可"。《说文》："许，听也"，即听从其言也。"许"在古汉语中有多个义项，依《辞海》有：①许可；应许。②赞许；心服。③认可；相信。④期望。⑤处所。⑥这样，如此。⑦约计的数量。⑧许配。⑨作语助。众多义项中，有关联的有：

(12) 许而弗予，失吾信也……奸而盈禄，善将若何？（春秋《国语》）

(13) 武姜，生庄公及共叔段……亟请於武公，公弗许。（春秋《左传》）

(14) 实从皮中出……过熟，内许生蟲。一树者，皆有数十。（六朝·贾思勰《齐民要术》）

例(12)、(13)的"许"是"应允、许可"义。沈家煊(2003)认为

"许"的可能义应该是从表允许的意义发展来的。"许"从允许义到可能义是从意志(deontic)情态发展为认识(epistemic)情态,这是语言中常见的一种演变途径。演变的理据是:允许某事发生意味着消除了阻止某事发生的因素,推断某事可能发生意味着消除了阻止做出该判断的因素;被允许的事情也就有了发生的可能(董秀芳2004)。沈家煊(2009:340)认为隐喻跟类推有联系,因为隐喻本身就是a:b—x:y的类比,是基于概念上"关系"的类似,如"允许"和"或许"的相似是在概念结构"克服阻力"(表达一种关系)上相似。例(14)"熟过头了,里面会生虫","许"有了揣测意义用法。但该用法在魏晋南北朝时期并不多见。如下用法多现:

(15)"〔冯石〕能取悦当世,为安帝所宠。帝尝幸其府,留饮十许日。"(《后汉书·冯鲂传》)

(16)六七日许,当大烂,以酒淹,痛抨之,令如粥状。……复抨如初,嗅看无臭气乃止。(六朝·贾思勰《齐民要术》)

(17)即作汤二升……吐出三升许虫,赤头皆动,半身是生鱼脍也,所苦便愈。(六朝《三国志》(裴松之注))

(18)蒜多则辣故加饭,取其甜美耳。五升斋,用饭如鸡子许大。(六朝·贾思勰《齐民要术》)

观察发现,两汉时期"许"可以用在"数+量+名"结构之间或之后,如例(15—17)中的"许"用于"数+量+名"成分之间或之后,例中"许"相当于"余、多、左右"等;例(18)中的"许"用在名词"鸡子"之后,相当于"一样、般"等。"许"的揣测用法很可能源于该用法。因为数量与度量衡等单位关系紧密,对于长度、量度、时间、物量等,都需要一定的数目字来表达。数量表达,既可以进行客观计量,也可以进行定较抉择,前者是客观量,后者则为主观量。"许"可用来表示约略估计数,由数量上的估测,通过隐喻,用于表达对事物、性质等的估测,从而使"许"具有推测义。换言之,由对数量义概念的推测扩大为对事态真实性的推测,这也体现了量化手段在人类认知中的重要作用。

2. "或许"的词汇化与语法化

2.1 "或许"的词汇化

"或许"是现代汉语中的揣测副词,然而它们的形成过程却不是很清晰,郑萦、陈松霖(2005)曾对"也许"进行过分析,可资借鉴。董秀芳(2004)指出"'许'最初是一个副词,表示估计,义为'可能','许'的这一意义也表现在双音词'或许、兴许'中"。她进而推测"也许、或许"可能是由某方言用法,进入到共同语中,所以她指出"或许"是副词连用而词汇化。"或"有"或许"义;"许"也有"或许"义。董文的看法很有见地。"或许"结合,表示"揣测"义最早出现在宋代。例如:

(19) 风舲或许邀,湖绿方瀲瀲。(宋·欧阳修《答原父》)

(20) 生乃更留药而去,或许再来,竟不复至。(北宋《太平广记》)

(21) 古称阿拉伯为大食,或许系阿拉伯人,惟寅是他的名字。(元《全元曲——散曲》)

(22) 恳望老朋友爱惜人才……或许文稿可以不同草木一齐腐烂,这则是老朋友的恩赐了。(明·瞿佑《剪灯新话》)

例(19)中"或许"表揣测,是"也许"的意思;例(20)中的"或许"也是"也许"的意思,后面有"竟"相呼应。"或许"是复合或连用,古人将同义连用称"重言、复语、复用"等,既有"斧斤、民人、思念、存想"等实词连用,也有"此若、既已、比及"等虚词连用。例(21)、(22)是元明时期的用例。"或许"揣测副词用法并不常见,直到清代,使用频率才开始增多。例如:

(23) 纪泽、纪梁登九峰山诗,文气都顺当,并且没有猥琐的气味,将来或许有点希望。(清·曾国藩《曾国藩家书》)

(24) 但天上神仙,未必会得你好处,或许是花木鸟兽之精,曾经得你救援,前来报德,也未可料。(清《八仙得道》)

(25) 石铸一想:或许我姐丈在元豹山住着,亦未定。想罢,说:"我到大同府细细打听。(清《彭公案》)

到清代,"或许"作为一个词单独使用,骤然增多,如例(23)"或许"用于未然态的句法环境中,出现在时间名词"将来"的后面。例(24)则与表揣测的"未必"同现,表达情态。例(25)"或许"则出现在表达思维活动的动词"想"引领的小句中。鉴别"或许"成词,方法如下:第一,"或许"组合能单用,成分不单用。"或许"以词的形式出现的,最明显的标志是"或许"后面出现判断动词"是"。第二,"或许"组合不能扩展。第三,"或许"组合不能拆开,即"或""许"不能变换位置或让其他的成分隔开。第四,"或许"的概念意义不等于"或"与"许"的意义总和或简单相加。现代汉语中"或许"的分布具有如下特点:

第一,分布在句首(主语)前。这是句子副词分布的典型位置、原型位置,表示说话人对句子所表达的基本命题的总体性态度和评价,是凌驾于基本命题之上的模态性成分(袁毓林 2004)。句子副词置于句首,让人一下子就抓住了说话人对于句子所表达的命题的态度和评价,并据此形成相应的会话态度、交际策略和应对方式,乃至具体的措辞。例如:

(26) 或许他们对未来抱有幻想,幻想也是一种麻醉;或许不愿也不敢去想,不想也是一种逃避。(《中国北漂艺人生存实录》)

(27) 或许,这样会令人觉得太浪费……事后还是能分门别类自由地调整页码,使笔记更加清楚易读。(《哈佛管理培训系列全集》第08单元《哈佛经理时间管理》)

例(26)、(27)中的"或许"分布在句子的最前面,表达对整个命题的主观态度:不太确信,以揣测的语气表达对后面命题的[+

不确定]的态度。

第二,分布在主语后、谓语动词前或谓语动词后、宾语前的位置。例如:

(28) 殷素素低声道:"在人间,在海底,我或许能和你在一起。但将来我二人死了,你会上天,我……我……却要入地狱。"(金庸《倚天屠龙记》)

(29) 如果主席或其他与会者无法答复,而主席感到发问者或许有他自己的看法时,则应让发问者本人答复。(《哈佛管理培训系列全集》)

例(28)连用两个"或许",分布在主语后、谓语动词前。例(29)中"发问者或许有他自己的看法"作"感到"的宾语,"或许"分布在小句宾语的主语、谓语之间。

第三,可以单独成句,或分布在句末。例如:

(30) "原来是这样,或许吧。"(《罗德岛战记》)

(31) "或许吧,卡森先生。可如果不是,你会惹麻烦的。他会控告你非法监禁。"(当代《读者》)

例(30)"或许"出现在句末,与语气词"吧"一起同现;而例(31)则出现在句首,也跟语气词同现,体现出语气上的求伴性。

词汇化一般指的是"短语、句法结构、跨层等非词单位逐渐凝固或变得紧凑而形成单词的过程。单词的构成,特别是复合词,多由原来句法上的短语演变而来(董秀芳2002)。如前所论,"或许"在成词前,"或"、"许"分别经历了语法化过程,然后凝固成一个双音节副词。那么,促使"或许"成词的诱因和机制是什么?

第一,双音化。远古、上古汉语基本句节韵律一般是单音,中古汉语基本句节韵律是由单音节向双音节过渡期,近古以以汉语基本句节韵律发展为双音(陈宝勤2011:20)。双音词化可以说是汉语词汇发展的一大规律(徐时仪2009:89)。双音化趋势在汉藏语的其他语言中也有反映,根据戴庆厦(1993;1997)和李泽然

(1997)对景颇语、哈尼语等藏缅语语音发展的研究成果表明：古代藏缅语的声韵母较发达，后来出现了简化的趋势，这一语音简化趋势可能就是导致词汇双音化的原因。双音化可能是汉藏语言发展的一个共同趋势。双音化是汉语词汇发展的一个重要特点，这已经成为学界的共识徐时仪 2009:90。"或"的揣测用法，在上古汉语中，一直以单音节形式出现，且一直延续到现代。例如：

(32) 北京环保局：北京或将率先公布 PM2.5 数值(中国新闻网 2011 年 11 月 11 日)。

(33) 宽带提速有望——电信 IDC 或遭反垄断调查(财经国家周刊 2011 年 9 月 22 日)。

在新闻标题中，"或"以文言形式出现在标题表达中，从表达的事态来看，都属于未然的，这可以从例(32)、(33)中表未然的"将、有望"等词汇形式反映出来。单音词双音化往往由两个意义相同或相类、相反或相对的单音词逐渐凝固构成双音词。"或"表揣测，"许"也表揣测，在双音化的作用下，它们凝固成一个表揣测的语气副词，在句中表达情态。

第二，复合化。音步是语音上结合最为紧密的自由单位，处在同一音步中的两个组成成分之间的距离也就容易被拉近。在双音化趋势的作用下，这两个高频紧邻出现的单音节词，就可能经过重新分析而削弱或者丧失其间的词汇边界，结合成一个双音节的语言单位，即为复合(Hopper&Traugott 1993)。"或许"在发展历程中，经历了由短语到词的阶段：

(34) 希望你能作一首诗以记载盛会，使之流传于龙宫水府，或许也是一件美好的事情。(明·瞿佑《剪灯新话》)

例(34)中的"或许"则是用在一个命题的前面，表达情态。一个最简单的鉴别方法，是删除"或许"，如果句子依然能够成立，则"或许"已发展为表达情态的副词；反之则"或许"是句中的核心，为短语。

2.2 "或许"的语法化

语法化指的是在特定的语言背景下,语言使用者用部分结构作为语法功能;经过一定时间的演变,已经语法化的项目可以进一步语法化,从而使语法功能及其主范畴扩大(Brinton& Traugott 2005)。"或许"发展为表揣测的语气副词,还可以进一步虚化,成为起关联作用的连词,表示并列或选择。"或许"的语法化路径为:

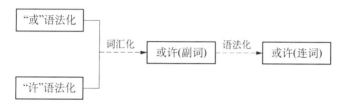

首先,"或"和"许"先各自完成语法化,借助词汇双音化,以副词连用方式,"或许"演变为双音节副词,表揣测。典型语法化涉及到边界消失和形态/语音融合,或者"粘合"。语法化也可能涉及语音片段的消失或合并。起初,"或"和"许"都是独立性较强的成分,可在句中充当核心动词,而到后来"或许"在语序中变得凝固,音节最终消失了(合并)。英语中也有类似情况,如助动词"be going to"发展为"be gonna"。但并非所有的语法化都会涉及到显性的融合和合并,因为"或"在特定领域(如新闻标题)仍可独用表揣测。

其次,进一步语法化,由副词演变为连词。在此过程中,主观性增强,实现主观化。"或许"的演变是由于认知上的不确定性引发的。认知上的不确定性和主观上的推测性有相通之处。汉语史上亦较为常见。如:"倘"、"或"均是经由这一路径发展为假设连词②。同为表揣测的语气副词"或许",含有强烈的[＋不确定性],所表示的事件多为主观性推测,语义上与假设连词有相通之处。Traugott(1995)指出主观化是一个倾斜现象,起初在形式和结构上以具体的、词汇的、客观的意义表达为主,在一定句法环境中反复使用,逐渐演变为抽象的、语用的、人际的和基于说话人的功能。主观化表现在互相联系的多个方面:由命题功能变为言谈(discourse)功能;由客观意义变为主观意义;由非认识情态变为认识情态;由非句子主语变为句子主语;由句子主语变为言者主语;由自由形式变为黏着形式。语言不仅是命题意义的表现形式,而且是说话人情感和态度的体现手段。说话人在说出一段话的同时也表明了"自己对这段话的立场、态度、感情"等,从而在话语中留下"自我"的印记,这就是语言的"主观性"。如果这种主观性在语言中用明确的结构形式加以编码,或是一个语言形式经过演变而获得主观性的表达功能,即为"主观化"(沈家煊 2004:268)。由揣测义副词到连词的发展,主观性和主观化作用其间。例如:

(35) 或许,是这些生活在发达的物质文明当中的洋人也有高超的修行,所以能够心境豁达,胸襟开阔,"坐怀不乱",不怕同化(汉化、异化)? 或许,正是因为他们有了发达的物质文明,所以才能如此神清气爽,了无挂碍? 或许,物质文明其实跟精神文明从来就是不可分割的一挡子事? 或许,中国人多年来卖劲地把"文明"……这其实是基于自卑的自欺欺人?(《读书》)

(36) 生命之源是什么? 或许,是密密森林那阔叶林上滴落的露珠;或许,是危危石崖那缝隙里渗出的一缕清流;或许是云的哭泣;或许是雾的凝思;或许是闪着寒光的冰山的溶化。(《读者》)

(37) 我有一个梦想……或许,现在说这些都太轻浮;或许,自己太年轻以致理想主义;或许,未来的路还很艰难。(孔庆东博客)

　　例(35)"或许"位于句首,具有篇章衔接功能,既表达揣测,也在句中起到关联作用。"或许"四次使用,列举出诸多[+不确定性]因素,表达对典故是否"心中有妓"命题的主观推测,实现主观化;例(36)五次使用"或许",前两次音节独立,用以表达对"生命之源"的猜测,后三次则跟判断动词"是"一起表达猜测;例(37)自己"弃医从文"这一梦想的[+不确定性]的揣测,现在也好,将来也好,一切都是未知。"或许"作用于不同的命题之间,起到衔接和连贯的作用,从篇章层面来看,"或许"是语法衔接的重要手段之一,它的作用范围,不再限于动词,而是句子和语篇。

3. 余论

　　"或许"经历词汇化、语法化的演变,两者均为语言演化的一种约简过程,彼此之间存在不少相似之处:两者都有融合现象的发生,都是渐进、单向性地发展(吴福祥 2003)。此外,在[+渐增性][+去动机][+隐喻化/转喻化]等特征上为两者共享。另一方面,两者又有很大的区别,[+去范畴化][+语义淡化][+主观化][+能产性][+类型普遍性]等特性,为词汇化所独有,而语法化不具有。此外,其简化方式不同,适用角度也不一样。语法化缩减一个单位的独立性将其转变到限制更严格的语法层面;而词汇化简化一个单位的内部结构,将其转变到词库中。两种语言演变模式并非彼此的镜像。它们可以是语言演化过程中的一组对立选择,也可以呈现出一种前后相继的发展态势。第一,词汇化和语法化可以相继作用于同一语言形式。汉语中的语法化模式通常为:实义词>语法词/附着词>词内成分(董秀芳 2004)。第二,作为一种孤立语(或词根语),汉语的词和语、词类和词类之间的区别很难截然分清,本来就是一个具有多方面联系的连续统,再加上语言又一直处于发展变化的动态过程中,所以有时也难以把语法化与词汇化界限划分清楚。最后,"或许"在演变过程中,经历动词到副词、句子副词到篇章副词的变化。

附注

① 《古代汉语虚词词典》,中国社会科学院语言研究所古代汉语研究室编,商务印书馆,2002 出版。

② 参考陈丽、马贝加的论文《假设连词"脱"的来源》,载于郭锡良、鲁国尧主编《中国语言学》(第四辑),北京大学出版社,2010 年第 104 页。这一点跟匿名审稿人的看法不尽相同,我们赞同陈丽、马贝加的观点。

参考文献

陈宝勤 2011 《汉语词汇的生成与演变》,商务印书馆。

戴庆厦 1993 《景颇语双音节词的音节聚合》,《语言研究》第 1 期。

董秀芳 2002 《词汇化:汉语双音词的衍生和发展》,四川民族出版社。

董秀芳 2004 《汉语的词库与词法》,北京大学出版社。

金琼镐 2000 《现代汉语句子副词的语法、语义功能》,陆俭明主编《面临新世纪挑战的现代汉语语法研究》,山东教育出版社。

李英哲、卢卓群 1997 《汉语连词发展过程中的若干特点》,《湖北大学学报》第 4 期。

李泽然 1997 《哈尼语名词的双音节化》,《中国民族语言论丛》编委会《中国民族语言论丛(2)》,云南民族出版社。

吕叔湘 1979 《汉语语法分析问题》,商务印书馆。

沈家煊 2003 《复句三域"行、知、言"》,《中国语文》第 3 期。

沈家煊 2004 《语言的"主观性"和"主观化"》,《外语教学与研究》第 4 期。

沈家煊 2009 《跟语法化机制有关的三对概念》,吴福祥、崔希亮主编《语法化与语法研究(四)》,商务印书馆。

太田辰夫 1987 《中国语历史文法》,北京大学出版社。

王兴才 2009 《汉语词汇语法化和语法词汇研究》,人民出版社。

吴福祥 2003 《关于语法化的单向性问题》,《当代语言学》第 4 期。

席嘉 2011 《近代汉语连词》,中国社会科学出版社。

徐时仪 2009 《语言文字》,南京大学出版社。

袁毓林 2004 《汉语语法研究的认知视野》,商务印书馆。

张淑华、朱启文、杜庆东、张辉 2007 《认知科学基础》,科学出版社。

张谊生 1996 《副词的连用类别和共现顺序》,《烟台大学学报》第 2 期。

张谊生 2006 《元语言理论与汉语副词的元语用法》,《语法研究和探索(十三)》,商务印书馆。

郑萦、陈松霖 2007 《现代汉语情态副词"也许"的语法化历程》,《新竹教育大学语文学报》第 12 期。

Hopper，Paul J，and Elizabeth Closs Traugott. 1993 *Grammaticalization*，Cambridge：Cambridge University Press.

Laurel J. Brinton & Elizabeth Closs Traugott 2005 *Lexicalization and Language Change*,Cambridge：Cambridge University Press.

Traugott，E. C. 1995 *Subjectification in grammaticalization*,Cambridge：Cambridge University Press.

"确实"的语篇功能与标记功能[*]
——兼论副词与作为其演变结果的标记的异同

潘海峰(同济大学国际文化交流学院　200092)

0. 前言

　　一般认为,现代汉语中"确实"有形容词和副词两个词性。《现代汉语八百词》(吕叔湘 1999:460)对副词"确实"解释如下:"对客观情况的真实性表示肯定";可用作状语,也可用在句首;可作 AABB 式重叠。《现代汉语虚词词典》(张斌 2005:447)认为副词"确实"表示十分肯定,修饰动词性或形容词性词语;可以用在主语前,充当全句的修饰语,且后边往往有停顿;可以重叠成 AABB 式,表示肯定的语气更重。上述词典对"确实"意义、功能和句法位置的阐述基本一致,却不能很好地解释下述两例中"确实"的用法:

---

　　* 基金项目:本文是国家留学基金委预科教育专项课题"面向预科汉语教学的现代汉语副词主观化研究"(项目编号[2013]4482-A)和同济大学青年基金"语篇背景下现代汉语副词语义—语用接口研究"(项目编号:2750219021)的阶段性成果,写作过程得到张谊生教授的悉心指导,本文曾在第七届汉语语法专题国际学术研讨会暨"汉语词类问题"国际学术研讨会上宣读,得到陈颖、方清明等学者的指正,在此一并致谢,文中谬误由作者自负。

(1) 她现在总想到外面去走走。确实,假使不到人前去露露
面,又何必生一张漂亮的脸,穿一身入时出众的衣服呢?
(翻译作品《悲惨世界》)

(2) 本届城运会有句口号:今日会战古城南京,明朝扬威亚
特兰大。确实,更形象地说,城运会是播种,而不是收获,
明年的奥运会,未来的世界大赛,才真正是"收金揽银"的
季节。(1995年《人民日报》)

句法上,上述例(1)、例(2)中的"确实"与后续句是分离的,并
未充当后续句的句法成分;语义内容上,找不到其确认与肯定的
对象;功能上,"确实"是作为引发后续句的启动装置而存在的,起
到衔接语篇的作用。

关于"确实"独用①,罗耀华、朱新军(2007)曾从句法、语义、语
用三个层面探讨过其单独成句的规约,但单独成句的"确实"有哪
些语篇功能与表达功用,其形成与发展的动因与机制等问题未见
论及;另外,已有研究中对"确实"的情态功能与衔接功能的关系、
"确实"的语义演变与其语篇功能的发展之间的互动等问题都未
进行探讨。

带着上述疑问,本文将"确实"置于动态语篇②背景下进行考
察与分析。拟从语篇角度入手,考察如下问题:(1)"确实"在语篇
功能与句法功能上究竟有没有同一性;(2)副词"确实"是以何种
语义关系在语篇中发挥作用的;(3)话语标记"确实"的语篇功能
及表达功用;(4)副词"确实"与话语标记"确实"的关系。

1. 副词"确实"的语篇功能及表达功用

1.1 句中"确实"的语篇功能及表达功用

"确实"属于实然类的认识情态副词,体现说话人依据自己的
知识或信仰对命题真实性的确认和肯定。例如:

(3) 县委白书记并没有说假话,他**确实**在为郑全章担忧。(邹志安《哦,小公马》)

(4) 到虚先生**确实**是有股子仙气,眉清目朗,步履飘逸。(陈建功、赵大年《皇城根儿》)

上述两例中,例(3)的"确实"是承诺"为郑全章担忧"的真实性,例(4)的"确实"是肯定"到虚先生有股子仙气"的真实性。

Halliday(2004:625)曾言"事实上,只有当我们不确定时,我们才说确定。"也就是说情态性成分"确实"出现的典型语境是言者对自己所言内容不太确定或者言者感觉所言内容的真实性受到怀疑或否定时。例如:

(5) 这曲子似乎和一把刀有关,这曲子**确实**能使刀闪闪发亮。(余华《偶然事件》)

(6)"你没有丧魂落魄。"她说。"你不用安慰我,我**确实**丧魂落魄了。"(余华《爱情故事》)

例(5)"确实"出现的语境是言者对所言内容不太确定,前项"似乎"体现了这种不太确定;例(6)的语境是言者所言受到交际另一方的否定,"确实"是对上文"你没有丧魂落魄"的回应。两例中的"确实"都明确而清晰地表明言者的认识态度和确信立场,与相应的无"确实"例相比,具有更强烈的主体意识。

上述例(5)、例(6)中的"确实"都具有回应上文的功能。语篇中,"确实"对事实或情况的这种确认和肯定有时还体现在言者在陈述完命题后,进一步对之进行说明。这样情况中"确实"具有照应下文的作用。如上述例(4)例如:

(7) 接生婆**确实**饿了,她就将面条吃了下去,她感到面条鲜美无比。(余华《世事如烟》)

例(7)"确实"所承诺为真的命题是"接生婆饿了",后续句中"吃下去"、"鲜美无比"等是对前述命题的印证,与"确实"呼应。

当然,无论是对上文的回应还是对下文的照应,句中"确实"

的这种连贯语篇的功能都是隐性的,是以其认识情态语义为基础的,其主要功能还是情态表达,体现言者对客观情况或所言内容真实性的承诺。

在一定的情景语境中,"确实"的认识情态义弱化,而演变为体现言者情感评价的强调情态义。例如:

(8) 他确实太值得爱了! 爱他的人很多这并不奇怪,应该的!
(刘心武《多棱的帆船》)

上述例(8)既不是确认"他值得爱"这件事是真的,也不是对"我认为他值得爱"的肯定与承诺,而是对"他值得爱"的程度的进一步强调。这是副词通过强调主观情态来凸显程度。③因此,上述例(8)可以变换为例(8'):

(8') 他实在太值得爱了! 爱他的人很多这并不奇怪,应该的!

上述两例中,"确实"、"实在"都具有强化程度的作用,两者可以互换而意思基本不改变。"确实"从表达认识情态到表达强化情态,这是其进一步主观化的结果。据 Cinque(1998)和Traugott&Dasher(2002)的研究,评注性副词的主观化程度高于认识情态副词。④

综上,句中状语"确实"的基本作用是表示言者情态,包括认识情态和评价情态,体现的是言者的主观认识或判断,虽然具有回应上文或照应下文的作用,但它本身并不直接连接两个小句或句子,只是语义潜势上将前后段关联起来,是一种隐性衔接。

1.2　句首"确实"的语篇功能及表达功用

与句中"确实"的隐性衔接不同,位于句首的"确实"则具有明显的衔接功能。

由于句法分布的改变——由句中至句首,"确实"直接用于关联前后两项,形成"P,确实 Q"的格式,其中,"确实"是对后项命题Q 的确认和肯定,而后项命题 Q 的内容又是对前项 P 的总结推论或解注延伸。这样，"确实"就连接了两个语义上互为补充的叙述，前后项语义相关。例如：

(9) 第一场电影的时候，不是男女双方加介绍人，除掉小芳之外那姑娘还邀来五六个女友，大家说说笑笑，一一介绍，<u>确实</u>有那么一点交际的味道，名片倒也是用得着的。（陆文夫《清高》）

上述例(9)中，"确实"的前后项 P 与 Q 之间都存在推理关系，前项 P 的已知事实是"还邀来五六个女友，大家说说笑笑，一一介绍"，推理出的结论是"有交际的味道"。

除了总结推论以外，有时"确实"引导的后项还会对前项进行解注延伸。例如：

(10) 如果卖书的人是个懂得书的人，顾客会买更多的好书，这个话有点道理。<u>确实</u>有少数卖书的人爱好培养有希望的青年顾客，让他们终于成为坚定的买书人。（《读书》）

从句法位置来看，虽然都居于句首，但上述例(10)中"确实"与例(9)又有区别，例(9)是由于主语缺省而使状语"确实"居于句首的情况，而例(10)则是"确实"真正充当句首状语的情况。从语篇连贯的角度看，上述例(10)中"确实"的前后项之间是解注延伸，后项 Q 承接前项 P，并对前项作进一步解释、说明。从其自身语义来看，例(10)中"确实"仍具有情态语义功能，体现了言者对 Q 的主观认识。也就是说，不管是总结推论还是解注延伸，居于句首的"确实"都既具有衔接功能，又具有情态功能。

从分布来看，"确实"还有一种情况，如下例：

(11) 他自称对于所有问题，所有人都积累了自己独特的伦理资料，<u>确实</u>，他不愧是个学识渊博并能随机应变的人物。（《日常生活的冒险》）

例(11)中"确实"后有逗号充当停顿标记，可看作是句首前位,⑤而句首前位是副词向话语标记演变的中转站,因此,居于句首前位的成分可能是副词,也可能是话语标记。虽然当居于句首前位时,副词和话语标记具有相同的分布位置,但两者还是具有明显区别的。首先,从语义上看,副词具有一定概念性意义,其衔接功能是以主观情态意义为基础的;话语标记只具有程序性的引导提示功能,对话语理解起引导或路标的作用。其次,从句法功能上看,副词能充当后续句的修饰语,并能与其他成分进一步组合;而话语标记则仅体现说话人对话语单位之间的序列关系的观点,没有组合能力,既不能充当句法成分,也不能与其他成分组合使用。⑥

由此,我们提出鉴别"确实"是副词还是话语标记的三条标准:第一,"确实"是否能还原到后续句中充当状语而意义基本不变;第二,"确实"能否用疑问句提问;第三,"确实"是否具有组合能力。例如:

(11a) 他自称对于所有问题,所有人都积累了自己独特的伦理资料,他<u>确实</u>不愧是个学识渊博并能随机应变的人物。

(11b) 他自称对于所有问题,所有人都积累了自己独特的伦理资料,他不愧是个学识渊博并能随机应变的人物,<u>这确实吗/确实是这样吗/确实如此吗</u>?

(11c) 他自称对于所有问题,所有人都积累了自己独特的伦理资料,<u>事实确实如此/确确实实</u>,他不愧是个学识渊博并能随机应变的人物。

能还原到后续句中,如例(11a),证明"确实"还未完全摆脱后续小句的管控。能用疑问句提问,如例(11b),证明"确实"还具有概念性意义。而例(11c)则证明"确实"仍具有组合能力和情态语义。

根据上述三条鉴定标准,前面例(1)、例(2)中的"确实"都不能作上述变换。

首先，例（1）、例（2）中的"确实"的辖域都是整个后续话段（utterance）而不是单一后续小句，因此，它无法还原到后续某一小句中。其次，例（1）、例（2）中的"确实"没有概念性意义，不对后续命题的真值语义产生影响，因而不能用疑问句提问。第三，这两例中的"确实"是序列上划分言语单位的依附成分，具有独立性，仅表明言者对序列单位之间关系的观点或对听者及交际情景的态度，因而不具有句法上的组构能力。我们有理由相信，像例（1）、例（2）中的"确实"已经演变为话语标记。

2. 话语标记"确实"的引导提示功能

语篇中，话语标记"确实"具有衔接功能和人际功能。它能为语篇"提供支架"并"创建桥梁"（Schiffrin 1987：253），展示语篇的展开策略和言者交际策略，表明"言者对话语连接的修辞策略和元语立场：对上文的延伸扩展或反转，话题的延续或转换，叙述的前景化或背景化。"（Traugott&Dasher 2002：155）

2.1　话语标记"确实"的衔接功能

话语标记"确实"的衔接功能展示了言者的语篇展开策略，主要体现为它能标记话题接续和话题转换。

话题接续是指"确实"引出的后续话/语段（utterance）内容是对前述话/语段内容的进一步扩展，包括追溯原因、举例说明、详细叙述等。例如：

（12）法国人嘴馋、贪杯是出了名的。即使你当面这样讲，他们也决不会视之为揶揄，反而会显出一种沾沾自喜的神色。确实，"民以食为天"，吃喝是生活的应有之义，凡食人间烟火的，谁都离不开。而自以为最懂得生活真谛的法国人，当然就更讲究吃喝了。（《人民日报》1996）

例(12)"确实"引出的后续语段内容是对前述语段"法国人嘴
馋、贪杯出名"的原因的追溯。当然,孤立来看,"确实"引出的后
段也可自成话题,但是,从整个"确实"语篇的连贯来看,"确实"的
后项小话题与其前项关系密切,共同构成一个更大的话题,因此,
将例(12)这种情况中"确实"的功能视作"话题接续"更恰当。

"确实"的话题转换功能是就语篇中话题与话题之间的关系
而言,单就后一话题而言,也可以理解成"确实"引入一个新话题。
"确实"引入新话题时,通常先用一个陈述性语句对话题进行总体
评述,后面的内容都是围绕它展开。例如:

(13) 每年春季,<u>杜鹃鸟</u>飞来唤醒老百姓"快快布谷! 快快布
　　　谷!"嘴巴啼得流出了血,滴滴鲜血洒在地上,染红了漫
　　　山的杜鹃花。<u>确实</u>,<u>杜鹃花十分美丽</u>。管状的花,有深
　　　红、淡红、玫瑰、紫、白等多种色彩。……(《中国儿童百
　　　科全书》)

例(13)中"确实"前后是两个话题,前一话题是"杜鹃鸟",后
一话题谈论的是"杜鹃花","杜鹃花十分美丽。"这一陈述句是对
新话题"杜鹃花"的评述,后面内容都是围绕"杜鹃花"展开。有
时,"确实"后的整个陈述性语句会成为语篇新的话题。

语篇中,"确实"的话题转换功能还在于重新引入一个话题,
即把之前已经出现的谈论对象重新引进到当前话语。例如:

(14) <u>前面我已经提到,对于本专业名教授的著作,有必要从
　　　大一开始就关注。那些本专业的权威核心期刊,每一期
　　　你无论如何都要翻一翻。</u>……老北大还有一个著名的
　　　传说,讲的是研究印度文化的金克木教授。他原本也只
　　　是图书馆的一个管理员,但是每次有名学者到图书馆借
　　　书,他都悄悄把人家列的书单记下来,一有空就按照这
　　　些书单自学,最后成就了很大的学问。<u>确实</u>,看的东西
　　　多了,信息足够充分了,你才能判断什么样的文章是

"好"的,什么样的知识是"新"的,自己动手的时候才会更有把握。(《完美大学必修课》)

例(14)"确实"所引入的话题,与前文划双横线部分呼应,也就是说"确实"的后续话题的相关内容在前文中已经出现。此例中"确实"的功能就是重新引入话题。

2.2　话语标记"确实"的人际功能

除了能标记语篇的展开策略,话语标记"确实"还能展示言者的交际策略。这在论辩语境中表现尤为明显。在论辩语境中,交际双方难免会观点或立场相左,出现威胁自己或对方面子的情况,交际者会采用一定的交际策略,使用一些语言成分来缓冲或调和这种冲突,以便交际能顺利进行。利奇的礼貌原则中的一致准则主张交际中尽量减少自己与别人在观点上的不一致,(a)包括尽量减少双方的分歧;(b)尽量增加双方的一致。(G. Leech,1983:132)这在论辩语境中可体现为两种情况:一种是言者反驳对方观点时尽量减少双方的分歧,另一种是言者陈述自己观点时尽量增加与对方的一致。这两种情况分别体现为驳论和立论两种论辩结构,话语标记"确实"在这两种论辩结构中都具有保护对方面子或保护言者自己的面子,并使交际顺利进行的人际功能。

先来看驳论结构,言者在反驳或修正对方观点时,为了保护对方的面子,不直接反驳或修正,而是先表示对对方观点的(部分)认同,"确实"就承担了这一态度或立场标记的功能,然后通过转折语句引出自己的观点或立场。例如:

(15) 有些人对中国发展前景悲观,认为中国存在通货膨胀,农业发展难以养活庞大人口,贫富悬殊,政局不稳定。(P)确实,中国经济在发展过程中也面临一些问题。(Q1)但这些都是前进中出现的问题。解决这些问题本身就是经济振兴和发展的过程。(Q2)(《人民日报》1995)

例(15)是一个驳论结构,前段 P 是言者要批驳的观点(或者说是对方的观点),标记"确实"引出的后段 Q1 承认对方论断中的可取之处,转折词"但"后的 Q2 则是言者自己的观点,如 Q2 中划双横线部分。这样既保护了对方的"面子",又表达了自己的观点。"确实"在这一过程中起到缓冲或调解作用。

　　言者在论述自己观点时,为了增加双方的一致,先用标记"确实"引出可能的反面论据(也可能是对方的观点),接着用转折语句批驳这一论据,证明自己的论点。例如:

(16) <u>一般说来,美洲的气候也比非洲的气候更有吸引力。</u>(P)确实,亚马逊河流域气候炎热、空气潮湿;南北美洲两极地区气候非常寒冷。(Q1)但英、法移民在其殖民地格兰德河北部地区却很兴盛。同样,西班牙人在墨西哥和秘鲁也感到安适;墨西哥和秘鲁是他们的两大中心,那里的气候同西班牙的气候相差无几,无疑与气候闷热、流行疫病的黄金海岸和象牙海岸形成可喜的对照。(Q2)(《全球通史》)

例(16)是一个立论结构,划双横线部分是言者论点;"确实"后 Q1 是(潜在的)对立观点,"炎热"、"潮湿"、"寒冷"等表明美洲的气候也不是完全尽如人意;而 Q2 中"很兴盛"、"感到安适"、"可喜的对照"则证明了美洲气候更有吸引力。

3. 副词"确实"与话语标记"确实"的关系

3.1　话语标记"确实"的演变过程

　　"确实"演变为话语标记的过程,是其意义主观化的过程,也是其进一步发展出交互主观化的过程。据魏红(2010:49)"确实"是由近代汉语中并列式短语"确+实"先固化为形容词,然后进一步演化出副词用法。据笔者考察,"确"与"实"的连用最早出现于宋代。例如：

(17) 言词<u>确实</u>，容服高贵，陶甚敬待。(《太平广记》卷第四百四十八)

(18) 程子说得<u>确实</u>平易，读着意味愈长。(《朱子语类》卷第十八)

(19) 有常者，则是个<u>确实</u>底人否？(《朱子语类》卷第三十四)

上述三例中的"确实"连用，语义上都有"真实、可靠"的意思，句法上，例(17)与形容词"高贵"对举，在句中作谓语；例(18)与"平易"连用，共同作句中补语；例(19)中的"确实"则作句中定语。上述三例中的"确实"都可以看作是形容词。

据笔者对北大和陕西师大古汉语语料库中元代文献的考察，未搜集到"确实"的用例。明代文献中，"确实"仍保持形容词的用法。例如：

(20) 太子回言于上，上遣中人召至面问<u>确实</u>，赐钞帛遣还。(《野记》之四)

(21) 白沙云："为人多病未足羞，一生无病是吾忧。"真<u>确实</u>之论也。(《菜根谭·闲适篇下》)

(22) 还须亲到那边访个<u>确实</u>，才放心得下。(《今古奇观》第七十八卷》)

清代，"确实"仍旧以形容词用法为主，虽然此时出现了副词用法，但并不普遍，笔者从北大语料库搜索到的74例含有"确实"的语料中，只有15例是副词的用法。这些具有副词用法的"确实"，句法上都充当状语(主要是句中状语)，修饰句中谓语；语义上体现言者对命题真值的认识态度，具有认识情态功能。而这种认知情态功能又分为两种，第一种体现言者对客观情况真实性的确认，第二种体现言者对自己所言内容的真实性的肯定。例如：

(23) 此时三太被捆仰面观看，才知<u>确实</u>是大师兄。(《三侠剑》第二回)

（24）直到今年以来，才见他有许多事情，<u>确实</u>做得奇怪。
（《八仙得道》第九十五回）

（25）我们倒不是抢缎店估衣铺的，你们<u>确实</u>是抢了秀才之妻，以官压私，以强压弱。（《三侠剑》第六回）

（26）"陛下，说什么狸猫换主，火焚碧云宫，奴婢<u>确实</u>不知缘由，焉有凭据上奏？"（《狄青演义》第五十四回）

上述四例中，例（23）、例（24）体现言者对客观情况真实性的确认，例（25）、例（26）体现言者对自己所言内容的真实性的肯定。也就是说前一种意义指向"客观世界"，而后一种意义指向"被谈论的世界"，而意义由指向"客观世界"到指向"被谈论的世界"的过程也是其由"行域"到"知域"的过程，因此，就主观性而言，后者的主观性更强。[⑦]

现代汉语中，副词"确实"的这两种情态意义依然并存，只是走上了不同的虚化道路。

具有第一种情态意义的"确实"在使用中，其认识情态意义不断弱化直至完全失去，不再对命题真值产生影响；同时，其分布由句中到句首再到句首前位，这一过程中其辖域不断扩大，独立性不断增强，从而演化为话语标记，表明说话人对话语单位之间序列关系的观点，或者体现说话人的交际策略或修辞立场。虽然居于句首前位为"确实"演变为话语标记提供了句法环境，但演变的真正动因是使交际顺利进行的需要，不管是话题的延续或转换，还是对交际双方面子的维护，目的只有一个，就是使交际顺利进行，这种在线（on-line）互动性体现了话语标记"确实"的交互主观性功能。

具有第二种情态意义的"确实"在使用中，其认识情态语义也逐渐漂白，而进一步演变出体现言者情感评价的强调情态义，强调情态功能的凸显会使"确实"变成类似强调标记，语义上由对"真假"的确认肯定变为对"程度"的强调肯定，这是一种语用强化。比如例(8)中"他确实太值得爱了",既不是确实"他值得爱"这件事是真的,也不是对"我认为他值得爱"的肯定,而是对"他值得爱"的程度的进一步强调。

综上,不管是体现言者立场与态度的情态功能,还是体现言者对语篇调控与组织的话语标记,这都是"确实"主观化的结果。但两者的演变方向不同:情态功能的凸显会使"确实"变成类似强调标记,这是一种语用强化,口语中常重读;而话语标记是"确实"衔接功能凸显的结果,因此,话语标记"确实"的情态义边缘化(marginal),口语中常轻读。"确实"语义主观化路径见下图1:

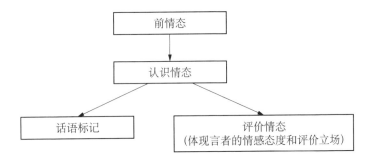

图1 "确实"语义主观化演变路径图

3.2 副词"确实"与话语标记"确实"的关系

现代汉语副词也是话语标记的一个来源,副词可以直接演变为话语标记。这里有两个关键词"演变"和"直接"。

首先,副词与话语标记是演变源和演变结果的关系,而不是互相作用的关系。副词是语法层面的类别,话语标记是语用层面的类别,虽然两者都有连贯语篇的功能,但副词的语篇连贯功能是以其自身语义为基础的,而话语标记连贯语篇的功能是以交际语境为基础的,两者在意义和功能方面有着质的区别。

以"确实"为例,副词"确实"演变为话语标记"确实"后,在分布位置、句法功能、语义基础、语用功能和语篇连贯方式方面都发生了改变。副词"确实"和话语标记"确实"的差别见下表1：

表1　副词"确实"和话语标记"确实"比较

	分布位置	句法功能	语义基础	语用功能	连贯方式
确实F	句中、句首句首前位	状语高层谓语	概念意义情态意义	主观情态连贯语篇	前照应 & 后照应隐性衔接 & 显性衔接
确实DM	句首前位	不充当任何句法成分	程序意义	语篇展开策略言者交际策略	引导提示元语立场 & 修辞策略

　　其次，副词可以直接演变为话语标记，而不用经历其他环节。认为"副词要先演变为连词，然后再演变为话语标记"的观点值得商榷。⑧因为副词向连词的虚化是副词不断吸收语境中的逻辑事理义并最终固化的结果，这一过程中其自身语义越来越客观；而副词向话语标记的虚化是在具体语境中副词自身概念意义退隐，程序性意义凸显，并最终能体现言者对话语连接的修辞策略和元语立场，是一种意义不断主观化的过程。国外学者Heine&Kuteva(2002)和Traugott&Dasher(2002)分别对副词的这两条演变路径进行了跨语言证明。见下图2：

副词语义演变路径一：句内谓语副词（Verbal Adverbial）＞句子副词（Sentential Adverb）＞话语标记（Discourse Marker）（Traugott&Dasher 2002）副词语义演变路径二：限定副词（Restrictive Adverb）＞转折连词（Adversative Conjunction）（Heine&Kuteva2002）

图2　国外关于副词两条语义演变路径的研究成果图

　　上图2清晰地展示了副词的演化路径：一条是向连词演化，一条是向话语标记演化。我们认为副词既可能虚化为连词，也可能虚化为话语标记。副词最终选择哪条虚化路径，虚化为连词还是话语标记除了受自身语义影响外,其惯常语境也是重要原因。正如 Traugott(2003)所强调的"源结构式的句法结构关系以及针对这种句法结构关系所作的特定推理是促使一个词汇项发生语法化的最主要的因素……不同的源语境可以产生不同的语法化实例。"(Traugott2003:645,转引自吴福祥 2005:21)

4. 余论

本文在语篇背景下,分析了副词"确实"和话语标记"确实"的区别与联系,界定了两者的区别特征,详细考察了两者在语篇功能及表达功用方面的差异,并进一步分析了两者的演化关系及演化过程。至少得出如下两点认识:

(1)副词和话语标记是演化源和演化结果的关系,而不是互相作用的关系。副词可以直接演变为话语标记,但两者在语义基础、句法功能和表达功用等方面都存在区别。当然,两者是演化的关系,所以在演化过程中可能存在中间状态。

(2)一般评注性副词都具有情态功能和衔接功能,这是其意义主观化的结果,情态功能的凸显会引发语用强化,而衔接功能的凸显会使其进一步演变为话语标记。

附注

① 据陆俭明(1982:27)现代汉语中副词独用是指副词单说(单独成句)和单独作谓语。本文中独用主要指"确实"单说,包括单独成小句。

② 本文将语篇界定为一次交际过程产生的能表达完整意义的语言体,它是动态交际过程的产品,涉及言者、(潜在的)听者和交际内容,包括篇章(Text)和话语(Discourse)。

③ 关于"情态副词兼表程度"和"程度副词兼表情态",请参见张谊生(2010:127—132)。

④ Cinque(1999)在跨语言调查的基础上,提出了几乎囊括英语所有种类的

副词的演变层级假设,Traugott&Dasher(2002:187)在其基础上,提出了概括的英语副词演变层级,……话语标记＞言语行为副词＞评注性副词＞传信性副词＞认识情态副词……

⑤ 关于"句首前位"可参见方清明(2013)。

⑥ 尽管话语标记研究已逾 30 余年,但学界对其名称和界定还存有分歧,本文将话语标记界定为意义上具有程序性,句法上具有独立性,功能上具有元语性。这里程序性意义的界定比非真值条件意义的界定更加具有区别性特征:因其意义是程序性的,所以不具有概念表征,因而不能参与句法组构。

⑦ 本文的"行域"、"知域"分别对应 Sweetser(1990:61)的 content domain、epistemic modality domain。

⑧ 有学者,如李思旭(2012:332)认为在话语标记的产生过程中,从副词向连词的虚化是其中重要的一环,即其演变路径为"副词＞连词＞话语标记"。

参考文献

方清明 2013 论汉语叙实性语用标记"实际上"—兼与"事实上、其实"比较,《语言教学与研究》第 4 期:91—99。

李思旭 2012 从词汇化、语法化看话语标记的形成,《世界汉语教学》第 3 期:322—337。

陆俭明 1993 汉语口语里的易位现象,《陆俭明自选集》,45—72 页,河南教育出版社。

罗耀华、朱新军 2007 副词性非主谓句的成句规约——语气副词"确实"的个案考察,《云南师范大学学报》(哲学社会科学版)第 3 期,121—124 页。

吕叔湘 1999 《现代汉语八百词》,商务印书馆

齐沪扬 2011 《现代汉语语气成分用法词典》,商务印书馆

魏红 2007 "的确/确实"的主观性与语法化——兼论"的确""确实"的差异,《云南师范大学学报》(对外研究与教学版)第 3 期,46—51 页。

吴福祥 2005 汉语语法化研究的当前课题,《语言科学》第 2 期,20—32

张斌 2005 《现代汉语虚词词典》,商务印书馆

张谊生 2000 现代汉语副词研究,学林出版社。

Blakemore, D 2002 *Relevance and Linguistic Meaning*. Cambridge: Cambridge University Press.

Cinque, G. 1999 *Adverbs and Functional Heads: a Cross-linguistic Perspective*. Oxford: Oxford University Press.

Leech，G，N. 1983 *Principles of Pragmatics*. London/ New York：Lingman.

Schiffrin，D. 1987 *Discourse Markers*. Cambridge：Cambridge University Press.

Sweetser，E. 1990. *From Etymology to Pragmatics ── Metaphorical and cultural aspects of semantic structure*. Cambridge：Cambridge University Press.

Traugott，E. C. & R. Dasher. 2002 *Regularity in Semantic Change*. Cambridge：C . U. P.

Traugott，E. C. 2010 （Inter）subjectivity and （Inter）subjectification：A reassessment. In K，Davidse，et al. （eds），*Subjectification，Intersubjectification and Grammaticalization*，

29—74. Berlin：Mouton de Gruyter.

Heine，B. & Kuteva，T. 2002 *World lexicon of grammaticalization*. Cambridge：Cambridge University Press.

汉语的焦点标记词[*]

祁 峰(华东师范大学对外汉语学院)

1. 引言

焦点(focus)是音系学、句法学、语义学、语用学等语言学各个学科共同感兴趣的问题,也是形式语言学、功能语言学各个学派共同感兴趣的问题。但是焦点是指什么,语言学界却有不同的看法。我们认为,说话者用超音段的、局部性的韵律语法手段,对话语中某些片断进行凸显操作,实现为不可简省的凸显和刻意重音的凸显,这些被凸显操作的话语片断就是焦点;在说话者的焦点选择中,既需要照顾话语整体及其部件凸显自身重要性的要求,又需要根据自己的交际目的来处理这些要求;焦点的选择,最终决定了话语的建构。

至于焦点的表现形式,Kiss(1995)、徐烈炯(2001)、Van Valin & Lapolla(2002)等都有论述。Kiss(1995)汇集了多篇讨论不同语言中话题和焦点表现形式的论文,把通过语法层次结构来体现

* 2013 年国家社会科学基金青年项目"类型学视野的疑问和焦点互动关系研究"(项目批准号:13CYY062)和第 54 批中国博士后科学基金一等资助(资助编号:2013M540190)成果。感谢戴耀晶、张伯江、彭利贞、陈振宇等先生对本文提出的宝贵意见。

话题和焦点这两个话语概念的语言称为话语概念结构化语言
(discourse configurational language);把通过语法层次结构来体
现话题的语言称为 A 型话语概念结构化语言;把通过语法层次结
构来体现焦点的语言称为 B 型话语概念结构化语言。徐烈炯
(2001)归纳了汉语焦点的四种表现形式:零形手段、重音、语序和
焦点标记。Van Valin & Lapolla(2002)在谈到焦点形态句法编
码时,指出所有的语言都不同程度地使用语调(intonation)来标记
不同的焦点结构构造(focus structure construction),而在其他的
句法形态手段上则会有所不同。

　　所以说,焦点具有不同的表现形式,主要采用语音手段、词汇
手段和句法手段,据 Gundel(1999:293—305)说,以语音手段使用
最为普遍。但是,不同的语言会采用不同的表现手段来表达不同
种类的焦点。例如,英语是一种主要用语调来体现焦点的语言,
其词序比较固定,焦点可以落在句中的任一成分上,通过重读来
体现,而词序不发生改变;匈牙利语则通过移位,把对比性的焦点
成分移入动词之前的特定的焦点位置;对汉语而言,在句法允许
的条件下,把信息焦点放在句末。因为句末是个线性分析概念,
Cinque(1993)用层次结构来分析,指出常规的焦点位置是递归方
向内嵌最深的位置(most deeply embedded position on the
recursive side of branching)。日语则用形态标记来表示焦点,如
用 ga 标记句焦点(ga 轻读)和窄焦点(ga 重读)。

　　焦点的表现形式,即使同样是语音手段、词汇手段,或句法手
段,还有使用程度上的差异。例如,英语可以用分裂结构(cleft
construction)来表现焦点;而法语、意大利语限制焦点在动词前出
现,如果动词前的 NP 是焦点,或者整个句子是焦点;法语一般用
分裂结构来表示;意大利语也可以用分裂结构表示,但是用倒装
结构更为自然。分裂结构和倒装结构的使用都属于句法手段
(syntactic means)。汉语也有类似分裂句的结构,最典型的是

"是……的"构成的准分裂句。英汉分裂句的最大区别在于,跟普通单句相比,焦点是否需要移位。汉语的分裂句跟中性句相比是无须移位的,如"是我先结婚的"变成普通陈述句就是"我先结婚",这种现象被称为原位分裂句(cleft sentence in-situ)。当然,原位分裂句所用的机制和手段也并非汉语独有,而是人类语言表示焦点的分裂结构的常用手段。

此外,在使用一种手段表现焦点时,可能还会受到其他表现手段的影响,比如说,有时用韵律手段来标记焦点时会受到句法的制约,例如(转引自杨彩梅 2011):

(1) a. I $[heard\ a\ clock\ tick]_{Foc}$　　(回答 $what\ happened?$)

b. I $[heard]_{Pred}[[a\ CLOCK]_{Arg}\ [tick]_{Pred}]_{Arg}$　　(注:例 1－2 中大写表示重读)

(2) a. I $[forced\ a\ clock\ to\ tick]_{Foc}$　　(回答 $what\ did\ you\ do?$)

b. I $[forced]_{Pred}[a\ CLOCK]_{Arg}[[[to\ TICK]_{Pred}]_S]_{Arg}$

例(1)是单宾结构,而例(2)是双宾结构,例(1)只须重读"clock"就可以了,而例(2)中必须重读"clock"和"tick"才能标记大焦点$[forced\ a\ clock\ to\ tick]_{Foc}$,可见同一类型的焦点会因为句法的不同而呈现不同的句子语调轮廓。

又如,在很多非洲语言中,焦点前置于句首的语序是疑问句和陈述句共同遵守的句法规则,在移位的同时,焦点还常要带专用的焦点标记。如加纳的 Akan 语:

(3) 问:$Hena$　　na　　Ama　　$rehwehwɛ$?

　　　　谁　　(焦点)　　人名　　在找

　　答:$Kofi$　　na　　Ama　　$rehwehwɛ$.

　　　　人名　　(焦点)　　人名　　在找

例(3)中,问句的疑问代词 Hena 和答句中针对疑问代词的信息焦点 Kofi 都位于句首,而且带一样的焦点标记 na。但是,像英语等印欧语也常要求特指疑问句的疑问代词置于句首,这是一种疑问焦点前置于句首的规则,但是这种句法化的焦点位置只适合特指疑问句而不针对于陈述句,而且也不需要像加纳的 Akan 语那样带专用的焦点标记。

就汉语而言,表现焦点的语音手段主要有重音,词汇手段主要有焦点标记词,句法手段主要有语序、句法格式等(如把字句、倒装句、周遍句、准分裂句、平行结构等)。

2. 焦点标记词

焦点标记词(focus marker)是表达焦点的一种词汇手段,一般是指加在句中某一成分上用来标记其信息地位的虚词。当然,这实际上只是提出焦点要求,能否实现还需要看说话者的焦点操作策略及语境上下文的要求。我们这里所说的焦点操作策略是针对说话者的,分为顺向策略和逆向策略两种。所谓"顺向策略",是指说话者会选择多个可能焦点成分之间竞争胜利的那一个,满足其焦点要求,让该可能焦点成分充当句子的焦点。而"逆向策略"是指说话者根据自己的交际目的,不选择多个可能焦点成分竞争中的胜利者,而是选择失败者或选择没有提出焦点要求的某个成分,让其成为句子的焦点。不过,这些词汇毕竟是提出了相当强烈的要求,不容轻视。在某些语言中,它们中有一些甚至已经完全与焦点重音捆绑在一起,不容分离。

据刘丹青(2008:225)介绍,非洲不少语言有专门表示焦点的助词,索马里语就以焦点标记发达著称。这种语言要求每个主句都要出现焦点标记,但是每句也只能出现一次。特指问句中的疑问代词作为信息焦点也必须加焦点标记。名词焦点标记都是后置性助词,加在焦点之后。例如:

(4) *Amida baa*   *wargeyskee keentay.*

人名（焦点）　　报纸　　买

（5）*Amida wargeykee bay*（＝*baa ay*）*keentay*.

人名　报纸　　（焦点）她　　买

例（4）中焦点标记 baa 用于主语 Amida 后，标示主语是焦点。例（5）中同一个 baa（与复指主语的代词 ay 合音为 bay）用在表示报纸的宾语 wargeykee 后，标示宾语是焦点。此外，索马里语还有标示动词焦点的 waa，加在焦点之前，属于前置性助词，例如：

（6）*Cali moos　waa-uu　cunay*.

人名 香蕉（焦点）他　吃

所以在索马里语中，焦点标记词的作用很大，被列为其九大词类之一。

我们认为，语法学中所谓的"标记"（marker），其实是一些属于不同标记强度的概念。陈振宇、安明明（2013）在讨论反问标记时，把标记分为以下几种：

最强的标记只表示一种清晰的语法意义（专一性），而且表示该种语法意义一定要用它（强制性）；

次强的标记，意义有一点模糊，但多种功能中有一种功能是最突出的（中心性），表示该种语法意义不一定要用它，不过却常常要用到它（常用性）；

稍弱的标记，多种功能中并不只有一种主要功能，可能有多个主要功能（选择性），表示该种语法意义不一定用它，不一定常常用它，但用它时往往能很容易地得出该种语法意义（倾向性）；

最弱的标记，表示该种语法意义不是其主要功能，只是一个附带的功能（伴随性），表示该种语法意义不用它，但它的存在对该种语法意义有加强功能（辅助性）。

他们认为，汉语缺乏最强势的那种语言标记，只有一些次强的标记。例如，对汉语时间系统而言，并无英语的-ed、-ing 那样的强势标记；时间助词"了$_1$、着、过$_2$"等，虽然其核心功能是表时间，但它们也有情态功能，只不过时间功能最为突出罢了。另外，在表时间意义时它们也并不是不可缺少的；汉语大量存在着弱的标记，如任何一个表变化的句末语气词（如"了$_2$、矣、哉"等），都使事件的边界——开始与终结得以突现，从而较容易得到完成意义，而表确定语气的句末语气词（如"的、来着"），也同时表示事件的已然性。

我们认为，这一结论也适用于汉语的焦点标记。从本质上讲，焦点标记都是焦点强迫形式，只不过在索马里语中已经成为了最强的标记，即它只表示一种焦点成分的位置（专一性），而且句子的焦点一定要用它（强制性）；而在汉语中，只有稍弱的焦点标记，即它有多种功能，焦点标记功能并不是它的主要功能，它有自己的语义内容，表示焦点成分的位置也不一定要用它，但它确实经常以焦点成分作为它所约束的成分，二者经常共现，所以句中一旦出现这一标记，往往能很容易地找到焦点成分的位置，虽然并不总是成功（倾向性）。

本文主要想讨论汉语中的焦点标记词，综合以往的研究文献，各家的看法是不同的。下面我们试做一些分析，具体想讨论以下几个问题：（一）汉语中哪些词类成分可以作焦点标记词？（二）焦点标记词的性质是什么？也就是说，焦点标记跟焦点算子如何来区分？（三）对焦点标记词的研究在汉语作为第二语言教学中有什么作用？

3. 汉语的焦点标记词

3.1 "是"

学界一般认为，由系词语法化而来的"是"是现代汉语中最接近焦点标记的词，"是"经常直接用在被强调的成分前，并随焦点的变动而在句子中浮动（floating）。"是"也常常和"的"配合使用构成突出焦点的专用句式,作为焦点标记词,"是"是前加性的。

范开泰(1985)认为,汉语里可以用"是"来表示强调,表示强调的"是"有两种读法:一种是轻读,一种是重读。两种"是"有着不同的表达功能,例如:

(7) 小王昨天在学校里是买到了一本新词典。

(8) 小王昨天在学校里是买到了一本新词典。

例(7)中是轻读的"是",从心理结构的角度分析,它的位置总是在新信息前,可以看作新信息的一种辅助标记。而例(8)中是重读的"是",它表明整个句子"小王昨天在学校里买到了一本新词典"是前面话语中已经提供了的已知信息,这里用重读"是"再强调地"确认"一下,这个"确认"口气才是所要表达的新信息,但是这个重读的"是"本身是不是句子的焦点,有不同的看法。

徐杰、李英哲(1993)认为不存在单纯的焦点标记词,它必然属于一定的词类。标记词除了强调焦点外,没有另外的意思。"是"不是一个单纯的焦点标记,而是以动词的身份充当焦点标记,遵循动词的语法规则。跟"连"、"才"、"就"相连的语法单位很容易成为其所在句子的焦点成分,但是它们也有自己独立的意义,所以不把它们看作焦点标记,但是它们都有附带地强调焦点的作用。

方梅(1995)提出了确认标记词的三条原则:一是作为标记成分,它自身不负载实在的意义,因此不可能带对比重音;二是标记词的作用在于标示其后成分的焦点身份,所以焦点标记后的成分总是在语音上凸显的成分;三是标记词不是句子线性结构中的基本要素,因此它被省略掉以后句子依然可以成立。据此她认为焦点标记词只有两个:一个是轻读的"是",一个是"连"。这两个标记词都可以标示对比焦点,其中用"是"标示的成分有施事、时间、处所、工具,但一般不能是动词后的受事成分,例如(句子前加""表示该句子不成立,下同):

（9）＊我们明天在录音棚用新设备给片子录是主题歌。

用"是"标示的受事成分仅限于被动句，例如：

（10）是小王叫蛇咬了。

但是，方文中所提到的三条原则，对"是"而言，似乎只有第三条成立。当然，如果单独地或抽象地说下面的句子是不合法的（用加粗加外框表示韵律上的特别重音，下同）：

（11）＊ 是 小王去了美国。

（12）＊ 上次 是小王去了美国。

这样的焦点操作要成立，必须放在合适的语境中，例如：

（13）甲：谁去了美国？

　　　乙：小王去了美国。

　　　甲：是小王去了美国？不可能吧！

　　　乙： 是 小王去了美国！

甲的反复询问实际上不相信小王去了美国，这时乙为了反驳，才把"是"特别突显使之成为句子焦点，意为"'是'而不是'不是'"。在这里"是"除了是判断动词，还带上了强调语气，具有语气作用。我们不能因此说"是"要分出两个义项如判断动词和语气副词，实际上，它们都是一个"是"，都是判断动词，语气功能是来自焦点的非常规配置，以及上下文对话语境的关联作用。再如：

（14）甲：听说上次是小王去了美国？

　　　乙：是。

　　　甲： 上次 是小王去了美国，这次该我了吧。

甲在这里强调"上次"，是为了对比下文的"这次"，如果没有下文，这里以"上次"为焦点是不可理解的。

上面两个例句都是焦点重音不在"是"后成分上的例子，方文可能没有注意到说话者焦点操作策略的概念，尤其是逆向策略。

下面我们主要来看看"是"本身的重读问题。

这里涉及了两种不同语音形式的"是"：一种是不重读的，一种是重读的。例如：

(15) 甲：都开学了，他怎么还在家住着？

　　　乙：他是没考上。

　　　甲：可是我记得他考上了。

　　　乙：他 是 没考上。

过去的研究中，对这两个"是"的区分一般只说重读的"是"有"的确、实在"的意思，或指出重读"是"的使用条件，即在背景中原命题的正确性已处在判断之中时，把重读"是"放在变项之前。轻读"是"后的变项可以有多种选择，重读"是"后面变项的选择只有"是"和"非"两种。但是，在标示焦点的问题上对这两个"是"一般不加区分。方梅(1995)根据焦点标记词的确认原则，认为只有不重读的"是"是焦点标记，而重读的"是"是表示确认意义的副词。原因有两点：一是标记词的作用在于标示其后成分的焦点身份，所以它后面的成分总是在语音上凸显的成分。而重读"是"后的成分却比"是"读得轻，所以这个重读的"是"不是焦点标记。二是重读的"是"有比较实在的意义，意思是"的确、实在"，在句子中不能省略。

石毓智(2005)从数量语义特征区分了焦点标记"是"和强调标记"是"。他指出，焦点化一个成分具有三种条件限制：一是"是"只能焦点化紧邻其后的成分；二是被焦点化的成分必须具有离散性质；三是跟焦点化成分有关的变项必须是大于或者等于2。所以谓语动词之前的成分，凡具有离散量特征的，诸如施事、时间、地点、工具等短语，都可以在其前面直接加上"是"而使其焦点化。焦点标记"是"在很大程度退化掉了动词的特征，不是句子的主要成分，去掉之后句子仍然成立。而当"是"出现在连续量的成分之前时，则起强调的作用。该连续量成分通常是句子的谓语，被强调的是其后的整个谓语,而该谓语既可以是一个词,又可以是一个复杂的结构。根据所搭配词语的不同,被强调的方面也有变化:其后为动词短语时,一般强调事实发生的真实性;其后为形容词短语时,则强调性质的程度之高。例如:

(16) 她昨天 $\boxed{是}$ 没来。

(17) 她 $\boxed{是}$ 聪明。

例(16)中的"是"是强调"没来"这件事的确发生了,例(17)中的"是"是强调"聪明"的程度很高。

刘丹青(2008:221)也分析了两个"是":轻读的"是"和重读的"是"。他举到的例子是(用加粗加下划线表示韵律上的不可简省,下同):

(18) A:小王不相信摩托车爆胎了。/这种天摩托车怎么会爆胎呢?

　　B: $\boxed{是}$摩托车爆胎了。/摩托车 $\boxed{是}$ 爆胎了。

(19) A:汽车坏了。/摩托车没油了吧?

　　B:不,是**摩托车**坏了。/摩托车是**坏**了。

例(18)中的"是"是重读的"是",例(19)中的"是"是轻读的"是",即一般认为的典型焦点标记词。例(18)B的答语所要强调的命题是"摩托车爆胎了",这一命题已完整出现在A的话语中,不算新信息,但是A的话语显示这一命题是被否定或质疑的对象,所以B需要用有针对性的全句强调方式来确认这一命题,即采用在句首或谓语核心上加上重读的强调标记"是"这一方法,英语相应的强调法是在谓语动词前加助动词"do",如"The motorcycle did break down"。需要注意的是,例(18)中的"是"必须重读,而被"是"所强调的整个命题都不重读。这是这类焦点句的区别性特征。而例(19)中的"是"不重读,"是"后的主语成分"摩托车"、谓语成分"坏"重读,就成为其他类型的焦点,即一般所说的对比焦点。这个"是"也可以删除,只要保留相关的重读成分即可。

　　综合以上各家关于"是"作为焦点标记词的分析,主要的问题在于如何来处理两个"是":轻读的"是"和重读的"是"。对于轻读的"是",各家看法比较一致,认为轻读的"是"是焦点标记词,即"是"后的成分是句子的焦点,一般可重读。对于重读的"是",各家看法不尽相同,范开泰(1985)的看法是:重读的"是"表示一种"确认"的口气,这个"确认"口气是句子所要表达的新信息。从焦点类型来看,属于口气性焦点,但"是"本身不是句子的焦点;方梅(1995)的看法是:根据其焦点标记词的确认原则,认为重读的"是"是表示确认意义的副词,意思是"的确、实在",所以不是焦点标记;石毓智(2005)没有专门区分轻读的"是"和重读的"是",即他没有从语音角度区分,而是从数量语义特征角度区分焦点标记"是"和强调标记"是"。但是从他的分析来看,他提到的强调标记"是"就是一般理解的重读的"是";刘丹青(2008)的看法是:重读的"是"是一种有针对性的全句强调方式,表示确认意义。

　　但是,上述各家都忽略了一种介于其间的现象,即重读的"是"在语义上指向后面的成分,而不是全句。例如:

　　(20) 甲:怎么了?

　　　　　乙:链条坏了。

　　　　　甲:(不相信链条出了毛病)是链条坏了吗? 不是吧,是不是齿轮卡住了?!

　　　　　乙: 是 链条坏了! 不是齿轮。

　　在这里,重读的"是"强调的是后面的"链条",而不一定是"链条坏了"这一整体,因为"是"将链条与齿轮相对比。

　　与之相反,轻读的"是"也有指向全句的情况。例如:

　　(21) 甲:怎么了?

　　　　　乙:是链条坏了。

这里轻读的"是"用于对"链条坏了"整个情况的判明。

上述例子实际上说明重读的"是"不过是轻读的"是"的一种特殊情况,即在特殊的语境下,焦点意义从"是"确认的成分转向了"确认"本身,而这是说话者采用逆向策略的结果。把它们人为地分为两个"是",既无必要,又容易掩盖了语境对重读的"是"的允准性。

可见,"是"是汉语中典型的焦点标记词,主要标示对比焦点。对"是"的轻读或重读,实际上是说话者根据自身的交际目的而采用了不同的焦点操作策略。

3.2 "连"

下面我们再来看"连"。方梅(1995)根据其焦点标记词的确认原则,认为焦点标记词只有两个:一个是轻读的"是",一个是"连",这两个标记词都可以标示对比焦点。其中"连"用于标示极性对比话题。"连"字句中"连"后的成分都有强制性对比重音,"连"自身不带对比重音,多数"连"字句中的"连"都可以省去。但是,"连"字标示焦点跟"是"字标示焦点是不同的,"是"字一般不标示话题成分,作为对比项,所标示的成分也不是最极端的一个。

曹逢甫(1990:249—279)也认为,"连"字成分总是表示话题……它伴有或隐或显的对比,因而带来重读。例如:

(22)连星期天他都去上班。

例(22)中的"星期天"暗含着与一周中其他几天的对比,但是曹先生认为"星期天"不是焦点,其理由很可能源自一个一般的观点,即焦点传递新信息,与传递已知信息的话题正好相反。因此,焦点出现在话题的位置就显得自相矛盾。

刘丹青、徐烈炯(1998)认为"连"是个前附性的话题标记,它所带的成分就是他们所说的话题焦点,有明显的对比性,但这不妨碍它所在句子的后面部分表达句子的重要信息,如:

(23)连老王都忍受不下去了。

上例中的"老王"充当话题焦点,而"忍受不下去"是句子的信息重心。他们进一步指出,无论提供什么样的语境,"连"字焦点句都不能省略对"连"所带成分进行陈述的部分,因为那是句子的语义重心所在,而"连"前的成分则可以省略。例如:

（24）a. 我连鸵鸟肉都吃过。

　　　b. 连鸵鸟肉都吃过。

　　　c. *我连鸵鸟肉。

　　　d. *连鸵鸟肉。

王灿龙（2004:87）在分析"连"字的语法性质时指出,"连"字的出现不是句法和语义的需要,它实际上已经成为一个语用性成分。其功能旨在提升话题成分为焦点成分,从而将该话题凸显为与话题相关的事物组成的集合中的极端个体,以强调句子所表达的事物的现实性或事理的真实性。因此,从这个意义上说,即使把"连"字归为介词,那么也应该看作一个较为特殊的介词,或者不妨直接将它处理为一个焦点敏感算子。

屈承熹（2006:162）从信息处理（information management）的角度来看焦点,认为焦点是利用特殊标记,让受话者容易确认为话语中信息值最高的那部分（集中的）信息。至于是新信息还是已知信息,则与焦点无关。像上面举到的这些"连"字句,其中的焦点同时也是话题,因为它们具有高信息性,因此通常要重读。

综合以上各家关于"连"作为焦点标记词的分析,主要的问题在于"连"所标示的极性对比话题能否视为焦点成分,这实际上涉及到了对焦点和话题两个概念之间关系的不同看法:一是焦点和话题相对说;二是焦点和话题兼容说。

我们认为,把"连"看成焦点标记是没有问题的,但有以下几点必须澄清:

第一,"连"是什么样的标记? 显然不是最强的标记。"连"后成分常常需要焦点重音,但并非绝对,在极特殊的情况下,也有成

功的逆向策略操作例子,如下例中乙以强调来表惊讶:

(25)甲:这事连他也不知道。

　　乙: 这事 连他也不知道?

但是应该看到这种特例很少,远少于"是"的情况,而"连"自身重读的例子我们没有找到,所以说"连"的标记强度要远大于"是"。

第二,"连"是否有实在的意义,即它是否增加了原句的命题意义? 我们认为这是焦点标记与焦点算子的基本区别。但是,如果仅凭感觉,不同的人会有不同的看法。这里仅就典型的"连"字句做一分析:

(26)连 张三 都去了!

徐杰、李英哲(1993)、方梅(1995)、刘丹青、徐烈炯(1998)对此都提出了自己的看法。徐杰(2001:146—147)在总结前人观点的基础上,提出"连"字句除含有"不寻常"意义的附带信息、"最不"意义的预设信息、"更加"意义的推断信息外,还蕴涵"居然/竟然"的语气。这种"居然/竟然"语气用在疑问句中常常形成"问而不必答"的反问句。即使提供答句,也不会像在非反问句中那样对其中的疑问焦点提供信息,而是使用整个句子或句子结构的中心成分"谓语"进行肯定、否定、辩解。所有这些都跟"连"和"连"字句无关。例如:

(27)问:你连小刘都不认识?(真是不合常理!)

　　答:a.(纠正、惊奇地)认识啊,怎么不认识?

　　　　b.(纠正、惊奇地)认识啊,当然认识,谁说不认识?

简言之,"连 X 都/也 Y"与原句"XY"的区别是,"连"字句引出一个级差{X,X1,X2,……},X 是这一级差的最高项,即 X 是最不容易发生 Y 的,所以 X1、X2 等也应该发生 Y。如例(26),张三是最不应该去的,他去了,也就意味其他人也应该去。

请注意,在"连"字句中,X 发生 Y 得到了肯定,但并不意味着 X1、X2 等一定发生 Y,而仅仅是"应该",这个"应该"可以是表认识情态,即其他人也应该已经去了;也可以是表道义情态,即其他人也应该去,但现在也许还没去,所以我们可以把"连"字句的意义码化为:

(28) XY　　　　　　 并且　　　　　 X1、X2、……等也应该 Y

从这一点看,"连"字句是比原句意义有所增加,不能说毫无实意。但是,这并不意味"连"是焦点算子。

我们认为,区别焦点标记与焦点算子的根本之处在于是否影响真值,焦点标记可能为原句增加意义,但不会影响真值。检验的方法是"否定测试":

【否定测试】:有非独立的焦点强迫形式 F 加在原句 S⁰ 上,构成句子 S。

若对 S 否定,一定有对 S⁰ 的否定,则 F 为焦点标记。

若对 S 否定,不一定有对 S⁰ 的否定(可以是对 S⁰ 的肯定,也可以是 S⁰ 的真值不定),则 F 为焦点算子。

如下所示,我们把典型的焦点标记"是"与"连"做一对比:

(29) 甲:是张三去了!

乙:不,不是张三去了!　　*不,是张三去了!

是,是张三去了!　　　*是,不是张三去了!

(30) 甲:连 张三 都去了!

乙:不,张三没去。　　*不,他是去了。

是,他是去了。不过他去他的,关我们什么事!　*是,张三没去。

可以看到,当对"是"字句和"连"字句进行否定时,原句都被否定了,因此可以得出结论,"是"字句和"连"字句都不会影响原句的真值。

在"连"字句中,很有意思的是,如果要否认"X1、X2、……等

也应该 Y"这一意义,得先承认 XY 为真,再用个转折关系来加以
否认。这也是因为"X1、X2、……等也应该 Y"仅仅是在 XY 基础
上语用引申的结果。我们认为,"连"字格式就是表示言外之义的
焦点标记。

3.3　副词

副词在语义上多表现出强调义,一些学者认为它们有标记焦
点的作用。张斌(1998:85)指出副词"就"是焦点标记词,用在焦
点之后标记焦点,如:"你找校长吗? 他就是校长。"范开泰、张亚
军(2000:198)认为,副词"就、难道"等也有标记焦点的作用,
例如:

(31) 你们去吧,我就不去了。

(32) 你叫我去,我就不去。

(33) 难道你还不了解他?

他们认为,例句(31)中的"就"轻读,它所标志的焦点在它的
前面,是后置性的焦点标记。例句(32)中的"就"重读,含强烈的
转折义,相当于"偏偏",是前置性的焦点标记,表明它后面的成分
是焦点。例句(33)中的"难道"也是前置性的焦点标记,表明它后
面的成分是焦点。陈昌来(2000:34—35)认为,范围副词"只、仅、
仅仅、就、光、单"往往把它后面的词语视为焦点,"才"可以把它前
面或后面的词语视为焦点,"尤其、特别、尤其是、特别是"也可以
用来提示它后面的词语是焦点。副词"也、还、甚至、连"往往可以
凸显焦点,否定副词"不、没有、没"也可以帮助凸显焦点。相应的
例句有:

(34) 他们队只来了一个人。

(35) 他星期一才交了论文。

(36) 小王才18岁。

(37) 他喜欢语言学,尤其对语法学情有独钟。

(38) 他会唱歌,也会作曲。

（39）他没有在<u>办公室</u>聊天。

他还认为，副词作标记词，只能出现在谓语之前作状语，这样当标记词之后有多个可能成为焦点的词语时，孤立地看就可能有歧义，如"我最近只发表了一篇语法论文"一句，"只"后面有"发表、一篇、语法、论文"四个可能成为焦点的部分，从下面的对比中可以看出：

（40）a. 我最近只<u>发表</u>了一篇语法论文，没有再写。

      b. 我最近只发表了<u>一</u>篇语法论文，却写了好几篇。

      c. 我最近只发表了一篇<u>语法</u>论文，没有发表修辞论文。

      d. 我最近只发表了一篇语法<u>论文</u>，没有出版语法著作。

而表示范围的副词如果用在句首主语或其他名词性词语前，就没有歧义了，例如：

（41）只<u>小王</u>一个人来了。

（42）仅<u>论文</u>就发表了50篇。

上面各位学者所提到的各种副词，从副词的语义指向关系来看，该副词跟其前面或后面的句法成分构成语义关系，该副词本身也具有一定的意义，一般在句中不能省略。但是，它们是焦点标记还是焦点算子，却需要检验才可知道。

运用否定测试，可证明"只"是焦点算子，现在看看与之相似的"就"、"仅"：

（43）原句：张三发表了50篇。

      甲：张三就（只）发表了<u>50</u>篇。

      乙：不，张三不只发表了50篇。

（44）原句：张三发表了50篇。

      甲：张三仅发表了<u>50</u>篇。

      乙：不，张三不只发表了50篇。

由此可知，"就"、"仅"也是焦点算子。再看"才"，下面第一个"才$_1$"表"刚刚"，第二个"才$_2$"表示时间晚：

（45）原句：张三发表了50篇。

　　　甲：张三才(刚刚)发表了<u>50</u>篇。

　　　乙：不，张三没发表50篇。

（46）原句：张三到今年发表了50篇。

　　　甲：张三到<u>今年</u>才(晚)发表了50篇。

　　　乙：不，张三早就发表了50篇。("到今年发表了50篇"也为真)

所以说"才₁"是焦点标记，"才₂"是焦点算子。再来看"就"，下面第一个"就₁"表强调语气，第二个"就₂"表示时间早：

（47）原句：张三论文发表了50篇。

　　　甲：张三<u>论文</u>就发表了50篇。

　　　乙：不，张三论文加散文才有50篇。

（48）原句：张三到今年已经发表了50篇。

　　　甲：张三到<u>今年</u>就(早)已经发表了50篇。

　　　乙：不，张三到今年还没有发表50篇。

可以看到，与"才"不同，"就₁"、"就₂"却都是焦点标记，因为对它们的否定都意味着对原句真值的否定。再看各种语气副词：

（49）原句：张三对语言学感兴趣。

　　　甲：张三尤其(是)对<u>语言学</u>感兴趣。

　　　乙：不，张三对语言学不感兴趣。

（50）原句：张三对语言学感兴趣。

　　　甲：张三就对<u>语言学</u>感兴趣。

　　　乙：不，张三对语言学不感兴趣。

（51）原句：张三对语言学感兴趣。

　　　甲：张三甚至对<u>语言学</u>感兴趣。

　　　乙：不，张三对语言学不感兴趣。

（52）原句：张三对语言学感兴趣。

　　　甲：张三也对<u>语言学</u>感兴趣。

乙：不,张三对语言学不感兴趣。

可以看到,表示强调的语气副词都是焦点标记,因为对它们的否定都意味着对原句真值的否定。这也印证了语气符号不影响句子真值,只是表示更多的主观意味的观点。

再来看否定副词:

(53) 原句:张三去了北京。

　　　甲:张三没去北京。

　　　乙:不,张三去了北京。

可以看到,对否定副词的否定意味着对原句真值的肯定,这证明否定副词是焦点算子。

最后来看功能性虚词,限于篇幅,这里仅举一个时间副词"在"。它一般不带重音,但有焦点强迫功能,即要求后面VP中的某一成分来充当句子焦点,例如:

(54) a. 你在看这本书吗?

　　　b. 这本书你在看吗?

用否定测试,证明"在"是焦点标记,而不是焦点算子,因为对它的否定也是对原句的否定:

(55) 原句:张三看这本书。

　　　甲:张三在看这本书。

　　　乙:不,张三没看这本书。

"在"在特殊情况下,自身可以成为焦点,例如:

(56) 甲:你看过这本书了吗?

　　　乙:我在看啦。

　　　甲:你看过吗?

　　　乙:我 在 看啦!

3.4　提顿词

刘丹青、徐烈炯(1998)认为,后置的话题标记在汉语中就是所谓句中语气词,称为提顿词,其后常常伴随停顿,实际上停顿也有帮助突出话题焦点的作用。跟北京话的提顿词大多兼有一定的其他语气相比，上海话的提顿词"末"是更加中性更加典型的话题焦点标记。例如：

(57) a. 夜到末，朝北房间会有暖气个。（晚上么，朝北的房间会有暖气的。）

　　　b. 夜到朝北房间末，会有暖气个。（晚上朝北的房间么，会有暖气的。）

　　例(57a)和(57b)的命题义相同，其中的"夜到"、"朝北房间"是由时间地点词语充当的话题。例(57a)"夜到"（晚上）带"末"成为话题焦点，句子以听说者共有知识中的白天为背景，构成话题的对比；例(57b)"朝北房间"带"末"成为话题焦点，句子是跟"朝南房间"或其他朝向的房间构成话题的对比。

　　我们基本同意刘、徐两位先生把突出的语篇话题作为焦点的一种语义功能，如果这么看，把作为语篇话题标记的语气词作为焦点强迫形式也没有什么问题。可用否定测试看它对原句真值的影响，由于否定会带来对原句的否定，所以它是焦点标记：

(58) 原句：张三，喜欢看书。

　　　甲：张三嘛，喜欢看书。

　　　乙：不，张三不喜欢看书。

　　但是，语篇话题作为焦点究竟涉及怎样的认知动因和限制条件，还需要更多的研究。

3.5　其他的焦点标记词

　　除了"是"、"连"这些焦点标记词以外，学者们还提到汉语中的其他焦点标记词"给"、"来"、"数"、"有"，具体如下：

　　温锁林、范群(2006)认为，用于句末谓词性成分前的"给"可以看作是一种凸显自然焦点的定位标记词，也是现代汉语中凸显结果成分的专职焦点标记词，一般出现在口语或口语性强的叙述体文本中。首先，这里的"给"是助词，语义上已经成为一个羡余成分,去掉后不会影响完整的语义;句法上也可以省略而不影响结构的完整。其次,"给"后的成分原本就是自然焦点负载自然重音,"给"出现后,其后的成分并不负载强制性的对比重音,只是在自然重音的基础上又加上了词汇的手段,从而将该成分所代表的信息从语流中凸显出来。例如:

(59) a. 我记性不好,保不住把你托的事忘了呢。

　　　 b. 我记性不好,保不住把你托的事给忘了呢。

(60) a. 前些天,方小姐被他骗了。

　　　 b. 前些天,方小姐被他给骗了。

否定测试也证明"给"是焦点标记,而非焦点算子:

(61) 原句:张三把这事忘了。

　　　 甲:张三把这事给忘了。

　　　 乙:不,张三没忘。

鲁晓琨(2006)提出"来 VP"结构中不表趋向义的"来"是焦点标记词,在信息结构中起标记句子焦点的作用,即标记其前的成分为对比焦点或自然焦点。这一"来"的特点是语义空灵,句法上可以省略。

"来"标记对比焦点一般用于未然句,出现在施事主语或兼语后,用来提议未来行为由某一施事来实现。主语或兼语一般是旧信息,不能成为句子的新信息;而"来"前的主语或兼语是新信息,往往在前后句中有对比项,从而构成对比焦点。例如:

(62) 你去歇一会儿,吃点儿东西,我们来看着吧。

(63) 母亲看着姜永泉,意思是让他来对付。

当"来"出现在由介词短语、动词短语充当的状语之后,有时也出现在由形容词或形容词短语充当的状语之后,标记这一成分为焦点。也就是说,状语比述语更容易成为自然焦点。这种用法在文学作品中出现较少,一般用于书面语体的论说文或新闻报道。例如:

（64）只要您一个电话，其余的事情由我们来办。

（65）焦点领导、民主集中、……是党委内部议事和决策的基本制度，必须认真来执行。

同样，否定测试也证明"来"是焦点标记，而非焦点算子：

（66）原句：这事由他办理。

　　　甲：这事由他来办理。

　　　乙：不，这事不由他办理。

宗守云（2008）认为，不表查点数目意义的动词"数"可以用作焦点标记，标记对比焦点。首先，在句子中"数"在语义上是个羡余成分，句法上也可省略；其次，"数"在来源上与确认义有关，具有认定焦点的穷尽性和排他性特征。例如：

（67）在小羊圈，论年纪，身量和人品，数钱先生跟天佑最相近。

（68）当年村里那些知青，数吕建国有出息。

同样，否定测试也证明"数"是焦点标记，而非焦点算子：

（69）原句：他跟天佑最相近。

　　　甲：数他跟天佑最相近。

　　　乙：不，不是他跟天佑最相近。

我们认为，"数"可以看成"是"类焦点标记。

温锁林（2012）认为，"有＋数量结构"中的动词"有"的用法很特殊：句法作用模糊，语义上空灵虚化，即使省略也不会影响到句法和语义的完整性。根据"有"的这种句法语义特点，认为"有"具有凸显新信息的功能。"有"由于与数量成分共处于自然焦点的位置，在语义上与被突出的数量信息相互影响，不仅强化了数量信息多而大的特点，也使其原有的超乎寻常的领有义得以保留，并最终出现句法和语义功能虚化，成为凸显数量信息的焦点的专职标记成分。例如：

（70）a. 他在教室坐了有两个小时。

　　　　　b. 他的身高有<u>一米八</u>。

同样,否定测试也证明"有"是焦点标记,而非焦点算子:

(71) 原句:他坐了两个小时。

　　　　甲:他坐了有<u>两个小时</u>。

　　　　乙:不,他没坐两个小时。

我们认为,这个"有"也可以看成"是"类焦点标记。

4. 结语

　　以上我们是在前人研究的基础上,对汉语中的焦点标记词做了一些初步的分析,主要是用否定测试的方法来区分两种非独立的焦点强迫形式:焦点标记和焦点算子,从而来确定汉语中焦点标记词的范围。区别焦点标记与焦点算子,主要看在否定之后是否影响真值,焦点标记可能为原句增加意义,但不会影响真值。从焦点标记词的词性来源看,汉语中焦点标记词的范围有动词性焦点标记词"是"、"数"、"有"等,介词性焦点标记词"连",助词性焦点标记词"给",语气词性焦点标记词"嘛"、"末",副词性焦点标记词"才$_1$"(表刚刚)、"就$_1$"(表强调语气)、"就$_2$"(表时间早)、"尤其"、"甚至"等(表强调语气)、"在"(表时间)等。

　　需要指出的是,焦点标记词只是一种焦点强迫形式,即它们要求受自己约束的某一成分成为句子的焦点,但说话者既可以采取顺向策略满足它们的要求,也可以采取逆向策略不满足它们的要求,所以它们并不能最终决定句子的焦点。实际上,只有重音,只有韵律上的突显性分布(包括不可简省和特别重音),才是焦点的表现形式。也就是说,对于"焦点的表现形式"的讨论,我们应该区分焦点强迫形式与焦点操作策略这两个不同的层次。

　　当然,也不能说除了重音之外不可以有一种辅助性的手段来表示焦点。如果某个词语一旦出现,说话者就只能采用顺向策略,不能采用逆向策略,只能满足它对焦点的要求,那么这种手段,实际上已经和重音"捆绑"在一起,共同担任焦点的表现形式了。如日语中的 ga 很可能就具有这样的属性。

汉语中是否存在这样的情况呢? 一些研究者把"是"称为焦点标记,这里的"标记"意味着它一旦出现,就要使其约束的成分成为句子焦点。若真如此,则它也是和重音"捆绑"在一起,共同担任焦点的表现形式。但是,实际的情况并不如此,前面我们已经提到说话者对汉语"是"字句采取逆向策略的例子,这足以证明它是且仅是焦点强迫形式,并未与重音捆绑起来。

有些汉语词汇与重音共现的概率很高,如张黎(1987)提到一些句法成分(如表示结果或程度的补语)和有些副词(如"又、还、也、在")在正常语调下都带重音,以表示焦点所在,不过这些也都有例外,即有时不带重音,它们反而成为了句中的背景。因此初步的观点是,它们也都仅是焦点强迫形式。至于汉语词汇语法中是否存在与重音捆绑的成分,且待将来的研究。

最后说一下焦点标记词的研究在汉语作为第二语言教学中的作用。汉语的焦点结构比较复杂,它所表示的意义往往超过了句子的字面意义,这给汉语作为第二语言教学带来了一定的困难。就理解汉语的句子而言,对焦点标记词的切入教学也许是一条比较好的教学途径。比如汉语中的"是",外国留学生学习汉语时常常会把"是"等同于英语中的系动词"be",这只是"是"的一种理解。例如"玛丽是上个月去北京学习汉语",该例句中出现了"是",如果"是"作系动词理解的话,恐怕不能很好地理解这个句子。"是"在上句中作为一个焦点标记词,强调的是"玛丽去北京学习汉语是在上个月,而不是其他时间"。前面说过,焦点标记词"是"具有浮动性,所以"是玛丽上个月去北京学习汉语"、"玛丽上个月是去北京学习汉语"等这些句子的理解随着"是"的浮动,意思也会变得不同。再如汉语中的"连",连字句的教学是汉语作为第二语言教学中语法教学的一个难点。例如"这个汉字很难写，连老师都不会写"这个句子可以说，但是"这个汉字很难写，连学生都不会写"这个句子却不能说，原因在于"连"是一个表示言外之义的焦点标记词，也就是说，在人们的日常认知里，老师是应该会写那个难写的汉字的，但是老师却不会写，所以前一句可以说；而学生是不应该会写那个难写的汉字的，所以后一句不能说。可见，如果能让学生注意"是"、"连"等焦点标记词在句子中的用法，想必学生对汉语句子的理解能起到事半功倍的作用。

　　上面说的是汉语句子的理解方面，在习得的文献中，一般认为对语言项目的理解要先于生成，也就是说，先理解，再生成。目前我们看到的相关成果主要是针对儿童汉语中焦点算子的实证性研究（详见杨小璐 2002；刘慧娟、潘海华、胡建华 2011），所以说，在汉语作为第二语言教学中，焦点标记词的生成方面还有待于通过实验的方法来进一步研究。

参考文献

陈昌来 2000 《现代汉语句子》，华东师范大学出版社。

陈振宇、安明明 2013 反问的语义和功能——以汉语与马达加斯加语的反问标记为例，《对外汉语研究》（第十期），商务印书馆。

范开泰 1985 语用分析说略，《中国语文》第 6 期。

范开泰、张亚军 2000 《现代汉语语法分析》，华东师范大学出版社。

方梅 1995 汉语对比焦点的句法表现手段，《中国语文》第 4 期。

刘丹青 2008 《语法调查研究手册》，上海教育出版社。

刘丹青、徐烈炯 1998 焦点与背景、话题及汉语"连"字句，《中国语文》第 4 期。

刘慧娟、潘海华、胡建华 2011 汉语添加算子的习得，《当代语言学》第 3 期。

鲁晓琨 2006 焦点标记"来"，《世界汉语教学》第 2 期。

屈承熹 2006 《汉语篇章语法》（潘文国等译），北京语言大学出版社。

石毓智 2005 论判断、焦点、强调与对比之关系——"是"的语法功能和使用条件，《语言研究》第 4 期。

王灿龙 2004 "连"字句的焦点与相关的语用问题,《庆祝《中国语文》创刊50 周年学术论文集》,商务印书馆。

温锁林 2012 "有+数量结构"中"有"的自然焦点凸显功能,《中国语文》第1 期。

温锁林、范群 2006 现代汉语口语中自然焦点标记词"给",《中国语文》第1 期。

徐杰 2001 《普遍语法原则与汉语语法现象》,北京大学出版社。

徐杰、李英哲 1993 焦点与两个非线性语法范畴:"否定""疑问",《中国语文》第 2 期。

徐烈炯 2001 焦点的不同概念及其在汉语中的表现形式,《现代中国语研究》第 3 期。

杨彩梅 2011 《话题与焦点:从跨语言的视角审视语义与语调》介绍,《当代语言学》第 3 期。

杨小璐 2002 儿童汉语中的限制焦点,《当代语言学》第 3 期。

张斌 1998 《汉语语法学》,上海教育出版社。

张黎 1987 句子语义重心分析法刍议,《齐齐哈尔师范学院学报》(哲社版)第 1 期。

宗守云 2008 焦点标记"数"及其语用功能,《语言研究》第 2 期。

Cinque,Guglielmo 1993 A null theory of phrase and compound stress. *Linguistic Inquiry* 24:239—297.

Gundel,Jeanette K. 1999 Different kinds of focus. In *Focus:Linguistic, Cognitive,and Computational Perspectives*. ed. by Peter Bosch and Rob van der Sandt. Cambridge:Cambridge University Press,293—305.

Kiss,Katalan É. 1995 *Discourse Configurational Languages*. Oxford:Oxford University Press.

Tsao,Feng-fu(曹逢甫) 1990 *Sentence and Clause Structure in Chinese:A Functional Perspective*. Taipei:Student Book Co.

Van Valin,R. T. & Lapolla 2002 *Syntax:Structure,Meaning and Function*. Beijing:Peking University Press.

(本文曾发表在 *CHINESE AS A SECOND LANGUAGE RESEARCH*(《汉语作为第二语言研究》)2014 年第三卷第 1 期)

汉语表体副词的扩容
功能和强调功能[*]

邵洪亮(上海外国语大学国际文化交流学院)

0. 前言

　　具有体标记功能的虚词主要包括:1. 谓语前位的表体副词
(也称时间副词^①),如"已经"、"曾经"、"正在"等,它们是通过右向
作用于整个谓语部分来完成对事件状态的标示;2. 谓词末位的表
体助词(也称动态助词)^②,如"了₁"、"过"、"着"等,它们语法化程
度最高,是直接作用于谓词来完成对事件状态的标示;3. 句子末
位兼有体标记功能的语气词"了₂"、"来着"、"来",它们是通过左
向作用于整个句子来完成对事件状态的标示。
　　由于汉语的各种体意义大多还是由谓语前位的表体副词和
谓词末位的表体助词来实现,加上句末位置的语气词"了₂""来
着""来"本来就不是专职的体标记,因此本文主要就谓语前位的
表体副词和谓词末位的表体助词的功能差别展开讨论。论述过
程也会涉及句末兼有体标记功能的语气词。

---

　　* 本文系国家社科基金项目"互动语言学视野下的汉语语气成分的功能与兼容模
式"(16BYY133)的阶段性成果之一。

由于句位不同,同为体标记的表体助词与表体副词的功能有明显差别,主要体现在:表体副词具有句法上的扩容功能和表达上的强调功能。表体副词的扩容功能主要是指它允准蕴含其他体标记,从而组配成一个复合态的功能。表体副词的强调功能则会对句子的语义或语用义产生影响。前人对表体副词的扩容功能和强调功能讨论甚少。本文将就此两种功能展开讨论。

1. 表体副词的扩容功能

我们先看以下一组例子:

(1) a. 他曾经主持少儿节目。(√)

　　b. 他主持过少儿节目。(√)

　　c. 他曾经主持过少儿节目。(√)

例(1)的三个句子都是合格句子,且基本语义相同。这说明,表体副词"曾经"和表体助词"过"具有相同的"经历体"标记功能,它们可以配套使用,也可以单独使用。

我们再看下面一组例子:

(2) a. 他曾经长期主持少儿节目。(√)

　　b. 他长期主持过少儿节目。(×)

　　c. 他曾经长期主持过少儿节目。(＊)

例(2a)是合格的句子,而例(2b)、(2c)是不合格的句子。这是因为表体副词"曾经"和表体助词"过"的辖域不同,前者作用于整个谓语部分,后者仅仅作用于谓语的中心动词。受辖域的影响,表体副词"曾经"具有蕴含另一种体标记,从而组配成一个复合态的功能。

杨国文(2001)曾对汉语复合态在有限受控条件下的递归生成过程进行过系统描述,总结出了若干条规律,其中有一条规律是："完全态"与"非完全态"复合③，首先生成的应是"非完全态"，然后与"完全态"复合。④因此，当经历体（一种"完全态"）与长持续体（一种"非完全态"）复合的时候，也应该是经历［长持续］，如例（2a），而不可能是"长持续［经历］"，如例（2b）。至于例（2c）不合格，仍然跟"过"的辖域有关，汉语中不可能有"经历［长持续〈经历〉］"这种复合态的递归形式。

同样，表体副词"已经"和表体助词"了1"具有相同的"实现体"标记功能，它们可以配套使用，也可以单独使用。例如：

（3）a. 我已经看见他。（√）

b. 我看见了他。（√）

c. 我已经看见了他。（√）

不过，同样受到辖域的影响，表体副词"已经"可以蕴含另一种体标记，表体助词"了1"不可以。例如：

（4）a. 他已经在做作业。（√）

b. 他在做了作业。（×）

c. 他已经在做了作业（×）

例（4a）是合格的句子，"已经"和"在"所构成的复合态是"实现［进行］"，符合"完全态"与"非完全态"的复合规律。而例（4b）、（4c）是不合格的句子，因为汉语中不可能有"进行［实现］"这种复合态的递归形式。

当然，句子末位的兼有"实现体"标记功能的语气词"了2"，是左向通过作用于整个句子来完成对事件状态的标示，因而它同样可以蕴含其他的体标记，因此，若例（4b）、（4c）由"了1"改为"了2"，便又可以成为合格的句子了：

（5）a. 他在做作业了。（√）

b. 他已经在做作业了。（√）

也有学者可能会提出类似"一直等了三天"这样的例子作为反例。我们有必要对之加以深入讨论。

关于"一直等了三天"这一双态复合的生成过程,目前存在这样两种分析:第一种是语法学界一般的分析方法,认为"一直等了三天"这样的结构,其组合层次关系是"一直〈等了三天〉"。第二种是杨国文(2001)的分析方法,认为"一直等了三天"这样的结构,首先生成的是"一直等",以表示事件在较长时段上延续,"了"＋时量补语(长时段)是对这种长持续状态的补充说明,即它内部的关系是"〈一直等〉了三天"。

如果持第一种观点,那么它就推翻了前面所提到的"完全态"与"非完全态"的复合规律:"完全态"与"非完全态"复合,首先生成的应是"非完全态",然后与"完全态"复合。就是说,"长持续"与"实现"的双态复合,其生成过程应该是"实现[长持续]",即首先生成的是"长持续"这一种"非完全态",然后与"实现"这一种"完全态"进行复合,而不能相反。

如果持第二种观点,不但与学界一般的分析方法产生了抵牾,而且最主要的是,否定了学界一般所认为的谓词末位(非句末位置)的体标记"了₁",以及"着"、"过"均是作用于谓词本身来完成对事件状态的标示,从而认为类似"了₁"、"着"、"过"这样的表体助词,其辖域也可以扩展至整个谓语部分,同样具有蕴含其他体标记的扩容功能。可是,这又与一般的语言事实是不相符合的,例(2b)、(2c)、(4b)、(4c)均是不合格的句子也正好说明了这一点。

这样看来,上述两种分析方法确实陷入了两难境地。

我们的观点是"一直等了三天"这类"长持续"与"实现"的双态复合形式并不是递归的结果,而是两种简单态(处于两个语义结构中)整合的结果即"一直等"＋"等了三天"→"一直等(等)了三天"。沈家煊(2006)称这种现象为"噬同"(cannibalism),它属于"截搭"的一种,是把两个相邻而又相同的成分"吃掉"一个。这种现象在汉语中很普遍,例如"教育部长"(实为"教育部部长"),

"留学生"(实为"留学学生"),"那个卖菜的筐子"(实为"那个卖菜的的筐子")。

　　将"一直等了三天"这类"复合态"分析为"长持续"和"实现"两种简单态整合的结果,可以与语法形式上的层次分析完全脱离干系,因为这种复合态的生成本来就不是递归的结果。当然,语法上的层次分析将"一直等了三天"分析为"一直〈等了三天〉"也只是一种权宜之举。事实上,对语言结构进行层次分析,并不都是可以清晰地做出二分(即不都是递归的结果),例如兼语短语"你去叫小王过来"可以分析成"你去叫小王"+"小王过来",其中的"小王"既属前,是"叫"的受动者,也属后是"过来"的施动者,一身兼两职。

　　认为"一直等了三天"不是递归生成,还有一个直接的证据,即"一直等了三天"不可以再添加一个"实现体"标记词"已经":

　　(6) a. 已经〈一直等〉了三天(×)

　　　　b. 一直〈已经等了〉三天(×)

　　例(6a)不可以接受,说明"一直等了三天"根本不是"实现[长持续]"这种递归方式复合生成;例(6b)不可以接受,则说明"一直等了三天"也不是"长持续[实现]"这种递归方式复合生成。如果需要加上一个"已经",那只能将"一直等了三天"分拆成两个结构(分属两个简单态),即"一直等,已经等了三天"。

　　既然"一直等了三天"这种复合态的生成不是递归的结果,那么它也就不能对我们所得出的结论构成反例,我们仍然可以坚持这个结论:表体副词具有蕴含另一种体标记,从而组配成一个复合态的功能,而表体助词基本不具备这种扩容功能。这个语言事实,可以认为是跟表体副词和表体助词各自的辖域有关,也可以认为是跟汉语复合态的形成过程原本就是以左向扩展,右向递归为主有关⑤,而这一点也与汉语的多项修饰语和后面中心语的关系以右向递加式为主是一致的。

2. 表体副词的强调功能

杨永龙(2002)认为,现代汉语中,"已经+时量(时段)"表示时间延续的长度,可用于强调时间很长(但与具体的时间长度无关),如"已经三年|已经十个月|已经三小时|已经一小时二十分";"已经+时位(时点)"表示时间所处的位置,可用于强调时间很晚,如"已经三岁|已经十月份|已经三点钟|已经一点二十分"。作者的看法是正确的。作者所说的"强调"的语气,我们认为正是由"已经"传达出来的。而句子一旦赋予强调的语气,即表明说话人认为,对听话人来说这是一个新信息、新情况。而报道、申明这种新信息、新情况,实际上也就具备了一种类似于"了₂"的"现时相关性"⑥,即"已经"包含着某种提示性信息,暗示着动作行为对现在(言语情景)的影响。试比较:

(7) a. 我已经在上海住了三年。

a'. 我在上海住了三年。

b. 孩子现在已经三岁。

b'. 孩子现在三岁。

例(7a)、(7b)与例(7a')、(7b')之间在语气上的差别是明显的,这种差别甚至可能影响到句子意义的表达:例(7a)它所反映的动作行为还将继续进行(即继续在上海住下去),除非有终止动作行为的特别说明,而例(7a')只是对实现了的动作行为加以说明,该动作行为是封闭的和终止了的(即不再住在上海);例(7b)传达出"孩子比较大了"的暗含信息,而(7b')是没有这层暗含信息的。

马真(2003)也指出:"已经"强调句子所说的事情、情况在说话之前,或在某个行为动作之前,或在某个特定的时间之前就成为事实了,其影响与效应具有延续性和有效性。也正是因为"已经"具有一定强调语气功能,其辖域内的成分一定是句子的信息中心(语义焦点),否则不能使用"已经",只能使用"了₁"来标记"实现体"(参见邵洪亮,2013)。例如:

(8) a. 他上了大学后便开始沉迷于网络。

　　　a'. 他已经上了大学后便开始沉迷于网络。(×)

　　　b. 明天你到了,我们都出发了!

　　　b'. 明天你已经到了,我们都出发了!(×)

　　　c. 你吃了饭过来一下。

　　　c'. 你已经吃了饭过来一下。(×)

　　　d. 他是上了大学以后才开始沉迷于网络的。

　　　d'. 他是已经上了大学以后才开始沉迷于网络的。

　　　e. 明天我们出发的时候,你一定到了!

　　　e'. 明天我们出发的时候,你一定已经到了!

　　　f. 我的确是吃了饭再过来的。

　　　f'. 我的确是已经吃了饭再过来的。

例(8a')—(8c')不能使用"已经",正是因为其辖域内的成分不是句子的语义焦点。例(8d')—(8f')能使用"已经",正是因为其辖域内的成分是句子的语义焦点。

事实上,不仅是"已经",其他的表体副词,如"曾经"、"正在"等,也都具有一定的强调功能。

马真(2003)在将"曾经"跟"已经"进行比较时指出,"曾经"强调句中所说的事情或情况是以往的一种经历,其影响与效应具有非延续性和非有效性。作者认为,"已经"和"曾经"的重要差别(区别性特征)在于[±延续性]、[±有效性],而与事件发生时间的远近、先后关系不大。我们完全赞同作者的观点。作者所谓的"延续性"、"有效性"基本上等同于我们所说的"现时相关性"。尽管"曾经"只能用于说过去的事,但"已经"却没有时间上的限制,因此,当说过去的事时,"曾经"和"已经"都可以用,二者甚至都可

以分别与"了₁"和"过"组配。例如:

　　(9) a. 三年前我曾经去过一次三亚。

　　　　b. 三年前我曾经去了一次三亚。

　　　　c. 三年前我已经去过一次三亚。

　　　　d. 三年前我已经去了一次三亚。

　　杨国文(2001)总结出的汉语复合态递归生成的规律当中,还有一条规律是:两种简单态同属于"完全态"、"非完全态"、"将行态"中的一个子系统时,可以复合。因此,上述例(9b)、(9d)分别属于"经历[实现]"、"实现[经历]"这两种常见的复合态形式(即"经历"和"实现"这两种"完全态"的复合)。而例(9a)、(9c)分别属于"经历"、"实现"这两种简单态。

　　例(9)的4个句子正好说明,"已经"、"曾经"最重要的差别并不是在于时间是过去还是现在,是从前的事还是最近的事,而是在于前者强调发生了的事件具有延续性或有效性,即与现在(言语情景)具有一定的相关性,后者强调发生了的事件不具有延续性或有效性,与言语情景的关系不密切。正如马真所说的,"曾经"主要强调句中所说的事情或者情况是以往的一种经历,往往含有"过去一度如此,现在不如此了"或"那是以前的事了,现在又当别论"这样的意思;"已经"往往含有"所说的事情在某个特定的时间之前就成为事实,其效应与影响一直作用于那个特定时间之后"的意思。因此,例(9a)、(9b)暗含的信息是:我去过三亚,但那是过去的事了;例(9c)、(9d)暗含的信息是:我去过三亚,所以现在的一些想法或决定都可能与此有关。"已经"、"曾经"所具有的这种强调功能,是表体助词"了1"和"过"所不具备的。

　　此外,表体助词"着"和与之对应的同属"非完全态"范畴的表体副词"正""在""正在""一直"等,具有大致相同的体标记功能,因此"着"与这些表体副词之间经常相互组配。但是,表体副词内部在体意义表达上的分工相对细致,各自都有侧重的内涵,都具有一定的强调功能。吕叔湘主编(1999:672)对"正"、"在"、"正在"进行过比较,认为三者"表示动作进行或状态持续的意思基本相同",但"'正'着重指时间,'在'着重指状态,'正在'既指时间又指状态"。至于"一直",我们则认为着重指量(主观大量)。"正"、"在"、"正在"、"一直"等各自所强调的要素,表体助词"着"本身是无法独立体现的。由于学界已经对表体副词"正"、"在"、"正在"以及表体助词"着"的功能差异有较多的研究,本文不再赘述。

3. 余论

以往对表体副词的研究,更多地是对它们的体意义(时态功能),以及它们与表体助词的共性和组配关系做出细致的分析。我们更感兴趣的是,为什么汉语中表达实现、经历、持续等体意义时,除了在谓词末尾有较为纯粹的语法标记"了$_1$"、"过"、"着"之外,在谓词前位甚至句子末位还有标示相同体意义的体标记呢?我们认为,任何一种语言形式和语法标记,都有自己独立的句法功能、语义功能或表达功能,因而也就不可能存在两个不同的语言形式和语法标记功能完全一致的情况。

我们知道,句子末位的体标记(如"了$_2$"、"来着"、"来"),它们首先是句末语气词,兼而有体标记的功能,它们是通过作用于整个句子来完成对事件状态的标示,因而也往往具有句法上的完句功能,并且具有标明句子语气类别的功能。那么谓词前位的表体副词相对于表体助词又有哪些特有的功能呢?本文正是带着这个问题展开研究的。我们主要运用替换的方式,考察表体副词和表体助词各自单用或配合使用时在句法功能和语义上产生的差异,从而概括出表体副词特有的功能:句法上的扩容功能和表达上的强调功能。

　　本文对相关问题只是做了初步的研究,得出的结论还相对笼统,很多问题值得进一步深入探讨。比如,表体副词的强调功能是如何产生的? 是否跟它们的虚化程度不高,尚存一定的词汇意义有关? 具有相同体标记功能的表体副词内部成员(如同样具有"实现体"标记功能的副词"已经"与"都")之间在句法和表达功能上又有哪些微殊? 表体副词除了具有句法上的扩容功能、表达上的强调功能之外,还有哪些未被发现的功能? 汉语表体副词的扩容功能和强调功能是否具有类型学意义? 其他语言是如何在表达某种体意义的基础上蕴含另一种体标记,从而组配成一个复合态的? 其他语言中是否也有一些体标记兼有强调等语用功能?等等,都值得讨论。

附注

① 陆俭明、马真(1999:98)认为:"其实,通常所说的时间副词,大多不表示'时',而表示'态'。"这个说法很有道理。我们也未找到专职表示"时"的时间副词,即使是"定时"的时间副词(如"曾经"、"一向"、"必将"等)也都是表示"态"(即本文所谓的"体")的同时兼有"时"的功能。

② 本文所说的"谓词"除了动词、形容词之外,也包括结合较为紧密的动补短语(如"从外面走进了一个人"、"我吃完了一笼包子")和谓词性并列短语(如"大会讨论并通过了这项议案")。

③ "完全态"(perfective),也称"完整体",包括"实现"、"经历"、"近经历"等;"非完全态"(imperfective),也称"未完整体",包括"持续"、"进行"、"起始"、"继续"等。

④ 这条规律是基于对大量语言事实进行分析后得出的。比如:"〈一直在家〉来着"属于"近经历[长持续]"复合形式;"〈坐着〉来着"属于"近经历[持续]"复合形式;"已经〈在吃〉了"属于"实现[动作持续]"复合形式;"已经〈打起来〉了"属于"实现[起始]"复合形式。这些双态复合形式都是不可逆的,即不可能有"长持续[近经历]"、"持续[近经历]"、"动作持续[实现]"、"起始[实现]"这样的复合形式。

⑤ 当然,以下两种体标记除外:一是由句末语气词兼任的体标记,它们是左向作用于整个句子来完成对事件状态的标示;二是由动词后与动词关系

紧密的趋向动词或个别补语成分（"完"、"好"等）充当的体标记,它们是左
向作用于谓词来完成对事件状态的标示,它们的语法化程度比较高,功能
已接近表体助词。

⑥ 关于"现时相关性",参见邵洪亮(2012)。

参考文献

陆俭明、马真　1999　《现代汉语虚词散论》,语文出版社。

吕叔湘　1999　《现代汉语八百词》(增订本),商务印书馆。

马真　2003　"已经"和"曾经"的语法意义,《语言科学》第 1 期。

邵洪亮　2012　"了₁"、"了₂"的"实现体"标记功能羡余研究,《对外汉语研究》
　　(第八期),商务印书馆。

邵洪亮　2013　"已经"的体标记功能羡余研究,《汉语学习》第 6 期。

沈家煊　2006　"糅合"和"截搭",《世界汉语教学》第 4 期。

杨永龙　2002　"已经"的初见时代及成词过程,《中国语文》第 1 期。

杨国文　2001　汉语态制中"复合态"的生成,《中国语文》第 5 期。

（本文曾发表于《池州学院学报》2014 年第 5 期,略有改动）

论语言中委婉情态的表达手段
——以现代汉语的委婉情态副词为例

唐依力(上海外国语大学国际文化交流学院)

　　"委婉"作为一种常见的语言现象,早就引起了人们的注意和重视,中外学者对委婉语作过大量的研究,但是在很长一段时间内语言研究者们对委婉语的研究主要是从修辞的角度来进行的。事实上,对委婉表达应该进行多角度、多层次的研究,随着语用学的迅速发展,越来越多的语言学家认为其特性应归属于语用学中人与人的交际范畴。

1. 有关"委婉"的理解

1.1　国外语言学界对于"委婉"的理解

　　英语中,委婉 Euphemism 一词源于希腊语,由前缀 eu(好)和词根 pheme(说话)构成,意为 goodspeak(说好听的)。在《牛津高阶英汉双解词典》里定义为:"use of pleasant, mild or indirect words or phrases in place of more accurate or direct ones"(霍恩比,1999)。一般英汉词典也都把 euphemism 译为"委婉说法;委婉(词)语"。

　　1938 年,美国语言学家戈德伯格的《语言的奥妙——语言入门人人学》(2004)出版发行,该书开辟专节介绍委婉语,作者用非常简单生动的语言传达了极其深刻的道理，对后来学界关于委婉表达的研究影响很大。

美国语言哲学家 Grice 于 1967 年在哈佛大学《逻辑与会话》的演讲中论述了"会话含义理论"产生的过程以及"合作原则"的具体内容(何兆熊，1999)。Grice 认为会话是受到一定条件制约的，人们的交谈之所以能够顺利进行，是因为双方都遵循一定的目的，相互配合默契。他把说话者和听话者在会话中应该共同遵守的原则称为"合作原则"，即"在参与交谈时，要使你说的话符合你所参与的交谈的公认目的或方向"。

从言语交际的角度看，委婉语本质上体现为一种间接言语行为，是技巧性含义运用的一种表达方式，目的在表达说话的意向含义。

根据美国哲学家 Searle(1969)提出的间接言语行为理论，一个人说话就是在施行着各种各样的言语行为，诸如宣称、请求、命令、许诺、建议等，这类行为叫言外行为(illocutionary speech act)，它包含了说话者使用语言的意图。当说话者不通过诸如 declare，request 等行为动词来施行言外行为，而是通过另一种言外行为来施行时，这种言外行为就称作间接言语行为。在言语交际中，人们在发出命令或者在拒绝他人的请求或邀请时，为了不使对方难堪，不采取直截了当的方式，而是拐弯抹角寻找借口或暗示，这种拐弯抹角的委婉表达恰恰与间接言语行为的构造原则和表达效果一致。

Brown 和 Levinson 在 1978 年提出了"面子论"。按照他们的观点，如果人们在交际中要相互合作，说话时就要在保留面子方面进行合作——既维护自己的面子又维护他人的面子。Brown 和 Levinson 提出面子分正面面子(positive face)和负面面子(negative face)。作者用礼貌委婉语对"面子"进行了解释，礼貌委婉语既照顾了受话人的面子，又照顾了说话人的面子。

英国语言学家 Leech 在 20 世纪 80 年代提出了礼貌原则,作为对合作原则的补充,包括得体、宽容、表扬、谦逊、同意、同情等六条准则(廖秋忠,1986)。利奇认为合作原则应与礼貌原则互为补充,相辅相成,共同组成会话含义学说的完整理论体系。而委婉表达就是礼貌语言之一,即在礼貌方面规范人的语言行为。

语言学的权威词典之一——《语言与语言学词典》(斯托克和哈特曼等编)对"委婉"的解释是:用一种不明说的、能使人感到愉快的或含糊的说法,代替具有令人不悦的含义或不够尊敬的表达方法。

1.2　国内语言学界对于"委婉"的理解

汉语中,"委婉"一词在《现代汉语词典》第六版中的解释是:言词、声音婉转。这里的"婉转"指的是"说话温和而曲折(但是不失本意)"。

国内较早对"委婉"进行细致研究的是陈望道。他在 20 世纪 30 年代的《修辞学发凡》(135—137)一书中专门提到了"婉转"和"避讳"。说话时不直白本意,只用委曲含蓄的话来烘托暗示的,名叫婉转辞。婉转辞的构成主要有三种方法。一是不说本事,单将余事来烘托本事。二是说到本事的时候,只用隐约闪烁的话来示意。三是上下其辞、游移其辞来示意。说话时遇有犯忌触讳的事物,便不直说该事该物,却用旁的话来回避掩盖或者装饰美化的,叫做避讳辞格。可见,婉转和避讳都是作为修辞格来看待的。

陈原(1983:343)从社会学的角度专门讨论了委婉语词。他认为委婉语词的产生,大抵是从禁忌开始的。当人们不愿意说出禁忌的名物或动作,而又不得不指明这种名物或动作时,人们就不得不用动听的语词来暗示人家不愿听的话,不得不用隐喻来暗示人家不愿点破的事物。所有这些好听的、代用的或暗示性的语词,就是委婉语词。

索振羽(1993)根据 Grice 的合作原则归纳出言语交际得体的三个原则。其中之一的礼貌原则,因礼貌程度的不同分为两个等级:(1)礼貌的。包括赞誉准则、谦虚准则、同情准则、一致准则;(2)比较礼貌的。指的是有些话,直截了当地说不礼貌或不甚礼貌,换个说法拐弯抹角地说出来,就比较礼貌些。这第二个等级就是我们所说的委婉。

邵军航、曹火群(2006)指出了委婉语的六个功能即"避讳"、"礼貌"、"掩饰"、"戏谑"、"求雅"和"动听"。

可见,委婉的用法,最早是从修辞的层面上来理解的。现在,越来越多的学者开始考虑从语用的角度来理解委婉。

2. 语言中的委婉情态表达

我们在文中所论述的"委婉",不仅仅是语言修辞的手段和词语表达形式,事实上,它也是人类的一种思维和行为方式,因此,除了言语委婉以外,同样也存在着非言语委婉,"委婉"不一定是"语"。但本文仅限于"言语委婉"。

委婉表达是一种运用得较普遍的言语现象。委婉情态是人类言语交际中一种非常重要的交际手段。不论是在汉语中还是在其他语言中,委婉情态的表达都是必不可少的。

中外的许多学者都对委婉表达进行过广泛的探讨,认为委婉表达这种特殊的言语表达手段,一般具有表达内容的禁忌性、表达形式的含蓄性、表达语义的不确定性等特点(徐采霞 2004)。但委婉语只是委婉表达的方式之一。从理论上讲,达到某一表达目的可以有多种语言手段,如语音手段、语法手段、文字手段、语用手段等。因此,我们不应由于以前的委婉语研究主要限于词汇层次而认定委婉语就仅指词语,而应该将委婉情态表达的范围全面铺开,以更新的视野和更开阔的眼界来看待语言中的委婉情态表达。

2.1　外语中的委婉情态表达

西方传统语言学家对委婉语的研究限于词汇层次,自Bolinger 开始,西方部分语言学家注意到了委婉语既包括现成的词或词组,更包括临时的组合;不仅包括词汇、句子,甚至包括篇章。广义地说,委婉语是通过语言系统中各种语言手段,或是语音手段(如轻读、改音),或是语法手段(如否定、时态、语态),或是话语手段(如篇章等)临时构建起来具有委婉功能的表达方法。

在英语中,时态和否定都可以用来构造委婉语。(束定芳1989)比如说,过去时态可以用来表示委婉,这是因为人们把过去时与表达现在的事物和思想等同了起来。如果想提个要求,不说"I want to",而说"I wanted to";不说"I wonder…",而说"I wondered…",以此表示婉转、客气。英语中表示请求的"Could you…"比"Can you…"要委婉一些也是这个道理。英语中的情态动词常常可以用来表示礼貌,如"Could you keep a silence for a while?"情态副词也常常用来表示委婉,如:The rich are not necessarily happy。另外,疑问句式、虚拟语态、否定式等都可以用来表示委婉情态。

法语在表达委婉情态时与英语有很多相似之处。法语也有表示可能义、或许义的副词,如 peut-etre。在法语中,也常用虚拟语态、否定式、疑问句式,甚至被动句式来表达委婉。比如,在指出别人的错误时,用被动句来代替主动句,可以避免将责任直接加在对方身上,使语气得到缓和。如要表示"先生,在您的账目中,您犯了一个错误",通常会说:"Monsieur, une erreur a été commise dans votre décompte."(直译为:先生,一个错误被犯在您的账目里。)

在日本,由于日本的文化所决定,日本民族具有内敛、含蓄、不爱张扬等特点,表现在语言上就是不断使用大量的委婉语。委婉表现是日语最显著的特征之一。日语中，多借助助词、助动词、主语省略以及表不确定程度的副词来表达委婉的语气。比如，说话人在表达主观感受时，常常将说话人隐去，说话人通常不参与语言的形式编码。如：切ない（我很难过）。英语、法语等语言中表达委婉情态的手段除了副词，通常采用的手段更多的可能是句式，而汉语可以却主要用副词来表达委婉情态，这也许能表明相比其他语言来说，汉语是词汇化更高的语言。

2.2　汉语中的委婉情态表达

汉语中的委婉现象的产生，有其自身的原因。避讳应该说是汉语委婉语最早产生的根源。张拱贵（1996）认为语言禁忌是产生委婉语的最根本的原因。因为有所禁忌，有些话不能说或者不好说，所以才会产生避讳。关于这一点，陈原也曾经做过阐述。在汉语中，为了避讳而采用的委婉手段主要是词汇。比如在张拱贵的《汉语委婉语词典》中，有关"死"的委婉语就有 683 个之多，更不用说还有一些与"死"相关的事，比如丧葬、死者、地狱等等。我们常用的关于"死"的委婉语有"安息、长眠、走了、去了、过世、去世、归西、临终、升天"等等。采用如此多的说法来代替"死"字不仅体现了人们对"死"这件事情的避讳，在某种程度上也是对死者的一种尊重。

除了避讳以外，礼貌是社会交际过程中很重要的功能。为了在会话中实现礼貌的原则，汉语除了上述所说的改变词的说法以外，还常常会使用委婉句式来委婉地表达原本直白的意思。例如：用"小句＋怎么样？"委婉表达建议，用"……＋可以……吗？"委婉表达要求等。如"我们明天去公园怎么样？"就比"我们明天去公园"更有礼貌，更委婉。"我可以用一下你的笔吗？"因为有了助词"可以"的加入，就比"我用一下你的笔"更客气、更委婉。另外，还可以使用否定结构、转折语气等来表达委婉。如"我不是不同意你的看法，只是……"就比直接告诉别人"我不同意你的看法"要婉转得多,既不伤害到别人的自尊心,也容易让对方接受你的观点。

沈家煊(1999:144)从交际策略上对否定词移位进行了解释。他认为否定词移位现象跟实际语言交流中的说话人密切相关。否定词移位时说话人要受语言交流的两条原则的支配,一条是避免误解的原则,一条是说话委婉的原则。否定相对于肯定是有标记项,说话人使用否定句是明确告诉听者他预先假设的肯定命题错了,因此常常会造成不太礼貌或令人不快的后果。说话人对一个否定判断往往想"留有余地",说得委婉一些,不管这个判断是要否定某事的真实性还是否定做某事的好处,而否定词移位恰恰能起到减弱否定的效果。如:

(1)我认为她不会来。

(2)我不认为她会来。

(2)句因为否定词"不"的前移,否定的辖域扩大了,就使原先在(1)句中表达肯定的判断语气缓和了不少,(2)句比(1)句否定的力度要低一些,自然也要委婉一些。

目前在网络用语中,很多人使用"貌似"一词,这也是说话人婉转地表达自己观点的一种手段。说话人为了避免直接表达自己的思想,而让对方更容易接受一些,于是在句中加上"貌似",起到了一种缓和交际的作用,增加其商榷性和可接受性。因此,随着"貌似"在语言中的广泛使用,委婉情态功能也跟着凸显。如:

(3)貌似今天不会下雨,我就不带伞了。

(4)貌似他们已经离婚了。

这里的"貌似"表面上具有揣测义,其实说话人早已有想法,用"貌似"委婉地表达出来,以减少所在命题可能产生的负面效果,也更容易使受话人在心理上接受它。

不论在英语中还是在汉语中,都可以在陈述句式中区分出直

言与婉言两类。所谓直言的陈述句就是一般的陈述句。而婉言
的陈述句则是在句中添加"大概、也许、或者、恐怕"这一类表达犹
豫、不肯定的意思的词。这类词就是我们在本文想要说的委婉情
态副词。因为这些情态副词可以用来表达委婉,所以我们称之为
委婉情态副词。如表示或然性揣测的"可能"、"大概"、"大约"、
"恐怕"、"或许"、"多半"等,表示推断性揣测的"看来"、"想来"、
"难道"、"莫非"、"别是"、"起码"等,表示像似性揣测的"好像"、
"像"、"似乎"、"仿佛"等。

3. 现代汉语的委婉情态副词

现代汉语委婉情态表达的手段之一就是采用某些表达"淡
化"作用的副词。这里所说的"淡化"是指意义的弱化与语气的不
确定。在"淡化"语义和语气的同时,实现语言表达的委婉效果。
本文所说的情态副词所具有的不确定性能起到这样的作用,具备
表达委婉情态的语义基础。

作为委婉情态副词的"大概"、"或许"等体现了言语交际中的
"交互主观性"。当说话人在提出自己的观点时,既想明确地表达
出自己的观点,又要避免与听话人的已有观点相冲突以免给听话
人留下过于强硬或过于主观的坏印象;使用委婉情态副词可以降
低命题表达的肯定程度量级,从而提高观点为真的逻辑可能性。
这种言语交际的结果是,如果观点是假的,说话人不会丢掉面子;
如果观点是真的,也给听话人留了面子。

对于现代汉语的"委婉"情态副词,其界定必然涉及两个问
题。一是情态副词,二是委婉。情态副词应该具有[＋判断性]、
[＋主观性]、[＋非现实性]这三个语义特征。而对于"委婉",它
的界定相对要困难一些。因为委婉语气本身就是难以确定的事
情,一个词具有委婉或者不具有委婉,委婉性有多大,也是见仁见

智的事情。另外,因为委婉类情态副词一定是和主观性相关的,主观性的参与就使得委婉情态副词更加不好把握。

关于副词中的委婉情态,前人也有过一些研究。虽然他们对有些副词是情态副词还是语气副词有不同的看法,但是部分副词能够表达委婉语气确实是很多学者所公认的。

但是毕竟现有文献对委婉的论述不多,多为例举的方法,而且现有文献中不论是对"委婉语气"或"委婉意义",都缺乏明确的界定,从而为"委婉类"情态副词的选定增加了操作上的难度。我们对于委婉情态副词的研究中始终遵循的一点是:无论是对"情态"的研究,还是对"委婉"的研究,我们的研究思路都是从概念到形式,先建立它的概念意义,然后再从语言形式上寻求其表达手段。

我们这里所说的情态副词的委婉用法,是属于语用层面上的,在形式上并不容易确定。语言现象是句法、语义、语用的统一体,过去所总结的语法规则实际上是包含了句法规则和语用规则的。结构主义的语法分析基于句法结构体中某一成分在组合和聚合方面所具有的特点,根据结构主义理论,对于现代汉语中的语气词或情态词,根据它们出现的位置不同,以此认为这类词在句子中主要起了什么样的表达语气或情态的作用;但是从功能主义的角度来看,语气或情态其实是说话人对句子结构心理切分的一种手段,是一种功能标记,而非句法标记。

句法和语用的分离,对于科学地分析语言现象,对于语法规则的总结,以及提高语法规则的有效性,都是十分有益的。但随之而来的问题是,语用因素的范围有多大,语法分析中如何处理此类语用因素、语用成分及其形式特征是什么,语用成分有何句法地位等,都是需要下功夫思考的。很多学者在这方面作过研究和探索,但语用因素的句法处理一直是一个难以解决的问题。

对于本文中的委婉情态副词,我们也试图采用句法形式的手段来鉴定。我们以情态副词"好像"来举例说明:

(5)德国选手好像专门研究过我,针对我的特点,她不给我"把手",我对她就没有什么威胁。

上例中的"好像"同时兼有揣测情态和委婉情态。可用"可能"、"或许"等表推测义的同层级的情态副词替换的方法来证明,显现句子"揣测"的情态,例如:

(5a)德国选手可能专门研究过我,针对我的特点,她不给我"把手",我对她就没有什么威胁。

5a将原句中的"好像"替换为"可能",凸显了说话人表达不确定性揣测的主观情态。但这句的"好像"也可以理解为委婉情态。因为从后面小句"针对我的特点,她不给我'把手'"可以看出说话人对此事的判断其实是持肯定态度的,用"好像"这种不确定的主观揣测更多地是考虑到了听话人的感受,具有了交互主观性。因此,在揣测情态义的背后,还隐藏着深层的委婉情态义,这一句中的委婉情态义是通过揣测情态义来体现的。这样理解的根据是:副词表达的"委婉"情态缺少形式上的标志,其"委婉"情态义的提取主要来自深层次的语用层面。所以这两例的"好像"可以用零形式来替换,不影响基本表达,但是零形式的使用就完全失去了委婉表达的效果。例如:

(5b)德国选手 Ø 专门研究过我,针对我的特点,她不给我'把手',我对她就没有什么威胁。

5b中的"好像"用零形式替换后,失去了原句中的委婉情态,话语变为直截了当的陈述。

下面的例句委婉情态义加深了,而揣测情态义却基本消失:

(6)面对自己的双人搭档杨景辉,田亮还是那套"先礼后兵"的提问方式,先是透露杨景辉要在3米板上发展,然后冒出一个问题:"在奥运会领奖的时候,你好像并不是特别

　　兴奋。你为什么要压抑兴奋？是你的个性酷，还是心理
　　成熟的表现？"

　　这一语义的嬗变是在语境中通过语用推理而形成的。上句
中的"好像"通常会作为揣测情态来理解，但是后一分句"你为什
么要压抑兴奋"表达的却是说话人明确肯定的观点，这就使得听
话人对前面的"好像"表达的揣测义产生了怀疑，从而对"好像"的
功能义进行重新推导，发现"在奥运会领奖的时候，你好像并不是
特别兴奋"一句与"你为什么要压抑兴奋"一句之间并无揣测，后
一分句是田亮给出肯定论断后随之对"杨景辉"进行直接的质问，
与前文中田亮"先礼后兵的方式"相呼应。

　　用表示揣测义的典型副词"可能"或者"或许"来替换原句中
的"好像"后发现，替换后例句在逻辑上无法成立：

　　(6a)　*……在奥运会领奖的时候，你可能并不是特别兴奋。
　　　　　你为什么要压抑兴奋？是你的个性酷，还是心理成熟的
　　　　　表现？

　　可见(6a)中的"好像"表达的是委婉情态。说话人用一种看
似不肯定的语气表达心中已有的定论，采用这样一种委婉的方式
去寻求听话人的认同，成为说话人使用的一种注重交际互动语境
的礼貌策略。因此，我们同样可以将该句中的"好像"省略掉，虽
然并不影响基本语义，但委婉情态义也随之消失了：

　　(6b)　……在奥运会领奖的时候，你 Ø 并不是特别兴奋。你
　　　　　为什么要压抑兴奋？是你的个性酷，还是心理成熟的
　　　　　表现？

　　除了"好像"以外，其他情态副词，如"可能、大概、或许、也许、
未必、看上去、看起来、似乎"等等的委婉义，我们也都采取同样的
方法进行测定。

　　通过以上例子可以看出，由于使用了委婉情态副词，使得语
言变得含蓄、温和、文雅，帮助交际双方避免了交际过程中的心理

障碍、淡化和排除了各种不愉快的联想。可以说,委婉是人们交往过程中为谋求理想的交际效果而创造的一种有效的语言形式,体现了礼貌原则在言语交际中运用的效果。本文研究的这些委婉情态副词,所表示的都是说话人对相关命题的主观揣测,但由于说话人在说话之前已经对所说的内容具有一定的确定程度,但为了避免直来直去,于是就采取了一种委婉的方式来表达自己主观的推测,希望能够得到听话人的同意。

　　另外,在表达委婉情态时,各个情态副词的委婉程度也会有所不同。一般来说,语义确信度越高,其表达的委婉情态的程度就越低。比如"可能"和"恐怕","恐怕"的语义确信度高于"可能",所以"恐怕"所传递的委婉情态的程度就不如"可能"高。因此,采用哪一个情态副词表示委婉,与说话人的主观意图息息相关。具体问题,我们将另文讨论。

参考文献

陈望道　1997　《修辞学发凡》,复旦大学出版社。

陈原　1983　《社会语言学》,学林出版社。

戈德伯格　2004　《语言的奥妙——语言入门人人学》,山西人民出版社。

何兆熊　1999　《新编语用学概要》,上海外语教育出版社。

霍恩比　1999　《牛津高阶英汉双解词典》,商务印书馆。

廖秋忠　1986　《语用学的原则》介绍,《国外语言学》第4期。

邵军航、曹火群　2006　对委婉语"语用原则"的批判分析,《孝感学院学报》第2期。

沈家煊　1999　《不对称和标记论》,江西教育出版社。

束定芳　1989　委婉语新探,《外国语》第3期。

斯托克等　1981　《语言与语言学词典》,上海辞书出版社。

索振羽　1993　"得体"的语用研究,《语言文字应用》第3期。

徐采霞　2004　委婉表达现象的认知语用特征,《南昌大学学报》第1期。

张拱贵　1996　《汉语委婉语词典》,北京语言文化大学出版社。

Searle, J. R.　1969　Speech Acts: An Essay in the Philosophy of Language. Cambridge: CUP.

Brown&Levinson. 1978 Universals in Language Usage：Politeness Phenomena In Goody,E. N. Questions and Politeness：Strategies in Social Interaction. Cambridge：Cambridge University Press.

现代汉语"没个"的分化与词汇化[*]
——兼论否定性动词"没个₂"的量标记功能

王世凯¹　张　亮²(¹渤海大学文学院
²上海师范大学语言所)

0. 引言

姜文振(1990)认为"没个 V"是口语中常用的格式,表现强烈的判定语气,表示"可行/能性的否定"的语法意义,"没个"与 V 之间是状中关系,"没"与"个"宜看作一个整体,"个"不能省略,这些看法都是很有见地的。但该文还未能就此中的"没个"给予定性。而且由于他考察的只是"没个 V"结构,因此与该结构中"没个"同形的其他用法也没有得到研究。我们拟在姜文的基础上,全面描写现代汉语中使用的三个"没个",并从形式和意义的角度对其进行分化;对"没个"的词汇化进行全面分析;对主观量标记"没个₂"的量标记功能进行梳理。

1. "没个"的分化

"没个"在现代汉语日常交际中比较常见。如:

---

* ［基金项目］本研究得到国家社科基金项目"现代汉语否定标记系统及其表达的普方比较研究"(项目编号:12CYY054)资助。

(1) 祁县法院仍是没个说法,至今连基本的法律程序都不履行。(《人民日报》1993)

(2) 几辈没个识字的人,弟兄俩下决心供一个学生。(冯德英《苦菜花》)

(3) 说于忠新能干,谁也比不了,他干起来没个够。(《人民日报》1995)

(4) 要形成经济规模,没个三年两年是不行的。(《1994年报刊精选》)

(5) 假如你再知道这作者是《纽约报》的王牌科学记者之一,美国新闻界最著名的普利策奖的得主,知道她写的东西,篇篇可圈可点,那你就更没个跑了。(《读书》)

(6) 中国乱到不能再乱的那一天,"文化大革命"才能结束!要不是没个结束的!(梁晓声《一个红卫兵的自白》)

这些"没个"事实上并非同质,可以分化为三个:一是非词的"没个₁",如例(1)—(2);二是否定性动词"没个₂",如例(3)—(4);三是否定性副词"没个₃",如例(5)—(6)。

1.1 词化前的"没个₁"

词化前的"没个₁"从句法角度看,有两种情形:

一是"没"与"个"不在同一层次上的跨层结构"没个₁₁"。此时,"没"是核心动词,充当述语;被"个"限制的体词性成分置于"个"的右侧,与"个"构成定中词组共同充当"没"的宾语。如:

(7) 一年到头家里也没个客人前来,女儿偶尔来通电话也是吵着要钱。(《给老爸老妈的100个长寿秘诀》)

(8) 也没个正统领导,啊,都是各自比较多,一看见你人多,就不愿往里收你。(毕永泉《1982年北京话调查资料》)

(9) 没个当家吃饭的拳头产品,你就没有经济实力。(《1994年报刊精选》)

二是"没"与"个"同层且与其后谓词性成分构成连谓结构的

"没个₁₂"。此时,受"个"限制的成分在"个"的左侧出现,有划定范围的作用,更倾向于强调在这个范围内无一例外。如:

(10) 真是天上飞的,地下跑的,海上行的,梨园镇没个看不见。(《1994 年报刊精选》)

(11) 哼,男人果然没个是好东西,什么山盟海誓、甜言蜜语全是废言。(甄幻《抢婚进行曲》)

(12) 找我玩的都是没钱的,有钱的没个找我,当我财神啊!(微博)

"没个₁"的共性特点是都可以还原为"没有一个"。就其中的"个"来讲,具有事物个体化功能,个体化"有界""可数"的物质名词,充当不定指称标记。

1.2　否定性动词"没个₂"

"没个₂"是个表示否定意义的动词。就"没个"后接成分来看,有三种情形。其一,"没个"后接非个体物质名词或非物质抽象名词。如:

(13) 小时候儿那要是过个年春节那累死了,那个事情很多是不是,一天老没个休息时候儿这一天。(唐海忻《1982年北京话调查资料》)

(14) 吵什么吵,你们还发牢骚,我们为了谁,都高三了,一点没个紧张劲儿,离 7 月 7 日还有几天?(《人民日报》1994)

(15) 草帽没个什么讲究,买的人只是一图个结实,二图个便宜。(汪曾祺《岁寒三友》)

其二,"个"发生去数量范畴化,后接数量成分。如:

(16) 现在,你们苏北人想干这一行,和我们竞争,不客气地讲一句,没个十年八年成不了。(《1994 年报刊精选》)

(17) 要是打一眼机井,没个 10 万 8 万下不来。(《人民日报》1995)

（18）市区内平常是五六十欧元的旅馆,在此期间没个二百欧
　　　元是住不进去的。(新华社 2004 年 7 月份新闻报道)

其三,"个"表现出性状个体化功能,充当名物化限定标记,后
接谓词性成分。如:

（19）自家孩子要自打。自己打有恨也有爱,要让别人打就只
　　　有恨,打起来没个轻重了。(《1994 年报刊精选》)

（20）一辈子守着一个男人,就像小驴拉磨,原地转圈没个新
　　　鲜。(尤凤伟《石门夜话》)

（21）工人们递上丰收烟,冲上干烘茶,话头没个完。(《1994
　　　年报刊精选》)

从句法上看,"没个₂"不再能够还原为"没有一个(NP)"。从
"个"的角度看,"个"仍具备事物化功能,但已经由"没个₁"中的不
定指称标记转变为虚指标记。从韵律的角度看,"没个₂"成为一
个音步。

1.3　否定性副词"没个₃"

"没个₃"是否定性评注副词。依据表义不同,"没个₃"可以
分为两类。当"没个₃"对发生动作、行为的可能性进行否定时,
基本意义相当于"不可能","没个 VP"可以变换为"不可能
VP"。如:

（22）咱们别争了,这样下去没个完,您爱才我心领。(王朔
　　　《顽主》)
　　　咱们别争了,这样下去不可能完,您爱才我心领。

（23）中国乱到不能再乱的那一天,"文化大革命"才能结束!
　　　要不是没个结束的!(梁晓声《一个红卫兵的自白》)
　　　中国乱到不能再乱的那一天,"文化大革命"才能结束!
　　　要不不可能结束!

当"没个₃"对发生动作、行为的可行性进行否定,基本意义相
当于"没有办法","没个 VP"可以变换为"没法 VP"。如:

（24）她知道，这血要是再流，就没个救了。（刘流《烈火金刚》）

她知道，这血要是再流，就没法救了。

（25）这屋子里太闹哄，没个看书。（见姜文振，1990）

这屋子里太闹哄，没法看书。

"没个$_3$"后只接谓词性成分，其中的"个"已经不具备事物化功能，成为词内成分。

2. "没个"词汇化的动因

否定性动词"没个$_2$"和否定性副词"没个$_3$"的形成是个历史过程，是多种因素综合制约的结果。从共时的角度看，"没个"中"个"的功能通用化及其带来的个体化功能磨损，"没个"句法和语音错配引发的重新分析以及韵律格式的改变共同促成了"没个"的词汇化。

2.1 "没个"中"个"个体化功能的磨损

"没个$_1$"可以看作"没一个"省略了数词"一"，其中的"个"是不定指称标记，属于量词的原型用法，具有个体化功能。此时，"个"对其后的成分有约束性，强制要求其为单一的有界、可数名词性成分，已如例（7）—（12）所示。

"没个$_2$"的后接成分多样化，总体上看可以分为体词性成分和谓词性成分两种。其中的体词性成分，如例（13）—（15）中的"休息时候儿""紧张劲儿""讲究"，均为不可数名词，都不具备被"个"个体化的特征。数量成分（如例（16）—（18））本身就具有谓词性，和谓词性成分（如例（19）—（21））一样，也不具备受"个"个体化的特征。任鹰（2013）认为"没个 VP"中的"个"有性状个体化功能。[①]张谊生（2003）认为此中的"个"充当指称标记，是个泛化了的量词。这说明，"没个$_2$"中的"个"个体化功能已经弱化，但仍然保留了事物化功能，使置于其后的谓词性成分事物化。"没个$_2$"

后接的事物化的谓词和体词都具有无界属性，"个"也由"没个₁"中的不定指称标记虚化为虚指标记。其中一个明显的表现就是不能添加数词"一"。

"没个₃"只后接谓词性成分，且都突显陈述性特征。此时"个"已经失去了事物化功能。从"个"的角度考察，"没个"的词汇化就是"个"的个体化功能与其后接成分指称陈述属性互相竞争的过程，表现为"个"个体化功能逐渐磨损和 VP 陈述性复显。比较下组例子：

> (26) 身边没个人照顾，免不了遇到这样那样的困难。（《人民日报》1994）

> (27) 见书店就进，见书摊就问，匆匆忙忙，没个停歇。（《人民日报》2000）

> (28) 公安局的人刚才疏忽了，一会儿明白过来，非来翻不可，叫他们拿去，就没个回来啦。（何申《多彩的乡村》）

由不定指称标记（例(26)）到虚指标记（例(27)），"个"的通用性增强、个体化功能弱化。"个"的通用化事实上是把双刃剑，会导致产生所谓的"跷跷板效应"。它一方面可以致使其后的陈述性成分指称化（例(27)），另一方面也导致其本身的个体化功能逐渐受到磨损。这样就会在"个"的个体化功能和其后成分的陈述功能之间产生竞争。竞争的结果是：或者"个"的个体化功能得以凸显，压制其后的陈述性成分指称化，已如例(27)；或者"个"后 VP 的陈述功能得以凸显，反制个体化功能已经受损的"个"逐渐失去该功能，进一步虚化，如例(28)。"个"与其后陈述性成分竞争的平衡点，即"没个₂VP"与"没个₃VP"的临界点就是"没个 VP"的歧义结构。如：

> (29) 你这个新娘子也真怪，一说就没个完！你不许再说了！（琼瑶《烟锁重楼》）

> (30) 路路通话匣子一打开就没个完。（凡尔纳《八十天环游

地球》)

(31) 当领导的人总问还没完事。当职员的人心说事<u>没个完</u>。
（《郭德纲相声集》）

例(29)凸显"个"的个体化功能，是"没个₂VP"；例(31)突显"完"的陈述性，是"没个₃VP"。例(30)是可以两解的情形。

"个"的功能变化影响"没个"的词汇化可以图示如下：

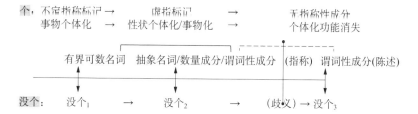

2.2　句法和语音的错配引发重新分析

从"没个₁"到"没个₂"及"没个₃"，一个很明显的变化就是"没"与"个"的句法和语音发生了错配。从句法角度看，"没个₁₁"是个跨层结构。如：

(32) 咱们这儿就<u>没个</u>人给上边说说，咱这白条要攒到什么时候。（《人民日报》1993）

例(32)中的"没个"是"没个₁₁"。"个"是其后名词"人"的定语，"个人"充当核心动词"没"的宾语，"没"与"个"处于不同的层次上。"没个₁₂"是与其后的谓词性成分构成连谓结构。如：

(33) 哼，男人<u>没个</u>是好东西！除了我爸。（微博）

也就是说，"个"不仅与其后的谓词性成分具有主谓关系，还与其前面的"没"具有述宾关系。从韵律角度看，因为数词"一"的省略，"没个₁"成为紧密相连的两个音节，但还没成为一个自然音步，尤其是还原为"没有一个"就更加明显。

与"没个₁"不同，"没个₂"中的"个"虽然还有虚指性，[②]但它与其后的成分已经失去了句法结构关系，而是"没个₂"与其后的成分构成述宾关系。"个"与其后成分失去句法关系的同时,韵律上也发生了变化,就是向其前的宿主"没"靠拢,并形成一个自然音步。如果说"没个₂X"因为是述宾结构,关系紧密,音步特征不够明显的话,到"没个₃"时,它的自然音步特征就非常显著了。"没"与"个"这种句法和语音上的错配引发的结果就是对"没个"的重新分析。"没个₁"分别为跨层结构和同层的述宾结构,句法和语音错配发生后,"没个"发生词汇化,成为否定性动词,并进而衍生成为否定性副词。

2.3 韵律格式的变化

"没个"韵律格式的变化也影响它的词汇化,主要体现在"没个"的副词化方面。如:

(34) 好不容易熬到毕业,生活<u>没个</u>安排,整天也只能邋里邋遢地窝在一间小屋子里伏案爬格子。（苏西荷《恋爱份子》）

(35) 这些人挑拣太多,<u>没个</u>安排。（微博）

例(34)中的"没个"是"没个₂",重音在宾语"安排"上,符合焦点在后的原则。例(35)中的"没个"是"没个₃",重音在状语"没个"上。对于状中结构来讲,状语赋予重音也是很正常的。需要说明的一点是,"没个"的副词化还处于"在路上"的阶段,因为它还不能修饰诸如"发生""去过"这样的成分。

3. "没个₂"的量标记功能

3.1 "没个₂"标记主观量的几种情形

"没个₂"中的"个"发生去数量范畴化并后接数量成分时,具有量标记功能,可以标记主观减量、主观增量和主观限量。"没个₂"标记主观减量的情形如:

(36) 那奴才搔搔头发,"我是小春介绍进来的,<u>才来没个两天而已</u>。"（于晴《吉祥娘》）

(37) 这圣人讲混元道果,她自然也来听了,毕竟这个机会不

多，一万年也没个几次。（蛇吞鲸《重生成妖》）

上例中"没个"是主观减量标记，表示"不足""不及""至多"。例(36)中的"才""而已"证明"两天"表示主观小量。例(37)言者意在讲机会不多，尤其是比照性语境"一万年"更是证明"几次"是主观小量。"没个₂"标记主观增量的情形如：

(38) 他小样这几年，哪年没个二三亿收入。（柠檬黄《幻情惑爱》）

(39) 紫冰兰说道："你是多见多怪！哪次侠女魔女聚会，外面没个几辆豪华马车？女侠下山，从来是门口停了一排豪华大马车！"（紫钗恨《三千美娇娘》）

例(38)(39)中的"没个"是主观增量标记，表示"至少"。"没个₂"还可以标记主观限量，如：

(40) 想本官这几年杀的人，没个五六十万也有三四十万了。（破名《列强代理人》）

(41) 那位史蒂夫先生生意做得大，集团在申请上市，分公司遍布各地，员工没个一千也有七八百。（人海中《钱多多嫁人记》）

上例中的"没个"是主观限量标记，言者主观认定数量介于二者之间。当然，"没个₂"表示主观限量的情形不是它独立完成的，须有"也有"与之配合构成"没个……也有……"格式。

3.2 "没个₂"与主观量标记"没"

同样作为主观量标记，"没个₂"与"没"存在差异，主要表现在如下几方面：

首先，"没个"对客观数量大小的要求比"没"自由。张谊生(2006)认为：虽然增量和减量具有相对的自由度，但在一定程度上也会受到客观数量的制约，客观大量较少使用减量标记，客观小量较少使用增量标记。"没个"基本不受此制约。如：

(42) 她就好像是一个自来熟，无论怎样陌生的人，没个几分

钟就打成一片了。（永恒炽天使《羽皇》）

(43) 那个老巫婆正在写超长的板书,<u>没个</u>几分钟是不会转头的。（菲漾珠珠《篮球帅哥》）

(44) 那银子可就不是一两年税收可以完工的,<u>没个</u>几十年都做不来。（半介过客《异世明皇》）

(45) <u>没个</u>几十年,人家又死灰复燃了。（寻香帅《盛唐风流武状元》）

上例中"几分钟""几十年"前的"没个"既标记减量,又标记增量,对客观量基本没有要求,而是由"没个"和语境共同认定是大量还是小量。

其次,"没个"与"没"标记的量特征不同。张谊生(2006)认为主观量标记"没"必定标记概约量。"没个"不受此制约:一是"没个"可以标记确量,且都是主观减量。如:

(46) 此地到宛城,就算是单人独骑,来回也得七八天的时间。军队的话,<u>没个</u>十天绝不可能赶到!（黄初《黄粱三国》）

(47) 放心。饿了也不吃你。身上的肉都剃下来也<u>没个</u>二两的。还真把自己当盘儿菜。（天边的彩虹《星隐》）

二是"没个"标记的概约量更容易被看作一个整体,量限变化不明显。如:

(48) 俊郎,城中曲江的地价确实高得离谱,像咱们家这么大的院子,若是在曲江之畔,怕是<u>没个</u>七八万根本就拿不下来。（晴了《调教初唐》）

(49) 练武的人身体强健,真气游走全身,很少生病,但倘若一生起病来,那就是大病,<u>没个</u>十天半个月休想好得了。（逆天神魔《梦幻倚天》）

"七八万""十天半个月"不是重在强调七万到八万、十天到半个月之间的量限变化,而是作为一个整体对待。

4. 结语

综上所述,我们可以得出如下结论:(一)现代汉语共时平面上的"没个"可以划分为三个:即词组"没个₁"、否定性动词"没个₂"和否定性副词"没个₃"。(二)"没个"词汇化是多方面因素综合作用的结果。"个"个体化功能的磨损、"没"与"个"句法和语音错配引发的重新分析以及韵律格式的变化共同促成了"没个"的词汇化。(三)"没个₂"中的"个"发生去数量范畴化,从而具有量标记功能,可以标记增量、减量和限量。同样都是主观量标记,"没个₂"与"没"存在差异,"没个₂"在标记主观量时,在客观量幅、数量属性等方面的要求与"没"不同。

另外,关于"没个"还有一些问题值得探讨。诸如"没个"的历史发展、"没个₂"与动词"没有"的比较、"没个₃"与副词"没有"的比较、"没个₃"的否定评注功能等都还需要深入研究。

附注

① 这里的性状个体化事实上是事物化或名物化,而不一定能够使事物化的对象个体化。个体化可以看作分解成有界的个体,而事物化只是使陈述性成分指称化。
② 虚化成分在虚化链条上往往会保留其源头成分的某些功能。"没个₂"中的"个"一定程度上还有指称功能,这也是"没个₂"导致其后陈述性成分指称化的原因。

参考文献

曹广顺 1994 说助词"个"[J].古汉语研究,第 4 期。
陈志国 2007 "个"用法泛化的句法分析[J].语言与翻译,第 3 期。
姜文振 1990 口语中的"没个 V"及其相关格式[J].学术交流,第 2 期。
任鹰 2013 "个"的主观赋量功能及其语义基础[J].世界汉语教学,第 3 期。
杉村博文 2006 量词"个"的文化属性激活功能和语义的动态理解[J].世界汉语教学,第 3 期。

尚新 2009 时体、事件与"V 个 VP"结构[J].外国语,第 5 期。

沈家煊 2001 语言的"主观性"和"主观化"[J].外语教学与研究,第 4 期。

张谊生 2003 从量词到助词——量词"个"语法化过程的个案分析[J].当代语言学,第 3 期。

张谊生 2006 试论主观量标记"没"、"不"、"好"[J].中国语文,第 2 期。

赵日新 1999 说"个"[J].语言教学与研究,第 2 期。

祝克懿 2000 析"动+个+形/动"结构中的"个"[J].汉语学习,第 3 期。

宗守云 2013 试论"V+个+概数宾语"结构[J].世界汉语教学,第 1 期。

(本文原刊于《汉语学习》2016 年第 5 期)

"几乎"的句法、语义特点

杨德峰（北京大学对外汉语教育学院）

1. 引言

对外汉语教学中我们发现留学生使用"几乎"时出现这样的错句：

(1) 昨天晚上，我几乎练习汉字。

(2) 几乎我们都不会说汉语。

例(1)的"几乎"都放在谓语动词前，修饰动词性成分，但句子不成立；例(2)的"几乎"放在主语"我们"前，句子同样不成立。

那么"几乎"有哪些句法和语义特点呢？岳中奇(2007)认为，"几乎"可以用于对数量、事件的结果、情状、否定的表述；句中表示的数量词语达到了饱和的标准、一定范围的全量标准或周遍的标准，或当行为事件生成某种结果且这一结果蕴含的完全实现的意义能与"几乎"相配；形容词性谓语所述形状具有生成性，否定句中具有度量上的饱和性而表示完全否定的意义，这些情况下都可以用"几乎"。这些认识虽然指出了"几乎"的一些句法和语义特点，但不够具体，也不够全面，有些还不够准确。本文将在对北京大学中国语言学研究中心开发的 CCL 现代汉语语料库中的文学语料考察的基础上①,揭示"几乎"使用时的句法、语义特点。

2. "几乎"的句法特点

语料显示,"几乎"多用于肯定句,也用于否定句,例如:

(3) 他说着伸手去解鞋带,我一抬脚[几乎]踢着他的额头。（李斌奎《天山深处的"大兵"》）

(4) 除了下雨和下雪外,他[几乎]天天去河边。（余华《河边的错误》）

(5) 他没想到,最后一道堑[几乎]不存在了。（王中才《最后的堑壕》）

例(3)(4)"几乎"用于肯定句中,例(5)的"几乎"用于否定句中。

2.1　用于肯定句

"几乎"用于肯定句,既可以位于谓语前,也可以位于主语前,但位于谓语前为常规位置。

2.1.1　用在谓语前

"几乎"用在谓语前,谓语主要是动词性成分,也有一些形容词性成分。

2.1.1.1　用在动词性成分前

"几乎"常用在动补结构前,表示接近某种结果,例如:

(6) 迟先生家里该置的东西太多了,遭到"文革"洗劫后,家具财产[几乎]散尽。（航鹰《地毯》）

(7) 上睡不着,就坐在那里看电视,有时一直看到天亮他也不觉得,眼睛[几乎]镶在了荧屏上。（于德北《铁道边的孩子》）

---

① 在与高顺全教授的会下讨论中收获颇多,谨致谢忱!

（8）两旁楼上的屋檐伸出来，[几乎]连接到一起。（余华《命中注定》）

例（6）的"散尽"是述补结构，"尽"为结果补语，"几乎"表示接近"尽"；例（7）的"镶在"也是述补结构，"在"也是结果补语。例（8）情况类似。

"几乎"也常用在状中结构前，状语多为"都""全""完全"等之类的范围副词或"同时"、"同声"之类的方式副词，"几乎"表示接近某一范围的"全部"或接近于同一时间、同一方式等，例如：

（9）学校的老师[几乎]都在操场上，一些简易棚已经隐约出现。（余华《夏季台风》）

（10）记得这一天是五月五日，暮春天气，这小房[几乎]全被红绿叶笼罩了。（石言《漆黑的羽毛》）

（11）他们[几乎]同时被告知，靠近我的导师是危险的。（张炜《柏慧》）

例（9）（10）的谓语动词前有"都""全"，"几乎"表示接近某一范围的全部；例（11）的谓语动词前有"同时"，"几乎"表示动作发生的时间接近于"同时"。

"几乎"还常用在动宾结构前，常见的主要谓语动词是"是"以及"要""想""以为""怀疑"等表示看法的，例如：

（12）栖便是在船行江上时听她讲了那段往事，那[几乎]是一个春天里的忧伤故事。（方方《桃花灿烂》）

（13）[几乎]是喊道："老师，听从医生的安排吧，赶快手术吧！"他点了点头。（张炜《柏慧》）

（14）他[几乎]要祷告：叫定大爷成为他的朋友，叫他打入贵人、财主的圈子里去！（老舍《正红旗下》）

（15）金枝犹豫的那一下子，[几乎]想把来拉朱信去吃夜宵的原因道将出来。（陈建功　赵大年《皇城根》）

例（12）的"几乎"修饰动宾结构"是一个春天里的忧伤的故

事","几乎"表示接近"一个春天里的忧伤的故事";例(13)的"几乎"修饰动宾结构"是喊道",表示动作的样子或情形接近"喊道"。例(14)"几乎"修饰动宾结构"要祷告",表示接近"祷告";例(15)"几乎"修饰动宾结构"想把来拉朱信去吃夜宵的原因道将出来",表示接近"道将出来"。

也有一些其他动词,例如:

(16) 李缅宁躲得快,身上倒没搞脏,但他刚想移动,脚底滋溜一滑,[几乎]表演个大劈叉。(王朔《无人喝采》)

(17) 副总经理耸起眉毛,警惕地望着他,捏住的烟头[几乎]烫了手指。(刘心武《缺货》)

(18) 最使人难测的是那两只眼,[几乎]像三角眼,可是眼角不吊吊着,没有一点苦相。(老舍《文博士》)

例(16)的"几乎"修饰动宾结构"表演个大劈叉",例(17)的"几乎"修饰动宾结构"烫了手指",这些动词后都有"了",或名词前有"个",都表示有界的事件。例(18)的"几乎"修饰动宾结构"像三角眼",是无界的。

宾语主要是谓词性的,也有体词性的,例如:

(19) 他蹦跳着奔向树林,横生的树枝使他的速度蓦然减慢,他[几乎]是站住了,小心翼翼地拨开树枝挤进了树林。(余华《祖先》)

(20) "我们以后就永远……"王美新[几乎]要哭出来,"永远见不到了吗? 班长!"(石言《秋雪湖之恋》)

(21) 夜晚长得很,[几乎]到了深夜大家才恋恋不舍地散去,临分手还要吃一点东西。(张炜《柏慧》)

例(19)、(20)的宾语"站住""哭出来"都是谓词性的,例(21)的宾语"深夜"是体词性的。

2.1.1.2   用在形容词性成分前

"几乎"可以修饰形容词性成分,主要有三种情况:

一是用在"比""和""与"等形成的介宾结构前,例如:

(22) 他[几乎]比母亲还要高出一点,如果再魁梧些,肩膀再宽些差不多就是个小伙。(王朔《我是你爸爸》)

(23) 当她精神好的时候,她[几乎]和好人差不多;可是,忽然的一阵不舒服,她便须赶快去睡倒。(老舍《四世同堂》)

(24) 香烟,对我来说[几乎]和粮食同等重要。(张贤亮《绿化树》)

例(22)的"几乎"修饰"比母亲还要高出一点",表示接近于"一点";例(23)的"几乎"修饰"和好人差不多",表示接近"差不多";例(24)的"几乎"修饰"和粮食同等重要",表示接近"同等重要"。这种用法较多,是一种常规用法。

二是用在"副词＋形容词"前,例如:

(25) 这种小心与受骗教他更不安静,[几乎]有些烦躁。(老舍《骆驼祥子》)

(26) 他的头发没有脱落,但[几乎]全白了。(张炜《唯一的红军》)

例(25)的"几乎"后有程度副词"有些","几乎"表示接近"有些烦躁";例(26)的"几乎"后有"全",表示接近某一范围的全部。不过这样的用法不多,是一种非常规用法。

三是单个形容词,例如:

(27) 栖以他全部的身心投入到一个奋斗目标上。栖[几乎]成功。(方方《桃花灿烂》)

(28) 火花散落,空中越发显着黑,黑得[几乎]可怕。(老舍《骆驼祥子》)

例(27)(28)的"几乎"分别修饰"成功""可怕",表示接近"成功"和"可怕"。这样的用例极少,是一种非常规用法。

2.1.2　用在主语前

"几乎"用在主语前,主语主要是周遍性成分、数量(名)(包括含有数量的成分，以下同）和"连……"。②

2.1.2.1　用在周遍性主语前

"几乎"可以用在周遍性主语前，例如：

(29) 上些年，[几乎]每个月都有人告老高的状，可老高不也是把村子带富了吗？（孙方友《官司》）

(30) 关汇[几乎]每天都到岑家去，暑假就住在岑家，和岑瑜一起玩：用汽枪打鸟，钓鱼。（汪曾祺《关老爷》）

(31) 这种艰难的行走对我来说[几乎]夜夜如此。（余华《此文献给少女杨柳》）

例(29)(30)的"几乎"用在主语"每个月""每天"前，表示接近"每个月""每天"；例(31)的"几乎"用在"夜夜"前，表示接近"每夜"。

2.1.2.2　用在"数量（名）"主语前

"几乎"也可以用在数量（名）主语前，例如：

(32) 祥子扫院子的时候，[几乎]两三笤帚就由这头扫到那头，非常的省事。（老舍《骆驼祥子》）

(33) 立刻[几乎]所有的日本兵都端上刺刀大叫着冲向王香火。（余华《一个地主的死》）

(34) 围聚的市民们[几乎]全部轻松地笑了。（刘心武《永恒的微笑》）

例(32)的"几乎"用在数量"两三笤帚"前，表示接近"两三笤帚"；例(33)的"几乎"用在"所有的日本兵"前，表示接近"所有"；例(34)的"几乎"用在数量"全部"前，表示接近"全部"。

2.1.2.3　用在"连……"主语前

"几乎"还可用在"连……"主语前，例如：

(35) 他[几乎]连复仇的念头都忘了。（老舍《蜕》）

(36) 他直挺挺地坐着，[几乎]连呼吸也忘了。（老舍《鼓书艺人》）

　　例(35)(36)的"几乎"分别用在"连复仇的念头"和"连呼吸"的前面,表示接近"忘了复仇"和"忘了呼吸"。

2.2　用于否定句

　　"几乎"用于否定句,既可以在谓语前,也可以在主语前。

2.2.1　用在谓语前

2.2.1.1　用在"不/没(有)＋动词"前

语料中,这样的用法最多,例如:

(37) 呆呆的看着,他[几乎]不知那是干什么呢。直到"头儿"过来交待,他才想起回家。(老舍《骆驼祥子》)

(38) 桥上[几乎]没有了行人,微明的月光冷寂的照着桥左右的两大幅冰场,(老舍《骆驼祥子》)

(39) 朱小芬的嘴并不总是这么好使,她和丈夫[几乎]没吵过嘴。(铁凝《遭遇礼拜八》)

　　例(37)的"几乎"修饰"不知那是干什么",表示接近"不知";例(38)的"几乎"修饰"没有了行人",表示接近"没有";例(39)的"几乎"修饰"没吵过嘴",表示接近"没吵过"。

2.2.1.2　用在"动词＋不＋补语"前

　　"几乎"也常用在"动词＋不＋补语"前,例如:

(40) 屹立在庄外临河的空地上的一座戏台,模糊在远处的月夜中,和空间[几乎]分不出界限,我疑心画上见过的仙境,就在这里出现了。(鲁迅《社戏》)

(41) 把一千天堆到一块,他[几乎]算不过来这该有多么远。(老舍《骆驼祥子》)

　　例(40)的"几乎"修饰"分不出界限",表示接近"分不出";例(41)的修饰"算不过来这该有多么远",表示接近"算不过来"。

2.2.2　用在主语前

　　否定句中,"几乎"同样可以用在主语前,主要有以下几种情况:

2.2.2.1　用在周遍性主语前

"几乎"常常用在周遍性主语,例如:

(42) 好时候李琳还是儿童,[几乎]什么事都不懂。(洪峰《夏天的故事》)

(43) 没有这辆小汽车,生活受着多么大的限制,[几乎]哪里也不敢去,一天的时间倒被人力车白白费去一半!(老舍《东西》)

例(42)(43)的"几乎"用在主语"什么事""哪里"之前,表示接近"都不懂"和"不敢去"。

2.2.2.2　用在"一＋量词(＋名词)"主语前

"几乎"也可以用在"一＋量词"主语前,例如:

(44) 他躲在床上[几乎]一夜没合眼。(余华《四月三日事件》)

(45) 真干起来才知道那是多么难,我[几乎]一点基础都没有。(王朔《痴人》)

以上二例的"一夜""一点基础"都是"一＋量词(＋名词)",表示接近"一夜没合眼"和"一点基础都没有"。

3. "几乎"所在句子的语义特点

3.1　"几乎"参照点的语义类

"几乎"表示"十分接近",正因为如此,在语义上要求所在的句子必须有一个参照点,即接近的对象,例如:

(46) 只见他脚丫子[几乎]被穿透,鲜血流个不止,疼的他脸上都失去了血色。(浩然《新媳妇》)

(47) 她[几乎]想不起与孟家大少爷相处那几年的具体情景了。(廉声《月色狰狞》)

例(46)"几乎"修饰"被穿透",参照点是"透",即表示接近

"透",例(47)的"几乎"修饰"想不起与孟家大少爷相处那几年的具体情景",但参照点是"想不起",表示接近"想不起"。

"几乎"的参照点多种多样,多为结果,常以补语或结果动词的形式出现,例如:

(48) 隔着短木栅栏,他的鼻子[几乎]要碰上了厉树人。

(49) 不过他的脸还是离得不远,叫她心惊肉跳。有时李渊的脸颊[几乎]碰到了她的脸,她觉得全身发热。(老舍《鼓书艺人》)

(50) 紧张,高兴,[几乎]停止了呼吸(老舍《猫城记》)

例(48)的参照点是"上","上"是结果补语;例(49)的参照点是"到","到"也做结果补语;例(50)的参照点是动作"停止了","停止"是结果性动词。

也常是某种情况,可以是肯定的,参照点常以"动词＋宾语""状语＋动词"等形式出现;也可以是否定的,参照点主要以"不/没(有)＋动词"和"动词＋不＋补语"形式出现,例如:

(51) 他[几乎]落了泪。(老舍《无名高地有了名》)

(52) 我痛苦地[几乎]大叫。(毕淑敏《翻浆》(上))

(53) 以前,她[几乎]没有考虑过,她有什么人格,和应当避讳什么。(老舍《四世同堂》)

(54) 可是里外都清锅冷灶的,[几乎]看不到一个人。(老舍《四世同堂》)

例(51)"几乎"的参照点"落了泪"是"动词＋宾语",表示情况接近"落了泪";例(52)"几乎"的参照点"大叫"是"状语＋动词",表示情况接近"大叫";例(53)"几乎"的参照点"没有考虑过"是"没有＋动词",表示情况接近"没有考虑";例(54)"几乎"的参照点"看不到"是"动词＋不＋补语",表示情况接近"看不到"。

还可以是数量,这种数量可以以主语、补语、状语出现,也可以单用,例如:

（55）谁说陌生，一年多了，[几乎]天天在这趟公共汽车上和她碰面。（张洁《漫长的路》）

（56）他坐着小板凳，掀开床褥，以铺板当桌，[几乎]写了一整天，专为我。（刘心武《曹叔》）

（57）"哪止二两，八两！[几乎]一瓶，全让我喝了。"马林生翘着拇指和小指自豪地说。（王朔《我是你爸爸》）

例（55）"几乎"参照点"天天"是主语，例（56）"几乎"的参照点"一整天"是补语，例（57）的"几乎"的参照点"一瓶"和"几乎"形成的结构单用。

数量可以是具体的量，也可以是全量，例如：

（58）一个人[几乎]喝半瓶（王朔《橡皮人》）

（59）盛世元长占"三庆"，他俩[几乎]天天在"三庆"碰头。（邓友梅《寻访"画儿韩"》）

（60）参加游行的[几乎]都是学生。（老舍《四世同堂》）

例（58）的"半瓶"是具体的量，例（59）的"天天"、例（60）的"都"是全量，但绝大多数是主观大量，主观小量非常少。

"几乎"的参照点还可以是一种性质或状态，这种情况下，"几乎"修饰的都是形容词或形容词短语，例如：

（61）窗外有葱郁树冠伞脊和明亮的[几乎]透明的蓝天，强烈的光芒弥漫空间。（王朔《玩儿的就是心跳》）

（62）他的"也"字[几乎]与二弟的那个同样的有力。（老舍《四世同堂》）

例（61）的"几乎"修饰"透明"，"透明"是参照点，表示事物性质接近"透明"；例（62）的"几乎"修饰"与二弟的那个同样有力"，参照点是"同样"，表示"力气"接近于"同样"。

"几乎"的参照点也有事物，例如：

（63）我们这儿[几乎]是一个社会收容站。（方方《一波三折》）

(64) 他[几乎]是一种灵感,一种哲理的化身。(老舍《听来的故事》)

例(63)的"几乎"表示接近"社会收容站",例(64)的"几乎"表示接近"灵感",它们都是事物。

3.2 "几乎"的参照点的位置

"几乎"的参照点都在"几乎"的右边,一般紧挨着"几乎",例如:

(65) [几乎]所有简易棚的雨布被掀翻在地了,于是空地向钟其民展示了一堆破烂。(余华《夏季台风》)

(66) "谁?"他们三人[几乎]同时问。(余华《四月三日事件》)

(67) 那一夜我[几乎]没睡,咬着牙躺在床上忍受着勃发的情欲烈火般的煎熬。(王朔《一半是火焰,一半是海水》)

例(65)(66)(67)的"几乎"的参照点分别是"所有""同时""没睡","几乎"紧挨着这几个词语或结构。

前文说过,例(2)不成立,原因就在于"几乎"的参照点是"都",但是"几乎"却放在主语"过去"、"它们"前了,因此句子成立。

"几乎"和参照点之间也可以有其他成分隔开,例如:

(68) 他确信这位比他[几乎]小二十岁的画家是个天才。(刘心武《永恒的微笑》)

(69) 他坐着小板凳,掀开床褥,以铺板当桌,[几乎]写了一整天,专为我。(刘心武《曹叔》)

(70) 我就一头倒下去,扑到竹板床上,[几乎]把床砸塌。(王晓波《黄金时代》)

例(68)的"几乎"的参照点是"二十岁","几乎"和"二十岁"之间隔着"小";例(69)的"几乎"的参照点是"一整天","几乎"和"一整天"隔着"写了";例(70)的"几乎"的参照点是"塌","几乎"和"塌"之间有"把床砸"隔着。这样的参照点多以补语形式出现。

3.3 "几乎"参照点的特点

岳中奇(2007)认为,句中表示的数量词语达到了饱和的标准、一定范围的全量标准或周遍的标准,可以用"几乎"。其实这一说法并不准确。因为数量并没有"饱和"问题,只有大小、多少之别。我们发现,"几乎"用于有数量词语的句子时,数量参照点含有极端性,一般是主观大量(包括全量和周遍量),例如:

(71) [几乎]比他小三十岁。(刘心武《七舅舅》)

(72) 我[几乎]天天夜晚到住宅区去沐浴窗帘之光。(余华《此文献给少女杨柳》)

(73) 围聚的市民们[几乎]全部轻松地笑了。(刘心武《永恒的微笑》)

例(71)的"三十岁"是一个极端量,例(72)的"天天"是周遍量、(73)的"全部"是全量,也都是主观大量,含有极端性。

不仅如此,参照点为结果的时候,也有极端性,例如:

(74) 他当然不知道这是他的老驾驶员和行政科的老部下,[几乎]跑断了腿,不知费了多少唇舌,才弄到手的。(马识途《专车轶闻》)

(75) (老舍《蜕》)可是,刚一下屋外的台阶,他就[几乎]摔倒。(老舍《四世同堂》)

例(74)的参照点"断"、例(75)的参照点"倒"都表示结果,也都有极端性。

"几乎"的参照点表示情况的时候,同样具有极端性。用于肯定句,参照点含有极端性,例如:

(76) 在这种背景下李浩淼[几乎]只费了吹灰之力,就驳倒了陆武桥苦口婆心施加给陆建设的道德观念。(池莉《你以为你是谁》)

(77) 见了丈夫,她[几乎]要哭。(老舍《邻居们》)

例(76)的"几乎"的参照点是"吹灰之力",例(77)的"几乎"的参照点"要哭",它们都含有极端性,表示一种极端的情况。

用于否定句,参照点否定形式也含有极端性,因为否定相当于"零",而"零"在自然数中也是一个极端。例如:

(78)[几乎]没听见她的絮絮低语。(王朔《橡皮人》)

(79)脖子立即被一双大手掐住,[几乎]喘不出气。(方方《一波三折》)

例(78)的参照点"没听见"、例(79)的参照点"喘不出气"都是否定,表示的同样是极端情况。

参照点是性质或状态的时候,也含有极端性,例如:

(80)接着又拾起小姐昔日所赠的那一缕头发,将它们放在一起。[几乎]一样,只是小姐昨夜留下的那几根发丝隐约有些荧荧绿光。(余华《古典爱情》)

该例的"几乎"的参照点"一样"明显也具有极端性。

总之,"几乎"的参照点都含有极端性,"几乎"表示接近某个极端。

下面我们回头来看一下前文例(1)为什么不成立。例(1)的"几乎"修饰"带有一定的化学污染",而"带有一定的化学污染"不具有极端性,即不是一种极端情况,也不具有结果性,这就是例(1)不成立的原因。

4. 结语

综观前文可以看出,"几乎"多用于肯定句,也用于否定句。用于肯定句,主要位于谓语前,也可以位于主语前。肯定句中,"几乎"用在谓语前,谓语多为动词性结构,这些结构主要为动补结构、状中结构(状语多为"都""全""完全"等)、动宾结构等;也有形容词性结构,主要是"介宾+形容词""副词+形容词"。"几乎"用在主语前,主语为周遍性成分、数量(名)和"连……"。

　　否定句中,"几乎"也多用于谓语前,这些谓语多为"不/没(有)+动词",也常是"动词+不+补语";也可以用于主语前,这些主语多是周遍性的,也可以是"一+量词(+名词)"。

　　"几乎"所在的句子都有一个参照点,即"几乎"接近的对象,这些对象多是结果,也可以是某种情况、数量、性质或事物。从位置来看,"几乎"的参照点都在"几乎"右边,多紧挨着"几乎"。从句法成分来看,"几乎"的参照点既可以是主语,也可以是谓语,还可以是状语、补语等。"几乎"的参照点都具有极端性,"几乎"表示十分接近一种极端的情况,这与"几乎"表示的"十分接近"的意义密切相关。

附注

① 该语料库中的文学语料约 1400 万字。

② "几乎"也有用在其他体词性主语前的,例如:
> (1) 她家好像生了病一样,静下去了,哑了,[几乎]门扇整日都没有开动,屋顶上也好像不曾冒烟。(萧红《桥》)
> (2) 笑完了,[几乎]大家是一齐的说:"⋯⋯。"(老舍《文博士》)

例(1)的主语"门扇"是名词,例(2)的主语"大家"是代词。但这种用法非常少,是一种非常规用法,而且调查发现,人们一般认为例(1)、例(2)的"几乎"应分别放在"整日""是"前。

参考文献

符淮青 1996 《词义的分析和描写》,语文出版社。

郭良夫 2002 《应用汉语词典》,商务印书馆。

胡裕树主编 1979 《现代汉语》(修订本),上海教育出版社。

吕叔湘主编 1994 《现代汉语八百词》,商务印书馆。

杨德峰 2008 《面向对外汉语教学的副词定量研究》,北京大学出版社。

杨德峰 2016 《也说"几乎"》,《国际汉语学报》,第 6 卷第 2 辑。

杨德峰 2015 《说"差不多"和"几乎"》,《天中学刊》,第 2 期。

岳中奇 2007 《"几乎"的句法范畴意义及功能》,《语言研究》,第 27 卷第 4 期。

张谊生 2000 《现代汉语副词研究》,学林出版社。

赵元任 1979 《汉语口语语法》,商务印书馆。

中国社会科学院语言研究所词典编辑室编 2013 《现代汉语词典》(第 6 版),商务印书馆。

朱德熙 1982 《语法讲义》,商务印书馆。

副词"具""俱"的源流及
二者之差异

杨荣祥(北京大学中文系,北京大学中国语言学研究中心)

　　古代文献中,出现在状语位置上的"具"和"俱"有什么区别?《史记·项羽本纪》:"项伯乃夜驰之沛公军,私见张良,具告以事,欲呼张良与俱去。曰:'毋从俱死也。'"郭锡良等(1983)在辨别"具""俱"之别时指出:"这里'具告以事'不能说成'俱告以事','俱去'、'俱死'不能说成'具去'、'具死',因为'具告以事'是把事情全部告诉了张良,'俱去'是一起离去,'俱死'是一起死。"(880页)①这一辨析是完全正确的。但是,在不少辞书和古书注释中,对"具""俱"之别都说得不清楚,甚至是错误的;对"具""俱"的释义也往往欠准确。如《辞源》"具"下义项⑧:"副词。都,全。通'俱'。《诗·小雅·节南山》:'民具尔瞻。'《史记·项羽本纪》:'(张)良乃入,具告沛公。'"所举二例中的"具",意义是不相同的(详后),《史记》例"具"不能释为"都,全"。"俱"下义项(三):"皆,都。《孟子·尽心上》:'父母俱存。'古籍中多作'具'。《诗·小雅·楚茨》:'乐具入奏。'又《小雅·頍弁》:'兄弟具来。'"根据《辞源》,"具""俱"似乎就是一个词的不同书写形式。《辞海·语词分册》"具"下义项⑧:"通'俱'。都;完全。《史记·项羽本纪》:'(张)良乃入,具告沛公。'"如前郭锡良等所作辨析,"具告沛公"中的"具"是不能用"俱"替代的,释为通"俱",就更有问题了。《词诠》:"具,俱也,备也。"下举《诗经》2 例,《史记》2 例,《汉书》1 例,《后汉书》1 例,除《诗经》2 例,余例皆不可以"俱"训释。《汉语大词典》"具"下义项⑥:"尽;完全。"举三例,前二例与《辞源》同。对于"俱",《辞源》《辞海》《汉语大词典》,还有《汉语大字典》,释义都差不多,分别为"皆,都。""全,都。""全部,都。""相当于'全''都'。"考之文献中的用例,这种释义也是不准确的。此外,在不少种古文选注中,对"具""俱"的注释也不明确或不准确,问题也都出在对"具""俱"之别缺乏正确的认识。

我们在对上古到明清的三十多种文献进行考察之后,发现"具""俱"虽偶有"通用",但二词差别是很清楚的。表现在词义有别;出现的语义环境有别;在句子中的语义指向不同。这种差别与二词的本义根本不同有着密切的联系。"具""俱"通用时,只有"具"通"俱",没有"俱"通"具";"具"是"俱"的通假字,"俱"是为"具"的通假义所造的后起区别字。

1. "具""俱"的词义基础

《说文》:"具,共置也。"段玉裁注:"共供古今字,当从人部作供。""从廾,貝省,古以貝为货。"段玉裁注:"说从貝之意。"按,许慎对"具"的释义是对的,释形则误。甲骨文、金文中"具"皆从廾从鼎,字像两手举鼎或扶鼎之形,其本义为"设食,准备肴馔"②如:"主人及宾兄弟群执事,即位于门外如初,宗人告有司具。"(《仪礼·特牲馈食礼》)泛指备办,如"缮甲兵,具卒乘。"(《左传·隐公元年》)引申表完备,详尽,如"其功大者其乐备,其治辩者其礼具。"(《礼记·乐记》)"然韩非知说之难,为《说难》书甚具,终死于秦,不能自脱。"(《史记·老子韩非列传》)这个意义用在状语位置上,表示"详尽地,全部地"。如:"严仲子具告曰:'……'"(《战国策·韩策二》)这种用法大约产生于秦汉时期,《诗经》《易经》《春秋经》及春秋三传、《老子》、《论语》、《孟子》、《荀子》、《晏子春秋》、《庄子》、《孙子兵法》、《韩非子》、《国语》等文献中都没有这种用法，《战国策》中仅见上举 1 例。两汉，这种用法使用得非常普遍，《史记》、《汉书》中都有大量的用例。东汉《论衡·问孔》一例显示了"具"由谓语位置到状语位置所带来的词义变化：

　　"（公冶长）实不贤，孔子妻之，非也；实贤，孔子称之不具，亦非也。诚似妻南容云：'国有道不废，国无道免于刑戮。'具称之矣。"

前一"具"出现在谓语位置上，其功能是充当谓语，其词义是表示某种性质状态；后一"具"出现在状语位置上，其功能是充当状语修饰其后的谓词性成分，其词义是表示动作行为的方式、情状。出现在谓语位置上的"具"和出现在状语位置上的"具"已不具有词义的同一性，且后者自产生后在语言中的复现率非常高，所以我们认为，前者是形容词，后者是副词。

　　《说文》："俱，偕也。从人，具声。"段玉裁改"偕"为"皆"，注曰："皆各本作偕，字之误也。今正。白部曰，皆，俱词也，与此为互训。"按，段改《说文》是没有理由的。首先，《说文》"偕"下也有"一曰俱也"，"俱""偕"为互训；其次，"俱"的早期用法，意义与"皆"区别甚明，而与"偕"同。"俱"的本义为偕同，在一起，动词。如："外相如不书。此何以书？为叔孙豹率而与之俱也。"（《公羊传·襄公五年》）"故人无动而不可以不与权俱。"（《荀子·正名》）用在状语位置，表示不同的主体一起（完成某种动作行为或发生某种变化），转化为副词。如："颜高夺人弱弓，籍丘子鉏击之，与一人俱毙。"（《左传·定公八年》）

　　由以上分析可见，"具""俱"的本义原本没有什么相同之处，随着词义的发展引申，二词都能出现在状语位置上，都演变成了副词;作为副词,二词的意义才略微有了相似之处,但差别仍然是很明显的。

2. "具""俱"出现的语义环境及其在句子中的语义指向

副词"具"的词义基础决定了它在句子中出现时对语义环境的要求:"具"为动词义时,具有及物性,即该动作是有被涉及的对象的;词义引申,转化为形容词,表示完备、齐全,其所形容的对象一定是无自主发出动作行为能力的事物,且一定是由"人"支配的对象。所以当"具"出现在状语位置上时,一定要求句子中有其所形容的对象(或者形式上虽未出现,但语义上是包含这种对象的),且这一对象又一定是某一动作的涉及对象。这就要求,"具"作状语的句子,充当谓语的必须是及物动词,这个动词所表示的动作行为可以有"详尽地/全部地"进行或不"详尽地/全部地"进行的分别;谓语动词所表示的动作行为一定是由"人"发出的;谓语动词必须有涉及对象,虽然在句子中不一定出现。这就是副词"具"出现的典型的语义环境。如:

1. 项伯乃夜驰之沛公军,私见张良,具告以事。(史记·项羽本纪)
2. 愿伯具言臣之不敢倍德也。(同)
3. 于是项伯复夜去,至军中,具以沛公言报项王。(同)
4. 良乃入,具告沛公。(同)

以上例中,谓语部分的中心动词分别是"告""言""报",都是及物动词,所表示的动作行为都可以有"详尽地/全部地"进行与否的区别;所表示的动作行为都是由"人"发出的;前三例动词的被涉及对象都在句子中出现,分别为"事""臣之不敢倍德""沛公言",例4动词"告"的被涉及对象虽未出现,但语义上动词"告"自然是有涉及对象的。

副词"具"的词义特征,决定了它在组合功能方面的特点,即只能修饰动词性结构，不能修饰形容词性结构、充当谓语的体词性结构和数量名结构。"具"在句法结构中的语义指向是其后的整个动词性结构。

　　副词"俱"出现的句子，要求谓语所联系的主体不是"单独一个"，而是包括两个或两个以上的成员，谓语表示非"单独一个"的主体同时一起或同样、没有差异地进行某种动作行为或发生某种变化、具有某种性质。"俱"所修饰的主要是动词性结构，也可以是充当谓语的形容词性或名词性结构。谓语所联系的主体的非"单一"性，是副词"俱"出现的语义环境的主要特征。

　　"俱"在句法结构中的语义指向通常是位于其前的谓语所联系的非单独一个的主体③，例如：

　　1. 宣王二年，田忌与孙膑、田婴俱伐魏，败之马陵。（史记·孟尝君列传）

例中"伐魏"的主体不是"单独一个"，就"伐魏"这一动作行为来说，非"单一"的主体"田忌与孙膑、田婴"是同时一起进行的，是一致的。"俱"的语义指向是其前的非"单一"的主体。

　　2. 上谢曰："俱宗室外家，故廷辩之。不然，此一狱吏所决耳。"（史记·魏其武安侯列传）

　　3. 臣闻三王臣主俱贤。（汉书·卷49，晁错传）

例2是名词性谓语，例3是形容词性谓语，但谓语所联系的主体都是非"单一"的，对谓语来说，两例中非"单一"的主体都具有一致性，"俱"的语义指向也都是其前的非"单一"的主体。

3. "具""俱"在历代文献中的使用情况考察

　　下面我们来看一看"具""俱"在不同时代文献中的使用情况。

　　从书写形式来看，"具"在甲骨文中就已出现；"俱"大约到春秋晚期才出现，《左传》中有3次④。就用作副词的情况来看，金文中已有"具"用作副词(见管燮初,1981;崔永东,1994),《诗经》中有 9 例副词"具",但从出现的语义环境和在句法结构中的语义指向来看,与上文分析的"具"不同,而与"俱"相似。这个问题的解释详见下节。

　　先秦文献我们考察了《诗经》、《左传》、《公羊传》、《谷梁传》、《国语》、《战国策》、《论语》、《孟子》、《晏子春秋》、《孙子兵法》、《庄子》、《荀子》、《韩非子》。除《诗经》外,其他文献中"具""俱"的使用情况是:《春秋》三传中"具"不出现在状语的位置;"俱"在《左传》中出现 3 次,均是状语位置,与上文分析的副词"俱"出现的语义环境及其语义指向相符合,是副词。如:

　　1. 公家之利,知无不为,忠也;送往事居,耦俱无猜,贞也。(左传·僖公九年)

"耦俱无猜",谓死者生者都同样的没有猜疑。《谷梁传》无"俱",《公羊传》"俱"5 例,2 例为动词,3 例为副词,如(例 2 为动词):

　　2. 此何以书? 为叔孙豹率而与之俱也。(公羊传·襄公五年)

　　3. 其言来朝其子何? 内辞也,与其子俱来朝也。(同·僖公五年)

谓杞伯姬与其子同时一起来朝。

　　《国语》中无"具"作状语例,《战国策》中"具"作状语仅 1 例(见前),与前述副词"具"出现的语义环境及其在句法结构中的语义指向相符合;二书中"俱"作副词较为常见,《国语》有 5 例,全为副词,《战国策》28 例,7 例为动词,21 例为副词。如:

　　3. 十年不收于国,民俱有三年之食。(国语·卷二十·越语上)

　　4. 秦与天下俱罢,则令不横行于周矣。(战国策·西周策)

　　《论语》、《孟子》、《晏子春秋》、《孙子兵法》、《庄子》中均无"具"作状语例,《荀子》中有 2 例引《诗经》的"具",通"俱",副词;《韩非子》中有 1 例"具"作状语,用如"俱"[唯夫与天地之剖判也具生,至天地之消散也不死不衰者谓"常"[解老]〕。"俱"在《论语》中 1 例,副词;《孟子》中 2 例,副词;《荀子》中 13 例,3 例为动词,10 例为副词;《韩非子》中 30 例,皆为副词。

两汉的材料我们集中调查了《史记》、《汉书》,在这两书中,"具""俱"出现的频率都非常高,既有副词用法,也有非副词用法。副词用法大体都与前文所述语义环境和语义指向相符合,且二词的差别是很明显的。

《史记》中"具"出现 201 次,作动词 81 例,义为具备,准备,具有;作名词 53 例(18 例义为工具、器具,35 例义为筵席、祭神酒食);形容词 4 例,义为详尽、具体;副词 61 例,另有作人名 1 例,作量词 1 例。《汉书》中"具"除也有大量的非副词用法外(未详细统计),用作副词的有 87 例(其中 6 例引自《诗经》)⑤。下面我们列表举出二书中所有"具"的副词用例,以证实前文分析的副词"具"出现的语义环境和在句法结构中的语义指向。

表一　《史记》副词"具"用例表

用例	数量	用例	数量	用例	数量	用例	数量
具告＋以事/人名	10	具言……	9	具以……告	7	具以……报	4
具知……	4	具道……	4	具得……	3	具为＋人名言……	3
具以(之)闻	2	具见其表里	2	具以……对	2	具论……	2
具以之语＋人名	2	具刻诏书刻石	1	具载……	1	具以……奏	1
具以质言	1	具语＋人名	1	具报＋人名	1	具说状	1

注：用例中的省略号表示动词所涉及的内容。下同。

表二　《汉书》副词"具"用例表（引《诗经》6 例末列入表中）

用例	数量	用例	数量	用例	数量	用例	数量
具言……	16	具知……	13	具以……告	7	具告……	6
具道……	5	具得其事	4	具以……对	4	具记……	3
具语＋人名	2	具以实言	2	具以报＋人名	2	具举以闻	1
举自陈道	1	具以闻	1	具以……闻	1	具报＋人名	1
具以语＋人名	1	具以语	1	具陈……	1	具白＋人名	1
具晓所言	1	具发其事	1	具自疏……	1	具以……白＋人名	1
具对	1	具书……	1	具为区处	1	具为天子言	1

　　上面两书中，"具"都修饰动词性结构，动词性结构中的中心动词都是及物动词，且多为言告类动词。这些动词都是要涉及具体内容的。在句法结构中，有时动词所涉及的内容没有出现，如"具告＋人名"、"具语＋人名"，但语义上动词一定有涉及的内容。具体内容可以位于动词之后作宾语，也可以作介词宾语（可省略）位于动词之前。从《史记》《汉书》二书"具"所出现的句法结构具有很大的相似性可以看出，副词"具"所出现的语义环境是有比较严格的要求的。

　　东汉的《论衡》用"具"61 次，只有 5 例是副词用法。如：

　　　　天道难知，鬼神闇昧，故具载列，令世察之也。（论衡·

订鬼)

"俱"在《史记》中出现 209 次,用作动词 30 例,出现的句法格式全是"NP1 与 NP2 俱"⑥ 如:

1. 始皇为微行咸阳,与武士四人俱。(史记·秦始皇本纪)
2. 荆轲有所待,欲与俱;其人居远未来,而为治行。(史记·刺客列传,2533)

用作副词 179 例,其中 162 例出现的句法格式为"NP1 与 NP2 俱 VP"/"Np1Np2 俱 VP"⑦,17 例的句法格式为"NP 俱 VP",NP 为集合体名词性结构。如:

1. 简公四年春,初,简公与父阳生俱在鲁也,监止有宠焉。(史记·齐太公世家,1508)
2. 魏其、武安俱好儒术。(史记·魏其武安侯列传,2842)
3. 然百姓离秦之酷后,参与休息无为,故天下俱称其美矣。(史记·曹相国世家,2031)

《汉书》中用"俱"292 次,16 例为动词,出现的句法格式与《史记》同。如:

1. 信之入匈奴,与太子俱,及至颓当城,生子,因名曰颓当。(汉书·卷 33,韩王信传)
2. 汉二年,(陈馀)东击楚,使告赵,欲与俱。(汉书·卷 32,陈馀传)

276 例为副词,出现的句法格式与《史记》同。如:

1. 且仆与足下俱楚人。(汉书·卷 37,季布传)
2. 臣闻三王臣主俱贤。(汉书·卷 49,晁错传)
3. 孝文帝六年,六王同时俱立。(汉书·卷 38,高五王传)

可见,在《史记》《汉书》中,副词"俱"所出现的语义环境也是有严格要求的。

《论衡》中"俱"共 164 例,16 例为动词,余 148 例为副词,两者出现的句法格式都基本上与《史记》《汉书》相同。如（前一例为动词,后一例为副词）：

　　1. 且言夜明不见,安得见星与雨俱?（论衡·说日）

　　2. 金翁叔,休屠王之太子也,与父俱来降汉。（论衡·乱龙）

　　六朝时期的《百喻经》中无"具"用作状语例;《世说新语》中"具"共 20 例,名词 8 例,动词 3 例,副词 9 例。副词例如：

　　1. 明帝问："何以致泣?"具以东渡意告之。（世说新语·夙惠）

　　2. 王乃具述宣王创业之始,诛夷名族,宠树同己,及文王之末高贵乡公事。（同·尤悔）

其用法与出现的语义环境与前文所述相符。

　　"俱"在《百喻经》中共 13 例,2 例动词,11 例副词;《世说新语》共 51 例,31 例动词,20 例副词。二书中副词的用法也基本上与《史记》《汉书》相同。如：

　　1. 后欲取火,而火都灭;欲取冷水,而水复热。火及冷水二事俱失。（百喻经·水火喻）

　　2. 其后二人俱不介意。（世说新语·雅量）

　　唐代《游仙窟》中"具"2 例,1 例动词,1 例副词（"千名万种,不可具论"）,"俱"13 例,都是副词,其中 2 例与"并"互文。如：

　　1. 文柏榻子,俱写豹头;兰草灯心,并烧鱼脑。（游仙窟）

　　2. 少时天晓已后,两人俱泣,心中哽咽,不能自胜。（游仙窟）

　　杜甫诗中"具"28 例,只有 4 例为副词（"具陈"3 例,"具论"1 例）;"俱"54 例,45 例为副词。寒山诗、拾得诗中无"具"作副词例;"俱"在寒山诗中 5 例,拾得诗中 2 例,皆为副词;《王梵志诗》中"具"5 例,只有 1 例副词（"具言时事"）,"俱"14 例,1 例动词,13 例副词;《六祖坛经（选）》"具"2 例,动词 1 例,副词 1 例（"不能具说"）,"俱"4 例,皆为副词。

　　宋代《三朝北盟汇编（选）》"具"作副词 11 例,皆与前举《史记》中"具"的用法相同,"俱"1例,副词;《朱子语类(97—120卷)》"具"35次,名词5例,动词28例,只有2例为副词,皆用于比较文言化的句子,其中1例同"俱"(例1),如:

1. 使万目具举,吾民得乐其生耶!(朱子语类·一〇三卷,2608)

2. 刚之初拜先生也,具述平日之非与所以远来之意。(同·一一六卷,2789)

"俱"4例,皆副词。如:

3. 谓彼此俱疑,不要将已意断了。(同·一〇五卷,2628)

宋代以后的语料,我们只调查了明代的《金瓶梅词话(1—42回)》和清代的《儿女英雄传》。前者"具"18次,10例动词,3例量词,2例名词,副词只3例,分别为"具言……"、"具道……"、"具说……";"俱"42例,皆为副词。后者无副词"具",副词"俱"16例,都是比较习惯化的用法,如"……俱全""身名俱败""父母俱存"之类。

通过上面的考察,我们有以下几点认识:

(一)以《史记》《汉书》中的用法为典型代表的副词"具"是由"具"的形容词义发展来的,可能就是汉代产生的[⑧]。副词"具"的语义指向都是后指,只修饰动词性结构,其所出现的语义环境有相当严格的要求。

(二)两汉以后,副词"具"几乎没有超出《史记》《汉书》的用法,且使用频率越来越低,只能与少数几个谓语动词搭配出现。所以我们认为,"具"是一个汉代迅速兴起,汉代以后又很快衰萎的副词。其衰萎的原因可能主要有三点:一是"具"直到宋代还是一个比较常用的动词,还有名词、量词用法,"具"的词义负载过重,其副词义出现的机会受到限制。二是"具"对出现的语义环境限制太严,也就是其组合功能比较弱。组合功能弱的词是很容易衰萎的。三是"具"所承载的意义可以通过别的词或语法手段来表达。如《金瓶梅词话》中有：

1. 迟了几日，来保、韩道国一行人东京回来，备将前事对西门庆说：……（金，三八，1000）

2. 次早五更，天色未晓，西门庆奔走讨信。王婆说了备细。（金，五，167）

3. 你可备细说与我，哥哥和甚人合气，被甚人谋害了？（金，九，248）

4. 冯妈妈悉把半夜三更妇人狐狸缠着，……从头至尾，说了一遍。（金，一八，459）

5. 妇人便问："怎么缘故？"西门庆悉把今日门外撞遇鲁华、张胜二人之事，告诉了一遍。（金，一九，484）

这些句子中，"备"、"备细"、"悉"结合相关句式表达了由"具"结合相关句式所表达的意义。

（三）"俱"的前身写作"具"，见于《诗经》，《左传》中写作"俱"。副词"俱"的大量使用是从战国后期开始的。到汉代，副词"俱"出现的语义环境还有比较严格的限制，即"俱"所修饰的 VP 联系的主体必须是非"单一"的，对 VP 来说，非"单一"主体具有一致性，并且往往是同时的。

（四）"俱"出现在"NP1 与 NP2 俱 VP"格式中时，VP 只能是动词性结构，这时"俱"并不是表示对 NP1 和 NP2 的总括，而是表示非"单一"主体进行动作行为的同时性和一致性，所以"俱"一般都不能训释为"皆"、"都"。该格式中的"与"是介词，不是连词；"与 NP2"是介宾结构充当其后的 VP 的状语，NP1 与 NP2 有主次之分。《世说新语》中有 1 例"NP1 将 NP2 俱 VP"，更能说明"俱"不是表示对 NP1 和 NP2 的总括，"将 NP2"必须理解为介宾结构作状语：

1. 孙盛为庾公记室参军，从猎，将其二儿俱行。（世说新语·言语）

　　(五) 在"NP1NP2 俱 VP"或"NP 俱 VP"(NP 为集合体名词性结构)格式中,"俱"的意义逐渐发生了细微的变化:当 VP 是动词性结构时,虽然"俱"仍表示非"单一"主体的同时性和一致性,但因为非"单一"主体无主次之分,语义上也就可以将"俱"理解为对非"单一"主体的总括,特别是当整个句子并不强调非"单一"主体"同时"VP 时,"俱"表示总括的意义就更加突出了。如:

1. 孔子、墨子俱道尧舜,而取舍不同,皆自谓真尧舜。(韩非子·显学)

2. 恶来有力,蜚廉善走,父子俱以材力事殷纣。(史记·秦本纪)

3. 孝惠皇帝、高后之时,黎民得离战国之苦,君臣俱欲休息乎无为。(史记·吕太后本纪)

4. 职曰:"断足子!"戎曰:"夺妻者!"二人俱病此言,乃怨。(史记·齐太公世家)

当 VP 由形容词性结构或名词性结构充当时,"俱"就只表示非"单一"主体的一致性,而不强调同时性,这时"俱"在语义上就可以看作表示对非"单一"主体的总括了。如:

1. 上谢曰:"(魏其、武安)俱宗室外家,,故廷辩之。"(史记·魏其武安侯列传)

2. 单于)曰:"……匈奴无入塞,汉无出塞,犯今约者杀之,可以久亲,后无咎,俱便。"(史记·匈奴列传)

3. 程、李俱东西宫校尉。(汉书·窦田灌韩传)

4. 大邪之见,侍者虽正,辰时俱邪。(汉书·眭两夏侯京翼李传)

　　(六) 两汉以后的语料中,副词"俱"还一直比较常见,但仍以表示非"单一"主体进行动作行为的同时性、一致性为多,表示对非"单一"主体总括的用例仍只是少数。也就是说,在整个汉语史中,副词"俱"能以"皆、都"训释的例子都只是少数。

（七）在整个汉语史中，除早期"具"通"俱"，汉代以后有个别"具"通"俱"的用例外，副词"具"与"俱"的语义特征、对语义环境的要求和出现的句法格式都是不同的。

（八）副词"具"东汉以后就不大常用了，"俱"虽然还保存于现代书面语中，但估计从明清时期开始，口语中也不大使用了。

4. 关于"具""俱"通用与辞书释义及其他

《诗经》中有 10 例"具"通"俱"。1 例出现在谓语位置，为动词：

1. 兄弟既具，和乐且孺。（小雅·常棣）

朱熹《诗集传》："具，俱也。""具"在这里是偕同、在一起的意思。9 例出现在状语位置，为副词，如：

2. 叔在薮，火烈具举。（郑风·大叔于田）（毛传：具，俱也）

3. 岂伊异人，兄弟具来。（小雅·頍弁）（朱熹诗集传：具，俱也）

4. 神具醉止，皇尸载起。（小雅·楚茨）（郑笺：具，皆也）

5. 民靡有黎，具祸以烬。（大雅·桑柔）（郑笺：具，犹俱也）

6. 赫赫师尹，民具尔瞻。（小雅·节南山）

金文中也有"具"通"俱"作副词的[9]：

7. 南尸、东尸具见，廿又六邦。（宗周钟）

8. 我乃至于淮，小大邦亡敢不□具逆王令。（驹父盨盖）

这些"具"出现的句子中，谓语所联系的主体都是非"单一"的集合体，"具"的语义指向前指，表示非"单一"主体同时地、一致地发出某种动作行为。"具"的这种意义和用法，与后来出现的副词"俱"是一致的，而与汉代出现的作副词的"具"完全不同。我们认为，《诗经》和金文中的这些"具"是假借为"俱"，而不是由"具"的备办义或完备义引申发展来的。语言中已有一个词，该词先有动词义，表示"偕同、在一起"；意义和功能发生变化，成为副词，表示"一起、同时地"，书写符号借用"具"。后来新造"俱"字来记录这个词。

王力先生《同源字典》认为"具""俱"同源，我们认为，从"具""俱"的本义来看，二词没有共同的意义来源；二词各自演变出副词用法后，两个副词的意义和出现的语义环境、句法格式也都有很大的差别。所以王力先生明确指出："但到了后来，作副词用时，'俱''具'也有区别了：……《史记·项羽本纪》'项伯乃夜驰之沛公军，私见张良，具告以事。欲呼张良与俱去，曰：无从俱死也。'其中的'具'和'俱'不能互易。"这是完全正确的。又，王力先生前面说："作副词用时，'俱''具'可通用。"据我们考察，"俱"字后出，《诗经》中无"俱"字，字只作"具"；有了"俱"字后，偶尔有"具"通"俱"，如《韩非子》中有 1 例，《朱子语类》中也见到 1 例（均见上文），但没有"俱"通"具"的用例。

本文开头指出，不少辞书对"具""俱"的释义欠准确。通过对大量文献的调查，我们认为出现在状语位置上的"具"的释义应为：①通"俱"，副词，一起，共同地。②副词，详尽地，全部地。"俱"的释义应为：副词，a 一起，共同地；b 皆，都。这种释义是依现行辞书通用的释义体例，若要求更准确，则应如上文所述那样，对"具""俱"的语义特征及其所出现的语义环境作全面的描写。

通过对"具""俱"在历代文献中使用情况的调查和对二者的辨析，我们深感传统训诂学对汉语历史语法研究带来的消极影响。传统训诂学无论对实词虚词，往往都采用同义近义词为训，各类辞书从简明实用出发，也多采用这种训释方式，这样很容易抹杀词与词（有些具有同义关系，有些甚至很难说具有同义关系，如"具"和"俱"）之间的差别。特别是一些虚词，采用"某，某也"的训释方式，随文释义，虽有助于诠释古文句义，但对于语言研究来说却是很不科学的。对一个虚词作出准确的解释，绝不是"某也"

能说清的。从语言学的角度来解释某个词,不仅要给出该词的概念义(很多虚词并不表示概念,因而也就没有概念义),更应该对这个词的功能、在句法结构中的位置和语义指向、出现的语义环境和句法格式等等作出全面准确的描写。

附注:

① 郭锡良等《古代汉语》1983 年第 1 版,此后多次再版和出修订本,但这部分内容各版基本上没变。商务印书馆出版的修订本删去了辨析二者差别的内容。

② 王力《古代汉语》第二单元常用词"具"下第一义项为"设食,准备酒席。"完全正确。

③ 有个别例外,如《史记·三王世家》:"盖闻孝武帝之时,同日而俱拜三子为王。""俱"的语义指向是其后的"三子"。《祖堂集·卷一四》:"俱歇一切攀缘贪嗔爱取,垢净情尽。""俱"语义指向后指。

④ 今收入十三经中的《尚书·胤征》有"火炎昆冈,玉石俱焚。"但全《尚书》中"俱"仅此一例。一般认为,《胤征》系古文尚书篇目,不宜看作先秦语言资料。

⑤《史记》中有 2 例"语具在……中",1 例"金具在",1 例"(六剑)具在",1 例"(将有罪之将苏建)具归天子",这些"具"应看作动词,义为具备、备办。《汉书》中有 3 例"具在……传",1 例"大王所赐金具在",1 例"(六剑)具在",也应看作动词。

⑥ NP2 有时为代词"之",并可省略。

⑦ VP 在这里包括充当谓语的形容词性成分和名词性成分。

⑧《战国策》中有 1 例副词"具",而《战国策》是汉代刘向整理成书的。

⑨ 以下二例据崔永东引。

参考文献:
崔永东 1994 两周金文虚词集释,中华书局。
管燮初 1981 西周金文语法研究,商务印书馆。
郭锡良等 1983 古代汉语(下),北京出版社。
王力 1981 古代汉语(第一册),中华书局。
王力 1982 同源字典,商务印书馆。

引用文献:

《诗经》、《尚书》、《仪礼》、《礼记》、《左传》、《公羊传》、《谷梁传》,以上据十三经注疏本,中华书局,1980 年;《论语》,杨伯峻译注本,中华书局,1980年;《孟子》,杨伯峻译注本,中华书局,1960 年;《庄子》、《荀子》、《晏子春秋》、《韩非子》,以上据诸子集成本,上海书店影印本,1986 年;《战国策》,上海古籍出版社,1985 年;《国语》,上海古籍出版社,1988 年;《史记》,中华书局,1975 年;《汉书》,中华书局,1983 年;《论衡》,据《论衡注释》,中华书局,1979年;《百喻经》,文学古籍刊行社,1955 年;《世说新语》,据徐震堮校笺本,中华书局,1984 年;王梵志诗、寒山诗、拾得诗、杜甫诗,据《全唐诗》,中华书局,1960 年;《游仙窟》、《六祖坛经(选)》,据《近代汉语语法资料汇编(唐五代卷)》,商务印书馆,1990 年;《祖堂集》,日本京都大学人文科学研究所,1980年;《三朝北盟汇编(选)》,据《近代汉语语法资料汇编(宋代卷)》,商务印书馆,1992 年;《朱子语类》,中华书局,1994 年;《金瓶梅词话》,文学古籍刊行社,1955 年;《儿女英雄传》,上海书店,1993 年。

"果不(其)然"的形成及其演变[*]

叶建军(温州大学人文学院)

1. 引言

《现代汉语词典》(2012:498。以下简称《现汉》)对"果不其然"的释义是:"果然(强调不出所料):我早说要下雨,～,下了吧!也说果不然。"《现汉》对词进行了全面的词性标注,这里虽将"果不其然"解释为语气副词"果然",但是并未给其标注词性,可见《现汉》并不将"果不其然"看作词。这样处理可能是考虑到了"果不其然"与"果然"存在一些差异。语言事实的确如此,"果然"为语气副词,具有黏着性,一般只充当状语;而"果不其然"具有谓词性、独立性,可以做句子或分句,也可充当谓语,肯定、确认事实与论断或预期相符,相当于"果然如此/这样"。例如:

(1) 和我上一个班的毡巴可以作证,当时我就老对他说:我还得倒霉,因为福无双至,祸不单行。果不其然,过了没几天,我就把毡巴揍了一顿,把他肋骨尖上的软骨都打断

---

* 本文得到国家社科基金项目"近代汉语句式糅合现象研究"(批准号:12BYY086)的资助。初稿先后在第十届汉语语法化问题国际学术讨论会(华中师范大学,2013 年 10 月)、第二届汉语副词研究学术研讨会(重庆师范大学,2013 年 10 月)上宣读。《中国语文》编辑部和匿名审稿专家对初稿提出了宝贵的修改意见,谨此致谢。

了。(王小波《革命时期的爱情》)

（2）宝森接来一看，盒盖上刻着一行填彩的隶书："吹箫引凤"，便知是一枝烟枪；抽开盒盖，<u>果不其然</u>。(高阳《红顶商人胡雪岩》)

（3）于是，她返回了黑米尔霍克，等待着，盼望着。行行好吧，行行好吧，来一个孩子吧！一个孩子会解决一切问题的，有个孩子该叫人多高兴啊！事情<u>果不其然</u>。(考琳·麦卡洛《荆棘鸟》)

上面三例中的"果不其然"均可替换成"果然如此/这样"，其与语气副词"果然"在意义、性质上是很不一样的，可以看作确认事实义句式[①]。

《现汉》(2012:498)认为"果不其然"也说成"果不然"，将"果不然"解释为"果不其然"，也就是说二者在意义、性质上理应是一致的，"果不然"与"果不其然"一样也应是确认事实义句式。《现汉》未给"果不其然"标注词性，但是却将"果不然"标注为副词。那么"果不其然"与"果不然"之间是否有源流关系呢？"果不其然"与"果不然"的来源及其历时演变情况是怎样的呢？"果不然"是否完全副词化了呢？我们拟立足于汉语史，就这些问题进行探究。

2. "果不（其）然"的形成

2.1 已有观点存在的问题

关于"果不其然"、"果不然"的关系与来源，江蓝生(2008)发表了意见，认为"'果不其然'是'果不然'的增字四字格"；而"'果不然'是'果然'与'不出所料'这两个同义概念叠加后整合而成的"，是"果然"与"不出所料"经常连用造成的结果。车录彬、许杰(2013)则认为"'果不然'应由'果不出所料'和'果然'两种表达叠加、缩略而来"。

　　因论述的重点在宏观问题上,江蓝生(2008)未对"果不其然"、"果不然"的形成进行深入、细致的探讨。江蓝生(2008)认为"果不然"是糅合而成的[②],这一看法是完全正确的。但关键问题是,"果不然"是由什么糅合而成的?"果然"与"不出所料"连用形成的"果然不出所料"是不是糅合构式? 我们检索了大量语料,发现"果然不出所料"到了清代中叶以后才开始出现。例如:

　　(4) 老爷听罢,暗暗点头道:"看此道不是作恶之人,<u>果然不出所料</u>。"(《七侠五义》第二十一回)[③]

　　(5) 黄天霸暗暗赞道:"怪不得褚老叔料他武艺高强,<u>果然不出所料</u>,如此扎手。若要捉他,倒觉有些费事。"(《施公案》第二百七十八回)

例(4)、(5)中的"果然"为语气副词,"不出所料"为谓词性短语;"果然"只是充当谓词性短语"不出所料"的状语,加强确认语气。很显然,"果然不出所料"只是状中关系的句法结构或句式[④],并不是糅合构式。这种句式沿用了下来。例如:

　　(6) 地毯是赵胜天夫妇专门为这次聚会买的,还送去照紫外线消了毒,<u>果然不出所料</u>,就是有小家伙故意把蛋糕扔到地上再捡起来吃。(池莉《太阳出世》)

　　糅合可以分为词法层面的词语糅合和句法层面的句式糅合等。所谓词语糅合,特指两个语义相同或相近的词语 A 与 B 通过删略重叠成分合并成一个新的词语 C 的过程或现象。所谓句式糅合,特指两个语义相同或相近的句式 A 与 B 主要通过删略重叠成分合并成一个新的句式 C 的过程或现象(叶建军,2013)。无论是词语糅合还是句式糅合,都要遵循同级原则,即发生糅合的两个语言单位必须是同级的,要么都是词语,要么都是句式。如同义词"眼前"与"面前"糅合成新词语"眼面前"(江蓝生,2008),属于词语糅合现象,遵循糅合的同级原则;被动句式"(NP$_{受}$)被 NP$_{施}$

VP"与主动句式"NP$_施$VPNP$_受$"糅合成新句式"被 NP$_施$VPNP$_受$",属于句式糅合现象(叶建军,2014),同样遵循糅合的同级原则。但是"果然"为语气副词,"不出所料"为谓词性句法结构或句式,二者不属于同级语言单位,不遵循糅合的同级原则,因而二者组合而成"果然不出所料"不是糅合现象。

　　无论是词语糅合还是句式糅合,都要遵循语义相近原则,即源词语或源句式 A 与 B 的语义必须相同或相近。但是"果然"为语气副词,"不出所料"为谓词性句法结构或句式,二者语义相去甚远,不遵循糅合的语义相近原则,因而二者组合而成"果然不出所料"不属于糅合现象。

　　无论是词语糅合还是句式糅合,都要遵循时代先后原则,即语义相同或相近的源词语或源句式 A 与 B 必须先于糅合词语或糅合句式 C 而存在,或者与糅合词语或糅合句式 C 同时存在。"果然"早在上古汉语中就具有谓词性、独立性,可以充当句子或分句,意义为"果然如此/这样",因而可以看作句式。大概到了南北朝时期,"果然如此/这样"义的"果然"已词汇化为语气副词(李小平,2007)。"不出所料"大概到了清代中叶以后才开始出现。如果说"果不然"是由"果然"与"不出所料""糅合"而成的"果然不出所料"经常使用造成的结果,那么根据糅合的时代先后原则,"果不然"应该是清代中叶以后才开始出现的,但是事实上"果不然"在明末清初就已出现(详见 2.2)。所以从糅合的时代先后原则来看,"果不然"不可能是由"果然"与"不出所料""糅合"而成的"果然不出所料"经常使用造成的结果[5]。

　　无论是词语糅合还是句式糅合,都要遵循成分蕴含原则,即糅合词语或糅合句式 C 必须蕴含源词语或源句式 A 与 B 的主要成分,甚至是全部成分。"果不然"蕴含了"果然"("果然如此/这样"义)的所有成分,但是并不蕴含"不出所料"中的主要成分"出所料",因此从糅合的成分蕴含原则来看,"果不然"也不可能是由

"'果然'与'不出所料'这两个同义概念叠加后整合而成的"。

车录彬、许杰(2013)认为"果不然"是由"果然"与"果不出所料"糅合而成的,这一观点首先违背了糅合的同级原则。虽然车录彬、许杰(2013)没有明确指出这里的"果然"的性质,但是从行文可以清楚地看出,这里的"果然"是语气副词,而"果不出所料"是一个句法结构或句式,因而二者不可能发生糅合。"果然"与"果不出所料"的语义相去甚远,从糅合的语义相近原则来看,二者也不可能发生糅合。"果不然"不蕴含"果不出所料"的主要成分"出所料",从糅合的成分蕴含原则来看,"果不然"也不可能是由"果然"与"果不出所料"糅合而成的。

至于"'果不其然'是'果不然'的增字四字格"这一说法,我们认为也难以成立(详见2.2)。

2.2　确认事实义句式"果不其然"与"果不然"

我们检索了大量语料,发现"果不其然"最早见于明末清初小说《醒世姻缘传》,共有 4 例,且均出现于口语化程度较高的人物语言中。例如:

(7) 晁思才又没等晁夫人说完,接道:"嫂子是为俺赤春头里,待每人给俺石粮食吃? 昨日人去请我,我就说嫂子有这个好意,果不其然! 这只是给嫂子磕头就是了。"(第二十二回)

(8) 狄员外道:"我说这两个不是好人,果不其然! 论我倒也合他两人相知。……"(第三十四回)

(9) (艾回子道:)"……请我去看,我认的是报应疮,治不好的,我没下药来。果不其然,不消十日,齐割扎的把个头来烂吊一边。……"(第六十六回)

(10) 那刘嫂子道:"我前日见他降那汉子,叫他汉子替他牵着驴跑,我就说他不是个良才。果不其然,惹的奶奶计较。咱这们些人只有这一个叫奶奶心里不受用,咱大家脸上

都没光采。"(第六十九回)

上例中的"果不其然"具有谓词性、独立性,充当句子或分句,肯定、确认事实与论断或预期相符,相当于"果然如此/这样"。如例(7)中的"果不其然",肯定、确认事实与所说"嫂子有这个好意"是一致的。因而"果不其然"属于确认事实义句式。

"果不然"最早也是见于明末清初小说《醒世姻缘传》,共有 5 例,其中有 2 例出现于口语化的人物语言中,有 3 例出现于口语化的作者叙述语言中。例如:

(11) 狄希陈道:"我说你没有好话,果不然!咱只夯吃,不许多话。我合你说,你嫂子惯会背地里听人,这天黑了,只怕他来偷听。万一被他听见了,这是惹天祸,你么跑了,可拿着我受罪哩。"(第五十八回)

(12) 刘振白道:"你看!昨日我见狄家的小厮使手势,把差人支到外头,递了话进来,狄家送了一两银子,争也没争就罢了。我道他一定有话说,后晌必定偷来讲话。我说我等着他。到起鼓以后,果不然,两个差人来了,叫我撞个满怀。……"(第八十二回)

(13) 承恩只到后边转了转背,出来说道:"……太太分付,叫人拿四碗菜,一盘点心,一素子酒,给你吃哩。"童七道:"承官儿,你哄我哩。你进去没多大一会,你就禀的这们快呀?"承恩道:"你管我快不快待怎么?你只给了我腊嘴,我还嫌替你禀的迟哩。"说不了话,果不然,从后边一个人托着一个盘子,就是承恩说的那些东西,一点不少,叫道:"童先儿在那里?太太赏你饭吃哩!"(第七十回)

上例中的"果不然"与"果不其然"一样也具有谓词性、独立性,充当句子或分句,肯定、确认事实与某个论断或预期相符,也相当于"果然如此/这样"。如例(11)中的"果不然",肯定、确认事实与所说"你没有好话"是一致的。因而"果不然"也属于确认事实义句式。

　　语义一致的"果不其然"与"果不然"最初均出现于同一文献中,且均出现于口语化的人物语言或作者叙述语言中,二者之间的源流关系并不清晰。与其说"'果不其然'是'果不然'的增字四字格",不如说"果不然"是"果不其然"的省略式。在口语中经济原则总是优先发挥作用,能省略则尽量省略;而增加无意义的羡余成分,尤其是文言成分,不符合口语的特点。"果不其然"中的"其"是一个无实义的羡余的文言成分,因而在口语化的语言中有可能是"果不其然"省略羡余的文言成分"其"成为"果不然",而不大可能是"果不然"增加羡余的文言成分"其"成为"果不其然"。但是由于"果不其然"与"果不然"最早均出现于同一文献中,颇难厘清二者之间的关系,所以我们更倾向于认为,二者之间很可能没有源流关系。

　　确认事实义句式"果不其然"、"果不然"的来源与确认事实义句式"果然"、"果其然"和"不其然乎"类有关。

2.3　确认事实义句式"果然"与"果其然"

　　"果然"在上古汉语中常见义是"果然如此/这样"。例如:

　　(14)夫子曰:"吾知其可与言,果然;然彼得之而不尽者也。"
　　　　(《列子·天瑞》)

上例中的"果然"是由"果然、果真"义的语气副词"果"与"如此、这样"义的谓词性指示代词"然"组合而成的状中关系的句法结构或句式,具有谓词性、独立性,充当句子或分句,肯定、确认事实与论断或预期相符。因而"果然如此/这样"义的"果然"属于确认事实义句式。

　　汉代以后直至明清时期确认事实义句式"果然"均有用例,并未因语气副词"果然"的出现与广泛使用而消失。例如:

　　(15)说者曰:"人言楚人沐猴而冠耳,果然。"(《史记·项羽本纪》)

(16) 黯时与汤论议,汤辩常在文深小苛,黯伉厉守高不能屈,忿发骂曰:"天下谓刀笔吏不可以为公卿,<u>果然</u>。必汤也,令天下重足而立,侧目而视矣!"(《史记·汲郑列传》)

(17) 刘羲叟谓圣上必得心疾,后<u>果然</u>。(《朱子语类》卷九十二)

(18) 秋香道:"此后于南门街上,似又会一次。"华安笑道:"好利害眼睛!<u>果然</u>,<u>果然</u>!"(《警世通言》卷二十六)

(19) 宝琴笑道:"你这个不大好看,不如三姐姐的那一个软翅子大凤凰好。"宝钗笑道:"<u>果然</u>!"(《红楼梦》第七十回)

确认事实义句式"果然"后还可加上语气词"矣"或"也",不过其前一般要加上单音节时间名词"今",形成四字格"今果然矣"或"今果然也"。例如:

(20) 吴主览毕,大怒曰:"朕闻抗在边境与敌人相通,<u>今果然矣</u>!"(《三国演义》第一百二十回)

(21) (孔子)遂命弟子埋其醢,痛哭曰:"某尝恐由不得其死,<u>今果然矣</u>!"(《东周列国志》第八十二回)

(22) 元帅心里想道:"佛力无边,<u>今果然也</u>。"(《三宝太监西洋记》第五十九回)

(23) 太宗大笑道:"朕固疑先生有前知之术,<u>今果然也</u>。朕东宫未定,有襄王元侃,宽仁慈爱,有帝王之度,但不知福分如何,烦先生到襄府一看。"(《喻世明言》卷十四)

(24) 范雎曰:"先生自谓雄辩有智,<u>今果然也</u>。雎敢不受命!"(《东周列国志》第一百一回)

确认事实义句式"果然"可理解成陈述句式,但是也可理解成感叹句式。感叹句式与陈述句式的不同主要体现在语气上,其语气比陈述句式强烈。确认事实义句式"果然"渗入了言者的主观立场、态度或情感,具有言者的主观性。而言者的主观性可以通过强烈的语气体现出来,为了凸显言者的主观性,"果然"自然可以理解成语气强烈的感叹句式。

需要指出的是,与肯定形式的"果然"相对的否定形式的"果不然"直至明末清初才出现,但是其语义是肯定的,相当于确认事实义句式"果然"。在汉语史上没有表示否定义的句式"果不然",这是由"果"与"然"的意义、用法决定的。"果"早在上古汉语中就可以用作语气副词,义为"果然、果真",用来肯定、确认事实与论断或预期相符。而某个论断或预期从具体内容来看,可以是肯定的,也可以是否定的。指示代词"然"相当于"如此、这样",如果其指代的具体内容为肯定义的论断或预期,那么毫无疑问,句式"果然"是肯定义,相当于"果然如此/这样",肯定、确认事实与这个肯定义的论断或预期相符。如例(15)中的"果然"是肯定义,相当于"果然如此/这样",肯定、确认事实与肯定义的论断"楚人沐猴而冠耳"一致。如果"然"指代的具体内容为否定义的论断或预期,那么句式"果然"也仍是肯定义,也相当于"果然如此/这样",只是肯定、确认事实与这个否定义的论断或预期相符。如例(16)中的"果然"也是肯定义,也是"果然如此/这样"义,不过肯定、确认事实与否定义的论断"刀笔吏不可以为公卿"相符。由此可见,即便论断或预期是否定义,如果要肯定、确认事实与之一致,也只需使用形式与语义均是肯定的句式"果然"。因此汉语史上只有形式与语义均是肯定的确认事实义句式"果然",而没有形式与语义均是否定的确认事实义句式"果不然"。

从唐代开始确认事实义句式"果然"中间可以插入助词"其"形成"果其然",意思仍然是"果然如此/这样"。不过在汉语史上"果其然"极为罕见。例如:

(25) 独处一室,数梦一人衣短褐,曰:"我书生也。顷因游学,逝此一室。以主寺僧不闻郡邑,乃瘗于牖下,而尸骸跼

促。死者从直,何以安也? 君能迁葬,必有酬谢。"乃访
于缁属,<u>果其然</u>也。(《云溪友议·葬书生》)

(26)君宝闻曰:"王者不死,<u>果其然</u>!"(《新唐书·外戚列传》)

如同"果然"一样,确认事实义句式"果其然"具有言者的主观
性,表示言者对与论断或预期一致的事实予以肯定、确认。如同
"果然"一样,确认事实义句式"果其然"可理解成陈述句式,也可
理解成感叹句式。

有必要指出的是,与肯定形式的"果其然"相对的否定形式的
"果不其然"直至明末清初才出现,但是其语义与形式不对称,相
当于确认事实义句式"果其然"。如同确认事实义句式"果然"一
样,"果其然"既可肯定、确认事实与肯定义的论断或预期一致,如
例(25);也可肯定、确认事实与否定义的论断或预期一致,如例
(26)。因此汉语史上只有形式与语义均是肯定的确认事实义句
式"果其然",而没有形式与语义均是否定的确认事实义句式"果
不其然"。

2.4　确认事实义句式"不其然乎"类

在汉语史上没有形式与语义均是否定的确认事实义句式"果
不然"、"果不其然",但是这并不意味着在汉语史上没有形式与语
义均是否定的句式"不然"、"不其然"。事实上,早在上古汉语中
就出现了形式与语义均是否定的句式"不然"、"不其然"。例如:

(27)大史书曰:"赵盾弑其君。"以示于朝。宣子曰:"<u>不然</u>。"
（《左传·宣公二年》）

(28)少师谓随侯曰:"必速战。<u>不然</u>,将失楚师。"(《左传·桓
公八年》)

(29)子产曰:"不获。受楚之功,而取货于郑,不可谓国,秦<u>不
其然</u>。若曰'拜君之勤郑国。微君之惠,楚师其犹在敝
邑之城下',其可。"(《左传·襄公二十六年》)

肯定义句式"果不(其)然"的来源与否定义句式"不然"、"不

其然"无关,而与肯定义反诘句式"不然"、"不其然"有关。

"不然"、"不其然"在汉语史上均可用于反诘。"不然"用于反诘,需要加上表示语气的词语,一般是在其前加反诘副词"岂"等,同时在其后加疑问语气词"哉/乎/邪"等,形成四字格反诘句式"岂不然哉/乎/邪"等。

反诘句式"岂不然哉/乎/邪"从西汉时期开始就有用例,并沿用到了近代汉语。例如:

(30)美女者,恶女之仇。岂不然哉!(《史记·外戚世家》)

(31)欧阳公曰:"祸患常生于忽微,智勇多困于所溺。"岂不然哉!(《阅微草堂笔记》卷二十一)

(32)《诗》云:"上天之载,无声无臭。"其详难得而闻矣,岂不然乎!(《前汉纪》卷六)

(33)孔子曰:"夫孝者,天之经也,地之义也。"岂不然乎!(《阅微草堂笔记》卷五)

(34)日不如古,弥以远甚,岂不然邪!(《后汉书·王充王符仲长统列传》)

"不其然"用于反诘,也需要加上表示语气的词语,一般是在其后加上疑问语气词"乎"等,形成四字格反诘句式"不其然乎"等;偶尔在其前加反诘副词"岂"等,形成四字格反诘句式"岂不其然"等。

反诘句式"不其然乎"从先秦开始就有用例,并沿用到了近代汉语。例如:

(35)孔子曰:"才难,不其然乎! 唐虞之际,于斯为盛。有妇人焉,九人而已。三分天下有其二,以服事殷。周之德,其可谓至德也已矣。"(《论语·泰伯》)

(36)时台中为之语曰:"侯知一不伏致仕,张琮自请起复,高筠不肯作孝,张栖贞情愿遭忧。皆非名教中人,并是王化外物。"兽心人面,不其然乎!(《朝野佥载》卷四)

（37）语云:"谋事在人,成事在天。"<u>不其然乎</u>!(《东游记》第
十五回)

（38）后所亲见其惘惘如失,阴叩之,乃具道始末,喟然曰:"幸
哉我未下石也,其饮恨犹如是。曾子曰:'哀矜勿喜。'
<u>不其然乎</u>!"(《阅微草堂笔记》卷三)

反诘句式"岂不其然"最迟在南朝时期已有用例,不过在汉语
史上极为罕见。例如:

（39）孔子曰:"可与共学,未可与适道。"<u>岂不其然</u>!(《三国
志·吴书·虞陆张骆陆吾朱传》裴松之注引《翻别传》)

为了行文方便,我们将"岂不然哉/乎/邪"、"不其然乎"、"岂
不其然"等反诘句式称为"不其然乎"类反诘句式。

反诘句式是一种无疑而问的假性疑问句式。"反诘实在是一
种否定的方式:反诘句里没有否定词,这句话的用意就在否定;反
诘句里有否定词,这句话的用意就在肯定。"(吕叔湘,1982:290)
否定形式的反诘句式"不其然乎"类表示肯定义,意思是"确实如
此/这样",表示言者主观上肯定、确认事实应该与某个论断或预
期相符,因而反诘句式"不其然乎"类属于确认事实义句式。反诘
句式具有多种语用价值,不仅"表现说话人主观的'独到'见解",
而且"传递说话人对对方的一种'约束'力量","带强制性地要求
对方赞同"自己的看法(邵敬敏,2014:222)。换言之,反诘句式不
仅表明言者的立场、态度或情感,而且也关注听者的立场、态度或
情感,强制性地要求听者与言者的立场、态度或情感保持一致,具
有交互主观性。所以"确实如此/这样"义的反诘句式"不其然乎"
类不仅表示言者主观上肯定、确认事实应该与某个论断或预期相
符,而且表示言者强制性地要求听者与自己的主观看法保持一
致,具有交互主观性。如例(30)中的"岂不然哉",不仅表示言者
主观上肯定、确认事实应该与"美女者,恶女之仇"这一论断相符,
而且表示言者强制性地要求听者认同自己的看法。

2.5 "果不(其)然"的生成机制

确认事实义句式"果不(其)然"在形式上是否定的,但是在语义上却是肯定的,形式与语义不对称。那么"果不(其)然"是怎样形成的呢? 其生成机制是什么? 我们认为,"果不(其)然"的生成机制是糅合,其是由肯定形式的确认事实义陈述句式或感叹句式"果(其)然"与否定形式的确认事实义反诘句式"不其然乎"类糅合而成的。这一糅合过程可以表示为:

"果(其)然"+"不其然乎"类→"果不(其)然"⑥

句式糅合要遵循三个基本原则,即语义相近原则、时代先后原则和成分蕴含原则(叶建军,2013)。也就是说,如果句式 A 与 B 语义相同或相近,且先于句式 C 而存在或与句式 C 同时存在,而句式 C 又蕴含句式 A 与 B 的主要成分,甚至是全部成分,那么句式 C 就是由句式 A 与 B 糅合而成的。肯定形式的确认事实义陈述句式或感叹句式"果(其)然"与否定形式的确认事实义反诘句式"不其然乎"类糅合生成"果不(其)然",完全遵循句式糅合的三个基本原则。首先,如前所述,陈述句式或感叹句式"果(其)然"与反诘句式"不其然乎"类均属于确认事实义句式,二者语义相近,因而遵循句式糅合的语义相近原则,具备句式糅合的语义条件。其次,如前所述,"果(其)然"与"不其然乎"类基本上在上古汉语或中古汉语中已出现,最迟在唐代已有用例,并沿用到了近代汉语,而"果不(其)然"直至明末清初才出现,因而"果(其)然"与"不其然乎"类糅合生成"果不(其)然"遵循句式糅合的时代先后原则。最后,"果不(其)然"蕴含了"果(其)然"与"不其然乎"类的主要成分⑦,因而遵循句式糅合的成分蕴含原则。因此我们有理由认为,"果不(其)然"是由肯定形式的确认事实义陈述句式或感叹句式"果(其)然"与否定形式的确认事实义反诘句式"不其然乎"类通过删略重叠成分或次要成分糅合而成的。

需要指出的是,在理论上,"果(其)然"与"不其然乎"类还可以糅合生成"不果(其)然",也就是说否定副词"不"置于语气副词"果"前,但是在汉语史上这种语序的糅合句式是不存在的。这是因为副词的共现顺序有一定规律,语气副词一般置于否定副词之前(张谊生,2014:222)。

2.6 "果不(其)然"的生成动因

确认事实义陈述句式或感叹句式"果(其)然"与确认事实义反诘句式"不其然乎"类糅合生成"果不(其)然"的动因是凸显交互主观性。

如前所述,陈述句式或感叹句式"果(其)然"与反诘句式"不其然乎"类均是确认事实义句式,均具有主观性,但是后者的主观性比前者更强,其具有交互主观性。"果(其)然"侧重从客观结果出发表示言者肯定、确认事实与某个论断或预期一致,也就是说言者的主观性是以客观结果为基础的。而"不其然乎"类侧重从言者的主观认识出发表示言者肯定、确认事实应该与某个论断或预期相符,而且表示言者强制性地要求听者与自己的主观看法保持一致,具有交互主观性。如果言者想侧重从客观结果出发肯定、确认事实与论断或预期相符,那么就会从记忆库中提取确认事实义陈述句式或感叹句式"果(其)然"。如果言者想侧重从主观认识出发肯定、确认事实应该与论断或预期相符,并强制性地要求听者与自己的主观看法保持一致,那么就会从记忆库中提取确认事实义反诘句式"不其然乎"类。如果言者一开始想侧重从客观结果出发肯定、确认事实与论断或预期相符,紧接着又想侧重从主观认识出发肯定、确认事实应该与论断或预期相符,并强制性地要求听者与自己的主观看法保持一致,凸显交互主观性,那么言者就会先后从记忆库中提取"果(其)然"与"不其然乎"类,二者从而发生叠加、糅合。由于经济原则和句法规则的制约,在外在的语言形式上"果(其)然"与"不其然乎"类就通过删略重叠成分"然"、次要成分"岂"、"乎"等糅合生成新的句式"果不(其)然"。

因凸显交互主观性这一语用目的由陈述句式或感叹句式与反诘句式糅合而成新的句式的语法现象,在汉语史上并非是绝无仅有的。例如:

(40) 时有僧问:"如何是无位真人?"师便打之,云:"<u>无位真人是什摩不净之物</u>!"(《祖堂集》卷十九)

"无位真人是什摩不净之物"是一个糅合句式,其是由陈述句式或感叹句式"无位真人是不净之物"与反诘句式"无位真人是什摩净物"糅合而成的,糅合的动因就是凸显交互主观性(叶建军,2010:192)。

3. "果不(其)然"的演变

3.1 "果不(其)然"丧失反诘语气

糅合句式蕴含了两个源句式,最初兼有两个源句式的一些特点。"果不(其)然"是由确认事实义陈述句式或感叹句式"果(其)然"与确认事实义反诘句式"不其然乎"类糅合而成的,因而"果不(其)然"最初应有反诘语气。不过由于陈述语气或感叹语气的制约,其反诘语气较弱。如例(7)中的"果不其然"表示事实与所说"嫂子有这个好意"相符,例(11)中的"果不然"表示事实与所说"你没有好话"相符,此二例中的"果不其然"、"果不然"虽然没有反诘标记,但是均有反诘语气,不过反诘语气较弱。

"果不(其)然"总是处在表示论断或预期的先行句 S_1 之后[⑧],表示事实与 S_1 一致。如果"果不(其)然"后又出现与 S_1 一致且传递的信息比 S_1 更为具体的表示事实的后续句 S_2,那么句义的重心便由"果不(其)然"转移到 S_2,"果不(其)然"有演变为话语标记的倾向,具有话语衔接功能,即引出 S_2,其反诘语气随之弱化乃至丧失。如例（9），"果不其然"表示事实与言者的论断"（报应疮）治不好的"（S_1）相符，其前有表示论断或预期的先行句 S_1，其后还有表示事实的后续句 S_2，即"不消十日，齐割扎的把个头来烂吊一边"。S_2 实质上与 S_1 一致，但是传递的信息更加具体、详细，是 S_1 的具体化。"果不其然"处于 S_1 与 S_2 之间，句义的重心已不再是"果不其然"，而是转移到了传递具体的新信息的 S_2 上，"果不其然"既是肯定、确认事实与 S_1 一致，也是肯定、确认 S_2 与 S_1 一致。反诘句式的语义是确定的，而且其语气强烈，这些特点决定了其与陈述句式或感叹句式具有相通性。又由于"果不其然"兼有陈述句式或感叹句式"果（其）然"的陈述语气或感叹语气，因而为了保持 S_1 与 S_2 之间语义的连贯性，处于 S_1 与 S_2 之间的没有反诘标记的"果不其然"的话语衔接功能增强，其反诘语气弱化乃至丧失，仅具有陈述语气或感叹语气，其中的否定词"不"已成为一个羡余的否定成分。例（10）中的"果不其然"、例（12）与（13）中的"果不然"亦然。

丧失反诘语气而仅有陈述语气或感叹语气的"果不（其）然"逐渐习用化、规约化，即便"果不（其）然"后不再有对先行句 S_1 进行具体申述的后续句 S_2，我们仍然会认为"果不（其）然"是陈述句式或感叹句式，我们已很难察觉到其原有的反诘语气。

3.2 "果不然"有副词化倾向

在汉语史上确认事实义句式"果不然"的使用频率极低。在北京大学 CCL 语料库古代汉语部分，"果不然"只有 6 例，其中就有 5 例见于《醒世姻缘传》，另有 1 例见于清代小说《八仙得道》。此 6 例"果不然"中有 5 例出现后续句，申述与论断或预期一致的事实，如例（12）、（13）；仅 1 例无后续句，如例（11）。

"果不然"沿用到了现代汉语。在现代汉语中"果不然"与"果不其然"基本一致，一般也是确认事实义句式，具有谓词性、独立性，相当于"果然如此/这样"，可以做句子或分句，而且往往有后续句进一步对与论断或预期相符的事实进行具体解释。例如：

(41) 正在这时,顾维舜回来了,玉儿妈向他又挤眼又摆手,叫他先到别处躲一会儿,他什么也不明白,像往常一样,先到父亲的房里打招呼:您外出回来了? 玉儿妈在门外气得直咬牙! 孝子! 今天够你受的。<u>果不然</u>,顾维舜要往外退的时候,顾远山喝住了他。(戴厚英《流泪的淮河》)

不过"果不然"有新的发展,即有副词化倾向。例如:

(42) 老马是个急性子,刚听完话,就用力在桌子上捣了一拳,震得水碗都跳了一下,站起来说道:"老虎山事件发生以后,我才想到内部可能有特务捣鬼,<u>果不然</u>是这样,可见以前我们的工作太不深入了! ……"(<u>马烽、西戎《吕梁英雄传》第四十三回</u>)

(43) "大哥!"逍遥厉声打断子墨的话,她又缓缓沉下声:"大哥,我要你听好了。我,不会觊觎那皇位,因为,我要帮延熙夺下它!"子墨不禁眼前一亮,赞道:"<u>果不然</u>如此! 遥弟所帮之人果真是延王!"(向天笑《沧海亦笑浮生梦》)

(44) 在昨晚播出的第一集中,陈楚河饰演的叶开搞笑帅气的出场以及和傅红雪之间对话,无不让人捧腹大笑,成功抓住了观众的眼球。随之从韩网的反馈来看,<u>果不然</u>如此,陈楚河饰演的叶开一角被网友热议,陈楚河这个名字在韩国的搜索量也在逐步上升。(《《天涯明月刀》韩国开播　陈楚河版叶开受捧》,环球网,2012 年 7 月25 日)

上例中的"果不然"为三音节的超音步韵律词,处于含有谓词性指示代词的短语"是这样"或谓词性指示代词"如此"前,即状语位置,"果不然"中"然"的指代义因羡余而脱落丧失了。例中的"果不然"可以理解成一个加强肯定语气的副词,其与语气副词"果然"相当。正是因为"果不然"有副词化倾向,所以《现汉》将其标注为副词。但是"果不然"用作典型的副词的用例极少。总的来看,"果不然"在意义、性质上基本上与确认事实义句式"果不其然"一致。

4. 结论

"果不其然"与"果不然"最早均出现于明末清初,均为确认事实义句式,即肯定、确认事实与论断或预期相符,相当于"果然如此/这样"。"果不其然"与"果不然"之间很可能没有源流关系。"果不(其)然"是由肯定形式的确认事实义陈述句式或感叹句式"果(其)然"与否定形式的确认事实义反诘句式"不其然乎"类糅合而成的,糅合的动因是凸显交互主观性。糅合句式最初兼有两个源句式的一些特点,"果不(其)然"最初应具有反诘语气。没有反诘标记的"果不(其)然"后来丧失了反诘语气,仅具有陈述语气或感叹语气,并习用化、规约化,成为确认事实义陈述句式或感叹句式,其中的"不"成了一个羡余的否定成分。到了现代汉语,"果不其然"仍是确认事实义句式,但是"果不然"有副词化倾向,不过其词汇化程度不高。

附注:
① 我们这里所说的句式特指句法层面的构式,其主要用作一个句子或分句,有时也充当句法成分。
② "糅合"也被称为"整合"、"叠加"、"杂糅"等,叶建军(2013)主张使用"糅合"这一术语。除直接引用之外,我们使用术语"糅合"。
③ 江蓝生(2008)已举此例,另外列举的 2 例"果然不出所料"分别出自晚清谴责小说《孽海花》、《官场现形记》。
④ "果然不出所料"是一个多层句法结构,我们说其为状中关系的句法结构,是就其第一层次的关系而言的。

⑤ "不出 X 所料"大概在南宋时期已有用例（车录彬、许杰，2013）。如果认为"果不然"是由"果然"与"不出 X 所料""糅合"而成的"果然不出 X 所料"经常使用造成的结果，倒是不违背糅合的时代先后原则，但是却违背糅合的同级原则、语义相近原则等。事实上，如同"果然不出所料"一样，"果然不出 X 所料"也只是状中关系的句法结构或句式，并不是糅合构式。

⑥ "不其然乎"类包括含助词"其"的"不其然乎/岂不其然"和不含助词"其"的"岂不然哉/乎/邪"等。两个源句式如果均不含助词"其"，分别是"果然"、"岂不然哉/乎/邪"，便糅合生成"果不然"。两个源句式如果至少有一个含有助词"其"，即至少有一个是"果其然"或"不其然乎/岂不其然"，那么可以糅合生成"果不其然"，当然也可以糅合生成"果不然"（糅合时连次要成分"其"也删略掉）。为了避免繁琐，我们将"果不然"、"果不其然"生成过程的表达式简化为一个。

⑦ 糅合时重叠成分"然"、次要成分"岂"、"乎"等删略了，次要成分"其"或保留，或删略。

⑧ 先行句可以是一个，也可以是多个，为了行文方便，我们用 S_1 表示。后续句也是如此，我们用 S_2 表示。

参考文献

车录彬　许杰 2013 《汉语悖义结构的形成条件和语用价值——以"果然"、"果不然"的比较分析为例》，《湖北师范学院学报》第 3 期。

谷峰 2011 《上古汉语"诚"、"果"语气副词用法的形成与发展》，《中国语文》第 3 期。

江蓝生 2008 《概念叠加与构式整合——肯定否定不对称的解释》，《中国语文》第 6 期。

李小平 2007 《"果然"的成词过程及用法初探》，《东方论坛》第 1 期。

吕叔湘 1982 《中国文法要略》，商务印书馆。

邵敬敏 2014 《现代汉语疑问句研究》（增订本），商务印书馆。

沈家煊 2001 《语言的"主观性"和"主观化"》，《外语教学与研究》第 4 期。

王正元 2009 《概念整合理论及其应用研究》，高等教育出版社。

吴福祥 2004 《近年来语法化研究的进展》，《外语教学与研究》第 1 期。

吴福祥 2005 《汉语语法化研究的当前课题》，《语言科学》第 2 期。

解惠全　崔永琳　郑天一 2008 《古书虚词通解》，中华书局。

叶建军 2010 《〈祖堂集〉疑问句研究》，中华书局。

叶建军 2013 《"X 胜似 Y"的来源、"胜似"的词汇化及相关问题》，《语言科学》第 3 期。

叶建军 2014 《"被 NP$_施$VPNP$_受$"的生成机制与动因》,《中国语文》第 3 期。

张谊生 2014 《现代汉语副词研究》(修订本),商务印书馆。

中国社会科学院语言研究所词典编辑室 2012 《现代汉语词典》(第 6 版),
　　商务印书馆。

中国社会科学院语言研究所古代汉语研究室 1999 《古代汉语虚词词典》,
　　商务印书馆。

朱城 2015 《也谈"诚"和"果"语气副词用法的形成》,《中国语文》第 5 期。

(本文原载《中国语文》2016 年第 2 期)

"差点儿"中的隐性否定及其语法效应

袁毓林(北京大学中文系/
中国语言学研究中心/计算语言学教育部重点实验室)

1. 从隐性否定看"差点儿 VP"格式的不对称性

　　本文打算从副词"差点儿"所包含的隐性否定的角度,[①]来观察和讨论这种隐性否定意义溢出的有关语法效应,特别是"差点儿(没有)VP"格式中形式与意义之间复杂的对应关系。着重回答下面三个问题:(1)为什么"差点儿考上"(=没有考上)的否定式"差点儿没有考上"(=考上了)是合格的,但是"差点儿摔倒"(=没有摔倒)的否定式"差点儿没有摔倒"(=摔倒了)是不合格的?(2)为什么"差点儿摔倒"(=没有摔倒)可以有冗余否定形式"差点儿没有摔倒"(=没有摔倒),但是"差点儿考上"(=没有考上)却没有冗余否定形式"差点儿没有考上"(=没有考上)?(3)"差点儿(没有)VP"格式的形式与意义之间的对应关系是如此不对称,甚至乖违吊诡,以至于语法学家都不堪忍受;那么,在实时的语言交际中,言语大众为什么能够快速而准确地理解这种格式的意义?

2. "差点儿"中隐性否定的语义溢出及其条件

2.1 "差点儿 VP"句式中的形式和语义因素

袁毓林（2011）已经证明，"差点儿 VP"格式的断言意义是其预设和推演的合取："接近 VP，但是没有 VP"，"差点儿"是一种否定性的副词。由于"差点儿 VP"中的 VP 又可以是否定形式"～VP'"，因而"差点儿＋～VP'"的意思便是肯定性的"VP'"。这种复杂的、带有转折性的，有时甚至是双重否定式的语义结构，使得这种格式易于成为一种主观化的表达形式，可以表达说话人对于 VP（或 VP'）所表示的事态的实现与否的心理评价。例如：

(1) a. 范进<u>差点儿</u>考中。（没考中）

　　b. 范进<u>差点儿没</u>考中。（考中了）

　　c. 范进<u>差点儿</u>落榜。（没落榜）

　　d. ＊范进<u>差点儿没</u>落榜。（落榜了）

　　e. 范进<u>差点儿没</u>落榜。（没落榜）

(2) a. 金融改革<u>差点儿</u>成功。（没成功）

　　b. 金融改革<u>差点儿没</u>成功。（成功了）

　　c. 金融改革<u>差点儿</u>失败。（没失败）

　　d. ＊金融改革<u>差点儿没</u>失败。（失败了）

　　e. 金融改革<u>差点儿没</u>失败。（没失败）

(3) a. 公牛队<u>差点儿</u>赢了这场比赛。（没赢）

　　b. 公牛队<u>差点儿没</u>赢这场比赛。（赢了）

　　c. 公牛队<u>差点儿</u>输了这场比赛。（没输）

　　d. ＊公牛队<u>差点儿没</u>输了这场比赛。（输了）

　　e. 公牛队<u>差点儿没</u>输了这场比赛。（没输）

经过朱德熙（1959，1980）、吕叔湘（2009/1980）、毛修敬（1985）、石毓智（2001/1992）和沈家煊（1999）等的一系列研究，我们可以知道这样的事实:"差点儿 VP"格式的成立与否及其语义解释,跟其中的 VP 是肯定形式还是否定形式有关,还跟说话人对于 VP(或 VP')所表示的事情的期望还是不期望有关。具体地说:

(1)肯定形式的"差点儿 VP"差不多总是成立的,其语义解释是否定性的"接近 VP,但是没有 VP",如例(1—3)的 a 和 c 所示;

(2)否定形式的"差点儿 VP"(即"差点儿+~VP'")能否成立跟说话人的期望有关,如果 VP' 所表示的事情是说话人所期望的,那么"差点儿+~VP'"可以成立,其语义解释是肯定性的"接近~VP',但是 VP' 了",如例(1—3)的 b 所示;反之,如果 VP' 所表示的事情是说话人不期望的,那么"差点儿+~VP'"不能成立,如例(1—3)的 d 所示;

(3)说话人的期望 vs. 不期望这种语言之外的意思(extra-linguistic force),往往通过选择具有积极 vs. 消极意义的词语来传达,比如例(1—3)中的"考中 vs. 落榜、成功 vs. 失败、赢 vs. 输";这种积极意义的词语可以记作"VP+",这种消极意义的词语可以记作"VP—";这样,不能成立的"差点儿+~VP'"可以改写为"差点儿+~VP'—";

(4)虽然表示肯定意义"VP'—了"的"差点儿+~VP'—"是不能成立的,如例(1—3)的 d 所示;但是,表示否定意义"没有 VP'—"的"差点儿+~VP'—"是可以成立的,如例(1—3)的 e 所示。这样,这种否定形式的"差点儿+~VP'—"跟肯定形式的"差点儿+VP—"成为同义异形句式;也就是说,"差点儿+~VP'—"是一种冗余性的否定格式;

(5)肯定形式的"差点儿 VP+"表示说话人希望实现的事情接近实现而最终没有实现,含有遗憾的意思,如例(1—3)的 a 所示;肯定形式的"差点儿 VP—"表示说话人不希望实现的事情接近实现而最终没有实现,含有庆幸的意思,如例(1—3)的 c 所示;

否定形式的"差点儿＋～VP'＋"表示说话人希望实现的事情接近没有实现而最终实现了,含有庆幸的意思,如例(1—3)的 b 所示;冗余否定形式的"差点儿＋～VP'－"也表示说话人不希望实现的事情接近实现而最终没有实现,含有庆幸的意思,如例(1—3)的 e 所示。

2.2 "差点儿 VP"句式中有关语义因素的配置格局

在上述现象中,有两个事实特别重要,需要从理论上作出解释:(1)为什么(1—3)d 这种表示肯定意义"VP'－了"的"差点儿＋～VP'－"格式是不能成立的? (2)为什么会出现(1—3)e 这种表示否定意义"没有 VP'－"的冗余否定格式"差点儿＋～VP'－"? 显然,这两个问题有某种内在的相关性;但是,为了简单和方便,下面我们还是依次分别讨论。

对于上面第(1)个问题,江蓝生(2008)从有没有"实际的交际意义"的角度进行了解释,大意是:如果不希望的事情已经不幸发生了,还从反向计量它离没有发生有多少距离,通常是没有什么实际意义的。比如,一个人既然已经感冒了,再说"差点儿没感冒"是毫无意义的(第 492 页)。这种基于交际价值的功能主义解释有一定的道理,但是比较模糊,不容易给出明确的证伪性条件。比如,一个人丢了钱包和装在里边的火车票,差点儿不能乘火车;碰巧车站的工作人员捡到了那个钱包,通过车站广播招领,使得他终于坐上了那趟火车。但是,不幸的是那趟火车在途中发生了脱轨事故,使他最终赶上了那场车祸。陈述这个差点儿就可以躲过一劫(即没有遭遇车祸)的事情,应该是有实际的交际意义的。但是,对于这种相同的真值条件,不同的表达形式的合格性和可接受性却是很不一样的。例如:

(4)王光明差点儿躲过这场车祸。

(5)王光明差点儿免遭这场车祸。

(6)王光明差点儿就可以没有赶上这场车祸。

(7) ＊王光明差点儿没有赶上这场车祸。

在上面这些例子中,虽然"躲过这场车祸"跟"免遭这场车祸、没有赶上这场车祸"的真值条件意义相同,但是前者是一种比较积极、主动和正面的表达方式,后者是一种比较消极、被动和负面的表达方式。因此,我们猜测:"差点儿＋～VP'－"格式不能成立的原因,可能不是单纯的表达内容,而是表达内容跟表达方式之间的组配关系;特别是句子的语气形式(肯定 vs. 否定)、说话人的心理期望(希望 vs. 不希望)及其所用的词语的价值取向(积极 vs. 消极)和说话人最终的主观评价(正面 vs. 负面)这几种语义因素之间的配置和推导关系;也就是说,隐性否定副词"差点儿"之后的谓词性成分是肯定形式(VP)还是否定形式(～VP')、所表示的事情是说话人希望发生的(VP＋或 VP'＋)还是不希望发生的(VP－或 VP'－)、以及由前面这两对因素的不同配置方式而造成的说话人的主观评价意义的正面(庆幸)还是负面(遗憾),这些语义因素之间的配合关系有特定的选择限制。可以列表举例如下:

评价(正面 z,负面－z)	希望(积极词语(y))	不希望(消极词语(－y))
肯定形式 (单重否定:"差点儿" 为隐性否定(－x))	A:差点儿 VP＋ "差点儿考上北大"(－x)(y)→(－z:遗憾)	B:差点儿 VP－ "差点儿摔断大腿"(－x)(－y)→(z:庆幸)
否定形式 (双重否定:隐性否定 (－x)显性否定"没" (－y))	C:差点儿～VP'＋ "差点儿没考上北大"(－x)(－y)→(z:庆幸)	D:＊差点儿～VP'－ "＊差点儿没摔断大腿"(－x)－(－y)→(－z:遗憾)

在 A 型格式"差点儿 VP＋"(差点儿考上北大)中,隐性否定意义跟积极的希望意义互动,负乘以正得负,希望实现的事情接近实现而最终没有实现,从而得出负面的评价意义"遗憾"——对

人的好梦难成、事不遂愿表示同情或可惜;在 B 型格式"差点儿
VP－"(差点儿摔断大腿)中,隐性否定意义跟消极的不希望意义
互动,负乘以负得正,不希望实现的事情接近实现而最终没有实
现,从而得出正面的评价意义"庆幸"——为了人的幸免于难、侥
幸脱祸而感到高兴;在 C 型格式"差点儿～VP'＋"(差点儿没考上
北大)中,隐性否定意义跟显性否定意义互动,负乘以负得正(两
种否定意义相互抵消),再跟积极的希望意义互动,正乘以正得
正,希望实现的事情接近不能实现而最终居然实现了,从而得出
正面的评价意义"庆幸"——为人的出乎意料的成功或意外地得
到好的结局而感到高兴;在 D 型格式"差点儿～VP'－"(差点儿没
摔断大腿)中,隐性否定意义跟显性否定意义互动,负乘以负得正
(两种否定意义相互抵消),再跟消极的不希望意义互动,正乘以
负得负,似乎可以得出负面的评价意义"遗憾"——对人的最终没
有逃脱不幸遭遇或事物的最终还是不如人意表示同情或可惜。
但是,这最后一种(即 D 型格式)却是不合格的,结果造成表达形
式(肯定 vs. 否定)、心理预期(希望 vs. 不希望)和评价意义(庆幸
vs. 遗憾)互相关联的三缺一的配置格局。

2.3 "差点儿 VP"句式三缺一格局的语用动因

为什么 D 型格式不合格、不可接受呢? 我们可以通过它跟其
他几种格式的比较来寻找答案。拿 D 式跟 A 式来比较,A 式是
为希望之事的未成而遗憾,十分自然;D 式是为不希望之事的成
而遗憾,相对折绕一点儿,但也说得过去。拿 D 式跟 C 式来比较,
C 式是用双重否定这种比较复杂的强调性肯定表达形式,来表达
为希望之事的成而庆幸,虽然山重水复、峰回路转,但是柳暗花
明、风景绮丽,结果很正面、很积极、很给力,这种表达十分自然;
相反,D 式是用双重否定这种比较复杂的强调性肯定表达形式,
来表达为不希望之事的成而遗憾,虽然峰回路转、云山雾罩,但是
依然不见柳暗花明、小桥人家,结果很负面、很消极,这种表达十

分不自然。也就是说，双重否定这种强调性肯定表达形式，适宜于表达正面的、积极的评价意义，不适于表达负面的、消极的评价意义。尤其在句子的时态意义中有"最终"意义的时候。^②这种语言表达的组配限制的理据是人类心理的乐观原则，即 Boucher & Osgood（1969）通过心理实验所证明的"乐观假设"（The Pollyanna Hypothesis）：人总是乐于看到和谈论生活中光明的一面（好的事情、好的品质），摒弃坏的一面；因此，造成一种普遍的人类倾向：积极评价的词语比消极评价的词语用得更加频繁、多样和随意。^③既然最终的结果是消极的，那么就不必兜一个圈子，用双重否定这种强调性肯定表达形式来表达了。这种语用法的语法化，使得 D 式"差点儿～VP'－"（差点儿没摔断大腿［＝摔断了大腿]）成为不合格的构式。

　　现在，我们讨论第二个问题：为什么会出现"差点儿＋～VP'－"（差点儿没摔断大腿）这种表示否定意义"没有 VP'－"（没摔断大腿）的冗余否定格式（简称 E 型格式，或 E 式）？事实上，当我们说 E 式是冗余否定格式时，就已经假定其基础形式是 B 式"差点儿 VP－"（差点儿摔断大腿［＝没摔断大腿]）。这样，问题就变成：为什么 B 式中的隐性否定意义要在表层结构上表达出来，从而造成冗余否定格式 E 呢？这也可以用乐观原则来解释：因为 B 式"差点儿 VP－"（差点儿摔断大腿［＝没摔断大腿]）的断言意义是正面的"接近 VP－，但是最终没有 VP－"，评价意义是积极的"庆幸最终没有发生不希望的事情"。为了强调甚至夸大这种人们乐于见到的"好的一面"，不惜在负面词语 VP－前加上显性的否定词"没（有）"，把 B 式"差点儿 VP－"的推演意义"没有 VP－"显性地表达出来。正好，在"差点儿 VP"的句式矩阵中，没有 D 式"差点儿～VP'－"（差点儿没摔断大腿［＝摔断了大腿]）；于是，冗余否定的 E 式"差点儿～VP'－"（差点儿没摔断大腿［＝没摔断大腿]）就可以填补这个句式空缺，又不至于造成歧义（一种形式"差点儿～VP'－",同时表示"VP'－了"和"没有 VP'－"两种意义）。也就是说,E 式这种冗余否定句式的出现,既有语用上强烈的表达动机作为促动因素,又有语法上合适的句式空位提供可能性。

如果上面这种解释是合理的,那么可以预测:A 式"差点儿VP＋"(差点儿考上北大[＝没考上北大])中的隐性否定意义一定不能在表层结构上表达出来,从而造成冗余否定格式 F:"差点儿没 VP＋"(差点儿没考上北大[＝没考上北大])。因为,这种表达方式,首先缺少语用上的表达动机。正是"差点儿"中的隐性否定,逆转了"VP＋"的评价意义,使得"差点儿 VP＋"(差点儿考上北大)表示消极的评价意义"惋惜事不遂愿、好梦难成"。在这种情况下,强调甚至夸大人们不乐于见到的"坏的一面",大大地违背了人类的乐观原则。其次也缺少句式矩阵的支持。因为 F 式"差点儿没 VP＋"(差点儿没考上北大[＝没考上北大]),跟 C 式"差点儿～VP'－"(差点儿没考上北大[＝考上了北大]),将是同形异义(一种形式"差点儿～VP＋",同时表示"没有 VP＋"和"VP＋了"两种意义),造成了歧义句式。事实也正好是这样,F:"差点儿没 VP＋"(差点儿没考上北大[＝没考上北大])是不合格和不可接受的句式。这说明,冗余否定格式的成立,以尽量不造成歧义句式、不引起误解为前提条件。

3. 冗余否定格式"差点儿没 VP"的形成机制

3.1 "差点儿没 VP"形成机制的省略与叠加假设

上面讨论了格式 E:"差点儿＋～VP'－"(差点儿没摔断大腿[＝没摔断大腿])的语用动机和句式条件。下面,讨论这种冗余否定格式形成的语法机制(grammatical mechanism)。

沈家煊(1999:81)婉转地提出了一种推演意义追加的假设,可以通过例子来说明:

(8) a. 黑桃<u>差点儿</u>全了,(但)没全。

    b. ＊黑桃<u>差点儿</u>,(但)没全。

    c. <u>差点儿</u>,没全。

    d. 黑桃<u>差点儿</u>没全。

沈先生的思想大致是:(8d)中的"没全"是"黑桃差点儿全了"的一个追加的推演意义。虽然推演意义一般不可追加,追加了会产生语义重复;但是,在特殊情形下也可以追加。这个特殊情形是推演意义是一种消极意义,或者是说话人不希望发生的事情;这时,说话人感到有强调事情没有发生的必要。我们发现,沈先生对于(8d)这种冗余否定格式的产生条件的描述和例析,可能容易使人产生误解。从真实文本的语料来看,只有当"差点儿 VP"(差点儿淹死)的推演意义"没 VP"(没淹死)是积极的(其中的 VP(淹死)倒的确是消极的)这种情况下,说话人才会强调"没有 VP-"这种推演意义,才会造成冗余否定格式 E:"差点儿＋～VP'-"(差点儿没淹死[＝没淹死])。④并且,(8d)也不可能是由完整的基础形式(8a)省略为(8c)这种简略形式,再拼合成(8d)这种紧缩形式的。因为,在(8d)这种紧缩形式中可以出现主语"黑桃",但是在(8c)这种简略形式中却不能出现主语;即(8b)这种省略形式是不合格的。于是,无论是(8b)还是(8c),都不能成为推导出(8d)的基础形式。因此,推演意义的追加假设,不能解释(8d)一类冗余否定格式的形成机制。

江蓝生(2008:486—7)受到"瞎混＋胡混→瞎胡混|果然＋不出所料→果不然|难道＋不成→难不成"这类构词层面的同义概念叠加紧缩现象的启发,认为"差点儿没 VP"这类句式的生成也可以用同义概念的叠加和构式整合来解释:说话人为了达到加强语义强度、突显主观情态等交际意图,有意识地把"差点儿 VP"的推演意义"没 VP"明示到句法平面上来,从而整合为否定式"差点儿没 VP"。可以图示于下:

差点儿 VP＋没 VP→(差点儿＋没)VP→差点儿没 VP

江先生指出,在叠合句"差点儿没 VP"中,"没"跟"差点儿"先叠加在一起,再共同去修饰 VP(第491页)。这就是说,"差点儿没"是一个隐性否定和显性否定叠合在一起造成的结构成分。她还以此从结构层次上说明:为什么这种否定式的"差点儿没＋VP"会跟肯定式的"差点儿 VP"句式语义相同,从而导致否定式与肯定式的不对称。显然,这种叠合成一个成分的假设多少是特设的(ad hoc),不能解释其他的隐性否定和冗余否定不挨在一起的格式;比如:"避免(不)VP"(避免今后[不]犯错误)、"(在)(没有)VP前"(在[没有]下雨前赶回了家)等。

3.2 "差点儿没 VP"形成机制的影子成分假设

我们认为,这种否定式的层次构造应该是"差点儿＋没 VP"。这样,不仅可以从层次构造上解释这种句式所明示的强调性意义"没 VP"的结构来源,而且还可以解释当这种句式的 VP 是"把"字结构时,一种可能的省略形式是"没 VP"。例如:⑤

(9) a. 差点儿没把我累死。

　　b. 没把我累死。

(10) a. 差点儿没把姑娘急疯了呢!

　　 b. 没把姑娘急疯了呢!(《红楼梦》第43回)

(11) a. 好太太,你别说我了,差点儿没把个妹妹急疯了呢?

　　 b. 好太太,你别说我了,没把个妹妹急疯了呢?(《儿女英雄传》第35回)

(12) a. 我的菩萨! 差点儿没把我唬(吓)煞了!

　　 b. 我的菩萨! 没把我唬(吓)煞了!(《儿女英雄传》第10回)

(9)是现代北京话的例子,(10-12)是稍早一些时候的书面用例。显然,从形式结构上看,"差点儿＋没 VP→没 VP"这种省略一个直接成分的方式,要优于"(差点儿＋没)＋VP→没 VP"这种省略一个间接成分(直接成分中的直接成分)的方式。

关于冗余否定格式"差点儿没VP"的形成机制,我们的假设是:由于强调乐观、积极的推演意义"没有VP"等语用动机的促动,"差点儿"中的隐性否定意义发生语义溢出(semantic overflow),实现为显性的否定词语"没(有)",并且寄生和粘附到"差点儿"所修饰的VP上;结果,造成"差点儿没VP"这种冗余否定格式。其中,"没(有)"作为一个后来加入的冗余性否定词,不影响原来句子的结构格局和句法语义限制。因此,VP中可以出现表示实现体意义的"了",尽管真正的否定词"没"和"了"是不能共现的。⑥例如:⑦

(13) a. 他的脑袋搬了家～*他的脑袋没有搬了家

　　　b. 他的脑袋差点儿搬了家～他的脑袋差点儿没搬了家

(14) a. 韩秋云叫了起来～*韩秋云没有叫了起来

　　　b. 韩秋云差点儿叫了起来～韩秋云差点儿没叫了起来

(15) a. 门上的锁弄断了～*门上的锁没有弄断了

　　　b. 门上的锁差点儿弄断了～门上的锁差点儿没弄断了

(16) a. 家长们急疯了～*家长们没有急疯了

　　　b. 家长们差点儿急疯了～家长们差点儿没急疯了

虽然"没有+VP－了"格式是不合格的,但是"差点儿+没有+VP－了"是合格的;因为,它是从"差点儿+VP－了"格式上衍生出来的冗余否定格式。这种冗余否定成分只是隐性否定副词"差点儿"的一个影子,可以称为影子成分(shadow forms)。影子成分依赖于主体成分(subject forms),并且显性地标示(indicate)主体成分的某种隐性的语义。

在语义溢出思想的照耀下,可以假设冗余否定格式"差点儿没VP"的如下句法组合和语义演算步骤:(i)冗余否定词"没(有)"首先跟"VP(－了)"组合,通过否定操作,得出局部意义"～VP";(ii)"差点儿"再跟"没(有)+VP(－了)"组合,当隐性否定形式后面出现否定形式时,触发并启动某种核查机制(详见§4.4),以确定"没(有)"是不是"差点儿"的影子成分:如果不是,在语义组合时进行双重否定的抵消和归零操作;如果是,在语义组合时作吸收和归一处理,得出全局意义"接近 VP & ~VP";(iii)对于冗余否定这种特殊表达进行语用推理,得出会话含义:否定意义"~VP"是一种强调性的意义,强调对负面的"VP-"的否定,从而突出对于"~VP-"的庆幸这种乐观的情绪。显然,隐性否定的影子成分这种假设,对于同类的冗余否定格式"避免(不)VP"(避免今后[不]犯错误)、"(在)(没有)VP 前"(在[没有]下雨前赶回了家)等也是适用的。

4. 如何消解否定格式"差点儿没 VP"的歧义?

4.1 说话人的期望与"差点儿没 VP"的语义解读

其实,不管怎样假设冗余否定格式"差点儿没 VP"的形成机制,都面临着一个无法回避的问题:听话人怎样(凭什么)识别他所听/读到的语言符号串"差点儿没 VP",是 C 式"差点儿~VP'+"(差点儿没考上北大[=考上北大]),还是 E 式"差点儿~VP'-"(差点儿没摔断大腿[=没摔断大腿])? 如果出现在"差点儿没 VP"的 VP 位置上的词语的评价色彩十分鲜明,不是积极、希望、乐观的,就是消极、不希望、悲观的;那么,可以据此断定:积极类词语的句子是真正的否定格式"差点儿~VP'+"(差点儿没中了头奖[=中了头奖]),消极类词语的句子是冗余性否定格式"差点儿~VP'-"(差点儿没暴尸街头[=没摔暴尸街头])。但是,当出现在"差点儿没 VP"的 VP 位置上的词语的评价色彩是中性的时候,就不可避免地要产生歧义。例如:

(17) 差点儿没踢进去[=a. 踢进去了;b. 没踢进去]

(18) 差点儿没跟他结婚[=a. 跟他结婚了;b. 没跟他结婚]

对于诸如此类的"差点儿（没）VP"句式，朱德熙（1980）给出的规则是：

[1] 凡是说话的人企望发生的事情，肯定形式表示否定意义，否定形式表示肯定意义；

[2] 凡是说话的人不企望发生的事情，不管是肯定形式还是否定形式，意思都是否定的。

但是，企望不企望往往因人而异。比如，甲乙两方比赛足球，球踢进甲方球门这件事是乙方企望实现的，甲方可不希望它实现。因此甲方说"差一点踢进去了"或"差一点没踢进去"，两句话意思一样，都是说没有踢进去。同样两句话由乙方来说，意思就不一样："差一点踢进去了"是说没有踢进去，"差一点没踢进去"倒是说踢进去了。像（18）这样的情况，可以理解为说话的人想跟"他"结婚，事实上也跟"他"结婚了；也可以理解为说话的人不想跟"他"结婚，事实上也跟"他"结婚了；还有一种可能是说话的人觉得跟不跟"他"结婚都无所谓，不过事实上没有跟"他"结婚。因此，"差一点＋没＋VP"可以有三重歧义。从这些句式的结构本身，是无法把它们分化为单义句式的（第 188—192 页）。

情况真的是这样毫无希望吗？果真如此，语言使用者又是怎样做到应付裕如的呢？

4.2　句子的语音形式与"差点儿没 VP"的语义解读

李小玲（1986）指出，朱德熙先生引入"企望与否"这种"语言以外的"因素是为了帮助判断书面上的"差点儿（没）VP"句式的歧义；但是，朱先生又把这种"企望与否"当作句子本身的意义，说"差点儿跟他结婚"有三重歧义（说话人想跟"他"结婚、或不想、或无所谓）；这种把说话人的各种态度当作句子的歧义的做法是没有根据的；并且，从"差点儿（没）VP"句式不一定能推求出说话人的态度（第 6 页）。她通过调查北京口语，尝试从停顿、轻音等语音形式上，来分化"差点儿没 VP"句式的歧义：真性否定格式"差点儿没 VP"(差点儿没咽下去[＝咽下去了]),在"差点儿"与"没VP"之间有停顿(记作：' ;冗余否定格式"差点儿没 VP"(差点儿·没咽下去[＝没咽下去]),在"差点儿没"与"VP"之间有停顿,这种"羡余成分"的"没"读轻音(记作："·没")(第 7 页)。于是,我们在足球场上如果听到"差点儿·没踢进去",就知道球没进;如果听到"差点儿没踢进去",就知道球进了。而不必像朱先生假设的那样,要预先知道说话人是甲队的拉拉队,还是乙队的"拥趸"。其实,我们倒是能从这两个不同[语音形式]的句子中,听出说话人在为哪个队加油。由于引进了语音形式,我们不仅推知语义,而且还能推知说话人的态度(第 10 页)。

王还(1990)认为可以从重音和轻声上来区分两种"差点儿(没)VP"格式：真性否定格式"差点儿没 VP"(差点儿没踢进去[＝踢进去了]),VP 最后的"去"要重读;冗余否定格式"差点儿没VP"(差点儿没踢进去[＝没踢进去]),VP 中居先的"踢"要重读,后面的"进去"要读轻声;即使没有这个羡余的"没",读法也不变(第 12 页)。

句子的语音形式和语义解释的关系,要是果真像她们两位所说的那么理想和整齐,就再好也不过了。但是,朱德熙(1982：128)说"趋向补语总是读轻声"。吕叔湘(2009：39)也说："动趋式里的趋向动词读轻声。"可见,四位先生对于有关格式的韵律模式意见不同。因此,要依靠"踢进去"的重音模式来区分歧义,恐怕有点难办。同样,要依靠"没"的轻读与否、是向前附着(后有停顿)还是向后附着(前有停顿),也不太现实。因为,口语交际的环境是嘈杂的,也就是说,信道(channel)中充满着噪音;尤其是在足球比赛现场那种疯狂的场合,对于句内停顿和轻读等语音线索,再训练有素的耳朵恐怕也是无能为力的。

4.3 语言运用语法中的"差点儿(没)VP"格式
既然听话人无法从形式上识别"差点儿没 VP"(差点儿没踢

进去)的意义究竟是"VP 了"(踢进去了),还是"没有 VP"(没踢进去);那么,受制于语言交际的合作原则及其方式准则,说话人只得或者尽可能地让听话人了解他的期望(希望或不希望进球),或者避免使用这种容易使人误解的句式。无数个语言使用者的决策选择的结果,应该呈现出某种总的倾向和趋势,显示出说话人是怎样为听话人正确地理解这种歧义格式而提供有关的线索;并且,这种语言运用的趋势在大规模的真实文本中应该可以明确地统计出来。为了确切地了解这种语言运用的结果,我们调查了 CCL 语料库中所有的"差点儿(没)VP"句式,得到如下的统计数据:⑧

[1] 刨除述宾短语的"差点儿"(条件～),得到"差点儿(没)VP"格式 415 例;

[2] 肯定式的"差点儿 VP"343 例,占 82.65％。其中,(a)VP为积极意义的 1 例(～获胜),确定地属于表示遗憾意义的 A 型"差点儿 VP＋"格式,占 0.24％;(b)VP 为消极意义的 317 例,确定地属于表示庆幸意义的 B 型"差点儿 VP－"格式,占 76.386％。其中,肯定形式 301 例(～急疯/流产/掉泪/送命/被挤翻/忘了/落水/翻脸/枪毙/被打倒/割破了手腕/错怪),占 72.53％;否定形式 16 例(～认不出/不那么平和/喘不过气/没喘过气来/找不着北/使他没走出老爷岭/不敢冒险通过/不能和你见面),占3.855％;(c)VP 为中性意义的 25 例(～跳起来/把电话挂上/以为她生来如此/告诉尹小帆/走到一起/雇个挑夫/走过来/发现了他们的秘密/为之倾倒/就接着说),占 6.024％;不能确定它们到底属于表示遗憾意义的 A 型格式,还是属于表示庆幸意义的 B 型格式;不过,这些例句的 VP 前都可以加上"没(有)",转变成表示庆幸意义的冗余否定式 E"差点儿没(有)VP";可见,它们倾向于表示庆幸意义;

[3] 否定式的"差点儿没(有)VP"72 例,占 17.35％。其中,

　　(a)VP 为积极意义的 2 例（～没托稳/吃好），确定地属于表示庆幸意义的 C 型"差点儿没（有）VP＋"格式，占 0.481%；(b)VP 为中性意义的 2 例（～没有把她抓住/跑成），占 0.481%；不能确定它们到底表示庆幸意义或遗憾意义，还是无所谓；显然，这些例句中的"没（有）"是真性否定，而不是冗余否定；(c)VP 为消极意义的 66 例（～没（有）背过气去/晕过去/给炸死/误会/摔跟斗/叫他们把你捕了去/掉下泪来/笑死/哭起来/拉断/打起来/大叫起来/把它丢掉/给憋死），确定地属于表示庆幸意义的冗余否定的 E 型"差点儿没（有）VP－"格式，占 15.904%；(d)VP 为中性意义的 2 例（～没在画廊中央跳起舞来/乐出声儿来），占 0.481%；也属于表示庆幸意义的冗余否定的 E 型格式，其中的"没（有）"是冗余否定；

　　［4］总计起来，"差点儿（没）VP"句式表示庆幸意义的 385 例，占 92.381%；表示遗憾意义的 1 例，0.24%；表示庆幸还是遗憾不明确（但倾向于表示庆幸）的 27 例，占 6.506%。其中，VP 为消极意义的 383 例，占 91.99%；VP 为积极意义的 3 例，占 0.72%；VP 为中性意义的 27 例，占 6.505%。可见，句式的评价意义与 VP 的评价意义有着极高的相关度。

　　这样看起来，听话人如果不管"差点儿（没有）VP"格式中的"没（有）"是真性否定还是冗余否定，甚至不管其中有没有否定词"没（有）"；听到"差点儿 VP"格式以后，只是孤注一掷地把宝压在表示庆幸意义上；那么，他胜算的概率居然高达 98.8%以上。

4.4　理解"差点儿（没）VP"格式意义的概率语法模型

　　上面假设的这种定向猜测的语言理解模型是自上而下（top-down）的，带有较大的概率性；并且，可以通过辨认"差点儿 VP"中有没有否定副词"没（有）"和 VP 的评价意义是积极还是消极来提高其正确性。具体地说，听话人可以先默认听到的"差点儿 VP"格式是表示庆幸意义的。再往下观察和推导，假如 VP 是表示消极意义(或中性意义)的词语,那么它所表示的事情一定是几乎要发生了,但是最终还是侥幸地没有发生;在这种情况下,如果"差点儿 VP"格式中有否定词"没(有)",那么它表示冗余性否定(所以跟"差点儿"中的隐性否定重合);假如 VP 是表示积极意义的词语,那么看"差点儿"之后有没有否定副词"没(有)";如果有,VP 所表示的事情一定是几乎不能实现,但是最终还是幸运地实现了;在这种情况下,否定词"没(有)"表示真性否定(所以跟"差点儿"中的隐性否定抵消);如果无,VP 所表示的事情一定是几乎快要实现,但是最终还是遗憾地没有实现,于是回过头来把整个格式的默认性评价意义"庆幸"修正为"遗憾"。比如,听到"乔老爷差点儿没喘过气来"后,先默认这个句子表示庆幸意义;由于"喘过气来"是积极的,因而断定"没"表示真性否定,整个句子表示:"乔老爷"几乎不能"喘过气来",但最终还是幸运地"喘过气来"了。不过,有的听话人倾向于把"没喘过气来"看作是一个惯用语(="喘不过气来"),结果怎么样呢? 也没有问题。他可以先默认这个句子表示庆幸意义,由于"没喘过气来"是消极的,因而整个句子表示:"乔老爷"几乎"喘不过气来",但最终还是幸运地"喘过气来"了。虽然两种理解方式的词汇—句法分析程序不同,但是在上述概率语法的指导下,最终得到的语义解读是一样的。可见,这种概率语法对于理解"差点儿(没有)VP"格式的意义,有近于瓮中捉鳖、手到擒来之效。

这种自上而下的概率语法模型,或许能够较好地逼近人们理解"差点儿(没有)VP"格式时实际的认知加工过程。可以把相关的判决程序概括成如下的算法流程:

[1] 读入"差点儿(没有)VP"格式的实例,默认其评价意义为"庆幸";

[2] 检查其中 VP 的评价意义,

　　[2.1] 如果 VP 表示消极(或中性)意义,

那么句子的意思为"接近 VP，但没有 VP"；

[2.1.1]　如果"差点儿"与"VP"之间有否定词"没（有）"，

那么这个"没（有）"表示冗余否定；

[2.2]　如果 VP 表示积极意义，

那么检查"差点儿"与"VP"之间有没有否定词"没（有）"；

[2.2.1]　如果其间有否定词"没（有）"，

那么这个"没（有）"表示真性否定，句子的意思为"接近没有 VP，但最终 VP 了"；

[2.2.2]　如果"差点儿"与"VP"之间没有否定词"没（有）"，

那么句子的意思为"接近 VP，但没有 VP"，

必须把句子的评价意义修正为"遗憾"。

可见，在语言能力的语法这种抽象的平面上（at the level of grammatical competence），"差点儿没 VP"可能是歧义格式；因为，当其中的 VP 是中性词语时，根据说话人是否期望 VP 的发生而产生两种意义相反的解读（readings）。但是，在语言运用的语法这种现实的平面上（at the level of grammatical performance），⑨"差点儿没 VP"格式的实例（instantiation）几乎是没有歧义的；因为，其中的 VP 要么是积极的、要么是消极的，极少是中性的。即使是中性的，说话人也通常通过上下文、情境、信念、习俗等语境线索等，明确地向听话人传达自己希望还是不希望 VP 发生。比如，"跳起来"本来是中性的，但是在"差点儿没 VP"格式中却总是实现为消极性评价。比如："（高兴/惊奇得）差点儿（没）跳起来"，其中肯定

式与否定式意义相同。"把球踢进球门"本来也是中性的,但是在"差点儿没 VP"格式中却多半是实现为积极性评价;因为不带偏见的观众总是乐于看到进球,至于哪个队攻进哪个队的球门是无所谓的。[⑩]比如:"(那个队员)差点儿(没)把球踢进球门",其中肯定式与否定式意义不同。只有当说话人不希望"那个队员"把球踢进球门,并且他相信听话人也知道他的这种期望时;他才能用冗余否定形式"(那个队员)差点儿没把球踢进球门",来表示跟肯定形式"(那个队员)差点儿把球踢进球门"相似的意思。并且,从真实文本的统计来看,在"差点儿没 VP"格式的实例中,VP 以消极的占绝对多数(92%左右)。也就是说,语言使用者通过具体的使用和频率来造成一种倾向,让抽象、多义的"差点儿没 VP"格式在言语中专化为跟"差点儿 VP—"同义的冗余否定形式。

这样看起来,语言使用者远比语言研究者聪明。在语法学家为"差点儿没 VP"格式的歧义消解而上下求索、无计可施时,说话人早已悄悄地通过不用或少用中性词语来避免可能的歧义;而听话人则采用自上而下的语义理解策略,由占绝对优势(92%—98%左右)的句式评价义"庆幸"引导,再通过 VP 的评价意义来推导有关事件的发生与否,其中的否定词"没(有)"是真性否定还是冗余否定,甚至修正默认的句式评价义,从而全面地理解这种句式的各种实例的意义。

5. "差点儿(没有)VP"格式的道义约束

从上文对于真实文本语料的统计和分析,可以看出:在语言运用的语法这种层面上,"差点儿(没有)VP"是一种表示道义情态(deontic modal)的格式;其表达方式与这种表达内容之间的匹配关系,受到汉语使用者社团(即中国大部分人口)及其文化中的一般公认的道德规范和行为准则的约束,涉及到公众对于事件或

行为的好还是坏、是否应该期望等的评价。这种道义约束具体地
表现为：(i)尽可能多地在"差点儿 VP"格式的 VP 位置上填入消
极意义的词语"VP－"，让隐性否定格式"差点儿 VP"尽可能多地
表示"庆幸"这种积极的评价意义；为了突出这种积极乐观的评价
意义，可以让"差点儿 VP－"中的隐性否定意义溢出，并且用否定
副词"没(有)"来显性地标记，形成冗余否定格式"差点儿[没]VP
－"；(ii)尽可能少地在"差点儿 VP"格式的 VP 位置上填入积极
意义的词语"VP＋"，让隐性否定格式"差点儿 VP"尽可能少地表
示"遗憾"这种消极的评价意义；为了避免突出这种消极的评价意
义，禁止"差点儿 VP＋"中的隐性否定意义溢出，因此就没有"差
点儿[没]VP＋"这种冗余否定格式(iii)为了避免跟冗余否定格式
"差点儿[没]VP－"混淆，尽可能少地在"差点儿没 VP"格式的
VP 位置上填入积极意义的词语"VP＋"，尽管双重否定格式"差
点儿没有 VP＋"也可以表示"庆幸"这种积极的评价意义；(iv)为
了遵循乐观原则，禁止在"差点儿没 VP"格式的 VP 位置上填入
消极意义的词语"VP－"，以免让双重否定这种强调性格式表示
"遗憾"这种消极的评价意义，也正好避免跟冗余否定格式"差点
儿[没]VP－"混淆。

　　并且，由于道义是一种公共的社会约束和惯例性的文化约
束，因而通常可以超越说话人特定的好恶，压倒说话人个人性的
企望。例如：

　　(19) 你在朝鲜战场是个怕死鬼！我<u>差点儿没有</u>枪毙你！(丁
　　　　 隆炎《最后的年月》)

　　(20) 这一下<u>差一点儿没有</u>把张维气死，气得他直瞪着眼，大
　　　　 张着嘴，足有一分钟没说上话来。(赵树理《张来兴》)

(19)是说话人(彭德怀)对所斥责的对象(你)说的话。虽然"枪毙
你"是说话人是期望的，但是它仍然是消极性的词语，所以可以用冗
余否定格式"差点儿[没]VP－"来表达。(20)中的"张维"是说话人

的仇人。虽然"把张维气死"是说话人是期望的,但是它仍然是消极性的词语,所以可以用冗余否定格式"差点儿[没]VP一"来表达。

可见,即使是在特定的语境中,说话人也无法顺从自己的情绪倾向,强行扭曲他的期望与词语的积极/消极之间自然的组配关系。正是这种处于道义约束下的词语的评价意义与句式的评价意义的自然组配,保证了上述概率性的语言运用语法在理解"差点儿(没有)VP"格式的意义时得以实施。

6. 结语

上文尝试从副词"差点儿"所包含的隐性否定的角度,来观察和讨论这种隐性否定意义溢出的有关语法效应,特别是"差点儿没(有)VP"格式中形式与意义之间的复杂的对应关系。文章着重用"差点儿"中隐性否定的语义溢出,来解释"差点儿没(有)VP"格式中冗余否定的形成机制;用"差点儿(没有)VP"句式的"肯定 vs. 否定"(包括隐性否定)和其中 VP 的评价意义的"积极vs. 消极"的配置方式,来推导整个句式的评价意义的"正面 vs. 反面";进而用"乐观原则"来解释"差点儿 VP"格式三缺一格局的语用动因,以便用句式缺位来说明"差点儿 VP"格式中隐性否定溢出的条件。文章还基于对真实文本中 400 多个"差点儿 VP"实例的分析,来说明在语言运用平面上的语法中,对于歧义句式"差点儿没(有)VP"、以至于所有的"差点儿 VP"格式,都有可能采用概率性的语义理解策略:先默认"差点儿 VP"格式表示积极的评价意义(即庆幸),然后根据"差点儿(没有)VP"格式的道义约束,凭借其中 VP 的评价意义的"积极 vs. 消极"来推断整个句子的语义解释,从而快捷而正确地理解整个"差点儿(没有)VP"格式的各种实例的意义。

附注

① Givón(1978：89)指出：从历时的角度看,语言中的否定标记大多源于否定性动词,最通常的是"refuse，deny，reject，avoid，fail，lack"等。更加详细的讨论,见 Givón(1973)。关于汉语中的隐性否定动词,详见袁毓林(2012)。本文讨论的副词"差点儿",也含有隐性否定的动词性语素("差"≈缺少、不够)。

② 一个旁证是,副词"终于"表示经过较长过程最后出现某种结果,较多地用于希望达到的结果。例如：(1) a. 反复试验,～成功了。～   b. ＊反复试验,～失败了。

(2) a. 等了很久,他～来了。～   b. ＊等了很久,他～没来。

详见吕叔湘(2009)第 687 页。

③ Pollyanna 是 Eleanor Porter 的同名小说的女主人公,以特别乐观著称。详见沈家煊(1999)第 185、194 页。

④ 沈家煊(1999：81)似乎也意识到这一点,所以有一个说明："就 8c、d 而言,是说话人不希望黑桃全了"。

⑤ 下面 4 例的 b,转引自江蓝生(2008：496)附注 4。

⑥ 参考朱德熙(1980)第 190 页。

⑦ 下面这些"差点儿＋没有＋VP－了"格式的例句,搜自 CCL 语料库,但作了精简处理。

⑧ 北京大学中国语言学研究中心的 CCL 语料库,现代汉语部分有 3 亿多字语料。

⑨ 关于这两种平面的语法的差别,详见 Givón(1978)，第 72—79 页。

⑩ 参考沈家煊(1999：82)的有关说明。

⑪ 毛修敬(1985：60—61)指出,在他收集的 100 个"差点儿(没)VP"例句中,VP 表示消极意义的有 98 个,占 98％。

例(19)(20)转引自沈家煊(1999：120)。

参考文献

陈刚 1985 《关于"没 V 了"式》,《中国语文》第 5 期,第 329—333 页。

江蓝生 2008 《概念叠加和构式整合——肯定否定不对称的解释》,《中国语文》第 6 期,第 483—497 页。

李小玲 1986 《北京话里的"差点儿"句式》,《汉语学习》第 1 期,第 6—10 页。

吕叔湘 1985 《疑问·否定·肯定》,《中国语文》第 4 期,第 241—250 页。

吕叔湘 2009/1980 主编《现代汉语八百词》(增订本),商务印书馆。

毛修敬 1985 《汉语里的对立格式》,《语言教学与研究》第 2 期,第 59—70 页。

沈家煊 1999 《不对称和标记论》,江西教育出版社。

石毓智 2001/1992 《肯定和否定的对称与不对称》(增订本),北京语言大学出版社,台湾学生书局初版。

王还 1990 《"差(一)点儿"和"差不多"》,《语言教学与研究》第 1 期,第 11—12 页。

袁毓林 2011 《"差点儿"和"差不多"的意义同异之辨》,《语言教学与研究》第 6 期,第 66—75 页。

袁毓林 2012 《动词内隐性否定的语义层次和溢出条件》,《中国语文》第 2 期,第 99—113 页。

朱德熙 1959 《说"差一点"》,《中国语文》第 9 期,第 435 页。

朱德熙 1980 《汉语句法中的歧义现象》,《中国语文》第 9 期。收入朱德熙(1980),第 169—192 页。

朱德熙 1980 《现代汉语语法研究》,商务印书馆。

朱德熙 1982 《语法讲义》,商务印书馆。

Allwood, Andersson & Dahl 1977 *Logic in Linguistics*. Cambridge: Cambridge University Press.《语言学中的逻辑》,王维贤等译,石家庄:河北人民出版社,1984 年。

Boucher, J. & C. E. Osgood 1969 The Pollyanna Hypothesis, *Journal of Verbal Behavior* 8:1—8.

Chao Yuen Ren 1968 *A Grammar of Spoken Chinese*, University of California Press. 据台湾版,敦煌书局,1981 年。丁邦新全译本《中国话的文法》,香港中文大学出版社,1980 年,据刘梦溪主编《中国现代学术经典·赵元任卷》,胡明扬、王启龙编校,河北教育出版社,1996 年。吕叔湘节译本《汉语口语语法》,商务印书馆,1979 年。

Givón, Talmy 1973 The time-axis Phenomenon, *Language* 49(4):890—925.

Givón, Talmy 1978 Negation in Language: Pragmatics, Function, Ontology. In Peter Cole (ed.) (1978) *Syntax and Semantics*, Volume 9: *Pragmatics*, New York: Academic Press. pp. 69 112.

Jespersen, Otto 1917 Negation in English and Other Languages, in *Selected*

Writings of Otto Jespersen，London：George Allen & Unwin Ltd. pp. 3—151.

Jespersen，Otto 1924 *The Philosophy of Grammar*. London：George Allen & Unwin Ltd.《语法哲学》,何勇、夏宁生、司辉、张兆星译,王静甦、韩有毅校,廖序东审订,语文出版社,1988年。

Osgood，E. Charles & Meredith Martin Richards 1973 From Yang and Yin to *and* or *but*，Language 49(2)：380—412.

Leech，Geoffrey 1981 *Semantics*：*The Study of Meaning*. Penguin Books.《语义学》,李瑞华等译,何兆熊等校订,上海外语教育出版社,1987年。

Levinson，Stephen 1983 *Pragmatics*. Cambridge：Cambridge University Press.

（发表于《语言研究》2013年,第2期,第54—64页）

名词"光景"向概数助词和
情态副词的语法化[*]

张爱玲(江苏师范大学文学院)

1. "光景"的共时多功能性

在现代汉语(方言)中,"光景"有名词、认识情态副词和概数助词三种词性。

1.1　名词"光景"

作为名词,"光景"有以下几种用法:

A. 用作时间名词,表示"光阴,时间"义。例如:

(1) 有九年十年光景没看见哩。(吴语·上海松江话)

(2) 瞧,十年的光景,她五十好几了,还常去花店买花。(唐颖《糜烂》)

(3) 李德文病得不轻,他本来就年老体衰,病情又来势凶猛,不到半个月的光景就去世了。(王素萍《她还没叫江青的时候》)

* 本研究得到了江苏省社科基金项目"跨语(方)言视角下语气副词的语法化研究"(项目号:12YYC016)的资助。本文初稿曾在第八届汉语语法化问题国际学术研讨会(2015 年 10 月 30 日—11 月 2 日,北京)上宣读,张谊生、董秀芳等先生对本文提出了宝贵意见。特此致谢!

B. 用作具体名词，表示"风光，景物"义。例如：

（4）鼓浪屿的<u>光景</u>真水。（闽南话）

（5）活一天，看一天的<u>光景</u>。（冀鲁官话·山东牟平话）

（6）另一只写着"雨打桃花"，驹子不解其意。正看着<u>光景</u>，从楼的正门出来一个丫环模样的女孩儿，对他行个礼，说声有请，便引带驹子进到门中。（尤凤伟《金龟》）

（7）专凭<u>光景</u>来说，这里真值得被称为乱世的桃园。（老舍《不成问题的问题》）

C. 用作抽象名词，表示"样子"义。例如：

（8）今晚的大江，吼得这么大……，像要吃人的<u>光景</u>哩，该不会出事吧？（钱谷融《中华现代文选》）

1.2　认识情态副词"光景"

作为认识情态副词，"光景"表示推测语气，相当于"大概，可能"。例如：

（9）在饿死的威胁下，<u>光景</u>是什么事都干得出来的罢？（茅盾《大泽乡》）

（10）他铁青了脸，粗暴地叫骂道："什么希罕！<u>光景</u>是做强盗抢来的罢！"（茅盾《秋收》）

（11）这么晚了，他<u>光景</u>不来了。（江淮官话·江苏阜宁话）

1.3　概数助词"光景"

作为概数助词，"光景"表示估计，相当于"上下，左右"，常用于时间名词或数量短语之后。例如：

（12）半夜<u>光景</u>｜他五六岁<u>光景</u>（吴语·丹阳话）

（13）四点钟<u>光景</u>｜五十岁<u>光景</u>｜一里路<u>光景</u>（吴语·金华话）

（14）下午四点钟<u>光景</u>，天空的乌云愈来愈浓。（茅盾《赛会》）

那么，上文所示现代汉语（方言）中的"光景"的这种多功能性（multifunctionality）是如何形成的呢？我们是否可以运用它在汉语史上所经历的语法—语义演变来解释它的这种共时多功能性呢？其历时演变遵循什么规律，又是在什么动因诱发的，这些都是本文要着力探讨的问题。本文所用语料除方言语料来源于笔者的调查，以及许宝华和宫田一郎主编的《汉语方言大词典》、李荣主编《现代汉语方言大词典》等辞书外，均源于北京大学中国语言学研究中心（CCL）语料库。

2. "光景"的历时演变

在汉语史上，最初"光景"有两个，一个表示"阳光"义，"景"，光也；另一个同"光影"，"景"同"影"。本文所说的"光景"是指前者。我们先看《汉语大词典》对"光景"的解释：1. 阳光。2. 喻恩泽。3. 光辉；光亮。4. 光阴；时光。5. 犹言日子，指生命或生活。6. 风光；景象。7. 情况；景况。8. 敬称。犹光仪。9. 希望；苗头。10. 犹言模样。11. 上下，左右。12. 大概。根据我们的语料调查，《汉语大词典》对"光景"各义项的排列并不是按照用例出现时间的先后顺序，而且有些义项是"光景"的语境义，并非其编码义，应合并到其他义项中。比如，义项5和9应合并到7中，义项8应该合并到2中。下文我们结合语料考察"光景"向概数助词、情态副词语法化的历程。

2.1 "光景"的助词化

"光景"一词始见于战国时期，"光"与"景"同义，《说文》："景，光也。"所以"光景"是并列复合词，义为"阳光"。例如：

(15) 借光景以往来兮，施黄棘之枉策。（战国·屈原《楚辞·九章·悲回风》）

(16) 惭光景之诚信兮，身幽隐而备之。（战国·屈原《楚辞·九章·惜往日》）

先秦时期，"光景"的用例极少，我们从北大语料库（CCL）中仅搜到上两例。

到了汉代,"光景"的用例逐渐多起来。"光景"除了"阳光"义,还引申出了"光芒,光辉"义、"恩泽"义。例如:

(17) 唯雍四時上帝为尊,其<u>光景</u>动人民,唯陈宝。(汉•司马迁《史记•封禅书》)["光芒,光辉"义]

(18) 日亦奉行天之所化成,使见久生之文,变化形容,成其精神,<u>光景</u>日增,无有解时。(《太平经》第 4 卷)["光芒,光辉"义]

(19) 孔子贤乎英杰而圣德备,弟子被<u>光景</u>而德彰。(汉•韩婴《韩诗外传》第 3 卷)["恩泽"义]

到了魏晋南北朝时期,"光景"又出现了"风光,景象"义、"时光,光阴"义。例如:

(20) 凌晨<u>光景</u>丽,倡女凤楼中。(南朝梁•萧纲《艳歌篇十八韵》)["风光,景象"义]

(21) 遍富延泽以西;<u>光景</u>葳蕤,多见天山之表。(《全梁文》第 30 卷)["风光,景象"义]

(22) 实亡劝沮,多行德惠,恪惜<u>光景</u>,爱好坟籍,笃志励节,白首弥至。(《全梁文》第 22 卷)["时光,光阴"义]

(23) 来往既云勤,<u>光景</u>为谁留。(南朝梁•沈约《休沐寄怀》)["时光,光阴"义]

隋唐时期,"光景"又出现了"情形,情况"义。比如:

(24) 凤鸟岂伺晨之禽,同阮藉优游於步兵,庄周放旷於园吏,莫不望<u>光景</u>而思齐,仰高树而无逯。(《唐代墓志汇编续集》)

(25) 长昭劝沮。其四。涉魏徂燕,吉往凶旋,辅仁奚谬,福善终捐。沦<u>光景</u>昃,殒蔼秋先,长悲厚夜,空嗟小年。(同上)

(26) 金鼎承荣,绮纨筮仕,捧黄离之<u>光景</u>,肃昼阙之威仪。(同上)

（27）我之君子,珠玉于室。何鼎年之不永,坠虞泉之<u>光景</u>。
　　（同上）

"光景"的以上各种用法在宋元时期一直沿用。到了明代,
"光景"才出现了新用法,即"模样,样子"义,它是从"情形,情况"
义引申而来的。例如:

（28）莫妈也见双荷年长,<u>光景</u>妖娆,也有些不要他在身边了。
　　（明·凌濛初《二刻拍案惊奇》第 10 卷）

（29）翰林心不在焉,一两句话,连忙告退。孺人看见他有些
　　慌速失张失志的<u>光景</u>,心里疑惑。（同上,第 3 卷）

例（28）"光景"意义较实,可译作"模样",例（29）"光景"意义较弱,
可译作"样子"。并且在这一时期,"模样,样子"义的"光景"被数
量短语修饰。例如:

（30）一个妻骆氏,年纪约三十五六岁的<u>光景</u>,也识得几个字,
　　也吃得几杯酒,也下得几着围棋。（明·西周生《醒世姻
　　缘》第 24 回）

（31）夜晚睡不着觉的时候,料算了一算,差不多有两万的<u>光
　　景</u>。（同上,第 32 回）

（32）一个个如天上仙人,绝不似凡间模样,年纪多只可二十
　　余岁<u>光景</u>。（明·凌濛初《二刻拍案惊奇》第 37 卷）

（33）只见一辆车子倒在地上,内有无数物件,金银钞币,约莫
　　有数十万<u>光景</u>。（同上,第 36 卷）

（34）汪朝奉道:"没有这许多了,多不过二、三百<u>光景</u>。两狄
　　员外说:"就是二、三百两也可,待我零碎再换……（明·
　　西周生《醒世姻缘》第 50 回）

例（30）—（31）中的数量短语与"光景"是偏正关系,形式上通过结
构助词"的"加以彰显。例（32）中的数量短语与"光景"紧邻组合,
二者关系有两种理解:一是理解为偏正关系,"光景"表示"模样,
样子"义;二是理解为补充关系,"光景"是对前面数量短语的补充

说明,"光景"表示"上下,左右"义。换言之,"年纪多只可二十余岁光景"既可译为"年纪至多二十余岁的样子",也可译为"年纪至多二十余岁左右"。由此可知,例(32)是"光景"由名词向概数助词演变的过渡用例。一旦"光景"与数量短语紧邻组合修饰非涉人名词时,"光景"就演变为概数助词了,如(33)(34),"约莫有数十万光景"即"约莫有数十万左右/上下"。我们发现,"光景"由名词向概数助词语法化的过渡语境是用于表示约计数量的语境,句中可以有表示约计的词语"约""差不多""多不过""约莫""余"及数词连用式等(详见(30)—(34))。"模样,样子"义"光景"常出现于这种语境中,就逐渐吸收了语境义,解读为"上下,左右"义,成为概数助词。

在清代,概数助词"光景"很常见。例如:

(35) 这人姓华名忠,年纪五十岁光景。(清·文康《儿女英雄传》第 1 回)

(36) 丽卿看那妇人,四十光景年纪。(清·俞万春《荡寇志》第 75 回)

(37) 狄洪道此时便在匣间摸出两锭银子,每锭约五两重光景。(清·唐芸洲《七剑十三侠》第 137 回)

(38) 看看已是日出,只不过行了十余里光景。(同上,第 98 回)

对"光景"从"模样,样子"义发展出"左右,上下"义概数助词,我们可以找到佐证。汉语中"样子"一词也可以表示约略情况(《汉语大词典》第 1281 页),出现语境与"光景"相同。比如:

(39) 她长得像五十岁的样子。

(40) 他的身高只有一米六的样子。

综上所述,"光景"的语法—语义演变路径是:"情形,情况"义→"模样,样子"义→"上下,左右"义。这条路径中的第三步演变是以表示年龄的"数·量+光景"短语从偏正式被重新分析为附加式为条件的。这种重新分析可以表示为：(数·量)＋光景→数·量〈＋光景〉。

2.2 "光景"的副词化

在明代，"模样，样子"义名词"光景"常跟视觉动词(以下记作 V_s)"看""见"等紧邻共现，充当后者的宾语。据统计，在 198 例名词"光景"用例中，充当视觉动词"看""见""看见"宾语的"光景"分别有 23 例、22 例和 1 例，合计 46 例，占 23.23％。①例如：

(41) 徐德归来几日，看见莫大姐神思撩乱，心不在焉的光景，又访知杨二郎仍来走动，恨着道："等我一时撞着了，怕不斫他做两段！"(明·凌濛初《初刻拍案惊奇》第 37 卷)

(42) 母亲见此光景，虽然有些喜欢，却叹口气道："你在外边荣华，怎知家丁尽散，分文也无了？"(同上，第 22 卷)

(43) 使命官看城内光景，民丰物阜，市井安闲。(明·陈仲琳《封神演义》第 10 回)

(44) 黄妃看见这等光景，兔死狐悲，心如刀绞，意似油煎，痛哭一场，上辇回宫，进宫见纣王。(同上，第 7 回)

观察可知，上述例句中的" V_s ＋光景"都用在叙述语境(而非推论语境)中，充当谓语中心。发出 V_s 所示动作的施事都是作品中的角色(如例(41)—(44)中的"徐德""母亲""命官""黄妃"等)。而到了清代，大量的" V_s ＋光景"开始扩散到推论语境中。②例如：

(45) 看俚光景，总归勿肯嫁人。(清·韩邦庆《海上花列传》第 3 回)

(46) 看这光景，两个人是一条藤儿。这一个搬了，那一个有个不跟着走的吗？(清·文康《儿女英雄传》第 30 回)

上两例中" V_s ＋光景"既看作"看情况，看样子"义传信标记(evidential marker)③，又可看作"好像，可能"义认识情态表达。作前一种理解时，它暗示后续小句所示信息是基于说话人的亲眼所见而作出的推测。作后一种理解时，重在表示主观推测语气。④

在上两例所示的推论语境中,V_s 的施事既可理解为作品中的角色,又可以理解为说话人。正是在这样的语境中,V_s 的意义发生了从视觉感知到心理判断的转变。换言之,从例(41)—(44)到例(45)(46),V_s 的语义主观化了。在上两例中,"V_s+光景"既可看作独立小句,又可看作后续小句的独立语。这样,"V_s+光景"就有可能发生从谓语中心向用作传信标记的独立语的演变。

　　从明代到清代,伴随短语"V_s+光景"的语境扩展(叙述语境＞推论语境)的是"V_s+光景"短语的一体化。例如:

(47) 勿多歇朱蔼人来,同仔俚一淘出去哉,<u>看光景</u>是吃局。(清·韩邦庆《海上花列传》第 3 回)

(48) 安太太道:"不要这样称呼,<u>看光景</u>比我岁数儿大,该叫我妹妹才是呢。"(清·文康《儿女英雄传》第 12 回)

(49) 老爷见他那屋里,上下通共一个人,<u>看光景</u>不必再献茶了,便向叶通使了个眼色,要过那个拜匣来,放在桌子上。(同上,第 39 回)

对比(41)—(44)与(47)—(49)可知,V_s 与"光景"从间隔共现演变为紧邻共现,这就便于"V_s+光景"一体化。其实,"V_s+光景"的一体化在明代已有所萌芽。在明代,"光景"前的定语简化,比如由小句作定语(如例(41))简化为指示代词作定语((如(42)(44))。这样视觉动词与"光景"的语表距离就会越来越短,以至最终两者紧邻,为"看/见光景"的一体化奠定基础。此外,在叙述语境中,"V_s+光景"与后续小句之间通常有较大停顿(如例(41)—(44)所示);在推论语境中,"V_s+光景"与后续小句之间停顿较短(如例(45)(46)所示)或无停顿(如例(47)—(49)所示)。当"V_s+光景"与后续小句之间没有停顿时,它自身就不再独立构成一个小句,而演变为修饰后续小句的独立语,标记后续小句所示信息的来源是基于观察的推理。作为独立语的"V_s+光景"因为处于单句句首这个边缘位置而不受注意,从而更便于一体化。

　　当然,跟"光景"高频共现的视觉动词原本有"看""见""瞧"⑤
"看见"等很多,后来"看""见"逐渐胜出,完成择一过程,成为"光
景"的优选组配对象。这样,"看/见光景"的用频激增。这也是触
动"看/见光景"一体化的因素。随着"看/见光景"的一体化和语
义演变("看样子"义>"大概,可能"义),"看/见光景"的结构稳固
性和语义晦暗性剧增。这样,"看/见光景"就逐渐向一个超音步
词汇词演变,而汉语词汇的强双音化倾向使得说话人在急于传达
自己的主观推断信息的语境下,为了追求语言表达的高效和经
济,将"看/见光景"截略为"光景"。"看/见光景"能被截略为"光
景"是以认知上的部分转指整体的转喻机制("part as whole"
metonymy)为基础的。这样,最终"光景"语法化成一个表示推测
语气的认识情态副词。例如:

(50) 他光景知道我同藩台还说得话来,所以特地来拜会我,
　　　无非是要求我对藩台去代他求情。(清·吴趼人《二十
　　　年目睹之怪现状》第 7 回)

(51) 狄洪道一见那老翁精神矍铄,相貌清高,迥非恶俗之辈,
　　　不禁暗暗羡慕。心中暗想:"这老翁光景就是主人了。"
　　　(清·唐芸洲《七剑十三侠》第 134 回)

(52) 在下哑然笑道:"你这位老先生光景没有吃过花酒到过
　　　堂子罢?"(清·张春帆《九尾鱼》第 91 回)

(53) 这一番吵闹,安老夫妻早惊醒了。安老爷隔窗问道:"这
　　　光景是有了贼了,你们只把他惊走了也罢,拿必定要拿
　　　住他。"(清·文康《儿女英雄传》第 31 回)

"光景"作为情态副词不仅可以位于主语后,还可以位于句首。
例如:

(54) 此时,忽然觉得所住的房子又似乎稍有摇动,文始真人
　　　笑道:"光景那两个什么子什么子的奉了他们师父法旨,
　　　在那里捧我们的临时寓所哩。"(清·无垢道人《八仙得

道》第32回）

(55) 周日青微窥其意，当下就跟了下来，及至转了几个弯，又不见天然与那起女眷。周日青暗道：<u>光景</u>又到别处去了，且等一会，到他方丈与他算帐。（清·无名氏《乾隆南巡记》第68回）

(56) 内有个老太监说道：千岁，如此看来，之所以昏迷不醒，<u>光景</u>是奸细用了迷魂香，才如此昏睡。（清·唐芸洲《七剑十三侠》第140回）

(57) 王守仁细细一看，内中只有一个认得，却是傀儡生，其余三人皆不曾谋面。心中暗想："<u>光景</u>这三人也是他们一流。"（同上，第144回）

(58) 又坐了一会，已是三更时分，仍不见动静。王守仁暗自说道：<u>光景</u>今夜未必前来了。（同上，第145回）

"光景"位于句首，管辖整个小句，更能体现出说话人的认识情态。"光景"的语义虚化和主观化还引发了"光景"的语音弱化，即其第二音节变成了轻声。

三音节超音步词汇词因语法化为功能词，使用频率会大幅提高。高频使用又会促使这个三音节词被截略成双音节，因为越是常用词越短小，而且截略成双音节也符合汉语词汇双音化的总趋势。跟三音节的"看/见光景"截略为"光景"类似的是"闹半天"截略为"半天"。"闹半天"本为固定短语，表示"弄到最后，最终"义，而后在[惊疑/误判—恍悟]语境中语法化为三音节醒悟语气副词。伴随这一语法演变的是"闹"的实义虚化、语音弱化，以至于脱落。例如：

(59) 我当是人住的房子呢，<u>闹半天</u>是神住的庙宇！

(60) 他心里思忖："<u>闹半天</u>你们是为这码事来的！好家伙。"

(61) 我说他们走了哩，<u>半天</u>他们还在这等着。（中原官话·河南新蔡话）

　　(62) 我说咋找不到哩,那本书<u>半天</u>是你拿走了。(中原官
　　　　话·河南新蔡话)

上四例中的"闹半天"和"半天"都表示"原来"义,是醒悟语气
副词。

　　综上所述,在叙述语境中,"V_s＋光景"充当谓语中心,处于
听/读者的注意中心,所在小句与后续小句之间常有较大停顿。
V_s所示动作的施事是作品中的角色(句子主语),他对V_s所示动
作控制度较高,V_s与"光景"多间隔共现,所以这种语境中的"V_s＋
光景"不具备一体化的条件。而在推论语境中,"V_s＋光景"后续
小句是表推论的判断句[⑥],整个"V_s＋光景"充当独立语,处于听/
读者注意的边缘位置。V_s与"光景"多紧邻共现,且V_s所示动作
的发出者已变成言者,他对相关动作的控制度低[⑦]这些条件或便
于或加速了"V_s＋光景"的一体化。在推论语境中,"V_s＋光景"的
一体化是导致名词"光景"语法化为认识情态副词的根本原因。

　　综上所述,"V_s＋光景"在"光景"的语法化前后的差异可以表
示如下:

表一　"V_s＋光景"在"光景"语法化前后的差异

	语法化前	语法化后
"V_s＋光景"所在语境	多为叙述语境	多为推论语境
"V_s＋光景"所示语义	表示对客观场景的视觉感知,犹"看情形,看样子"	表示根据对客观情况的感知而作的主观推测,犹"好像,可能"
"V_s＋光景"的节律特点	与后续小句之间有停顿	与后续小句之间无停顿
"V_s＋光景"的句法功能	作谓语	作独立语

续　表

	语法化前	语法化后
"Vs＋光景"的句法位置	句中	句首、句中
Vs所示动作的施事	句子主语	言者主语
Vs与"光景"的组合特点	多间隔共现	紧邻共现

3. 名词"光景"语法化的表现

　　名词"光景"向概数助词和认识情态副词的语法化表现在语用、语义和语法等多个方面,下面详细阐述。

　　首先,在语用方面,"光景"发生了语境扩展。在向概数助词语法化的过程中,名词"光景"经历的关键一步是其使用环境从约计年龄的语境扩展到约计时间、金钱及其他事物的语境中。在向认识情态副词语法化的过程中,名词"光景"经历关键的一步就是从叙述语境向推论语境的扩展。

　　其次,在语义方面,"光景"经历了去语义化,包括词义的泛化、虚化和主观化,具体可以表示如下:

上述语义演变是前文所述的语境扩展引发的。

　　再次,在语法方面,名词"光景"所在结构经历了句法上的重新分析和截略。名词"光景"在向概数助词的语法化中,所在短语"数·量＋光景"经历了从偏正式向附加式的重新分析。名词"光景"在向认识情态副词的语法化中,所在短语"V$_s$＋光景"经历了从充当谓语向充当独立语的句法演变(具体表现为从可自由位于句中、句尾到常位于句首)。换言之,"V$_s$＋光景"和后续小句形成的话段经历了从双小句向单小句的句法演变。"V$_s$＋光景"的组合可变性和聚合可变性大大降低。在语形方面,"V$_s$＋光景"中的V$_s$因在独立语位置的高频使用而被截略掉。

通过对"光景"历时演变的考察,我们发现,现代汉语中"光景"的共时多功能性是它们经历了复杂的历时演变的共时投影。比如苏州话保留了"光景"在历时演变过程中获得的"样子"义名词用法和"大概、可能"义认识情态副词用法,嘉兴话保留了语法化程度较高的概数助词用法和认识情态副词用法,江苏阜宁话只保留了认识情态副词这一种用法。

附注

① 考虑到我们统计的是名词"光景"的所有用例,而非仅限于"模样、样子"义"光景",这个比例已经很高了。到了清代,"看""见""看见"后续"光景"作宾语的用例分别是 41 例、32 例、10 例。

② 这种语境扩展在明代已初见端倪。比如,在明代 1400 多万字的语料中,我们发现了一个"V$_s$＋光景"用在叙述/推论两解语境中的示例,即:

贾秀才走到后窗缝里一张,见对楼一个年少妇人坐着做针指,<u>看光景</u>是一个大户人家。(明·凌濛初《初刻拍案惊奇》第 15 卷)

此例中的"看光景"表示"看样子"义,但作出判断的主体可能是贾秀才,也可能是言者。

③ 又译作"示证成分",它意在表明相关信息的来源和获知方式,包括:亲历、听闻、推理,等等。在有些语言中传信标记是必需的,即说话人在传达信息的同时要表明相关信息的来源或获知方式。

④ 从传信意义向推测意义的语义演变也见于其他语言。比如,日语中的样态助动词そうだ本是传信标记,表示相关信息源自道听途说,可译为"听说、据说"。后来演变为认识情态标记词,表示"可能、似乎、好像"义。

⑤ 例如:我仔细瞧瞧他的<u>光景</u>,倘或好些儿,你回来告诉我。(清·曹雪芹《红楼梦》第 11 回)

⑥ 推论语境有一些特征,比如常使用表示推测的语气副词"莫非""恐怕"等。例如:

　　　(1) 看这光景,莫不是就要做官?(清·吴敬梓《儒林外史》第 1 回)
　　　(2) 老残心里想道:"本想再为盘桓两天,看这光景,恐无谓的纠缠要越逼越紧了。"(清·刘鹗《老残游记》第 6 回)

　　上两例中,"看……光景"后续的小句中有"莫不是""恐",这暗示"看……光景"是用在推论语境中的。

⑦ Langacker(2000:296,306)曾说,当主语对谓语中心的控制力逐渐衰弱时,句义就会发生主观化,从而引发相关词语的语法化。当主语对谓语中心的控制力衰弱到极端时,句子主语就会变成言者主语(按:指相关词语联系的主体论元[如施事]从句子主语变成了言者)。汉语中"保证""恐怕"等词从表示物理或心理活动到表示主观推测语气的演变就伴随着"保证""恐怕"的主语由句子主语向言者主语的转变。

参考文献

李荣 1995 《现代汉语方言大词典》,江苏教育出版社。

罗竹风 1999 《汉语大词典》,商务印书馆。

沈家煊 2001 《语言的主观性和主观化》,《外语教学与研究》第 4 期。

沈家煊 1994 《"语法化"研究综观》,《外语教学与研究》第 4 期。

王寅、严辰松 2005 《语法化的特征、动因、机制——认知语言学视野中的语法化研究》,《解放军外国语学院学报》第 4 期。

吴连生 1995 《吴方言词典》,汉语大词典出版社。

许宝华、宫田一郎主编 1999 《汉语方言大词典》,中华书局。

Langacker, Ronald W 1988 *Grammar and Conceptualization.* Berlin/New York: Mouton de Gruyter.

Walter Bisang 1998 Grammaticalization and language contact, constructons and positions. In Anna Giacalone Ramat. & Paul J. Hopper, eds., *The Limits of Grammaticalization.* Amsterdam/Philadelphia: John Benjamins Publishing Company.

揣测与确信评注的
兼容模式及其功用与成因[*]

张谊生(上海师范大学)

0. 前言

0.1 "我到现在终于没有见——大约孔乙己的确死了。"这是鲁迅《孔乙己》一文的结束语。问题是"大约"表或然推断,是对"孔乙己死了"的主观揣测;"的确"表实然判断,是对"孔乙己死了"的主观认定。一般情况下,这两类互相矛盾的评注性副词是不能在同一个评判命题中出现的[①]。然而,在鲁迅这篇小说的结尾处读到这个句子,不仅没有感觉到语法和逻辑上有什么问题,反而觉得有一种独特的意味,似乎有言尽而意未尽的感觉。由此看来,在现代汉语中,揣测与确信评注在一定条件下似乎完全可

　＊　本文初稿曾在第三届汉语副词研究学术研讨会论文(2015.11.14—15湖南师范大学)上报告。本稿根据两位匿名审稿专家精辟细致的意见,又作了全面的修订。本文是国家社科基金"程度副词的生成、演化及其当代功能扩展的新趋势研究"(15BYY131)、教育部规划基金项目(13YJA740079)"介词演化的规律、机制及其句法后果研究"和上海市哲学社会科学规划课题(2012BYY002)"当代汉语流行构式研究"专题成果之一,并得到上海市高峰学科中国语言文学建设的资助,对于获得的帮助与资助,笔者谨表由衷的谢意。

以共现、兼容②。

0.2　面对这一特殊表达方式，人们不禁要问：揣测性与确定性评注副词共现，到底有哪些方式；具有哪些特殊的表达效果；为什么这两类副词共现会呈现出完全协调的功效；导致这类看似矛盾实际互补之格式形成的动因与依据又是什么？为此，我们对北大语料库以及一些网站作了穷尽性或抽样性的调查③，发现这类表达方式在汉语中并不罕见，两类评注性副词既可以处在不同层面，也可以并存连用；而且，有时甚至是一种恰到好处的表达模式。

本文从三个方面依次对这一看似矛盾的双重评注现象进行考察：首先描写与分析两类评注性副词的分布位置与方式特征；然后刻画与辨析这类兼顾表达方式的评注辖域与关注对象；最后探讨与揭示各种合用方式的表达效果及其产生的认知基础与思维理据。

0.3　本文用例引自北大语料库以及各种报刊、网络，例句全部标明出处（略有删节）④。

1.　共现配合的方式与特征

1.0　本节主要描写两种评注性副词配合运用的各种分布模式与具体用法。

1.1　前置独用与句中附状。前置独用是指评注性副词单独充当句首修饰语，句中附状是指评注性副词在句内附在谓语中心前作状语（杨德峰 2005、2009）。前置独用的配合方式，大致可以分为两种情况：一种是揣测性副词在前，再一种是确信性副词在前。先看前一种。例如：

（1）也许，中国人的确已经富裕了。（1994 年《报刊精选》03）
（2）恐怕，我们真的要去改变了。这个社会包括我们每一个人怎样去督促,让更优秀的人,能成为每一个孩子的第一个老师,当然,这又是一个美好的愿望,现实会残酷吗?(《幼教虐童凸显幼儿教育乱象　学前教育小学化遭疑》2012－10－30人民网)

(3) 或许,他们确实"在胳膊上刻对方名字",也确实互为"重要",但即使如此,这也不是一种真正的爱,不是千百年来让人们痴迷的爱,不是让人们一直为之歌颂并且赞美的爱。(《"猎艳杀人夫妇"根本不配谈爱》2014－05－19《中国青年报》)

(4) 大约,中国文人传统中真有一种浮滑的灵魂。小说讲想象,要虚;历史要忠于史实,要实。(《读书》vol-165)

再来看确信评注副词前置独用、揣测评注副词在后面句内的情况。例如:

(5) 的确,说这话的人也许都有成功的可能和希望,但他们偏偏缺少一样最重要的东西,那就是不懈的努力,因而,做事不是半途而废就是功亏一篑,要不就总停留在半瓶子醋的状态。(1996年10月份《人民日报》)

(6) 确实,矿泉壶似乎是在人们不知不觉中忽然风行起来,颇具一鸣惊人的戏剧效果。(1994年《报刊精选》01)

(7) 诚然,一切事情也许一时都很顺利,他的儿子们有了稳固的营业关系和——甚至也许更为重要——许多对营业极其关心的胜任的下属。(马歇尔《经济学原理》)

(8) 真的,大概就差一步了,也许,很快我们就可以在管风琴的伴奏中,吟唱弥尔顿那神圣而不朽的句子了。(《上帝掷骰子吗——量子物理史话》)

据此而言,不管是揣测副词在前还是确信副词在前,是完整的句子还是省略的句子,也不管后面的成分是句子还是语段,凡是前置独用的副词,都是句首修饰语而非句首状语。

1.2 外附全句与内附谓语。外附全句的副词,从句法上看也就是非独用的句首状语。总体而言,充当句首状语的评注性副词,揣测性副词要比确定性副词频率高得多⑤。例如:

(9) 以后的生活中,<u>也许</u>你<u>真的</u>遇到了你理想中的白马王子,<u>也许</u>你终于发现,爱河无边,却没有一份爱为你守候。(1995 年 3 月份《人民日报》)

(10) 现在年轻人音乐爱好者来讲,<u>也许</u>我们<u>真的</u>错过了,那一段他最黄金和最值得回忆的时光。(《庾澄庆显赫家世大曝光:私家园林是文物》2013 - 09 - 04 人民网)

(11) 举步维艰的谈判变得越来越复杂且艰难,<u>或许</u>这次<u>真的</u>是到了最关键的时刻,每一个细微的颠簸,都显露出力量。(《哥本哈根,"坏消息"何时休》2009 - 12 - 16《国际金融报》)

(12) 黎烈文先生的评价则完全不同,关于作品的社会内容,阶级局限性,他概不涉及,至于作品所反映的阶级斗争规律,<u>恐怕</u>他根本就没有这种概念,不可能采取这样的认识视角。(《读书》vol-201)

在特定的语境中,有些确定性副词也可以修饰全句,尽管使用频率相对较低。例如:

(13) 现在人就是这样,你不能改变他们就改变自己。难道<u>真的</u>要包装自己才能活的更好更快乐吗? <u>确实</u>这样<u>也许</u>不会再受伤,但是那也将是乏味的人生。(《坚强,希望,最终会得到》2008 - 11 - 09 新浪博客)

(14) 这句话不能说全无道理,<u>的确</u>我们<u>似乎</u>只有狼老虎野猪这么几个动物(鹿、马和鸟先除外)但是一定要用刀杀么?(《关于 RPG 战役的一点看法》2014 - 04 - 13 帝国百家谈)

(15) 刘凡军长脸上肌肉抽搐了一下,<u>如果</u>按照明面上的实

力,确实他们也许会打不过茫茫多的斯坦族强者。(《螳螂捕蝉》2012-09-12青帝文学网)

(16) 我没有别的办法了,真的这样大概持续了十几分钟,我挣扎着把身上的冰雪清除了。(《走向秘境雅鲁藏布大峡谷》2013-08-28《三联生活周刊》)

值得注意的是,分布位置与评注辖域之间,有时并没有必然的联系。也就是说,对于评注性副词而言,前附全句的当然都是评注全句,而前附谓语的有时也可以评注全句(史金生 2003)。请比较:

(17) 或许我们有缘无分,或许是我还不适合做你的朋友,大概我们真的不适合做朋友,不管怎样,至少我们曾经拥有过一份纯真的友谊,这就够了。(《我们不适合做朋友》2014-08-20 百度知道)

(18) 我也是男人,经不起你这样再三折磨,吵的我心烦,我没法安心工作,经常被领导批评,真的我们也许不适合,谢谢你,我生命曾经有你经过,感谢你!(《终于决定离婚了》2015-07-01 百度贴吧)

前句改成"真的我们大概不适合做朋友",后句改成"也许我们真的不适合",所表示的评注倾向、主观情态可能略有差异,但基本语义情态不变。这就表明,尽管前置副词只评注谓语的现象,迄今还很少找到确切的用例,但是,副词前置、后置确实都可以用于评注全句。

还须要分辨的是,前附全句的评注性副词,一部分停顿以后可以转化为前置独用类。但严格地讲,前附全句与前置独用在性质上是完全不同的——前者只能管辖一个句子或分句,是句法成分,后者既可以管辖一个句子也可以管辖一组句子,是句子成分⑥。请比较:

(19) 他心里宽慰自己:也许人家确实不知道;也许有人真的

领养了把她当成亲生女儿不想说出来。(蔡康《花烛泪诉人间情》

(20) 而罗克说,<u>的确</u>,知觉<u>也许</u>就是思想之所以诞生的原因,<u>也许</u>就是原初有机体低水平的感觉过程与更复杂的生命形式高水平的认知过程之间的进化连接。(墨顿·亨特《心理学的故事》)

前句两个"也许"是前附主语的句首状语,只能分别管辖后面两个含"确实、真的"的分句,而后句的"的确"是全句修饰语,可以同时管辖到了后面两个含"也许"的分句。

1.3 并存连用与间隔合用。连用与合用的区别在于,连用中间没有间隔,合用中间有间隔。当然,两种分布又都可以有评注在前与确信在前的两种情况。并存连用式的例如:

(21) 梅子这次离去非同小可。我预感到有极其严重的后果。她<u>大概真的</u>把我的一部分带走了,让我坐卧不安。(张炜《柏慧》)

(22) 母亲年轻时,<u>大约的确</u>是一个很有风情的女人。她长得身段娇巧,细细的腰肢,一头丰盛的长发,乌亮亮像匹黑缎子披到背上来。(白先勇《孽子》)

(23) 在整理了名单之后,如果每篇写个五六人的话,在页数许可的范围内,每一人<u>的确大概</u>也只能写个一到二页的短秤而已。(田中芳树《中国武将列传》)

(24) 是用新批评方法去分析诗歌的典型范例,对于大学生和研究者,<u>的确仿佛</u>是扑面吹来的一阵清风,被认为是新批评派的一部力作。(《读书》vol-089)

再来看合用式的两种分布情况。比较而言,合用式大多是揣测评注副词在前。例如:

(25) 他独特而真切的"个人记忆",那样一种刻骨铭心、撕心裂肺的记忆<u>大约</u>也<u>的确</u>不是那么容易抽象、提纯的,而艺术所最宝贵的不正就是那么<u>些</u>纯不了的个人性?
（《读书》vol-196）

（26）还有，如果一个人没有残缺一条腿，你<u>大概</u>可以<u>确实</u>知
道他右脚鞋的数码和他左脚鞋的数码是一样的。（《我
的哲学的发展》）

（27）我作为旁观者，是相信自己兄弟的，但他媳妇<u>确实</u>也<u>好
像</u>撒谎了，我分不清楚了。（《看着我兄弟一家子为此难
过》2014－11－24百度知道）

（28）我是农历八月十八出生的。因此，妈妈总是对我说："你
是被法海和尚的潮水冲出来的。"而我<u>的确</u>也<u>似乎</u>对大
海有着某种特殊的情感。（《我终于见到了大海》2015－
07－12飞牛网）

这类间隔合用的两个评注性副词，中间间隔的成分大多是副词
"也"等单音副词。之所以确信副词在前的合用式相对较少，关键
就在于前项副词的辖域略大；而且，对确信的判断再加上揣测，比
起对揣测的认识再加以确信，更符合会话合作原则，也更容易被
受话人接受。

　1.4　主句附谓与从句附谓。就是主句与宾语从句两个层面
的主观倾向评注。相对而言，这类处在主次层面、对主句谓词与
从句命题依次进行不同情态的评注，并不多见⑦。例如：

（29）耶鲁大学医学院的药理学教授陈绋炽说："我<u>的确</u>相
信某些药方<u>也许</u>在缓解病症上是有效的，甚至还能提
高人体的抵抗力。"（新华社2003年5月份《新闻
报道》）

（30）小姑娘眼睛盯着他，<u>仿佛</u>也渐渐觉得这个人<u>的确</u>很有趣
了……像李寻欢这样的人，本就不是常常能见得到的。
（古龙《小李飞刀》）

（31）也许你以为你没有找到一个像你妹子一样的朋友，也许

你认为你没找到一个疼你关心你呵护你的人,也许你认为我们根本不配跟你交心,这些我都无所谓,我只想你能生活的愉快就行了。(《小露的留言》2005 - 12 - 22追梦人日记)

(32) 我们在美国确实没有团队,也许你觉得我们对于开发商或对于土地的数据根本就没有详尽的判断,我们在这方面可能做得没那么仔细。(《夫妻美国买房遭忽悠陷搜房网团购骗局》2013 - 04 - 21 房价网)

总之,在现代汉语各种不同类别、不同语体的文本中,揣测性评注副词与确信性评注副词在句中共现、配合的分布现象,不但频率不低,而且方式多样⑧。

2. 双重评注的功能与作用

2.0   本节主要分析两种评注共现时,双重评注的各种表达功用与表义倾向。

2.1   表述式评注与衔接式评注。表述性评注就是指那些前置独用的评注性副词,这些副词实际上充当的是高谓语(有关"高谓语"的性质、特征及其与状语的区别与联系,请参看杨成凯1995、张谊生 2000b),具有一定表述功能与衔接功能。而非独用的副词所表达的基本上都是限性定的主观评注。根据表述评注的不同性质,自然也可以分为两类。例如:

(33) 的确,也许人就是如此。追求的时候,向往的情感是那样强烈,可当达到目标时,却又觉得不过如此,那时的感受远不如没达到目标时那样强烈。(肖华《我和张艺谋的友谊与爱情——〈往事悠悠〉》)

(34) 的确,我们似乎陷入了一种"穷"的恶性循环,因为穷,所以才不敢花钱治理环境,环境的恶化却又使我们更穷。

(35) 经过这一下午,我越来越自觉地认识到,症结不在是不是一定要收下宋宝琦——<u>的确</u>,<u>也许</u>应当为他这样的学生专门办一种学校,或者把他同相似的学生专门编成一班;要不按他的文化程度,干脆把他降到初一去从头学起。(刘心武《班主任》)

(36) <u>的确</u>,我甚至可以说,<u>大概</u>没有任何一个地区、在任何一个历史时期,能够像欧洲中世纪那样,把自己的历史活动和文化风貌如此广泛、鲜明、生动、集中地反映在可视的图画上。(《读书》vol-138)

这些独用评注副词作为高谓语,都带有一定的表述功能,揣测副词前置独用也一样。例如:

(37) <u>也许</u>,这确实是发生过的一次"梦境",像十九世纪英国诗人柯勒律治梦后写的《忽必烈汗》著名未完诗稿一样。(《读书》vol-145)

(38) <u>也许</u>,这次<u>真的</u>没有"猫腻",但让公众产生是否有"猫腻"的怀疑,在未被录用者心里埋下不满甚至仇恨的种子,这样的招考恐难说成功。(《招 10 人 4 人是领导亲属,真没"猫腻"?》2012 - 09 - 04《检察日报》)

独用前置的副词,从另一角度看,实际上又是语段或者复句中的插入语;这种用法的评注性副词,都兼有双重功能——从人际功能看表主观情态,从篇章功能看连贯衔接(张谊生 2000a)。例如:

(39) 假若让正常状态下和非正常状态下的这种动物交配繁衍,那将给这种动物带来灭绝的危险。<u>也许</u>,我们<u>的确</u>到了找回那片失落星空的时候了。(《阅读以下短文回答下列问题》2014 - 10 - 12 精英家教网)

(40) 随着伏羲的沉思,他的一双原本神光熠熠的双眸,也开始迷离空洞起来,隐隐出现了复杂的神纹,急速掠过。<u>恐怕</u>,这次伏羲<u>真的</u>是探到了<u>一些</u>重要的东西了。(《洪荒元恒路》2013 - 11 - 02 给力文学网)

(41) 走在路上,只见到处是一派吃相。<u>真的</u>,这也许与我操持家中庖厨有关,在我感觉中,什么过年,简直就是一个吃字罢了!(《读者》合订本)

(42) 我是很高兴看到你逃过一劫啊,<u>真的</u>,只是他们<u>恐怕</u>就快要找到我了。(《旅法师》十二章 2006 - 05 - 12 多明尼亚吧)

前三句的评注性副词是都用在语段当中,最后一句的评注性副词则是用在复句当中。

由此可见,与句首状语的表达功能不同,前置独用的评注副词由于所处位置的作用,从表达功能看,既接近独用的评判小句,又相当于衔接性话语标记,而这正是此类共用的特色。从另一角度看,虽然评注性副词所表达的基本上都是元语功能(张谊生2006),但是,相对而言,由于前置独用评注副词主要表示篇章衔接功能,句首状语也可以兼表衔接功能,而句中附状的评注性副词只能表示主观评注情态,这就导致了这两种看似对立的评注性副词会经常共现、配合。

2.2 全幅式管辖与半幅式管辖。所谓全幅评注,就是评注的辖域覆盖、涉及整个命题,而所谓半幅评注,就是指评注的范围对象只覆盖谓语部分(包括宾语、补语等),但不涉及主语。一般情况下,前置独用的与外附全句的评注性副词,就语义辖域来看都是全幅评注的,评注范围关涉整个命题(前面 1.1、1.2 所举各例的副词,几乎都是全幅评注的);而强化否定的"根本、压根儿、绝对、绝"之类评注性副词,则只能是半幅评注的[⑨]。例如:

(43) 莫为的脸在她的印象中虽有疑点,但她总不能想起具体的场景,具体的时间,她也许<u>压根儿</u>就没见过他。(卫慧

《床上的月亮》)

(44) 阿士诺不只一次的注意到,摆在最上层的那些书皮早就
积了一层灰,看起来<u>大概</u>根本没人动过它。(《龙枪——
兄弟之战》)

问题在于,位于谓语之前的、强调确定的评注性副词有些是
半幅评注,有些是全幅评注。也就是说,评注性副词的评注辖域,
与句法位置、副词功能既相关联,又不一致。例如:

(45) 川村<u>大概</u>是<u>真的</u>疯了。他眼睛盯着天花板,像只路鼠一
样在狭小的屋子里、在汽缸里来回乱跑。(《白发鬼》)

(46) 王熙凤对宫花,你要说完全不爱惜,<u>好像</u>也<u>确实</u>过分,但
是她也不是非常稀罕。(刘心武《秦可卿出身之谜》)

“大概”和“也许”都是全幅评注,而“真的”和“确实”则是半幅评
注。再比如:

(47) <u>真的</u>,跟以前一比,<u>好像</u>的确有点不同了。(《挪威的森
林》)

(48) 由于朱立伦是同额竞选,且在连署阶段获得超过 10 万
份的连署书,远高于具选举权党员总数 3％的门槛,所
以,根据目前的情况,<u>大概</u>朱立伦这次<u>笃定</u>能够当选。
(《国民党新一任党主席今日产生　朱立伦系唯一候选
人》2015 - 01 - 01 人民网)

而“真的”和“大概”当然都是全幅评注,“好像、的确”与“笃定”是
半幅评注。然而,有些谓语前的副词,在特定的语境中也是可以
用来全幅的。例如:

(49) <u>也许</u>他们<u>真的</u>是为工作忙得晕头转向呢,<u>也许</u>他们<u>真的</u>
是心有余而力不足呢……父母只有经常和儿女沟通,这
些矛盾和隔膜才能真正得到化解。(《给老爸老妈的
100 个长寿秘诀》健康养生)

(50) 二爷仍不恼,抓起酒壶对嘴灌了一阵子,放下酒壶叹了

口气说:"可惜我说了半宿的话你没听进去一个字,<u>大概</u>咱俩<u>真的</u>没有做夫妻的缘分。你要真的想走,我放你走。"(尤凤伟《石门夜话》)

(51) <u>大概</u>玉卿嫂<u>确实</u>长得太好了些,来到我们家里不上几天就出了许多事故。(白先勇《玉卿嫂》)

(52) 李寻欢道:"<u>也许</u>我<u>的确</u>想得太多了,但想得多些,总比不想好。"(古龙《小李飞刀》)

上面各句的"真的、确实、的确",其实也都是对整个命题评注的,也就是全幅评注的。严格地讲,"真的"和"确实"的评注对象,不仅仅是谓语"长得太好了些、想得太多了"本身,而且还包括"玉卿嫂长得太好了些、我想得太多了",尽管评注的重点还是谓语。所以,在句内修饰谓语的评注性副词大多是半幅评注,但也有一些可以是全幅评注的。导致分布与表达不完全对应的原因,从类型学角度看,汉语是非形态的意合性语言,前置的评注副词一般都是用来强调的,自然都针对整个命题的,但句中的副词也同样可以评注整个命题;因为汉语词语的表达功能,包括副词的评注倾向,在很大程度上取决于具体语境与主观视点。

2.3 确信式揣测与揣测式确信。通常情况下,两类副词并存连用,评注功能主要体现在后面的副词,但前加的副词也会体现一定的评注功能。这样就同时具有两种评注功能:确定性揣测与揣测性确定。确定式揣测,当然是重在揣测,同时表明对这一揣测很有信心。例如:

(53) 今天人们挥舞国旗、高唱国歌和按汽车喇叭<u>确实好像</u>在尽义务而不是发自内心的欢呼。(新华社 2002 年 6 月份《新闻报道》)

(54) 她的话同时也提醒了我,她的这身打扮<u>真的好像</u>在哪儿见过。对了,她那本画册里的女主角好像就是这么穿的吧?(《小区来了个极品女业主》2015-04-25 天涯

论坛）

(55) 实事求是讲，许多学校实施后，学生考试成绩<u>的确似乎</u>有了提高。那么，我们如何正确信识这一现象呢？（《导学案存在的主要问题》2014 - 06 - 16 百度文存）

(56) 然而另一方面，我们发现，中纪委打虎拍蝇的力度最近<u>确实似乎</u>有所减缓，更为反向的消息是据香港文汇报报道，……近期有官员问王岐山，是否有可能对主动自首的腐败官员酌情特赦。（《中央反腐布更大的局有多大？》2015 - 05 - 22 凤凰博客）

而揣测式确定，自然是重在确定，在确定的同时还留有一定的余地。例如：

(57) 陆小凤叹了口气："你说得不错，这件事看起来<u>好像确实</u>是这样子的，可惜只不过是'好像'而已。"（古龙《陆小凤传奇》）

(58) <u>当然</u>，对方之所以会这么强硬，他们真的是认为里面有人在抢劫，<u>也许他们确实</u>接到了报案，<u>也许他们真的</u>为眼前这几个人的行为感到气愤感到怀疑。（张平《十面埋伏》）

(59) 博姆：没错，但是理论<u>似乎真的</u>能帮助我们观察外在发生的事；内在与外在为什么会有差别？（《20 世纪最卓越的两位心智大师的对话》）

(60) 不过，<u>也许的确</u>存在一些世界，在那里我们永不睡觉，谁又知道呢？再说，暂时沉睡然后又苏醒，这对于"意识"来说好像不能算作"无意义"的。（《上帝掷骰子吗——量子物理史话》）

就两种评注方式共现的使用频率来看，大多数是揣测＋确信，只有少数才是确定＋揣测。之所以存在这样的分布、用频差异，前面 1.3 已经指出，对确信认定再加上委婉情态，比起对主观估测再加上确信情态,更符合会话交际的合作原则,也更容易被会话双方接受。

2.4　认可式确认与怀疑式确认。一般情况下,无论在前还是在后,是揣测还是确信,评注性副词都是发话人自己的主观认识、个人评注,然而,有一部分在后面修饰谓语的半幅式确信副词,确认的相关信息则是由他人先提出来的。主要有认可式与怀疑式两种。例如:

(61) 副部长大约真的"打了招呼",我觉得我回广州后似乎——仅仅是似乎——被人另眼相看了。(金敬迈《〈欧阳海之歌〉创作前后》)

(62) 我到现在终于没有见——大约孔乙己的确死了。(鲁迅《孔乙己》)

"打过招呼、孔乙己死了"都是他人先前提供的信息,发话人虽然没能彻底核实,但根据后来发生的一些情况,还是认可了,确认了。比如《孔乙己》中的"我"先前听别人说"孔乙己死了",后来根据一系列相关现象,逐渐确认了这一信息,所以说"孔乙己的确死了",但毕竟没有获得过死亡的确凿消息,所以,就整个命题的事实而言还是揣测性的,因此,前面还是用了"大约"。据此而言,这是一种基本上认可他人提供信息的主观性揣测(罗耀华、刘云2008)。再比如:

(63) 他大概的确有些特别,据舆论说,用药就与众不同。(鲁迅《朝花夕拾》)

(64) 投降以后呢,大概确实是参加了征方腊之役。因为还有一些史料,比如《皇宋十朝纲要》里边提到,宋江因为镇压方腊起义,在童贯的率领之下,跟着另一个官军军官叫辛惺恼,两个人一同杀入方腊的上苑洞,杀到洞里头俘虏了方腊手下的宰相。(侯会《〈水浒传〉的成书过程》)

"他有些特别"是根据舆论说的,"宋江投降后参加了征讨方腊之战",也是别人先提出的,发话人由于看到了一些情况与相关史料,所以确信了这一信息,但还不是绝对的确定。

　　怀疑式确认的相关信息也是他人提出来的,发话人的确认只是提出怀疑的前提。例如:

(65) 也许相声的逗笑里确实亵渎了一些本来很伟大的东西,也许相声这种艺术形式本身就难免玩世不恭与亵渎神圣的原罪,但这种反差这种亵渎难道不也是生活本身的提示?(《读书》vol-148)

(66) 如果是那种情况,国民党也许确实发展了台湾的经济,但他仍然是一个非法的独裁党,他的政权不但是外来的政权,而且从当今普世价值来判断,也是一个不经过人民选举产生的非法政权。(杨恒均《博客》2014－12－26博客中国)

从上下文看,曾有人提出过"相声逗笑会亵渎伟大的东西、国民党发展了台湾的经济",发话人虽然在一定程度上也认可这类信息,但整体上还是有所质疑甚至略加驳斥的。再比如:

(67) 门岗都说他还没回来,打电话也没人接,小区停车区也没看到他的车,看样子,他大概确实不在家。然而,不登门查访,谁又会想到他是躲在家里的真相呢?(《不见黄河不落泪》2010－06－10当当网)

(68) 这段分析也许的确很有道理,这些原因也许的确在一定程度上造成老舍茶馆的冷落,然而,站在较全面的角度,再来分析这些原因,就显得没有那么大说服力了。(1994年《报刊精选》05)

　　总之,对于别人曾经提出的信息,发话人根据后来发生的情况和自己的主观认识,就可以采用揣测全幅评注与确信半幅评注的方式,分别作出认可式的确认和怀疑式的确认。

3. 兼顾合用的动因与理据

3.0 既然揣测与确定在逻辑上好像是矛盾的,那么,发话人为什么还会自觉不自觉地将这两类评注性副词在一个命题或者一组命题中一起使用呢;这样运用评注性副词的动因是什么,这种看似矛盾其实非常有必要的表达方式,其相应的并存理据又有哪些呢?

3.1 委婉含蓄的主观表达。在有些情况下,发话人如果直接对某个判断加以确信、强调,有时会显得过于自信,过于强势,甚至会显得不够客观、全面。所以,依据委婉含蓄的原则,发话人在对某些现象和信息加以确认的同时,还会在前面加上揣测性副词。例如:

(69) 他觉得大太太经常烧香拜佛不是完全没有道理的,冥冥之中<u>大概确实</u>有神灵支配人世间的祸福。虽然工人生病会影响生产,但比起出了这口气来说,微不足道了。(周而复《上海的早晨》)

(70) 况且,小羊圈是个很不起眼的小胡同;这里都来了日本人,北平<u>大概的确</u>是要全属于日本人的了!(老舍《四世同堂》)

(71) 说自己想说的话,不为任何东西出卖学者的智慧和良心,坚持真理,死生以之,这些是知识分子,尤其是哲学家起码的职业道德和人格要求,有人可以知而不顾,有人却能死守善道。像张东荪这样言行一致,认真地思想和生活的人<u>也许的确</u>不多。(《读书》vol-176)

(72) 2011年整整一年,中移动一直在与苹果谈判。<u>也许这次真的</u>牵手了,就在苹果向现实低头的时刻,对中移动来说最佳合作时机是否已过?迟来的婚姻会幸福吗?

（《移动版 I Phone 不再是传说行业变局凸显合作紧迫性》2013－08－21 人民网）

而且,这样的表达方式除了含蓄委婉之外,在一定程度上还显得留有一定的余地。例如:

（73）因为时间不等人,所以,这次<u>或许</u>真的要说再见了,虽然这次再见不是永不相见而是还会再次见面,但是我承认我说不出口。（《或许这次真的要说再见了》2008－08－21 新浪博客）

（74）喔,<u>也许</u>那老兄生怕别人不相信他<u>的的确确</u>到过该地,必须用几百张幻灯片来做证明。（《读者》合订本）

（75）<u>真的</u>,彼得·彼特罗维奇的全部外表<u>的确</u>好像有某种不同寻常的东西,让人感到惊奇,<u>似乎</u>足以证明,刚才那样无礼地管他叫"未婚夫",并非毫无道理。（陀思妥耶夫斯基《罪与罚》）

（76）几位主人公都是青年知识分子或算知识青年,起初正因不满足于自己的"北",<u>的确</u>,除了钱,<u>似乎</u>世界上的一切美好尽在怀中,所以才相互拉扯着踏上觅钱之路,想弥补这最后一憾,为自己和朋友、情人的灿烂添一道完美的光环。（张桦《该找找北——〈找不着北〉代后记》）

3.2　客观全面的评判估测。当发话人对相关现象做出相关的推断并且作出相应的评判时,不管是完全赞同还是基本认可,都可以采用揣测副词与确信副词共用补充的方式。例如:

（77）啊! <u>真的</u>,这<u>也许</u>是最好的一本了。无论如何,这是他的小说中最精彩的一部。（《追忆似水年华》）

（78）<u>的确</u>,<u>也许</u>唯有充实人生,才能弥补一些遗憾不足,让自己快乐多一点烦恼少一点。（《人生,其实就是这样的无奈但又必须去接受》2014－01－11 散文网）

（79）<u>也许</u>,我<u>的确</u>也是个冷血还健忘的人,那种喜欢到不行的感觉我已经忘记了。从长久性来说,轰轰烈烈抵不过平淡流年。我忘记了那些让我痴醉、让我疯狂的爱恋,却清晰的记得细水长流的那些好。(《我的确也是个冷血还健忘的人》2012－08－06MSN 中文网)

(80) 这座黄房子,"一不小心"成了仓央嘉措留给世人的意外遗产。正如游客在玛吉阿米的留言:<u>也许</u>,离天最近的地方,真爱<u>确实</u>来过。(《玛吉阿米——仓央嘉措的"意外遗产"》2015－08－24 黄河新闻网)

前置独用与句内状语配合使用,或者是前面的确定为后面的揣测提升信度,或者是后者前面的揣测为后面的确信留有余地,都可以使相应评判显得更加客观全面。再比如:

(81) <u>也许</u>这<u>的确</u>不是一回事。但具有讽刺意味的是,就在三周多以前,美国司法部再次重申了它对英国航空公司和美洲航空公司结盟的反对意见。(1998 年《人民日报》)

(82) 20 年来,我们一直处在省市有关部门的精心呵护之下,若没有黑龙江省良好的科技创新环境,<u>也许</u>我们<u>真的</u>坚持不到现在。(《科学的春天里翩翩起舞的"两只蝴蝶"》2013－02－25 人民网)

(83) 于是真有些相信,在南方读书人<u>大约</u>的确是凤毛麟爪了。(舒沙《谁说南方不读书?》)

(84) 事前没有商量一下或者通知一声,好像根本不屑于交涉似的。<u>也许</u>的确不用交涉,在一个国家主席可以被任意揪斗的年代里,难道为了钉个木条,钉上去几颗钉子,还有必要去找人商量吗?!(董良翚《忆我的爸爸董必武》)

同样,采用外附与内附、连用与合用的表达方式,也同样可以达到在表达确信和揣测的过程中,比单用一个确信副词和评注副词,具有更为明显的提升信度与留有余地的表达效果。

3.3 留有余地的主观认定。谦虚礼貌是语言交际过程中,在许多情况下都需要遵循的交际原则,至少也是为了达到交际目的而须要采用的交际策略和手段。所以,有时候发话人虽然内心主观已经非常确定了,但为了充分留有余地,就会兼用一些揣测性副词。例如:

(85) 一连过了好些天,都风平浪静,连静秋也开始相信不会有什么事了,<u>大概</u>志刚<u>真的</u>是个老实人,答应了老三不说出去,就真的不会说出去,她多少放心了一<u>些</u>。(艾米《山楂树之恋》)

(86) <u>真的</u>我们<u>大概</u>有三分之一的筹款是收这<u>些</u>信封收回来的,我们有很多的志愿者,就是每一点收回来这些信封,拆了这些信封去登记,而且发收条。(《2009 新娱乐慈善群星会》2009 - 02 - 27 天涯论坛)

(87) <u>的确</u>,在今天这个纷乱、多变缺少平衡的世界里,勒维纳斯这个"伦理哲学家——<u>也许</u>是当代思想界唯一的道德学家——"是会引起越来越多的关注的。(《读书》vol-146)

(88) 过去他总是在这一时刻会拿出一盒用缎带装饰捆扎的巧克力;或是一盒漂亮的手帕。我猜想<u>大概</u>他<u>的确</u>没什么钱了,甚至花上 1 美分,使我高兴片刻都做不到。(《读者》合订本)

不管怎么讲,上面诸句的表达方式比起单用确定性副词,显得比较谦虚有礼。再比如,在有<u>些</u>语境中,肯定性判断是他人提出的,发话人对此虽然同意,但毕竟自己没有亲眼看到确实的证据或事实,所以,就有时会情不自禁地兼用两种评注性副词。例如:

(89) 如果这方法还不行的话,那就不是我能力所及的事了。<u>的确</u>,<u>大概</u>也没有其他的方法了。(《银河英雄传说》)

(90) 这孤独让我第一次觉得,<u>也许</u>我不应该走进他们中,<u>也许</u>他们<u>确实</u>有自己的生活方式,<u>也许</u>最以为了解他们的

我其实最不了解他们。(杨恒均《博客》2011 - 12 - 10
新浪博客)

(91) 以前我对他<u>也许的确</u>太狠了<u>些</u>,将他逼得太紧,以后我
也要改变方针了。(古龙《小李飞刀》)

(92) 伊万曾经有一个糟糕的童年,因为他闯下了大祸,令他
童年充满不堪回忆的往事。而事实上,他<u>确实</u>只是<u>依稀</u>
记得一点可怕的情景,这些情景一直纠缠着他的正常生
活。(《拍照搜题,秒出答案》2014 - 12 - 12 作业帮)

　　由此可见,这两类副词的兼用,在很大程度上是因为语言交
际的礼貌原则在起作用。从言语交际的角度看,发话人有时之所
以要同时兼用看似矛盾的揣测和确信评注性副词,有时是为了兼
顾受话人或第三方的面子,有时则是为了体现自己比较谦虚的姿
态,而这样的表达方式,其实也就是言语交际中交互主观性(inter-
subjectivity)的一种特定表现形式(沈家煊 2001)。

　　3.4 不同观点的相应兼顾。有些情况下,对于某种客观现
象,发话人对别人提出的不同认识和采取的不同态度,暂时还难
以作出明确的肯定,就会采用这样的表达方式、例如:

(93) 媒体把他誉为"东方功夫第一人",再加上李小龙张扬的
个性,经常对公然大谈武道,<u>似乎根本</u>就不把香港的武
术界放在眼里,这得罪了很多人。(张小蛇《李小龙的功
夫人生》)

(94) 杨过等三人站在一旁观斗,俟机上前相助,眼见李莫愁
招数渐紧,冯默风<u>似乎的确</u>从未与人打过架,兼之生性
谦和,一柄烧得通红的大铁锤竟然击不出去。(金庸《神
雕侠侣》)

(95) 侵略者有没有悲剧感? 悲剧意识? <u>恐怕确实</u>有,而且很
强烈。我们当然难以设身处地地去同情他们,我们只承
认他们演出了一场丑剧、闹剧。(《读书》vol-164)

(96) 年纪大了,对世界上的事情了解多了,年轻的时候崇拜英雄,好像还是有点迷迷糊糊的,<u>好像</u>英雄<u>真的</u>是大英雄,但年纪慢慢大了之后,知道这个大英雄后边其实有他自己卑鄙的一方面,有他见不得人的一方面。(《英雄惜英雄,金老论金老》2015 - 08 - 30《羊城晚报》)

可见,对于一些前人或他人曾经表达过肯定的判断和认识,发话人出于兼顾不同认识和观点的需要,尤其是自己还没有明确的见解时,有时就会运用这种看似矛盾的表现手法。例如:

(97) 他们的眼睛毒蛇般盯在李寻欢脸上,李寻欢却在专心刻他的木头,<u>仿佛根本</u>听不懂他们在说什么。(古龙《小李飞刀》)

(98) 她说我不懂,我<u>也许的确</u>不大懂,就这样她走了,八成又是去哪儿调那四根宝贝弦了。(徐星《无主题变奏》)

(99) 这让我想起了之前那个举重冠军搓澡工,作为曾经的优秀运动员,如今走到这一步很可惜。<u>也许</u>他们<u>确实</u>是走投无路了,想用这种方法引起有关方面的注意。(《前队友:也许他们确实走投无路了》2011 - 07 - 17《钱江晚报》)

(100) 生活<u>也许确实</u>无趣,都好好活着吧,我常常安慰自己:其实大家都过得不怎么样。(《生活也许确实无趣》2012 - 09 - 13 腾讯微博)

当然,兼顾不同观点其实也是发话人自己还难以确定的另一种认知状况,只是侧重不同而已。

4. 结语和余论

4.1　综上所述,归纳如下:首先,分布模式与具体用法,主要有前置独用与句中附状、外附全句与内附谓语、并存连用与间隔合用、主句附谓与从句附谓四种。其次,表达功能与表义作用,大致有表述式评注与衔接式评注、全幅式管辖与半幅式管辖、确信式揣测与揣测式确信、认可式确认与怀疑式确认四类。最后,表达效果与使用动因,则有委婉含蓄的主观表达、客观全面的评判估测、留有余地的主观认定、不同观点的相应兼顾四个方面。

4.2　对于揣测性评注副词与确定性评注副词在同一句子中共现的语言现象,当前语言学界关注还很不够,几乎还没有什么直接的针对性研究成果。然而,汉语语文学界尤其是中学语文教师,对这一看似特殊的语言现象,讨论却相当热烈。比如,仅就《孔乙己》结尾的这一句话,网上就出现了十来种不同的意见。尽管也有人认为这是自相矛盾的表达方式,但大多数都认可这一表达方式;只是提出的理由大多缺乏深入调查和理论基础,还是难以令人信服⑩。我们相信,相关的语言现象还需要结合逻辑学、语用学、修辞学,进一步展开更加深入、广泛的研究,所以,但愿作为一家之言的本文研究,至少可以起到抛砖引玉的作用。

附注

① 在当前语文学界,语文教师大致有两种代表性的观点。一种观点认为:尽管在表达上这句话有着仁者见仁、智者见智的意味,但在语法上这样说还是有一定的逻辑错误的。另一种观点则认为:这种表述方式很难讲,作者有作者的意图,读者有读者的理解,怎么写是作者的自由,如何理解是读者的权利。

② 2011 年 5 月 26 日百度网上曾经有人问:也许,它们确实因为神经高度紧张而误以为那道虚幻的彩虹是一座实实在在的桥,可以通向生的彼岸。"也许"和"确实"是否矛盾,为什么? 有不少人参与了讨论,有人认为"矛盾的",也有人认为"不矛盾";可惜都是各人的随感而答,没有详细的调查和深入的分析。

③ 调查人民网的时间是 2015 年 8 月 22 日,另外,还对新浪网、凤凰网、百度网等作了抽样调查。需要指出的是:揣测性评注副词也可以跟表确定义的形容词共现。比如:现在是早已并屋子一起卖给朱文公的子孙了,连

那最末次的相见也已经隔了七八年,其中<u>似乎确凿</u>只有一些野草;但那时却是我的乐园。(鲁迅《百草园到三味书屋》)"确凿"还是形容词。再比如:1844 年我把这些简短的笔记扩充为一篇纲要,以表达当时在我看来<u>大概</u>是确实的结论。《物种起源》)"确实"已经副词化,但充当定语时还是形容词。

④ 凡是北大语料库的语料,就按语料库提示的出处表示,凡是笔者自己从各种报刊、杂志和网络上搜索的例句,就详细表明具体出处,包括篇名、具体的日期以及报刊或网络。

⑤ 在北大语料库中,充当句首状语的评注性副词、揣测性副词与确定副词的比率达到了 5∶1 左右。其实,前面 1.1 前置独用充当句首修饰语的评注性副词,也是揣测性比确定性频率高,接近于 3∶1。

⑥ 在我们的研究体系中,凡是后面有停顿在主语前独用评注性副词,充当的是句首修饰语,是句子成分;凡是后面没有停顿用在主语前的评注性副词,充当的是句首状语,是句法成分。一般情况下,句首修饰语除了评注功能外,都还兼用篇章衔接功能,而句首状语主要表评注功能,所以,两者性质完全不同。

⑦ 处在主次层面对两个相关命题进行情态评注的用例,北大语料库中只找到两例,网上用例也不多。

⑧ 助动词"可能"也可以表示揣测态。例如:<u>的确</u>这次表演听来<u>可能</u>有点过,但也是为了和灯光、视觉等搭配的效果。(《Hebe 被批咬字怪腔怪调委屈痛哭:怎么唱歌才对》2014－07－01 腾讯娱乐)

⑨ "根本、压根儿、绝对、绝"之所以不用于全幅评注,关键就在于<u>这些副词都</u>是用来强调否定而不宜评注整个命题。关于全幅评注和半幅评注的性质、特征及其相关问题的研究,请参考张谊生(2000b)。

⑩ 大致有: A. 孔乙己是否已经死了没有根据,作者无法交代清楚,所以用"大约""的确"自相矛盾的状语反映这一事实。B. 作者通过"大约""的确"这样矛盾的语言,含蓄地表达了矛盾的心境。C. "的确"表示准确无误,"大约"表示不准确的估计,作者通过似乎矛盾的语言,含蓄地表达了不希望孔乙己这样悲惨地死去的意愿。D. 作者运用看似矛盾的两个状语,深刻地揭示孔乙己活着无人关心、死后无人过问的悲惨命运。E、因为我没有见他再来,又没有见他死,所以只能估计。F. 因为终于没有见,所以只能大致肯定他是死了。G、"大约"和"的确"说法矛盾,所以,孔乙己生死难料。H、"大约"说的是人们对孔乙己的生死并不关心,持冷漠态度;"的确"说明被冷酷的封建制度吃掉是孔乙己悲惨命运的必然结果。

参考文献

罗耀华　刘云　2008　揣测类语气副词主观性与主观化,《语言研究》第 3 期。

沈家煊　2001　语言的"主观性"和"主观化",《外语教学与研究》第 4 期。

史金生　2003　语气副词的范围、类别和共现顺序,《中国语文》第 1 期。

杨德峰　2005　语气副词出现在短语中初探,《汉语学习》第 4 期。

杨德峰　2009　语气副词作状语的位置,《汉语学习》第 5 期。

杨成凯　1995　高谓语"是"的语序及篇章功能研究,《语法研究和探索》七,商务印书馆。

张谊生　2000a　论与汉语副词相关的虚化机制,《中国语文》第 1 期。

张谊生　2000b　评注性副词功能琐议,《语法研究和探索》十,商务印书馆。

张谊生　2006　元语言理论与汉语副词的元语用法,《语法研究和探索》十三,商务印书馆。

(《世界汉语教学》2016 第 3 期)

"尤其"的词汇化及相关问题

张振羽(湖北民族学院文学与传媒学院)

0. 引言

关于程度副词"尤其",在以往的研究中,一些论著虽然也有所涉及,但要么对它的来源阙而不论,如太田辰夫《中国语历史文法》;[①]要么语焉不详,没有对其形成的具体过程做出详尽的描述,如唐贤清《〈朱子语类〉副词研究》、[②]杨荣祥《近代汉语副词研究》。[③]本文拟对"尤其"的词汇化及相关问题做一粗略考察,以就教于方家。

1. 副词"尤"的虚化历程

要考察"尤其"的形成,有必要先弄清其中"尤"的词性及其来源。关于"尤",《说文》的解释是:"尤,异也。从乙,又声。"《释名》:"异者,异于常也。"这是它的本义,由此可自然地引申为最优异的(人或物)。《字汇》:"尤,最也。"例如:

(1) 南伯子綦隐几而坐,仰天而嘘。颜成子入见曰:"夫子,物之尤也。形固可使若槁骸,心固可使若死灰乎?"(《庄子·徐无鬼》)

(2) 其母曰:"……女何以为哉? 夫有尤物,足以移人,苟非德义,则必有祸。"叔向惧,不敢取。(《左传·昭公二十八年》)

进而虚化为程度副词,表示在全体中或与其他事物比较时特别突出。清刘淇《助字辨略》:"尤,益甚之辞也。"我们检索了古代的典籍,发现副词"尤"始见于西汉。例如:

(3) 余并论次,择其言尤雅者,故著为本纪书首。(《史记·五帝本纪》)

(4) 秦既得意,烧天下诗书,诸侯史记尤甚,为有所刺讥也。(《史记·六国年表》)

2. "尤其"的词汇化与某些副词词尾的语法化动因

2.1 "尤其"的词汇化历程

据我们统计,在《史记》中副词"尤"共出现 36 次,但没有与"其"连用共现的现象,在秦汉诸子中也是如此。大约从南北朝开始,副词"尤"可以出现在充当谓语的名词性短语"其+所+X"或"其+X+者"前作状语。其中"X"是谓词性成分,"其"是指代词,指称和修饰其后的"所"字或"者"字结构。例如:

(5) 降死之生,诚为轻法,然人情慎显而轻昧,忽远而惊近。是以盘盂有铭,韦弦作佩,况在小人,尤其所惑。或目所不睹,则忽而不戒;日陈于前,则惊心骇瞩。(梁·沈约《宋书》列传第十六)

(6) 旧事,东宫官属,通为清选,洗马掌文翰,尤其清者。(唐·姚思廉《梁书》列传第四十三)

副词"尤"与指代词"其"在最初连用时多出现在判断句里,尽管此时系词"是"已经产生,[①]但"尤"的后面几乎都不出现"是",从而使"尤"与"其"的共现连用成为可能。虽然"尤"和"其"在线性序列上位置相邻,但它们并不是句法上的直接成分,"尤"是以整个"其所X/X者"作为修饰对象的。"句法位置是副词形成的决定性条件。"⑤"尤"与"其"的并存连用,是副词"尤其"产生的基本前提。

在类似上引"洗马掌文翰,尤其清者"这样的判断句里,单音节的"其"本应连下读的,读作:洗马掌文翰,尤/其清者。但由于汉语词汇双音化趋势的影响,特别是汉语韵律规则的作用,使得一般的短语都变成了在使用上有一定独立性的"四字格"。为了保持语音上2+2的节奏,人们很自然地就会将两个在句法上本无直接关系的单音成分"尤"和"其"连读成一个双音步,也就是:"洗马掌文翰,尤其/清者"。可见韵律为它们的固化提供了物质条件——使二者被紧紧地套在音步这个模型里,中间不能有停顿。然而在潜意识里,人们仍然把跨层的双音组合"尤其"等同于单音节的"尤"。这样一来就产生了一个矛盾:"尤"的语义特征是表示性质状态或动作行为的程度的,而"尤其"后面接的却是一个名词性成分。为了保持与"尤其"在语义特征和句法功能上的和谐,人们在认知心理上也就将"所X/X者"看作是谓词性成分。在这种认知心理的作用下,"所X/X者"中的谓词性"X"就成为人们表意的重心而得到强化,而"所"或"者"则往往被忽略。这种认知动因必然促使"所X/X者"中的"所"或"者"由指代词进一步虚化为助词,仅起凑足音节的作用,而没有实在的词汇意义,成了一个语意表达上可有可无的成分。例如:

(7) 君臣之遇,号为千载;听言用谋,尤其所难。未信而言,则有谤己之嫌;交疏言深,则有失身之戒。(宋·徐梦莘《三朝北盟会编》卷一百七十一)

(8) 杨诚斋尝称陆放翁之诗敷腴,尤梁溪复称其诗俊逸,余观放翁之词,尤其敷腴俊逸者也。(宋·魏庆之《魏庆之词话》)

作为特殊的代词，"所"通常放在动词或动词性短语的前面，构成"所"字结构，"所"指代行为所及的对象，可是例（7）中的"所"却放在形容词"难"的前面，已无所指，仅是一个凑足音节的助词而已。"听言用谋，尤其所难"就等于"听言用谋，尤其难"。例（8）的前两个分句分别是杨万里、尤梁溪对陆游诗的评价，后一分句紧承前两个分句而来，在语意与句式上有较强的连贯性，其句意实为"余观放翁之词，尤其敷腴俊逸"。其中"尤其"是副词，句末的"者也"为语气词的连用，起加强肯定语气的作用。

"尤其所 X/X 者"中"所"或"者"的虚化以至最终脱落的轨迹，从下面这两个句子的比较中也许可以看得更分明些：

(9) 故曰写照非画科比，写形不难，写心惟难，写之人尤其难者，良有以也。（宋·陈郁《藏一话腴》乙集卷下）

(10) 傥秉笔而无胸次，无识鉴，不察其人，不观其行，彼目大舜而性项羽，心阳虎而貌仲尼，违其人远矣。故曰写之人尤其难。（同上）

在例（9）里，"难"后面还接一个音节助词"者"，而在例（10）里，助词"者"已经脱落了。在同一作者的笔下，同一个意思却使用了两种不同的表达法，这种语言的使用现象充分说明，助词"者"已开始走向衰亡，副词"尤其"正在形成。

至于助词"所"、"者"脱落的原因，我们认为大致有二：一方面，随着汉语词汇双音化的发展，双音节的谓词性"X"（词或短语）不断出现。例如：

(11) 人惟帝念，岩穴所以增辉；地入王家，樵采尤其不犯。（《全唐文》卷二百四十一）

(12) 宋昌特拜，既可为侜；何曾尽礼，尤其相匹。（《唐文拾遗》卷十五）

(13) 忍耻和亲，姑息不暇。仆固怀恩为叛，尤其贻危；郭子仪之能军，终免侵轶。（后晋·刘昫等《旧唐书》卷一九

五·列传一四五)

冯胜利认为,复合韵律词既可以是标准韵律词之间的组合,也可以是韵律词与超韵律词之间的组合,但标准韵律词之间的组合是最一般、最普通的,是最没有条件限制的韵律"模块",而三音节的组合却有严格的条件限制。⑥在上引三例里,"尤其"都与后面的谓词性成分构成了四字格。这样一来,在双音节的 X 前出现助词"所"或在其后出现助词"者",都必然会破坏"四字格"表达式,助词"所"和"者"因此失去了存在的必要性,最终走向脱落、消亡。

事实上,助词"所"和"者"的消亡与文言衰落的大背景也不无关系。由于"所"与"者"带有较浓的文言色彩,在口语性较强的作品里,它们的使用显然已不合时宜了。在明清白话小说里,我们发现,"尤其"后面已很少出现"所"或"者"了。

"尤其"的形成,产生了两个相互联系的后果。一是随着"尤"与"其"之间的分界的消失,句子结构关系也发生了变化:由"尤"修饰整个"其所 X/X 者"短语变成"尤其"修饰谓词"X"。这种变化使得本来指称明确的"其",所指对象逐渐模糊以至消失,从而导致了指代词"其"的指称的虚无化,成了一个词尾。如例(8)中"其诗俊逸"的"其"指代陆放翁,而"余观放翁之词,尤其敷腴俊逸者也"中的"其"已无所指代了。在"尤其"的副词化过程中,认知上的重新分析起到了确定这一虚化过程最终完成的作用。二是随着"所"与"者"的脱落,"所 X/X 者"所在的句式经历了一个由判断句向陈述句的转变。比较例(9)和例(10),如果说前者还没有完全褪去判断句的痕迹的话,那么后者可以说是一个纯粹的陈述句了。

关于"尤其"的来源,除了"尤"与"其"的跨层融合以外,可能还有另一个重要来源:在"尤"和"其"被连读成一个双音步的早期,由于人们在潜意识里把"尤其"等同于"尤",他们就有可能把"尤其"作为"尤"的同义替代词,运用到原来"尤"出现的陈述句里。随着这种"词汇替换"的频繁运用,"尤其"逐渐凝固成了一个所谓的"固化韵律词"。后一来源也许比前一来源形成得更早。

在"尤其"的"其"的来源问题上,唐贤清的态度是犹豫的:"'极其'的'其'由代词逐渐成为副词词尾,而'尤其'的'其'是否也是如此呢?目前,我们还找不到有说服力的语料来证明我们的观点。"②杨荣祥则肯定地认为,像"极其"的"其"一样,"尤其"的"其"也是由指示代词"其"变来的,"只是由于缺乏足够的语言材料,暂时无法论证其虚化过程。……但可以肯定,在句法结构中,'其'同样是和它后面的成分构成直接成分关系。"③这个分析是对的。至于代词"其"为什么后来会变成副词词尾,杨荣祥认为是"由于汉语词汇普遍双音节化,'其'的指示代词意义又变得没有必要,于是'必其、尤其'结合成了双音节词,'其'变成了副词词尾。"③但究竟是什么原因使得"其"的指示代词意义变得没有必要,他没有说明。

2.2　从"尤其"的形成看某些副词词尾的语法化动因

杨荣祥曾对近代汉语的 10 个副词词尾的来源及其流变做过详尽的考察。③这些副词词尾不仅来源比较复杂,如"~乎(几乎、似乎)"原是介词,"~其"原是代词,"~自"、"~复"原是副词,而且这些词尾前的成分也各不相同:如"几乎"的"几"本是个形容词,"似乎"的"似"本是个动词;"极其"的"极"本是个动词,"尤其"的"尤"本是个副词;"~自"、"~复"前的成分本是副词。在 10 个副词词尾中,上举这 4 个副词词尾的虚化过程却具有很大的相似性:"(它们)原本都与其前的成分不在一个结构层次上,即非直接成分,由于虚化,它们改变了在句法结构中的直接成分关系。……引起了重新分析(结构层次改变),重新分析最终确定了它们词尾的身份。"③它们的虚化,符合语法化的单向循环原则:自由的词→粘附于词干的词缀→与词干融合的词缀(→自由的词)。⑦诚然,促使这些副词词尾的产生的直接原因是虚化(语法化)引起语言结构层次的变化,那么促使虚化的动因又是什么呢?我们认为应该是汉语词汇双音化趋势及汉语韵律规则的共同影响。

3.　"尤其"的形成、发展与成熟

3.1　"尤其"的形成

我们所见到的副词"尤其"的最早用例出现在北齐时期的《魏书》里,仅 1 例:

> (14) 武定二年四月丁巳,荧惑犯南宫上将;戊寅,又犯右执法。占曰"中坐成刑,金火尤其甚"。(北齐·魏收《魏书》志第四)

类似的意思,在《史记》中是这样表述的:

> (15) 月、五星顺入,轨道,司其出,所守,天子所诛也。其逆入,若不轨道,以所犯命之;中坐,成形,皆群下从谋也。金、火尤甚。(《史记·天官书》)

这个现象说明,从《史记》到《魏书》,单音节的副词"尤"已经显现出向双音节的副词"尤其"发展演变的迹象。但由于是孤证,我们还不敢贸然断定副词"尤其"萌芽于南北朝时期。

到了唐五代时期,"尤"与"其"共存连用的频率仍然很低,我们在《国学宝典》里只检得三例,见上举例(11)—(13)。例(11)、例(12)中的"尤其"后接动词性状中短语,例(13)的"尤其"后接形容词,都"表示在全体中或与其他事物比较时特别突出",[8]而且,在上引三例中,助词"所"和"者"都已脱落。这三例中的"尤其"应该是典型的程度副词了。它符合以下三个条件:句法上由无标记判断句演变为陈述句;助词"所"或"者"的脱落;语音上"尤其"已成为一个固定的音步。这三个条件既是检验"尤其"副词化的标准,也是"尤其"词汇化的三个表现。可以肯定地说,程度副词"尤

其"至迟在唐五代已经萌芽。《汉语大词典》、杨荣祥《近代汉语副词研究》均举宋秦观《徐得之闲轩》诗为首引书证,似嫌稍晚;③太田辰夫《中国语历史文法》认为始见于《儒林外史》,更是迟后。①

　　发展到宋元,"尤其"的用例虽然在总量上仍然不多,但使用频率已经明显提高,为跨层组合的双音节音步"尤其"的固化创造了必要的现实基础。我们在《国学宝典》里检索到 10 余例。例如:

　　(16) 亦有巫者彩服画冠,振铃击鼓,于前罗列器皿布地,请为首者,皆跪膝胡拜,言尤其不可辨。(宋・辛弃疾《窃愤录》)

　　(17) 更有豪家富宅,自造船只游嬉,及贵官内侍,多造采莲船,用青布幕撑起,容一二客坐,装饰尤其精致。(宋・吴自牧《梦粱录》卷十二)

　　(18) 岁恶民流,之奇募使修水利以食流者。如扬之天长三十六陂,宿之临涣横斜三沟尤其大也,用工至百万,溉田九千顷,活民八万四千。(元・脱脱等《宋史》卷三百四十三)

　　(19) 至于黄潜善之妄言谬计,尤其可笑,所谓"精甲数万,既可袭高丽于海外"。(元・马端临《文献通考》卷三百二十五・四裔考二)

　　可以说,"尤其"在唐五代开始副词化,发展到宋元时期已经基本形成。

3.2　"尤其"的进一步发展与成熟

　　"尤其"发展到明清,已完全成熟,"尤其"在现代汉语中的基本用法,此时都已具备。与宋元时相较,它的发展与成熟主要表现在以下几个方面:

3.2.1　被饰成分多音节化

　　在明清以前,"尤其"修饰的对象多为双音节词,少数为单音节词,三音节词极少。明清以后,多音节短语越来越常见、越来越复杂。其中动宾短语尤多,联合短语、偏正短语、述补短语、兼语短语等都有出现。例如:

(20) 珏斋尤其生就一副绝顶聪明的头脑,带些好高骛远的性情,恨不得把古往今来名人的学问事业,被他一个人做尽了才称心。(清·曾朴《孽海花》第二十五回)

(21) 现在年纪都在二十上下,个个勇猛非凡;大、四两位公子尤其足智多谋,人都呼为"文氏五凤"。(清·李汝珍《镜花缘》第五十七回)

(22) 若到桂花盛开之时,衬着四围青翠,那种幽香都从松阴中飞来,尤其别有风味,所以又名"松涛桂液之轩"。(同上,第六十八回)

(23) 那时日本海军,正在大同沟战胜了中国海军,举国若狂,庆祝凯胜,东京的市民尤其高兴得手舞足蹈。(清·曾朴《孽海花》第二十八回)

(24) 那老儿又谢了,随口道:"老汉今天才知道两位都不是寻常纨绔,戴少大人尤其使我钦佩得五体投地。(同上,第三十五回)

3.2.2　开始用于比较句

作为表比较度的程度副词,"尤其"开始出现在用"于"、"比"的比较句中。例如:

(25) 恭宗天子方悟似道奸邪误国,乃下诏暴其罪,略云:"大臣具四海之瞻,罪莫大于误国;都督专阃外之寄,律尤其重于丧师。"(明·冯梦龙《喻世明言》第二十二卷)

(26) 惟有四爷赵虎比别人尤其放肆,杯杯净,盏盏干,乐得他手舞足蹈,未免丑态毕露。(清·石玉昆《七侠五义》第二十一回)

3.2.3　"尤其"与"是"的连用

"尤其"开始与"是"连用，用来引进同类事物中需要强调的一个，所强调的成分与前边成分的关系是一种大类和小类的包含关系。例如：

（27）中国人看得他一钱不值，法国文坛上却很露惊奇的眼光，料不到中国也有这样的人物。尤其是一班时髦女子，差不多都像文君的慕相如，俞姑的爱若士，他一到来，到处蜂围蝶绕，他也乐得来者不拒。（清·曾朴《孽海花》第三十一回）

（28）过得一日，中的还要拜老师，赴鹿鸣宴，很有几天忙；不中的便收拾行李，急急动身。岑其身尤其是归心如箭，无精打采的上了路，不多见日已到了家，大家各自往各家去。（清·吴趼人《糊涂世界》第十二回）

"尤其"有时在参与构成状中结构后再加"的"字，构成"的"字短语，作整个判断句的主语。其后可出现系词"是"，亦可省略。例如：

（29）尤其难得的是眼见他的相貌，耳听他的言谈——见他相貌端正，就可知他的性情；听他言谈儒雅，就可知他的学问，更与那传说风闻的不同。（清·文康《儿女英雄传》第九回）

（30）尤其可恨的，那破棚破群再不教你成个二报三报，他总是一张八饼、一张二索，或是一张六饼、一张三万，教你八下不成副；及至巴到十成，不是人家胡了，就是上家拦成。（清·李汝珍《镜花缘》第七十四回）

或是直接出现在名词性谓语前面。这种情形可理解为其后省略了"是"字。例如：

（31）姑娘听了，从鼻子里哼了一声，说："岂有此理，尤其梦话！万岁爷怎的晓得我有这段奇冤，替我一个小小民女

报起仇来?"(清·文康《儿女英雄传》第十八回)

4. 结论

综上所述,"尤其"是由副词"尤"与指代词"其"在句法位置、韵律规则、词汇双音化、认知心理以及使用频率等因素共同作用下通过跨层连用而最终词汇化为一个典型的程度副词的。使用上由无标记判断句向一般陈述句的扩展,共现助词"所"与"者"的脱落,语音上的固化,是"尤其"词汇化的具体表现。

本文的研究,对于考察近代汉语中产生的一批附加式副词,如"～乎(几乎、似乎)"、"～自"、"～复"等,有一定的借鉴意义。

附注

① 参太田辰夫(1987:252)
② 参唐贤清(2004:35)
③ 参杨荣祥(2005:121—144)
④ 参汪维辉(1998)
⑤ 参杨荣祥(2001:109)
⑥ 参冯胜利(1997:31)
⑦ 参沈家煊(1994)
⑧ 参吕叔湘(1980:554)

参考文献

冯胜利 1996 《论汉语的韵律结构及其对句法构造的制约》,《语言研究》第1期。
冯胜利 1997 《汉语的韵律、词法与句法》,北京大学出版社。
吕叔湘 1980 《现代汉语八百词》,商务印书馆。
沈家煊 1994 《"语法化"研究综观》,《外语教学与研究》第4期。
太田辰夫 1987 《中国语历史文法》,北京大学出版社。
唐贤清 2004 《〈朱子语类〉副词研究》,湖南人民出版社。
汪维辉 1998 《系词"是"发展成熟的时代》,《中国语文》第2期。

杨荣祥 2001 《汉语副词形成刍议——以近代汉语为例》,载《语言学论丛》
  (第二十三辑),商务印书馆。

杨荣祥 2005 《近代汉语副词研究》,商务印书馆。

现实性和非现实性范畴下的
汉语副词研究[*]

周　韧（北京语言大学）

1. 从"常常"和"往往"讲起

陆俭明和马真（2003：4—5）、马真（2004：209—212）非常细致地研究了"常常"和"往往"这对现代汉语中表时间频率的近义副词。为了便于行文，下面统一以马真（2004）的研究作为回顾的对象。

首先，"常常"和"往往"在很多情况下是可以互换的，这是因为它们都表示某种事情或行为动作经常出现或发生，例如：（例句摘自马真，2004）

（1）a. 星期天他常常去姥姥家玩。
　　　b. 星期天他往往去姥姥家玩。
（2）a. 北方冬季常常会有一些人不注意煤气而不幸身亡。
　　　b. 北方冬季往往会有一些人不注意煤气而不幸身亡。

───────────

　* 本文初稿曾在《世界汉语教学》杂志社举办的青年学者论坛（2013年11月，北京语言大学）上宣读，感谢论坛点评专家张谊生教授对本文提出的中肯意见，感谢郭锐、刘丹青和张伯江先生对本文的帮助，感谢《世界汉语教学》匿名审稿专家的宝贵建议！

(3) a. 每当跳高运动员越过横杆时候,观看的人常常会下意
识地抬一下腿。

　　b. 每当跳高运动员越过横杆时候,观看的人往往会下意
识地抬一下腿。

但是,两者在用法上显然也是有差异的,比如以下例子:(例
句摘自马真,2004)

(4) a. 他呀,常常开夜车。

　　b. *他呀,往往开夜车。

(5) a. 听说他常常赌博。

　　b. *听说他往往赌博。

(6) a. 以后周末,你要是没事儿,常常去看看姥姥。

　　b. *以后周末,你要是没事儿,往往去看看姥姥。

(7) a. 明年回上海,你得常常去看看她。

　　b. *明年回上海,你得往往去看看她。

(8) a. 去年冬天我常常去滑雪。

　　b. *去年冬天我往往去滑雪。

(9) a. 上个星期我常常接到匿名电话。

　　b. *上个星期我往往接到匿名电话。

(10) a. 今年夏天我住在北京姥姥家,姥姥常常带我去看
京戏。

　　b. *今年夏天我住在北京姥姥家,姥姥往往带我去看
京戏。

马真老师指出:例(4-5)说明“往往”的出现需要提出某种前
提条件;例(6-7)说明“往往”一般用来说过去的事情,而不能用
来说将来的事情;而例(8-10)说明“往往”一般说明带规律性的
事情,因为在(8b)、(9b)和(10b)中加上某些表规律性的词语,这
些不合格的句子又合格了。(例句摘自马真,2004)

(11) a. 去年冬天每到周末我往往去滑雪。

　　b. 上个星期晚上 9 点我往往接到匿名电话。

　　c. 今年夏天我住在北京姥姥家,星期天姥姥往往带我
　　　去看京戏。

　　根据以上情况,马真(2004:211)总结道:"'往往'只用来说明根据以往的经验所总结出的带规律性的情况(多用于过去或经常性的事情),'常常'不受此限。"

　　马真老师的总结精辟得当,很好地说明了"常常"和"往往"的差异,不仅推进相关研究,更有助于对外汉语虚词教学。而本文思考的问题是:"常常"和"往往"所表现出来的句法语义差异,其背后是否代表着更宏观的某种普通语言学理论上的分野,是否折射了更深层次的语言学理论光芒?

2. 现实性与非现实性范畴

　　马真老师对于"往往"语法意义的总结,其中关键有两条:第一,"往往"说明的是过去的事情;第二,"往往"说明的是根据经验带规律性的事情。这两条恰好和普通语言学中的两个重要的语法范畴有重要关联! 第一个语法范畴为"过去时"(past tense);第二个语法范畴为"惯常体"(habitual aspect)。

　　"过去时"无需多言,一般是指先于说话时刻的动作时间。而根据 Comrie(1976:27—28)的论述,"惯常体"描述的是某段时间内的一种情状,这种情状不能被看成是偶然发生一次或几次的状态,而要被当作贯穿整个时段的特有性质。英语中惯常体的典型代表就是"used to"句型,例如

　　(12) the policeman used to stand at the corner for two
　　　　hours each day.

　　我们很清楚,"往往"句和"used to"句还是有很大分别的,比如"往往"倚重自己的经验,并且常常表示一种反复的情状,而

"used to"并没有这些限制。但毋庸置疑:带有"往往"的句子在很大程度上也表述了"惯常"的意义。

不过,"过去时"与"惯常体"让我们想起了一对情态(modality)研究上经常使用的概念,即现实性(realis)和非现实性(irrealis)。而掌握、了解和运用现实性和非现实性,是我们更好地解读"常常"和"往往"这对近义副词的关键,进而能帮助我们辨析和把握现代汉语中更多对的近义副词。

根据 Comrie(1985)、Chafe(1995)和 Mithun(1999)等论著,现实性主要用来描述已经或正在发生和实现的情境,指的是现实世界已经或正在发生的事情,并且一般与直接的感知关联。相反,非现实性主要用来描述只在想象中出现和感知的情境,一般指的是可能世界可能发生或假设发生的说事情。在 Palmer(2001)的论述当中,现实性和非现实性的概念非常重要,是非情态与情态的重要分野。(注意,是非现实性和情态关联)情态不同于时和体,它不是用来刻画事件的具体特征,而是用来表述命题的状态。[①]而最早使用现实性和非现实性这对范畴的,是一些以美洲印第安语和太平洋语言(尤其是巴布亚新几内亚)为工作对象的语言学家。[②]

在一些美洲印第安语和巴布亚新几内亚语言当中,常常有标记来表示现实性和非现实性范畴。Manam 语[③]当中,每个限定动词都有现实性形式和非现实性形式。例如(13)为表述现实性的例子,现实性标记被用在表过去、表进行和表惯常事件的句子当中,例如(例句摘自 Palmer 2001:147,"REAL"指现实性标记):

(13) a. u-noʔu

　　　　1SG＋REAL-JUMP

　　　　'I jumped'

　　b. úra i-pura-púra

　　　　rain 3SG＋REAL-come-RED

'It is raining'

c. ʔi-zen-zéŋ

1PL. EXC. REAL-chew betel-RED

'We (habitually) chew betel-nuts'

　　注意,在(13)的三个例子当中,句子中并没有表示过去时、进行时和惯常体的标记,这些语法意义都是由现实性标记来承担。Palmer(2001)将这种标记看成是非联用(non-joint)型标记。

　　与非联用型标记相比,还有一种联用型标记,指的是非现实性标记常常伴随其他一些特定的语法标记出现。例如,Chafe(1995)指出 Caddo 语①当中,非现实标记常常和其他一些语法标记同现,这些标记包括否定(negative)、禁止(prohibition)、义务(obligation)、条件(condtion)、模拟(simulative)、低频(infrequentative)、赞叹(admirative),例如("IRR"指非现实性标记):

(14) a. kúy-t'a-yibahw　　b. ka š-sahʔ-yibahw

　　　 NEG-1＋AG＋IRR-see　　PROH-2＋AG＋IRR-see

　　　 'I don't see him'　　'Don't look at it'

　　　 c. kas-sa-náyʔaw　　d. hí-t'a-yibahw

　　　 OBL－3＋AG＋IRR－sing　COND－1＋AG＋IRR－see

　　　 'He should/is obliged to sing'　　'If I see it'

　　　 e. dúy- t'a-yibahw　　f. wás- t'a- yibahw

　　　 SIMULAT－1＋AG＋IRR－see　　INFREQ－1＋AG＋IRR－see

　　　 'As if I saw it'　　'I seldom see it '

　　　 g.　hús-ba-ʔasa-yikʼawih-saʔ

　　　 ADM－1＋BEN＋IRR－name－know－PROG

　　　 'My goodness he knows my name'

　　从 20 世纪末开始,国内的学者们也注意到了现实性与非现实性和语法现象之间的一些关联。张伯江(1997)较早从传信范畴入手,介绍了现实性、时体、语气、情态以及传信范畴之间的关联;郭锐(1997)利用现实性和非现实这对术语对汉语句子的时间特征进行过讨论;沈家煊(1999)和石毓智(2001)在研究汉语否定概念的时候,利用了非现实性的概念;王红旗(2001)则讨论了现实性和非现实性对名词指称的影响;而王晓凌(2009)和张雪平(2009、2012)等论著是近年来专门讨论汉语语法中现实性和非现实性的论著。

在上述研究当中,还鲜有论著将现实性与非现实性范畴运用到汉语的副词研究上来。不过,很多学者都指出:副词是汉语中表示情态的一种重要手段。例如,张伯江(1997)就指出汉语常常利用副词成分来表示传信范畴,如"显然、准保"等;而张谊生(2000)就单列了一类评注性副词,并且张谊生(2000:59)明确表示:"使用评注性副词无疑是表示汉语情态的一条重要的途径"。

一方面,现实性与非现实性的区分是观察和研究情态的一个重要角度;另一方面,副词是汉语表达情态的一种重要手段。结合这两点,我们相信:现实性和非现实性范畴对于汉语副词研究一定大有帮助。

3. 再论"常常"和"往往"

回顾马真(2004)对"常常"和"往往"的研究,再结合前面讨论到的现实性和非现实性的概念。本文认为,"往往"是一种基于现实性而使用的副词,它一般不出现在非现实性的情境之中。

前面讲过,"往往"只表示过去的事情,毫无疑问是现实性的范畴。而从类型学的角度来看,在那些有语法标记表示现实性和非现实性范畴的语言当中,不少是将惯常动作处理为现实性的。⑤

那么,我们凭什么认为"往往"所描述的惯常事件是一种现实性的表达呢？这是因为，"往往"所描述的事件中，是十分注重与说话人本身直接的感知，这也就是马真老师所强调的"根据以往经验"，而且这种经验是说话人。

仔细考察就会发现，在马真老师举例当中，像(8a)、(9a)和(10a)这种合格的例子，都使用了第一人称"我"，而像(4b)、(5b)、(6b)和(7b)这种不合格例子，却使用了第二人称或第三人称。从获得经验感知的角度来讲，自身经验显然比他人经验更为直接，那么，用第一人称的句子具备的现实性是高于用第二人称或第三人称的句子的。

此外，马真老师举出的不合格例子当中，还有几个地方特别值得注意，例句重复如下：

(15) a. ＊听说他往往赌博

　　 b. ＊明年回上海，你得往往去看看她。

　　 c. ＊以后周末，你要是没事儿，往往去看看姥姥。

根据 Palmer(2001)对情态的分类，情态可分为命题情态(proposition modality)和事件情态(event modality)，前者表现说话人对命题真伪的考量，后者表达说话人对潜在事件存在或执行的一种态度，事件情态往往都是非真实性的。

命题情态当中有一类涉及到"传信"(evidentiality)证据，主要关系到命题的信息来源，其中常常要分清报道(reported)型证据和感官(sensory)型证据。在(15a)当中，"听说"一词的出现，说明其中的信息来源为"报道型"。而在(15b)中，出现了一个表示"弱义务"的"得"字。表义务的句子在很多有形态的语言当中都使用非现实性标记，例如(15c)中的 Caddo 语。汉语中表示义务的有"必须"、"应该"和"得"等词，我们将"必须"看成是体现"强义务"的词语，而将"应该"和"得"看成是体现"弱义务"的词语。具体强义务和弱义务的情况，后面还要讲到。

"报道型"命题只是"道听途说"，并非"眼见为实"。而"义务"

只是说话人对听话人行为的主观愿望,事件还未实现。从情理上推,这两者都契合非现实性的语法意义。而且,在那些有形态区分现实性和非现实性的语言当中,不乏有"报道型"句和"弱义务"句使用非现实性标记的例子。例如(16a)中的 Hixkaryana 语⑥和(16b)中的 Central Pomo 语⑦,前者在"报道"句中有一种类似于非现实性标记的"未确定"(uncertain)标记,后者在弱义务句中要用非现实性标记:(例子来自 Palmer 2001:177、184)

(16) a. nomokyan　　ha-tt

　　　　he. come＋NONPAST＋UNCERT INT－HSY

　　　　'He's coming (they say)'

　　 b. cá-w-htow　ʔé y-yo-hi　táwhal　da- é ʔle

　　　　house－LOC－from　　away－go－SAME＋IRR

　　　　work handling－catch－COND

　　　　'He should go home and get a job'

所以,(15a)中的"听说"和(15b)中的"得",其实也可以被看成是一种表示非现实性的词语。这些都是能够说明"往往"是一种排斥非现实性情境,注重现实性情境的副词。

而在(15b)和(15c)中,还出现了动词重叠式"看看"。张雪平(2009)曾经指出,汉语中是不能讲"看看过书"、"昨天看看书"和"正在看看书"等格式,这些都说明动词重叠式是汉语中表示非现实情境的一种重要语法手段,放在(15b)和(15c)中,更加重了句子不合格的程度。

更为重要的是:非现实性和现实性的对立,提供给我们一些发现新语料的机会,而我们也正可以藉此机会检验我们的论断。一种好的语言学理论,不光是能够解释现有的语料,而且能够在理论的指引下,帮助我们挖掘出更多的语料,由此将研究推入更深层次。

非现实性一般出现在下列语法环境当中:假设、报道、条件、让步、可能、疑问、否定、祈使、未来、义务、能力等。张雪平(2012)曾经指出,这些语境代表了语法研究中不同层面的概念。比如,"让步"是复句概念,"报道"跟语用相关,"未来"是跟时制相关,"祈使"是句类概念等等。本文并不想在这个问题上作过多纠缠,因此将这些概念统统都看成是非现实性概念延伸出来的语义情境。而为了便于进行相应的句法测试,我们把这些语义情境的引发词语都例举如下:

未来：将、以后、明天、下月	条件：只要、无论
假设：如果、要是等等	让步：即使、就算
疑问：是不是、吗	否定：不、没、未
强义务：必须、非得……不可	弱义务：得(děi)、该、应该
强祈使：禁止、严禁	弱祈使：请、让、祝
可能：也许、可能、应该	能力：可以、能、能够
意愿：希望、愿意、打算	猜测：猜测、觉得、推测、估摸
低频：很少、偶尔	报道：听说、据说、有消息说

　　提出了这样一些非现实的语义情境分类和测试词语后,下面,我们就可以对"常常"和"往往"进行更深入的研究。前面说过,我们认为"往往"是基于现实性而使用的副词,而且在已有论述中,我们利用现实性和非现实性范畴,已经很好地说明和重新分析了前人研究中的既有例句语料。

　　不过,我们还不满足,因为上面提出的非现实性情境的引发词语正好可以让我们进行一种实验性的测试,帮助我们挖掘更多的新语料。也就是说,如果"往往"是一种注重现实性表达的副词,那么可以预见,它不能出现在非现实性的语义环境当中。请看以下例子:

　　(17) a. 如果去年冬天每个周末我常常／＊往往去跑步的话,身体就不会这么差了。(假设)

　　　　 b. 听舅舅说,星期天姥姥常常／？往往带你去看京戏。

（报道）

    c. 就算我们去年周末常常／＊往往加班,这个工作还是
完不成。（让步）

    d. 小李不大懂事,也许以前办事的时候常常／＊往往得
罪了领导自己还不知道。（可能）

    e. 你上星期在家里每到晚上九点常常／＊往往接到匿
名电话吗?（疑问）

    f. 高楼并不是常常／＊往往风很大。（否定）

    g. 上个月午休的时候,他应该常常／＊往往去医院看看
生病的小王。（弱义务）⑧

    h. 过去,我能够在困难的时候常常／? 往往得到亲朋好
友的帮助。（能力）

    i. 请一定常常／＊往往去看看张老师!（弱祈使）

    j. 老师估摸他早上常常／? 往往不吃早饭。（猜测）

    k. 我希望周末的时候他常常／＊往往去看姥姥。
（意愿）

    l. 只要晚上下班后他常常／＊往往去逛逛街,就会发现
市容的巨大变化。（条件）

  （17）中的例句都是描述一种非现实的情境,而"往往"一般都
不能出现。需要说明的有两点:

  第一,由于有些测试词(即非现实性语境的引入词)和作为被
考察对象的词在语义上有冲突,因此无法进行某些测试。比如,
作为被考察对象的"往往"与测试词"偶尔"语义冲突,就无法进行
"低频"语境的非现实性考察;

  第二,所谓"非现实性"语境,确切地说,应该是指测试词的辖
域(这种辖域的计算也许可以利用生成语法中的 c-command 概
念),而并非指含有测试词的整个句子。比如说,"往往会不高兴"
和"往往能够得到他人帮助"确实是合格的形式,但要注意其中

"不"和"能够"的辖域并不包括"往往",所以"往往"并不处于非现实性语境之中。反过来,在"不往往"和"能够往往"中,"往往"是处于"不"和"能够"所营造的非现实性语境中,而整个格式是不能成立的。

现在,我们有把握说:"往往"就是一种基于现实性表达而使用的副词,而"常常"没有这种限制,因为上述"往往"不能出现的地方,"常常"都能出现。

在陆俭明、马真(2003)和马真(2004)之外,李晓琪(2005)和蔡红(2005)也谈到了"常常"和"往往"的差异。

李晓琪(2005:41)归纳了"常常"和"往往"用法的差异,如下表所示:

	强调规律性	指明有关的条件或情况	用于主观意愿	用于将来	否定式
常常	−	−	+	+	不常
往往	+	+	−	−	−

在陆俭明和马真(2003)、马真(2004)研究的基础上,李晓琪(2005)增加了"往往"不用于主观意愿和不用于否定式的结论;而蔡红(2005)也说明了"往往"用于过去时,不用于主观意愿和否定句中,还增加了"往往"不用于疑问句和祈使句的结论。

这里头我们也要指出两点:

第一,尽管既往研究描写精细,但也纷繁杂乱。现在,我们只用非现实性这一点便可统统管住。因为将来、主观意愿、祈使、否定和疑问都是非现实性的下位概念。

第二,综合陆俭明和马真(2003)、马真(2004)、李晓琪(2005)和蔡红(2005)等学者的研究,尽管他们描写精细,但还是遗漏了"往往"不用于假设、条件、报道、让步、可能、义务、猜测和能力等语境的情况。此时便体现了理论的好处,我们寻找例(17)中的语料,完全是在现实性和非现实性范畴的指引下进行的。

有了上述这套测试手段,我们可以对现代汉语中更多对的近义副词进行分析和比较。我们发现,在副词研究的实践当中,引入非现实性和现实性的范畴,有着非常好的研究成效。下面,我们再选取几对近义副词进行说明。

4. "赶紧、赶快"和"赶忙、连忙"

"赶紧"、"赶快"、"赶忙"和"连忙"是现代汉语中的一组表"紧迫"义的近义副词。马真(2004)着重讨论了"赶紧"和"赶忙"的差异,她指出:两者的差异表现在对句类的选择上,"赶紧"既能用于祈使句,也能用于陈述句,而"赶忙"只能用于陈述句,不能用于祈使句,例如(例句引自马真,2004:26):

(18) a. 铁蛋儿看见姐姐来了,赶紧躲了起来。

　　　b. 你妈在到处找你呢,你赶紧回去!

(19) a. 铁蛋儿看见姐姐来了,赶忙躲了起来。

　　　b. ＊你妈在到处找你呢,你赶忙回去!

吴旻瑜(2005)、沈敏和范开泰(2001)对"赶紧、赶快、赶忙、连忙"这几个词也进行过辨析。

吴旻瑜(2005:226)分析的是"连忙"和"赶紧",并形成下表的结论:

	语义		句法		
	已然	未然	条件复句	前有"得、会"等助动词	祈使句
连忙	+	—			
赶紧	+	+	+	+	+

吴旻瑜(2005)举出的例子有(吴旻瑜2005考察的是"连忙"和"赶紧",但此处我们将"赶忙"和"赶快"也放入例句中一并考察):

(20) a. 为了让他赶紧/赶快/＊赶忙/＊连忙完成作业,我不得不狠狠地教训了他一顿。

　　 b. 汤阿英站了起来,说,"我得赶紧/赶快/＊赶忙/＊连忙通知她去。"

　　 c. 去,把车放下,赶紧/赶快/＊赶忙/＊连忙回来,有话跟你说。

　　 d. 如果还不行,就赶紧/赶快/＊赶忙/＊连忙送医院。

例(20)中各个句子在语义上都是一种未然的情况,"赶紧"和"赶快"可以出现,但是"赶忙"和"连忙"不行。

此外,刘丹青(2010)也指出,"赶快"只能用于未然,而"连忙"只用于已然。

而沈敏和范开泰(2011)也指出:相对于"赶紧"和"赶快","赶忙"和"连忙"不用于未然句、假设条件句、祈使句和有助动词的句子,也不用于表示主观意愿的心理动词句。沈敏和范开泰(2011)举出的例子有:

(21) a. 他青年时代醉心于"乱爱",及至壮年,几根白发引起恐慌,想赶紧/赶快/＊赶忙/＊连忙学点东西。

　　 b. 她在屋里坐立不安,一心盼望着她的女儿赶紧/赶快/＊赶忙/＊连忙回来。

不难看出,马真(2004)、吴旻瑜(2005)、刘丹青(2010)、沈敏和范开泰(2011)所说的未然、祈使、假设、条件和主观意愿等语义情景,都属于非现实性的范畴。

尤其值得注意的是,沈敏和范开泰(2011)完全是通过对真实语料进行考察,才得出上述结论。我们要指出的是:基于大规模的真实语料的研究,可以帮助我们了解这些副词在什么样的句法语义环境下经常出现,这一点固然可靠,也很重要。但是,真实语料只能告诉我们这些副词能在什么语境下出现⑨，却并不会指明它们在什么语境下不能出现。如果研究者只是凭已有的合格语料做出判断，总结词语不能出现的句法语义禁区，就难免挂一漏万了。

现在，有了现实性和非现实性的视角，我们可以先大胆预测"连忙"和"赶忙"也是一种基于现实性的表达。这样，我们不仅可以将上述纷繁的描写概括为一条简单的规则。并且，在上述学者研究的基础上，在未然、祈使、假设、条件、助动词和主观意愿的语义情景之外，我们还能预测"连忙"和"赶忙"不能出现在疑问、否定、能力和报道等情境之中，例如：

（22）a. 接到高考改革的消息后，高中部有没有赶紧/赶快/＊赶忙/＊连忙召开会议制定相应对策？（疑问）

b. 当城管的哨子响起时，小商贩们并未赶紧/赶快/＊赶忙/＊连忙散开，而是继续和客人讨价还价。（否定）

c. 护照终于发下来了，可以赶紧/赶快/＊赶忙/＊连忙去办签证了。（能力）

d. 幼儿园的小李老师讲，宸宸上午一见到陌生人，就赶紧/赶快/＊赶忙/＊连忙躲进教室里去了。（报道）

不过，马真（2004：163—164）也指出，"赶忙"和"连忙"也可以用来说未来的事情，但是要求前面另有一个动词性成分，马真老师举的例子是：

（23）a. 这个镜头得重拍，注意了，我一挥手，你们就赶忙冲过去，老李就开拍。

b. 你一会儿瞧吧，肖书记一掏出烟，那马屁精会连忙把打火机打着火给点上。

仔细考察例（23），有三点值得注意：第一，这里指的未来的事情实际上是即刻就要发生的事件，带有说话人较强的确定性；第二，其中有强调直接感知（或者说是一种"现场性"）的"注意了"和

"瞧吧";第三,"赶忙"和"连忙"修饰的动作和前面的动作基本同时发生,可看成是一种可表将来的进行体,类似于英语中的"going to"。这些条件,都说明(23)中的句子尽管尚未发生,但仍然具有较强的现实性,因此允准了"赶忙"和"连忙"的出现。

所以,简单说来,"赶忙"和"连忙"是一种基于现实性表达而使用的副词,而"赶紧"和"赶快"不受这种限制。

5. "很"和"挺","只"和"仅",还有"差不多"和"差点儿"

接下来讨论三对副词,分别是:"很"和"挺","只"和"仅",还有"差不多"和"差点儿",它们是汉语语法研究中的老牌副词,或者说,老牌难点副词。但我们发现,只要引入现实性和非现实性这对范畴,从这个角度切入进去考察,也会有一番新的收获。

首先来看程度副词"很"与"挺"。在过去的研究当中,一般认为"挺"口语色彩较浓,而"很"在书面语和口语中都适用。我们发现:"挺"的使用和现实性相关,它在非现实语境下出现会受到一定限制,例如:

(24) a. 如果宸宸今天表现很/＊挺好,爸爸就给你看动画片。(假设)

b. 下午会场上的听众情绪不是很/＊挺高。(否定)

c. 今天因为生病没来学校的同学很/＊挺多吗?(疑问)

d. 这个公园在周末黄昏的时候,偶尔人还很/? 挺多。(低频)

e. 一个人要成大事,坚强的毅力自然必不可少,而相应的智商和情商也必须很/＊挺高。(强义务)

f. 我可以很/＊挺高兴地告诉你,我摇到号了。(能力)

g. 即使小刘训练时表现很/＊挺好,正式比赛时教练也不会派他商场。(让步)

　　h. 衷心希望大家生活都很/＊挺快乐,很/＊挺充实!
　　　 (意愿)

　　i. 只要大家感觉很/? 挺温暖,我们再辛苦也很值得!
　　　 (条件)

　　j. 下级就是这样,领导批评了你,还得装作很/? 挺高
　　　 兴。(弱义务)

　　k. 明天我去宿舍看他,带很/＊挺多换洗的衣服去吧。
　　　 (将来)

　　从上面的例子可以看出,"很"没有这种限制,它既可以出现在现实性的语境当中,也可以出现在非现实的语境当中。

　　再来讨论限定副词"只"和"仅"。过去对于这种副词的讨论,主要的方向是讨论它们的语义指向和焦点结构。其实,从现实性和非现实性角度,也能观察到很多有趣的现象。我们发现:"仅"的使用和现实性相关,而不大出现在非现实性的情境之中,例如:

(25) a. 如果这个镜头只/? 仅出现了一次,那么剪辑时就已
　　　　 经删去了。(假设)

　　 b. 明天一放假,单位里头就只/? 仅剩下两三个人在值
　　　　 班了。(未来)

　　 c. 到了半决赛阶段,中国选手只/? 仅剩下一人吗?
　　　　 (疑问)

　　 d. 就算这次他们只/＊仅购买了两台新电脑,公司的财
　　　　 务也负担不起了。(让步)

　　 e. 我希望大家来景区游玩,只/＊仅带走你们最美的回
　　　　 忆,而不要破坏一草一木!(意愿)

　　 f. 作为野战部队的士兵,随身应该只/＊仅留下一些生
　　　　 活必备品。(弱义务)

　　 g. 来到山区,老张并不是只/＊仅看到了贫穷落后的面
　　　　 貌,而是看到了大量的商机。(否定)

  h. 我估计他只/＊仅吃了一个苹果。(猜测)

  i. 千万记住,只/＊仅邀请三位专家!(祈使)

　本小节最后讨论的是"差不多"和"差点儿",它们是现代汉语语法中的一对难点副词。㉚而如何预测和解释其中肯定和否定的解读是汉语语法学界的经典谜题之一,相关的研究有朱德熙(1980)、沈家煊(1985)和袁毓林(2011)等。而本文想指出的是:"差点儿"是一个基于现实性表达的副词,它不能出现在非现实的情境之下,例如:

(26) a. 他可能差不多/＊差点儿跳过一米七。(可能)

　　b. 需要的材料,明天差不多/＊差点儿就凑齐了。(未来)

　　c. 如果他差不多/＊差点儿跳过 1 米七,你就把他召入校田径队吧。(假设)

　　d. 只要我们差不多/＊差点儿把材料收齐了,上级也就没有什么意见了。(条件)

　　e. 他可以差不多/＊差点儿将刚才看过的内容一字不落地复述一遍。(能力)

　　f. 作业差不多/＊差点儿做完了吗?(疑问)

6. "稍微"和"多少"

　吕叔湘(1965)、马真(1985、2004)还论述到了"稍微"和"多少"的差异,"稍微"和"多少"都是表示程度浅的程度副词,而且一般都要修饰谓词的复杂形式。

　马真(1985、2004:38、55、76、146)对"稍微"和"多少"做了较为详尽的辨析,马真老师的分析可以总结为以下几点:

　第一,"多少"多与积极意义形容词或量大的形容词共现,不大与消极意义形容词或量小的形容词共现,"稍微"则不受限制,如(27a)和(27b)所示；

第二，"稍微"可修饰一个否定形式，"多少"则不行，如(27c)所示；

第三，"稍微"和"多少"都可以和能愿动词"该"、"会"共现，但"稍微"只能出现在能愿动词之后，不能出现在能愿动词之前，如(27d)和(27e)所示；

第四，"稍微"和"多少"都既能说已然的事情，如(26f)；也能说未然的事情，如(26g)。但是"多少"用于说未然的事情时，会受到一定限制，比如在(27h)中，它就不能在未然语境下修饰形容词性成分。

相关的例句有：(例子摘自马真2004)

(27) a. 相比之下，这个房间稍微/多少干净一点。

　　 b. 相比之下，这个房间稍微/＊多少脏一点，

　　 c. 只要稍微/＊多少不注意，就会弄错。

　　 d. 你就算不为自己想，也该稍微/多少为孩子想想

　　 e. 你就算不为自己想，也＊稍微/多少该为孩子想想。

　　 f. 去年暑假，我稍微/多少看了些书。

　　 g. 我看，还是稍微/多少说几句吧。

　　 h. 再稍微/＊多少咸一点吧！

从上述例句来看，"稍微"应该既能出现在现实性语境，也能出现在非现实性语境中。此外，张谊生(2004:57—58)在讨论"稍微"的时候，也指出"稍微"可以和重叠式连用，常构成祈使句式和条件句。

而(27)中的例子也告诉我们："多少"一般不出现在非现实性的语境下，应该是一个在现实性条件下使用的副词。

(28) a. 哥哥也许稍微/＊多少高一点。(可能)

　　 b. 哥哥稍微/＊多少高一点吗？(疑问)

　　 c. 如果哥哥稍微/＊多少高一点的话，找女朋友就容易了。(假设)

 d. 即使哥哥稍微/＊多少高那么两公分,还是找不到女朋友。(让步)

 e. 你必须稍微/＊多少压缩一下你发言的时间!(强义务)

 f. 明年你稍微/＊多少锻炼一段时间。(未来)

 g. 听别人说,弟弟的成绩稍微/＊多少比哥哥好一点。(报道)

 h. 弟弟的成绩偶尔会稍微/＊多少比哥哥好一点。(低频)

 i. 千万要稍微/＊多少注意点!(强祈使)

 不过,为什么(27d)中"多少"可以和表"弱义务"的"该"连用(其实,也可以和"得"和"会"等助动词连用)。同时,也应该回应一下为什么在(27g)中"多少"可以在表"未然"的"弱祈使"句中出现。

 这里,我们就要承认事实和理论有时候并不是那么契合。很多时候,在现实性和非现实性范畴上,近义副词之间并不会出现整齐划一的对立,"多少"确实是能够出现在"弱义务"、"弱祈使"和一些表未然的非现实语境之中。

 当然,首先要说明,尽管"多少"能够出现在"弱义务"和"弱祈使"句中,但它们依然不能出现在"强义务"和"强祈使"句中,如(28e)和(28i)所示。[11]同时,"多少"表示的未然也只是紧接说话时间的短暂未来,当表示遥远未来时,"多少"就不能出现了,如(28f)所示。

 本文列出了十六种表达非现实性的语境。我们认为,对于任意两个词来讲,只要在十六种语境中的一种语境中体现了现实性的差别,那么在其他十五种语境之中,也应该体现这种差别。至少,这两个近义副词在其他十五种语境之中,这种现实性的强弱关系绝不会颠倒过来。

 举例说来,如果我们发现"多少"不能出现在某个非现实语境下,而"稍微"可以出现在这个语境下,例如(28b),"多少"不用于一般疑问句,而"稍微"可以。首先我们就可以推测,"多少"在其他非现实语境中可能也不能出现。而我们可以确认,如果"多少"可以出现在某个非现实语境下,那么,"稍微"就一定可以出现在这个非现实语境下。用蕴涵关系来表述就是:

非现实语境中出现"多少"→非现实语境中出现"稍微"。[12]

想表达的意思就是:尽管"多少"既可以出现在现实语境,也可以出现在非现实性语境,但总而言之,较"稍微"来讲,"多少"是现实性更强的副词。

到现在,我们还没有解释马真老师总结"多少"用法的第一条,即"多少"不大与消极意义形容词或量小的形容词共现。当然,首先我们要承认,尽管很多对近义副词之间体现了现实性上的差异,但它们之间可能还具备其他方面的差异,这些差异可能并不能从现实性和非现实性角度进行解释。不过,具体到"多少"不大与消极意义形容词或量小的形容词共现这一点,我们认为还是和现实性有一定关联的。只是限于篇幅,我们拟另文讨论。

7. "又"和"再"

前面我们看到的近义副词和现实性范畴之间大都是一种扭曲的对应关系,即其中一个副词基于现实性而使用,而另外一个副词既可用于现实性语境,也可用于非现实性语境。以"常常"和"往往"为例:

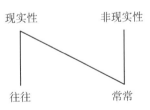

　　其他几组副词也是这样。不过,现代汉语中也有基于非现实性而使用的副词,这就是"再"。现代汉语中的副词"再"和"又"可以表示动作的重复、继续或追加。一般普遍认为,"再"用于修饰未然的事件,而"又"用于修饰已然的事件。例如《现代汉语八百词》(增订本,644页)就讲到:"在表示动作重复或继续时,'再'用于未实现的,'又'用于已实现的。"

　　而马真(2000、2005)比较"再"和"又"时,先将考察格局分为"说过去的事情"和"说未来的事情"两大方面,而在这两方面内部,又按照是否为假设的事情再细分成两种情况。这样,就形成了"[＋过去][－假设]"、"[＋过去][＋假设]"、"[＋未来][－假设]"和"[＋未来][＋假设]"四种情况。而"再"并不是不能用来说过去的事情,它可以出现在"[＋过去][＋假设]"的语境当中。所有四种情况如下所示:(例子摘自马真2005)

(29) a. 这支圆珠笔很好用,用完后我＊再/又买了一支。([＋过去][－假设])

　　　 b. 刚才我买了一支笔,＊再/又买了一个本儿。([＋过去][－假设])

　　　 c. 那天我要是再/＊又练一次就好了。([＋过去][＋假设])

　　　 d. 当时你买了上衣,再/＊又买条裙子就好了。([＋过去][＋假设])

　　　 e. 明天我再/＊又来看你。([＋未来][－假设])

　　　 f. 你先回去吧,我再/＊又到王大嫂家看看。([＋未来][－假设])

　　　 g. 如果明天再/＊又吃面条就好了。([＋未来][＋假设])

　　　 h. 如果买了上衣再/＊又买一条裤子,可以享受八折优惠。([＋未来][＋假设])

这样大致形成了下表的格局：

	说过去的事情		说未来的事情	
	非假设 （即陈述事实）	假设	非假设	假设
又	＋	－ （有例外）	－ （有例外）	－ （有例外）
再	－ （有例外）	＋	＋	＋

尽管不乏例外⑬，但马真老师研究"再"和"又"的两个角度，即"过去 vs 未来"和"假设 vs 非假设"，完全可以被整合成一个角度，即"现实性 vs 非现实性"。也就是说，例（29）中的四种情况其实可以简化为现实性和非现实性两种情况。其中，"［＋过去］［－假设］"为现实性情境，其他三种情况为非现实性情境。这样，除去少数例外，整个大致的格局就更简单了：

8. 现实性、非现实性与状语位置

引入现实性和非现实性这个研究角度，不仅可以说明近义副词的差异，还可以对副词研究的其他方面有所帮助。

关于副词的研究，其中有一个老大难的问题是副词位置的问题，这指的是一些副词（或状语性成分）不但可以出现在句首的位

置,也可能出现在句中主语和谓语之间,例如:

（30）a. 真的,他想再要个孩子。

　　b. 他真的想再要个孩子。

方梅(2013)指出,使用句首副词是一种提高确信度的方式,比如对于例(30)来讲,如果加上降低确信度的表述,则一般不能使用句首副词。如例(31)所示:

（31）a. 她真的想再要个孩子,我挺怀疑的。

　　b. ＊真的,他想再要个孩子,我挺怀疑的。

这一点启发了我们对句首和句中副词语法功能的看法,因为我们认为,确信度就是现实性的一种体现。

为了方便表述,以下我们不采用"句首副词"这个说法,而采用"句首状语"的称呼来讨论问题。这样可以稍稍扩大我们的考察范围,因为副词以外的其他很多词类也可以充当状语,尤其是汉语中的状态形容词。

本文认为,使用句首状语是语法表达现实性的一种手段。我们用下面这对例子作为论述比较的对象:

（32）a. 这棵树慢慢地就枯死了。

　　b. 慢慢地,这棵树就枯死了。

在例(32a)和(32b)中,"慢慢地"分别为句中状语和句首状语。但例(32b)比例(32a)体现了较强的现实性,试比较例(33)各句:

（33）a. 这棵树也许慢慢地就枯死了。

　　　＊慢慢地,这棵树也许就枯死了。(可能)

　　b. 这棵树是不是慢慢地就枯死了?

　　　＊慢慢地,这棵树是不是就枯死了?(疑问)

　　c. 听老人说,这棵树慢慢地就枯死了。

　　　? 听老人说,慢慢地,这棵树就枯死了。(报道)

　　d. 如果这棵树慢慢地就枯死了,谁来负这个责?

    ＊慢慢地,如果这棵树就枯死了,谁来负这个责?
(假设)

  e. 这棵树将会慢慢地枯死。

    ? 慢慢地,这棵树将会枯死。(未来)

  f. 就让这棵树慢慢地枯死吧!

    ＊慢慢地,就让这棵树枯死吧!(弱祈使)

  g. 即使这棵树慢慢地要枯死了,也不会有人管。

    ＊慢慢地,即使这棵树要枯死了,也不会有人管。
(条件)

例(33)说明,在很多非现实语境当中,都不能出现句首状语。

我们还注意到,一些语义上和宾语相配的修饰成分也可出现在主谓之间或句首,例如(34)和(35)。以(34)为例,"香喷喷的"不但可以像(34c)那样直接修饰宾语核心"花生米",也可出现在句首和主谓之间,如(34a)和(34b)所示:

(34) a. 香喷喷的,他炒了盘花生米。

    b. 他香喷喷的炒了盘花生米。

    c. 他炒了盘香喷喷的花生米。

(35) a. 圆圆的,小朋友们围了个圈。

    b. 小朋友们圆圆的围了个圈。

    c. 小朋友们围了个圆圆的圈。

而现实性和非现实性也为我们研究这类句子提供了一个良好的角度。就(34)和(35)的例子来讲,我们发现,修饰成分越处于语序前列,句子就越不能被非现实语境容纳。请比较以下例子:

(36) ＊香喷喷的,他想炒盘花生米。

    ? 他想香喷喷的炒盘花生米。

    他想炒盘香喷喷的花生米。

(37) ＊圆圆的,小朋友们想围个圈。

　　? 小朋友们想圆圆的围个圈。

　　小朋友们想圆圆的围个圈。

(38)　*香喷喷的,听说他炒了盘花生米

　　? 听说他香喷喷的炒了盘花生米。

　　听说他炒了盘香喷喷的花生米。

(39)　*圆圆的,听说小朋友们围了个圈。

　　? 听说小朋友们圆圆的围了个圈。

　　听说小朋友们围了个圆圆的圈。

(40)　*香喷喷的,你炒盘花生米给我吧!

　　? 你香喷喷的炒盘花生米给我吧!

　　你炒盘香喷喷的花生米给我吧!

(41)　*圆圆的,小朋友们围个圈吧!

　　? 小朋友们圆圆的围个圈吧!

　　小朋友们围个圆圆的圈吧!

(42)　*香喷喷的,他是不是炒了盘花生米?

　　? 你是不是香喷喷的炒了盘花生米?

　　你是不是炒了盘香喷喷的花生米?

(43)　*圆圆的,小朋友们是不是围了个圈?

　　? 小朋友们是不是圆圆的围了个圈?

　　小朋友们是不是围了个圆圆的圈?

　　从前面的例子可以看出,当修饰成分处在动宾之间的时候,是可以出现在非现实语境中的。而处于主谓之间时,句子就不大能被接受,而如果处于句首,则完全不合格。这些例子都说明,修饰语的位置和现实性非现实性范畴是高度关联的。

9. 余论

　　本文通过大量实例,说明在汉语近义副词的使用当中,大量

存在现实性和非现实性的对立。引入现实性和非现实性这对范畴,不仅能很好地说明和总结过去的既有研究,还能帮助我们挖掘更多新语料,将相关副词或虚词研究推入更深层次。我们还想指出的是,现实性和非现实性属于一种"意念特征"(notional feature),它本质上通俗易懂,不像"作格"(ergative)和"非作格"(unergative)这类概念难以理解。因此,在对外汉语教学中,现实性与非现实性范畴有着较为实际的应用价值。

最后,我们再讨论两个问题。

第一个问题是我们如何面对反例。我们意识到,本文通过现实性和非现实性范畴对近义副词的研究,也会出现一些例外,例如,我们在处理"稍微"和"多少"的时候,就指出尽管"多少"显示了较强的现实性,但也可以出现在一些非现实语境当中。

匿名审稿专家也指出,前面本文判断为注重现实性语境的副词,语料中也不乏出现在非现实语境的实例。以"挺"为例,匿名审稿专家举例有:

(44) a. 你不是一直挺孝敬的吗?(《毕淑敏《最晚的海报》)

　　　b. 诶,她一定挺费电的吧?(王朔《编辑部的故事》)

　　　c. 听说你的数理化也挺好……(池莉《有土地,就会有足迹》)

　　　d. 你是不是感到挺光荣,又挺委屈?(崔京生《纸项链》)

　　　e. 大小子在大学挺好的?(林元春《亲戚之间》)

　　　f. 一个人,就算他挺无聊,也不见得就非得是个流氓。(王朔《浮出海面》)

　　　g. 可能挺零碎,可能不准确。(王毅《对照检查五重奏》)

这值得深入研究,对于有些例子,其实较好解释,例如(44a)和(44b)中的"不是……吗"和"吧"问句,这两种问句事实上说话人心目中已经有了答案,一个是反问句,一个是高确定性的求证问句,它们现实性并不低。

　　另外,我们还有一个想法:非现实语境是有强弱等级序列之分的。比如说,"弱祈使"、"弱义务"、"低频"、"报道"等情况可以被看成是非现实性较弱的语境,而"强祈使""强义务""未来假设"、"未来疑问"等情境可以被看成非现实性较强的语境。一个注重现实性表达的词,可能不出现在所有的非现实语境中,也有可能只是不出现在强非现实语境中,但可能出现弱非现实语境中。例如以"挺"来说,是不是只能出现在弱非现实语境,而不能出现在强非现实语境中? 这值得继续深入研究和详细论证。

　　对于这些反例,如果我们能够将已经解释的例子和反例一并考虑,再从中抽象出比现实性和非现实性更高层和抽象的规则,本文的目的也已经达到。

　　还有一个想说明的问题是:我们如何看待虚词在汉语语法中的地位。

　　目前通行的一些现代汉语教科书,例如黄伯荣和廖旭东(2011:7)和胡裕树(1995:18),在总结汉语语法特点的时候通常会认为:除了语序以外,虚词也是汉语表示语法意义的重要手段。这主要是因为,其他语言用形态变化表示的意义,汉语常常用虚词来表示。比如说,汉语用"了""着"表示时态,用"被"表示被动。

　　通过本文的研究,我们想说的是:汉语不仅可以用虚词来表示其他语言中用形态变化表示的范畴,汉语还可以用不同的虚词来表示不同的语法范畴。汉语中的近义副词的对立很好地诠释了这一点,词汇意义基本相同的一对副词,但是常常却体现了现实性或非现实性范畴上的对立。

　　我们要表达的就是:提出汉语用不同的虚词来表示不同的语法范畴,会更好地说明虚词是汉语表达语法意义的重要手段这一观点。

附注

① 匿名审稿专家指出,情态并非表述命题的状态,而指的是命题状态之外的成分。本文说情态是表述命题的状态,这句话是转自 Palmer(2001:1),其中讲到"Modality differs from tense and aspect in that it does not refer directly to any characteristic of the event, but simply to the status of the proposition"。但笔者想,匿名审稿专家的观点也是有道理的,造成分歧的原因大概是大家对"状态"(status)这个词理解的不同,如果将其理解为命题本身行为和参与者的状态,这当然不在情态所涵盖的范围;但如果"状态"是指命题在说话人心目中的状态,涉及到真伪、意愿和态度等诸多方面的话,那么这个"状态"正契合了情态的所指。感谢匿名审稿专家的宝贵意见。

② 根据 Bybee 等(1994),现实性与非现实性这对术语最早见于 Capell 和 Hinch(1970)。

③ 一种巴布亚新几内亚语言。

④ 一种美洲印第安语。

⑤ 当然,也有不少语言将惯常动作处理为非现实性。所以,Givón(1994)认为惯常体是一种"混合情态"(hybrid modality)。

⑥ 一种巴西亚马逊地区使用的语言。

⑦ 一种美国加利福尼亚州北部使用的印第安语。

⑧ 此处"应该"还有一种反事实(countfactual)的意味,加重了句子命题非现实性的解读。

⑨ 生成语法学家就会认为:即使再大规模地通过语料搜集某一个成分的分布,这个成分也仍然存在语料中不曾体现的分布情况。

⑩ 这两个词也都有做谓语的用法,例如"个头都差不多"和"水平还差点儿"。这样的话,按照现行的词类划分体系,"差不多"和"差点儿"也许不能归入副词。不过,我们只讨论这两个词在状语位置上的情况,因此本文就将它们看成是副词。

⑪ 顺便说一句,"多少"在分布上的表现,正是本文区分"弱义务"和"强义务","弱祈使"和"强祈使"的重要依据。区分强弱主要就是看语气,但有时候也可以依靠标记词判断,标记"弱义务"的有"得"和"应该"等词,而标记"强义务"的有"必须"和"务必"等词;"弱祈使"表达"请求"和"规劝"等意义,常见标记词为"请"和"让"等等;"强祈使"表示"禁止"和"命令"等意义,常见标记词有"严禁"和"禁止",等等。

⑫ 也就是说,在已知(28b)的情况下,我们就可以预测"多少"不大可能出现

在非现实语境下,其现实性强于"稍微"。那么,倘若"多少"真的出现在非现实语境下,相对现实性弱的"稍微"更可以出现在这种语境下。

⑬ 例外的情况如下(例句均摘自马真 2004):第一,"再"和"由于"搭配也能表示"过去陈述事实的事情",例如:

　　a. 由于他自己平时的努力,再由于同志们的帮助,他在学习上取得了优异的成绩。第二,"又"和"能"共现能虚拟假设如意的事情,例如:

　　b. 昨天上午如果我们请他们吃了饭又能请他们喝杯咖啡,就更好了。

第三,无论是否假设,在表示未来不如意的事情时候,可以用"又",例如:

　　c. 明天值班又轮到我了。

　　d. 他要是又病倒了就麻烦了。而关于第一点,即"再"表过去陈述事实的情况,刘丹青(2010)进一步举出了以下例子:

　　e. 据央视网刊登的一段视频显示,中央电视台早间新闻节目《朝闻天下》近日再添新人。(中新网新闻稿)

　　f. 东航再出返航事件　西安飞成都 10 小时。(《重庆晚报》2008 年 7 月 28 日标题)刘丹青(2010)认为,普通话中的"再"不仅受到了粤方言的影响,而且被某些人误解为"再次/再度"的缩减形式,并容易与古汉语"再"表"第二次"的意思相联系,所以表示过去事情的"再"已经开始在现代汉语书面语当中出现。

参考文献

蔡红 2005 "往往"与"常常"的多角度比较,载于《对外汉语教学虚词辨析》,金立鑫主编,北京大学出版社。

方梅 2013 饰句副词及其篇章基础,第二届汉语副词会议(重庆师范大学,2013 年 10 月)论文。

郭锐 1997 过程和非过程—汉语谓词性成分的两种外在时间类型,《中国语文》第 3 期。

黄伯荣、廖旭东主编 2011 《现代汉语》(增订五版),高等教育出版社。

胡裕树主编 1995 《现代汉语》(重订本),上海教育出版社。

李晓琪 2005 《现代汉语虚词讲义》,北京大学出版社。

刘丹青 2010 普通话语法中的东南因子及其类型后果,《汉藏语学报》第 4 期。

吕叔湘 1965 "稍微"和"多少",载于"语文杂记"栏目,《中国语文》第 4 期。

吕叔湘主编 1999 《现代汉语八百词》(增订本),商务印书馆。

陆俭明、马真 2003 《现代汉语虚词散论》(修订版),语文出版社。

陆俭明 2005 《现代汉语语法研究教程》(第三版),北京大学出版社。

马真 2004 《现代汉语虚词研究方法论》,商务印书馆。

沈敏、范开泰 2011 基于语料库的"赶紧、赶快、赶忙、连忙"的多角度辨析,《语言研究》第 3 期。

沈家煊 1987 "差不多"和"差点儿",《中国语文》第 6 期。

沈家煊 1999 《不对称和标记论》,江西教育出版社。

石毓智 2001 《肯定和否定的对称与不对称》(增订本),北京语言文化大学出版社。

王红旗 2001 《指称论》,南开大学博士学位论文。

王晓凌 2009 《非现实语义研究》,学林出版社。

吴旻瑜 2005 "连忙"与"赶紧",载于《对外汉语教学虚词辨析》,金立鑫主编,北京:北京大学出版社。

袁毓林 2011 "差不多"和"差点儿"的意义同异之辨,《语言教学与研究》第 6 期。

张伯江 1997 认识观的语法表现,《国外语言学》第 2 期。

张雪平 2009 非现实句和现实句的句法差异,《语言教学与研究》第 6 期。

张雪平 2012 现代汉语非现实句的语义系统,《世界汉语教学》第 4 期。

张谊生 2000 《现代汉语副词研究》,学林出版社。

张谊生 2004 《现代汉语副词探索》,学林出版社。

朱德熙 1980 汉语句法中的歧义现象,载于《现代汉语语法研究》,朱德熙著,商务印书馆。

朱德熙 1982 《语法讲义》,商务印书馆。

Bybee, Joan L., Perkins, Revere D. and Pagliuca, William. 1994 *The evolution of grammar*: *tense, aspect and modality in the languages of the world*. Chicago: University of Chicago Press.

Capell, Arthur and Hinch, H. E. 1970 *Maung grammar*: *texts and vocabulary*. The Hague and Paris: Mouton.

Chafe, Wallace L. 1995 The realis-irrealis distinction in Caddo, the North Iroquoian languages, and English. In Bybee, J. and Fleischman, S (eds.). 1995 *Modality and grammar in discourse* (*Typological studies in language* 32.) Amsterdam and Philadelphia: John Benjamins.

Comrie, Bernard 1976 *Aspect*. Cambridge: Cambridge University Press.

Comrie, Bernard 1985 *Tense*. Cambridge: Cambridge University Press.

Givon, Talmy 1994 Irrealis and the subjunctive, *Studies in language* 18—2,

265—337.

Palmer，Frank R. 2001 *Mood and Modality*（2nd *edition*）. Cambridge：Cambridge University Press.

Mithun，Marianne 1999 *The language of Native North America*. Cambridge：Cambridge University Press.

"还 X 呢"构式：行域贬抑，知域否定，言域嗔怪

宗守云（上海师范大学语言研究所）

先看下面例子：

(1) 没本事，就知道欺负老婆。还留学生呢，狗屁！（曹禺《北京人》）

(2) 吴马拉听了媳妇的话眼睛都直了，他说，那不对啊，正处和他来不来我们家没关系啊，他欠我的，自古欠债还钱呀！媳妇忽然没好气儿起来，说，都什么年月了，还欠债还钱啊，不骗钱就照顾你了。（陈力娇《草原》,《北方文学》2014 年第 9 期）

(3) ——我是巩族。——还跳马呢！（小品《家中有贼》）

以上三例都有"还 X 呢"，"还 X 呢"反映了说话人消极的情绪，表达说话人不认可、不满的态度。例(1)《北京人》中汪泰是留学生，作为留学生应该有本事，不应该欺负老婆，说话人曾思懿认为汪泰达不到留学生的社会标准，用"还留学生呢"对汪泰进行贬抑；例(2)吴马拉认为欠债还钱是自古以来的道理，但说话人吴马拉的媳妇否定了这一看法，认为现在这个时代欠债还钱的道理已经不起作用，用"还欠债还钱啊"做出否定；例(3)《家中有贼》中女贼在冯巩追问为什么在自己家里时，随机应变说自己是巩族——

即追星族中追冯巩的一族，冯巩认为对方应该回答为什么出现在自己的家里，而不应该回答自己的身份，所以说"还跳马呢"，这里的意思是，你不应该说"巩族"，如果你说"巩族"（拱卒），我还说"跳马"呢，冯巩用"还跳马呢"来嗔怪对方。例（1）—（3）都反映说话人消极的情绪，分别属于行域、知域和言域范畴，可以分别概括为：行域贬抑、知域否定和言域嗔怪。在说话人看来，例（1）是"你不该这么做事"，例（2）是"你不该这么认为（内容有误）"，例（3）是"你不该这么说话（方式不当）"。

　　"还 X 呢"符合构式的基本特征：是形式和意义的结合体，而且由部分不能推知整体（知道"还、X、呢"的成分意义，不能推知"还 X 呢"的整体意义）。前人关于"还 X 呢"的研究主要集中在"还 NP 呢"上，有宗守云（1995）、杨玉玲（2004）、钟明荣（2006）、丁力（2007）、郑娟曼（2009）、周维维（2010）、胡峰（2011）等。本文在前人研究的基础上作进一步分析，共三个部分：首先分析"还 X 呢"构式的构成，其次分析"还 X 呢"构式的类别，并给出各自的构式意义，最后讨论构式同一性的理论问题，从理论层面进行提升。

1. "还 X 呢"构式的构成

　　"还"作为副词，一般修饰谓词性成分。"还"修饰体词性成分是比较特殊的情形，因此"还 NP 呢"很容易引起研究者的注意。实际上，无论是"还 NP 呢"，还是"还 VP 呢"，只要是表达说话人消极情绪的，都应该视为同一类构式，拿例（1）来说，"还留学生呢"完全可以说成"还是留学生呢"，两者只是表面构成不同，没有本质的不同。因此，用"还 X 呢"概括这类构式，比用"还 NP 呢"概括这类构式具有更大的覆盖面，能解释更多的语言现象。这样，X 不仅可以是 NP，还可以是 VP，例（2）（3）X 都是 VP。其实，X 是体词性成分还是谓词性成分都不重要，重要的是 X 必须是说话人赋予消极内容的语言成分。

　　另外，"还 X 呢"只是典型形式，还有"还 X"或"还 X 哩""还 X 啊"等，它们仍然是同一构式，因为意义上没有任何改变，都表达说话人消极情绪。例如：

（4）老爷子说，我告诉你，海波也不去第一初中了，去美国读寄宿学校。正是这个原因，我现在研究的课题就是各国的教育问题。老爷子俨然把自己当作学者教授了，<u>还"课题"</u>（＝还"课题"呢），最多就是剪贴了几篇文章。（余一鸣《种桃种李种春风》，《人民文学》2014 年第 1 期）

（5）惟肖不屑道，爸你也别大惊小怪，都是这么干的。你以为就只表姑一家？<u>你还教历史哩</u>（＝还教历史呢），历史上这样的事少了吗？（方方《惟妙惟肖的爱情》，《花城》2014 年第 2 期）

　　"还 X 呢"是常体，"还 X"、"还 X 哩"、"还 X 啊"是变体，它们在语气上有一些极为细微的差异，但构式意义是完全相同的，都可以作为"还 X 呢"构式处理。

2. "还 X 呢"构式的类别

　　表示说话人消极情绪的"还 X 呢"是由行域贬抑、知域否定、言域嗔怪构成的完整的构式系统，每一域都是相对独立的子构式。宗守云（1995）、杨玉玲（2004）的研究都只涉及行域，没有涉及知域和言域；丁力（2007）区分了两种不同的"还 NP 呢"，S_1 其实就是行域贬抑，S_2 就是知域否定；郑娟曼（2009）则把"还 NP 呢"构式分为四种子构式，这四种子构式分别涉及行域贬抑、知域否定和言域嗔怪，这在目前相关研究中是做得最好的。郑娟曼（2009）的 A 类是行域贬抑，D 类是言域嗔怪，B、C 类以及被排除的一类可以合并为一类——知域否定，看原文的例子：

(6) 你跟你男朋友何时结婚啊?——<u>还男朋友呢</u>,我们是大
　　学同学。(B 类)

(7) 箱子里有苹果,自己拿!——<u>还苹果呢</u>,都烂光了!
　　(C 类)

(8) 我博士毕业都两年了,<u>还硕士呢</u>!(被排除的类)

例(6)—(8)"还 X 呢"都用于回应,例(6)(7)给出了引发句,
而例(8)也不可能是始发句,只能是回应句,其最有可能的引发句
是"你硕士几年级了?"或"你什么时候硕士毕业?"。在说话人看
来,例(6)—(8)话语内容都违背了事实本来的状况,例(6)对方认
为"我"身边的人是"我"的男朋友,其实不是;例(7)对方认为箱子
里有苹果,其实没有;例(8)对方认为"我"还在读硕士,其实已经
毕业。说话人都是用"还 X 呢"否定对方的认识,尽管有些细微的
差异,但区别并不大,应该算为一类。

这样,我们在郑娟曼(2009)研究的基础上把"还 X 呢"构式分
为三类,三个子构式,分别是行域贬抑的"还 X 呢"、知域否定的
"还 X 呢"和言域嗔怪的"还 X 呢"。

2.1　行域贬抑的"还 X 呢"

(9) 安姐说,"你慢点吃。<u>还人民教师呢</u>,坐没个坐相,吃没个
　　吃相。"(张楚《野象小姐》,《人民文学》2014 年第 1 期)

(10) 当她再三确认我们当中的确没人起夜,睡觉前确确实实
　　关了房门时,脸上掠过一丝紧张的神色,但她很快就生
　　气起来:你们<u>还学过物理呢</u>,门怎么可能自己打开,说!
　　昨晚谁是最后一个上床的?(姚鄂梅《预备役》,《天涯》
　　2014 年第 5 期)

例(9)"我"是人民教师,按理应该"坐有坐相,吃有吃相",但
表现却是"坐没个坐相,吃没个吃相",于是遭到说话人的贬抑;例
(10)住宿的学生学过物理,按理应该知道门只有在受到外力的作
用下才会打开,但他们都反映门是自己打开的,于是遭到老师的

贬抑。例(9)(10)都是现实世界发生的情形,是行为或行状,和"行态"或"事态"有关①,因此属于行域。同时,这两例又表达了说话人对某一主体的贬抑,因此这类"还 X 呢"可以概括为"行域贬抑"。

在形式上,行域贬抑的"还 X 呢"如果没有"是",可以添加"是"成为"还是 X(的)呢"形式,例(9)可以变为"还是人民教师呢",例(10)可以变为"还是学过物理的呢",其余用例也是如此。

郑娟曼(2009)用"反期望"来概括这类"还 X 呢",认为期望对象作为 NP,并非达到期望内容,辜负了说话人的期望。郑娟曼(2009)还进一步把这类"还 X 呢"的语义前提分为期望对象 P 和期望内容 Q,认为其基本语义构成为:P 是 NP,而非 Q。

郑娟曼(2009)的概括比较合理,但所谓"反期望"似乎还不够准确。"期望"是"对未来的事物或人的前途有所希望和等待"(《现代汉语词典》第 6 版),拿例(11)来说,人民教师应该坐有坐相吃有吃相,这是理所当然的,似乎谈不上"希望和等待",因此,违背了这一理所当然的原则,也不好说是"反期望"。我们认为,用"违背社会固有模式"(social stereotype)来概括更加合理。

社会固有模式是对人或事物所持有的简单性看法。Lakoff(1987:81)认为,"社会固有模式"反映了社会的"正常期望"(normal expectation),在认知领域中,"正常期望"起着重要作用。社会固有模式对构式有很大的影响(宗守云、张素玲 2014)。根据社会固有模式,人民教师应该坐有坐相吃有吃相,学过物理就应该知道门不会自己打开,如果违背了社会固有模式,说话人就可用"还 X 呢"来表达贬抑的态度。

从语义背景(或前提)看,"还 X 呢"至少包含以下几个因素:

1) 存在某个主体(S);
2) 该主体具有某种性质(X);
3) 具有特定性质的主体有某种表现;
4) 该表现违背了社会固有模式;

5）说话人说"还 X 呢"表达贬抑的态度。

例（9），S＝我；X＝人民教师；我作为人民教师，坐没个坐相，吃没个吃相；这违背了社会固有模式；说话人说"还人民教师呢"表达贬抑的态度。例（10），S＝住宿的学生；X＝学过物理；住宿的学生学过物理，却向老师反映门自己打开；这违背了社会固有模式；说话人说"还学过物理呢"表达贬抑的态度。

据此，我们可以把行域贬抑的"还 X 呢"的构式意义概括如下：

> 由于主体表现违背了社会固有模式，说话人说"还 X 呢"表达贬抑的态度。

这里还需要对主体及其性质的选择作出说明。前人关于"还 X 呢"主体及其性质的研究，基本上都集中在表人词语上，而且都是具有"正当性"（合理合法）意义的表人词语。其覆盖面还不够宽，应该扩展到具有"非正当性"意义的表人词语以及表物词语。

首先，具有"非正当性"意义的表人词语。表面上看，具有"非正当性"意义的表人词语似乎不能作为主体及其性质进入"还 X 呢"构式，比如"＊还乞丐呢""＊还耍过流氓呢"。其实这只是表面现象，有些"非正当性"表人词语也能作为主体及其性质进入"还 X 呢"构式。例如：

（11）就这种体格还小偷呢，爬个墙头还那么费力！（百度贴吧・沭阳吧）

（12）李剑也开口，满脸蔑视地说："你们还杀人犯，重度危险人物呢，连个中学生都搞不定，干脆在监狱里面老死好了。"（新浪博客・都市少帅）

例（11）（12）主体的性质都具有"非正当性"，但也可以接受。问题的关键在于，只要主体的表现具有贬义色彩，又是违背社会固有模式的，就可以接受。因此，主体的表现是决定性因素，至于主体及其性质有没有"正当性"，是不重要的。

那么，为什么"＊还乞丐呢""＊还耍过流氓呢"不能接受呢？因为"乞丐""耍流氓"没有任何技术含量，也没有任何值得肯定的社会固有模式，不像例（11）（12），有"小偷应该动作利索""杀人犯应该能搞定中学生"这样的社会固有模式。

其次，表物词语。如果主体及其性质是表人词语，主体和性质一定是可分的，因为性质是主体的一个方面，主体具有独立性。如果主体及其性质是表物词语，主体和性质可能是分开的，也可能是合一的，因为物品不像人本身那样独立，人一般都是有独立名字的，重个性，而物品一般都是类别名称，重类属。例如：

（13）这破包还5千呢，连1千也不值。

（14）还特级茶叶呢，难喝得要命。

（15）还金子呢，一点儿光泽都没有。

（16）还老鹰呢，飞得那么低。

例（13）（14）主体和性质的分开的，例（13）S＝这破包，X＝5千，不值1千的破包卖5千，违背了社会固有模式；例（14）S＝茶叶，X＝特级，特级茶叶难喝得要命，违背了社会固有模式。不同的是，例（13）主体做主语，性质进入"还X呢"构式；例（14）主体和性质整合在一起进入"还X呢"构式。例（15）（16）是主体和性质合一的情形，"金子""老鹰"既是主体又是性质，由于它们的表现都违背了社会固有模式——"金子应该有光泽""老鹰应该飞得很高"，因此说话人用"还X呢"进行贬抑。

行域贬抑的"还X呢"不是严格意义的否定，说话人并没有否定主体的性质，只是说主体的表现达不到其性质在社会固有模式方面的要求，因而表现出贬抑的态度。

2.2　知域否定的"还X呢"

（17）上次冯年打个电话回去，留的活话，"先处处看"。挂了电话就没跟人家联系过。冯姨在电话里说："屁话，还处

处看！一条街上长大的，谁头上有几根毛都一清二楚，处个屁处！"(徐则臣《六耳猕猴》，《花城》2013 年第 3 期)

(18)"我这不是往机场赶吗，要去四川几天！等回来去你那儿，你在豪宅给我接风，要做西餐哦，不然跟那房子不配套！""还西餐呢，给你煮碗鸡蛋面就算不错了！"(迟子建《晚安玫瑰》，《人民文学》2013 年第 3 期)

例(17)冯年说"先处处看"，冯姨认为都已经很熟悉了，根本没必要处，所以说"还处处看"，表示对冯年话语内容的否定。例(18)两个话段是由小说人物齐德铭引发和"我"回应构成，齐德铭认为"我"应该做西餐，但"我"认为煮碗面条就不错了，更不可能做西餐了，"我"说"还西餐呢"，实际上是对引发话语内容"做西餐"的否定。当然，这里只考虑话语本身的意义，不考虑言外之意(比如"我"只是开玩笑而已)。例(17)(18)都是说话人主观上对引发话语内容的否定：对方说出某一话语内容，说话人认为这一话语内容不正确，不合理，因而予以否认。例(17)(18)"还 X 呢"都是心理世界的产物，和认识、知识有关，属于知域，这类"还 X 呢"可以概括为"知域否定"。

在形式上，知域否定的"还 X 呢"都可以变为"你还说 X 呢"，例(17)可以变为"你还说处处看呢"，例(18)可以变为"你还说西餐呢"。"你还说 X 呢"就是"你不应该说 X"，"说 X"着眼于话语内容，是"认为 X"，因此更进一步说，"你还说 X 呢"就是"你不应该认为 X 是正确的"。

知域否定的"还 X 呢"具有"非始发性"。一般情况下，前面应该有对方的引发，然后说话人对引发作出回应。在说话人看来，对方引发话语中存在着违背事实本来状况的内容，这些内容是应该被否定的，说话人用"还 X 呢"构式表达否定态度。具体为：

1) 对方说出一些话语；

2) 这些话语中包含着某些内容 X；

3）这些话语内容违背了事实本身状况（至少在说话人看来如此）；

4）说话人说"还 X 呢"表达否定的态度。

知域否定的"还 X 呢"构式意义可以概括为：

由于话语内容违背了事实本来状况，说话人说"还 X 呢"表达否定的态度。

一般情况下，对方和说话人构成交际双方，对方说出某些话语，说话人对这些话语中包含的不正确、不合理的内容进行否定。但在特殊情况下，对方和说话人也可以合一，说话人先是有某些想法，但这些想法包含着不正确、不合理的内容，说话人之后又用"还 X 呢"自我否定了这些内容。例如：

（19）当年我觉得我脑袋好像被驴给踢了一样，三千和一万八的工作，这两者之间还用考虑么？我居然还有过建设祖国的想法，现在想想，我还真被自己感动了。三千块钱，连我自己都建设不好，还建设国家呢。真逗。（孟小书《锡林格勒之光》，《创作与评论》2014 年第 3 期）

例(19)说话人先前有建设祖国的想法，但这一认识是错误的，因此后来否定了这一认识。这其实是把前后的自我分裂了，在认知上，前面的自我被识解为"对方"，后面的自我仍然是说话人，这虽然属于特殊情况，但和一般的引发—回应交际并没有本质的不同。

在对方言说的话语中，有时是整个话语内容违背了事实本来状况，如例(17)，有时只是部分话语内容违背了事实本来状况，如例(18)，齐德铭话语中"往机场赶""去四川""在豪宅接风"都没有违背事实本来状况，只有"做西餐"是不合理的，遭到说话人的否定。正因为如此，说话人在否定对方话语中不正确、不合理内容的时候，在形式上常常不是采用"复制—粘贴"的手段直接否定，而是经过节略、缩合、拆分等手段进行否定，这使得 X 异常复杂多

样。例如:

(20) 米粉店老板说:"我会醉拳,进来一个揍一个。"他女人在
一旁道:"算了吧,你<u>还醉拳呢</u>,喝醉了连拳头都握不起
来,<u>还醉拳</u>──"(滕肖澜《握紧你的手》,《长江文艺》
2012 年第 9 期)

(21) "我是搞么事的,我是卖酸豆角的。抵赖啊? 拐子,派出
所都有笔录的,我不害你!"<u>还"派出所""拐子""笔录"</u>,
个斑马养的,这些词你学人的话,学武汉腔,你这水里的
妖精,脸跟死人一样的……(陈应松《跳桥记》,《北京文
学》2014 年第 6 期)

(22) 于季飞不怎么相信,又说,这个长假也没去? 王红莱说,
没有呀。于季飞说,没有去西安和延安? 王红莱笑了起
来,说,<u>还西安呢</u>,<u>还延安呢</u>,你哪来的这种念头,我哪有
这样的福气,天天做家务,一年到头的家务,越做越多,
做不完。(范小青《天气预报》,《上海文学》2011 年第
11 期)

例(20)节略了"会醉拳"而单说"醉拳",例(21)把引发话语中
的"派出所""拐子""笔录"缩合在一起,例(22)则把引发话语中的
"西安和延安"进行了拆分,分两次否定。由此可见知域否定"还
X 呢"的复杂多样性。

知域涉及知识和推理(沈家煊 2003)。作为知域否定的"还 X
呢",常常通过上下文其他相关小句的配合来强化否定,这些小句
和"还 X 呢"存在着知识或推理上的联系。例如:

(23) ──叔啊,你说这 DDV 还用不用? ──DVD! <u>还
DDV 呢</u>。整得吓人倒怪的,<u>还 DDV</u>,不活啦? (小品
《就差钱》)

(24) "这个──"孟培仁赶紧回答:咱妈,是咱妈。孟军在心
里一哼,想,<u>还咱妈</u>! 孟王氏是你妈,不是我妈。(尤凤

伟《中山装》,《十月》2013 年第 3 期)

(25) 老安冷了脸:"你家可是欠了我六百斤核桃。"孔鼎义:
"还核桃呢,地都卖了。"(徐皓峰《刀背藏身》,《小说界》
2013 年第 5 期)

(26) "壮点好,怪不得面孔像只剥光的鸡蛋,活脱似杨贵妃再
生!"宋安娜更笑弯了腰,道:"还杨贵妃呢,不成母大虫
就好了。"(王晓鹰《解连环》,《小说界》2014 年第 2 期)

例(23)(24)的相关小句和"还 X 呢"有知识上的联系,通过肯
定其他事物或命题,来否定 X,例(23)肯定"这是 DVD",从而否定
"这是 DDV";例(24)肯定"孟王氏是你妈,不是我妈",从而否定
"孟王氏是咱妈"。例(25)(26)的相关小句和"还 X 呢"有推理上
的联系,通过对事实的进一步陈述,推出 X 是不可能的,从而达到
对 X 否定的目的,例(25)通过说"地都卖了",推出核桃的存在是
不可能的,例(26)通过说"不成母大虫就好了",推出说话人像杨
贵妃是不可能的。

知域否定的"还 X 呢"和行域贬抑的"还 X 呢"有着本质的不
同。从语境看,前者一般都是话语引发,有时则是个人想法引发,
说话人对引发的某些内容做出否定;后者有可能是话语引发,也
有可能是行为引发(比如看到大学生随地吐痰,说"还大学生呢",
就是行为引发)。从语义看,前者是完全否定,后者则只是贬抑,
并不是严格的否定。"还 X 呢"如果是行为引发的,一定是行域贬
抑;如果是话语引发的,就看 X 的性质,看 X 是否符合事实本身状
况。比如对方说"我是大学生",说话人说"还大学生呢",那么究
竟是行域贬抑还是知域否定,就看对方是否真是大学生,如果是,
就是行域贬抑("随地吐痰,还大学生呢");如果不是,就是知域否
定("高中都没有念完,还大学生呢")。

2.3　言域嗔怪的"还 X 呢"

郑娟曼(2009)把言域嗔怪的"还 NP 呢"作为一种相对独立

的子构式提出来，并认为"还 NP 呢"是通过故意违背关系准则和质准则来实现否定功能的。郑娟曼(2009)注意到该类"还 X 呢"的独特性及其功能实现途径，大致是合理的，但还不够到位。更确切说，该类"还 X 呢"是表达说话人言域嗔怪意义的。例如：

(27)——别介，师傅。——师父？还八戒呢！我就没有西天取经的计划！(小品《马路情歌》)

(28)——这是特意给你请的天珠。——还地灭呢。(电影《别拿自己不当干部》)

例(27)说话人认为"师傅"这一称谓是不得体的，不应该这样说，于是从"师傅"延伸出"八戒"，再说"还八戒呢"表达嗔怪的态度。例(28)说话人认为"天珠"这一命名是不得体的，容易使人联想到"天诛地灭"，因此不应该这样说，于是说"还地灭呢"表达嗔怪的态度。称谓和命名都是"言语、言说"，和请求、命令、建议、许诺、断言等一样，都是言语行为，是语言世界的情形，不同于现实世界的行域和心理世界的知域②，属于言域现象，因此这类"还 X 呢"应该概括为"言域嗔怪"。

在形式上，言域嗔怪的"还 X 呢"都可以变为"我还说 X 呢"，例(27)可以变为"我还说八戒呢"，例(28)可以变为"我还说地灭呢"。这是基于对方话语的延伸，具体分析详见下文。

言域嗔怪的"还 X 呢"也具有"非始发性"，前面必须有对方的引发，说话人对引发做出回应。在说话人看来，对方引发话语是一种言语行为，这种言语行为违背了表达得体原则，说话人在对方话语形式(F)的基础上进行延伸(X)，用"还 X 呢"构式表达嗔怪态度。具体为：

1)对方说出一些话语；

2)对方说出这些话语是一种言语行为；

3)这种言语行为违背了表达得体要求(至少在说话人看来

如此);

4)说话人在对方话语形式(F)的基础上进行延伸(X);

5)说话人说"还 X 呢"表达嗔怪的态度。

言域嗔怪的"还 X 呢"必然有个引发成分 F,说话人认为 F 是不得体的,于是延伸出 X 来表达自己嗔怪的态度,意思是"你说F,我还说 X 呢",那么逻辑的推论是,我说 X 是不得体的,你说 F就更不得体了。例(29)是"你说师傅,我还说八戒呢"→我说八戒不得体,你说师傅就更加不得体了;例(30)是"你说天珠(天诛),我还说地灭呢"→我说地灭不得体,你说天珠(天诛)就更加不得体了。这实际上是绕来绕去表达嗔怪的态度,但由于用得时间长了,人们"抄近路得到隐含义",只要看到或听到这样的形式,就马上知道说话人的嗔怪意图。

言域嗔怪的"还 X 呢"也不是严格意义的否定,引发成分并不一定是违背客观真实的,只是运用不够得体而已,说话人并不是认为话语内容不对,而是认为说话方式(即言语行为)不合适,这么说是不得体的,违背了表达的原则,于是表达嗔怪的态度。这类"还 X 呢"的构式意义,可以这样概括:

由于言语行为违背了表达得体原则,说话人说"还 X 呢"表达嗔怪的态度。

引发成分 F 和 X 是一种延伸关系,一般都会涉及语义或谐音转移。例(27)说话人首先把"师傅"语义转移为《西游记》唐僧徒弟对唐僧的称呼"师父",然后再延伸到唐僧对徒弟八戒的称呼,例(28)说话人首先把"天珠"谐音转移为"天诛",然后延伸到"天诛地灭"这一成语的下半部分"地灭"。这些联系都带有"扩散式激活"(spreading activation)的意味,说话人利用两者在语言中的稳固联系——说到前者往往就会激活后者,从而造成相关延伸。正因为如此,这类"还 X 呢"中 X 也是异常复杂的。我们再举两个例子:

（29）——有就是嗒，没有就是母嗒。——母的？<u>还公的呢</u>。（电视剧《重案六组》）

（30）金玉婷：阿巩！

冯巩：阿巩！百家姓就没姓阿的！

金玉婷：巩哥！

冯巩：巩哥——巩大爷都不理哦！

金玉婷：巩巩！

冯巩：巩巩，<u>还公公呢</u>，离太监都不远了！（小品《暖冬》）

例（29）是几个警察在调侃，有男有女，说话人觉得在这样的场合说公的、母的不合适，所以说"还公的呢"。例（30）冯巩的话语都是对金玉婷说话本身的否定，无论怎样的称呼都是被否定的，因此这里否定的显然不是内容，而是说话本身，即对方不应该说话。

知域否定和言域嗔怪的"还 X 呢"在引发上可以有交叉兼容。这是因为，二者都是基于对方话语所表达的态度，而对方话语在"内容不正确"和"形式不得体"上并不是严格对立的，而是可以交叉兼容的。但说话人一般只选择一个视角表达自己的态度，或者因内容不正确而否定，或者因形式不得体而嗔怪，因此在说话人那里，知域否定和言域嗔怪又是非常分明的。例如，对方指着照片上的人说："这是郭美美。"如果照片上的人不是郭美美，那么对方话语内容是错误的，断言也是不得体的，这在知域否定和言域嗔怪的引发上出现交叉兼容，但说话人可以就其中的一方面表达消极的态度，说话人如果说"还郭美美呢，比她可好看多了"，这是引述性否定，是知域否定；如果说"郭美美？还碗美美呢"，这是延伸性责怨，是言域嗔怪。

我们把以上三种"还 X 呢"构式用表格总结如下：

	引发的因素	违背的内容	说话人的态度	言语形式 X
行域	主体表现	社会固有模式	贬抑(你不该这么做事)	主体性质
知域	话语内容	事实本身状况	否定(你不该这么认为)	引述成分
言域	言语行为	表达得体原则	嗔怪(你不该这么说话)	延伸内容

3. 关于构式同一性的理论问题

　　语言成分同一性的问题,是语言中的重要问题,"语言机构整个是在同一性和差别性上面打转的"(索绪尔 1996,高名凯译)。区分语言成分的同一性和差异性,是语言研究的基础,如果不重视同一性,把不同性质的语言成分混杂在一起分析研究,会导致错误的论证,得出错误的结论,因此,同一性问题是重要的理论和方法问题。

　　构式的同一性问题也是重要的语法学理论和方法问题,这一问题尚未引起足够的重视。对相同形式的构式来说,究竟是同一构式还是不同构式,必须首先做出明确的认定,然后才能进行分析研究。为确定同一构式,区分多义构式和同形构式是必要的。

　　所谓多义构式,是指形式相同,意义上有相互联系的构式。所谓同形构式,是指形式相同,意义上没有相互联系的构式。从定义看,多义构式和同形构式似乎是非常容易区分的,主要看意义有没有相互联系。实际上,相互联系并没有一条明晰的界线,这种联系的模糊性有时和语言发展有关,有时和主体认知有关,两个相同对象,不同的人可能有不同的理解,有人认为有联系,有人认为没有联系。因此,应该给出一定的标准,从而有效地确定构式的性质。

　　在这里,我们借鉴词汇学理论中多义词和同音词区分的方法,对多义构式和同形构式做出区分。根据符淮青(2004),多义词和同音词的区分有两个指标，一是词源上有无联系，一是现时感觉上有无联系。在区分时，同音词本着"从宽"的原则，只要有一个指标没有联系，就是同音词；多义词本着"从严"的原则，只有两个指标都有联系，才是多义词。

对构式而言，我们也可以采用两个指标，一是历时指标，相同形式构式的几个意义之间有没有历时的联系；二是共时指标，相同形式构式的几个意义之间有没有现时感觉的联系。只要有一个指标没有联系，就是同形构式；只有两个指标都有联系，才是多义构式。同形构式具有差异性，是不同构式；多义构式具有同一性，是同一构式。构式的研究，应该是在同一构式的基础上展开。

就"还 X 呢"构式而言，前人研究有把同形构式的"还 X 呢"混在一起论说的情形。胡峰（2011）认为下列两种句子属于同一句式（构式）：

（31）还大学生呢，这么简单的题目都不会做。（胡峰例）

（32）本科生有啥了不起的，他还博士呢。（胡峰例）

例（31）"还大学生呢"表达说话人消极情绪，包含着说话人不认可、不满的态度；例（32）"还博士呢"表达说话人积极情绪，包含着说话人对"他"认同的态度。从现时感觉来看，例（31）和例（32）表达相反的意义，反映两种截然不同的情绪，因此应该是同形构式，不是多义构式。当然，并不是只要意义相反，就一定是不同构式，关键要看有没有共同的上位意义，语言中有所谓"正反同词"的现象，但还是看作具有同一性的语言成分，因为它们具有共同的上位意义。例（31）（32）两个"还 X 呢"的意义差异非常明显，不能概括出共同的上位意义。

从来源看，例（31）是从反问句发展来的，由于反问语气消失，"还 X 呢"用肯定形式表达消极意义；例（32）则是直接组合形成的，由"还"加上一个陈述成分，来强调陈述成分。因此，从历时指标看，两个"还 X 呢"也不具有同一性。

行域贬抑、知域否定、言域嗔怪的"还X呢"则是同一构式。

首先,它们都表达消极意义,在现时感觉上是同一的,符合共时指标的同一性。尤其是,它们具有共同的上位意义,其构式意义可以进行统一概括为:

由于某种引发的因素违背了某些内容,说话人说"还X呢"表达不认可、不满的态度(包括贬抑、否定、嗔怪)。

其次,从来源看,表达消极意义的"还X呢"都是从反问来的,其中表示行域贬抑和知域否定的"还X呢"是直接从反问来的,而表示言域嗔怪的"还X呢"是先反问再延伸而来的。在书面上,"还X呢"或相关句子带问号,是反问句③。例如:

(33) "······'柔'呵,领导写的这字是'柔'呵。连'柔'都不认得?<u>还主编呐</u>? 虽说领导的笔乱了点,大模样儿没走呵。"(王朔《顽主》)

(34) 张无忌慰道:"幸好你所伤不重,耳朵受了些损伤,将头发披下来盖过了,旁人瞧不见。"周芷若道:"<u>还说头发呢</u>? 我头发也没有了。"(金庸《倚天屠龙记》)

(35) 据彭宗平教授告知,北京劲松职高年近 60 的张永利先生祖上是八旗汉军,世居北京已三代以上,他曾听其老祖儿(曾祖父)在随意聊天儿时用过"伍的",祖辈、父辈则极少使用,他小时用过,其母听到斥曰:伍的? <u>还六儿的呢</u>!(张世方《北京话"伍的"的来源》,《民族语文》2009 年第 1 期)

例(33)—(35)分别是表示行域贬抑、知域否定和言域嗔怪的反问句。例(33)(34)反问语气消失,就分别成为行域贬抑和知域否定的"还X呢"构式。例(35)"伍的?"应该是"还说伍的呢?"的省略,整个句子应该是"还说伍的呢? 你说伍的,我还说六儿的呢。"这是在反问句的基础上通过延伸而形成的"还X呢"构式。这三类"还X呢"构式都和带"还"的反问句有关,是在带"还"反问句的基础上通过反问语气脱落或相关话语延伸而形成的，是同一构式。

注释

① 这里采用肖治野、沈家煊(2009)的表述。
② 关于现实世界、心理世界和语言世界的区分及其与行域、知域、言域的对应，参看沈家煊(2008)。
③ 当然，标点符号本来是不能作为语法分析依据的，但在一些句类问题上，非结合标点符号分析不可。

参考文献

丁力　2007　也说"还 NP 呢"句式，《陕西理工学院学报》第 3 期。
费尔迪南·德·索绪尔　1996　《普通语言学教程》，高名凯译，商务印书馆。
符淮青　2012　《现代汉语词汇(增订本)》，北京大学出版社。
胡峰　2011　"还 NP 呢"句式考察，《长春师范学院学报》第 6 期。
沈家煊　2003　复句三域"行、知、言"，《中国语文》第 3 期。
沈家煊　2008　三个世界，《外语教学与研究》第 6 期。
肖治野、沈家煊　2009　"了$_2$"的行、知、言三域，《中国语文》第 6 期。
杨玉玲　2004　说说"还 NP 呢"句式，《修辞学习》第 6 期。
郑娟曼　2009　"还 NP 呢"构式分析，《语言教学与研究》第 2 期。
中国社会科学院词典编辑室　2012　《现代汉语词典(第 6 版)》，商务印书馆。
钟明荣　2006　主观性和"还 NP 呢"句式，《内蒙古农业大学学报》第 4 期。
周维维　2010　从认知角度谈"还 NP 呢"格式，《青岛农业大学学报》第 4 期。
宗守云　1995　"还 NP 呢"与"比 N 还 N"格式试析，《张家师专学报》第 2 期。
宗守云、张素玲　2014　社会固有模式对构式的影响——以"放着 NP 不 VP"为例，《汉语学报》第 3 期。
Lakoff，George 1987　Woman，Fire，and Dangerous Things：What Categories Reveal about the Mind. Chicago：The University of Chicago Press.

是非疑问句中关注事件
真实性的副词"还"

邹海清[1]　杨　彬[2]（[1]中国传媒大学文法学部
[2]上海外国语大学国际交流学院）

0. 引言

对副词"还"的语法意义，前人已做过很多有益的探索和研究，主要观点有"延续说"（高增霞，2002）、"持续说"（谢白羽，2011）、"反预期说"（武果 2009；谢白羽，2011）、"主观性说"（沈家煊，2001；张宝胜，2003；武果，2009；谢白羽，2011）。这些观点在逐渐加深我们对副词"还"语法意义的认识。

尽管如此，我们发现前人对"还"语法意义的研究仍存在一些不尽人意之处，这表现在"还"在是非疑问句里的有些用法，很难用"延续说、持续说、反预期说或主观性说"进行合理的解释。如：

(1) 于德利把椅子挪到窗口阳光处让南希重新坐下，自己岔着腿站在她面前：

"头一回和人打交道吧？"

"是。"南希回答，态度恭敬。

"还适应吗？"（《编辑部的故事》）

"持续说"的问题在于(1)中的南希因是第一次和人打交道，

"还适应吗?"中的"适应"在时间轴上缺乏表持续的语义基础,"还"不可能获得持续义的解读。

"反预期说"的问题在于(1)中的"还适应吗?"属于是非疑问句,在是非疑问句里,事件的真实性状况只是体现为一种可能,具有[—现实]特征,而反预期预设事件为真,带有[＋现实]特征,语义不相容,关于这一点,后文还有详述,这里不赘。

"延续说"的问题在于,根据高增霞(2002),"还"表延续义的语义基础是得在句中激某一个序列(如时间序列、等级序列、预期序列),而(1)中的"还"无法激活出这样的序列来。

说(1)中的"还"具有主观性,我们表示认同,但依据前人对"还"的主观性的具体阐述来看,仍难以对(1)中"还"的用法进行合理的解释。张宝胜(2003)、武果(2009)、谢白羽(2011)都认为"还"的主观性体现为反预期,但正如前文已指出的那样,(1)中的"还"并没有反预期;沈家煊(2001)指出"还"的主观用法体现为"元语增量",但"还"的"元语增量"功能需在量级表达语境中才能实现,而(1)中的"还"并不涉及到语言的量级表达,所以如要从主观性和元语增量的角度来解释(1)中"还"的用法的话,还需更具有说服力的解释。

我们认为,(1)中"还"的用法跟"还"的语气功能有关,(1)中的"还"为语气副词。在是非疑问句中,语气副词"还"的语法意义表现为对事态的真实性状况进行关注。

1. 语气副词"还"在是非疑问句里的确认功能

1.1　语气副词"还"在是非疑问句里的两种类型

在是非疑问句里的语气副词"还"可以分为两种类型:

A类:

(2) a. 你还喜欢这里的生活?

b. 你还习惯这里的饮食？

c. 你还听过这首歌？

d. 你还看过这个电影？

e. 他还走了？

f. 儿子还睡着了？

……

B类：

（3）a. 你还想出去走走？

b. 你还愿意跟他结婚？

c. 你还乐意帮他？

d. 你还要去看这电影？

从重音负载情况来看，A类中"还"不能重读，可视为无条件的语气副词；B类中的"还"可以重读，也可以不重读，但意思不一样，重读时，负载语义，表持续或重复义，如（4），不重读时，不负载语义，才是语气副词，如（5），所以可将B类的"还"视为有条件的语气副词。

（4）a. （你已经走过一遍了，）你还想出去走走？①

b. （他对你这么坏，）你还愿意跟他结婚？

c. （上次已经证明你帮他没什么好结果，）你还乐意帮他？

d. （你已经看过这电影了，）你还要去看这电影？

（5）a. （今天天气不错，）你还想出去走？

b. （他对你这样好，）你还愿意跟他结婚？

c. （他希望你帮他一个忙，）你还乐意帮他？

d. （听说这个电影不错，）你还要去看这电影？

从动词的语义类型来看，A类是非问句对动词的选择面宽，静态动词、动作动词、状态动词、变化动词都可以进入；B类是非问句对动词的选择面窄，主要由愿意类情态动词构成。

1.2 语气副词"还"跟延续义和反预期义的关系

在副词"还"的诸多语法意义中，最主要的语法意义有两个：

一个是延续(重复或持续)义^②;一个是反预期义,其他语法意义如主观义、程度义等都是在此基础上产生的。下面我们来讨论一下是非疑问句中的"还"跟延续义和反预期义的关系。

1.2.1　语气副词"还"不表延续义

语气副词"还"跟延续义无关,这是因为作为语气副词的"还"不负载语义,失去了表延续义的语义基础,所以把"还"去掉后,句子的意思基本不变。如:

(6) a. 你还喜欢这里的生活?≈你喜欢这里的生活(吗)?

　　b. 你还习惯这里的饮食?≈你习惯这里的饮食(吗)?

　　c. 你还听过这首歌?≈你听过这首歌(吗)?

　　d. 你还看过这个电影?≈你看过这个电影(吗)?

(7) a. 你还想出去走走?≈你想出去走走(吗)?^③

　　b. 你还愿意跟他结婚?≈你愿意跟他结婚(吗)?

　　c. 你还乐意帮他?≈你乐意帮他(吗)?

　　d. 你还要去看这电影?≈你要去看这电影(吗)?

语气副词"还"就语气功能来看,跟语气词"可"的功能大体相当,用"可"去做相应的替换后,基本意思也不变。如:

(8) a. 你还想出去走走?≈你可想出去走走?

　　b. 你还愿意跟他结婚?≈你可愿意跟他结婚?

　　c. 你还乐意帮他?≈你可乐意帮他?

　　d. 你还要去看这电影?≈你可要去看这电影?

(9) a. 你还喜欢这里的生活?≈你可喜欢这里的生活?

　　b. 你还习惯这里的饮食?≈你可习惯这里的饮食?

　　c. 你还听过这首歌?≈你可听过这首歌?

　　d. 你还看过这个电影?≈你可看过这个电影?

1.2.2　语气副词"还"不反预期

是非疑问句里的语气副词"还"不反预期,这是由非疑问句本身的疑问特点和语气副词不负载语义的特点决定的。

　　预期与预料是既存在联系又存在明显区别的两个概念,它们之间的联系表现为它们都跟情态联系在一起,不同之处在于,预期对应的情态为道义情态中的义务,预料对应的情态为认识情态中的可能。是非疑问句中的"还"跟预期和预料都可能产生关系。如:

　　(语境:知道儿子小明12点前在看电视,现在时间为晚上12点,晚上12点是小明睡觉的时间)

　　(10) 小明还在看电视(吗)?

　　(10)的预期义是"12点小明不应该看电视",体现的义务情态。而(10)的预料义是"12点小明可能在看电视",体现的是可能情态。

　　反预期是事情的真实情况跟预期相反。如:

　　(11) 都12点了,小明还在看电视。

　　(11)的真实情况是"12点小明在看电视",预期是"12点小明不应该看电视",(11)中的"还"就有了反预期义。但是是非疑问句中的"还"却不是这样的,因为在是非疑问句中,事态的真实情况只是体现为一种可能,所以是非疑问句中的"还"本身看不出其是否反预期,要从应答句中才能看出。如针对(10)的应答句(12)。

　　(12) 问:小明还在看电视(吗)?

　　　　答1:是的,还在看。(反预期)

　　　　答2:没看,已睡了。(顺预期)

　　真正的反预期标记词,如"竟然、居然"等,进入是非问句后,要么不能成立,要么会改变是非疑问句问的性质,变成反问句。如:

　　(13) a. 小明在看电视吗? — *小明居然/竟然在看电视吗?

　　　　 b. 小明在看电视? —小明居然/竟然在看电视?

　　(13)a、b两句分别为由语气词"吗"构成的是非问句和由语调构成的是非问句。"竟然、居然"不能进入"吗"字是非疑问句，如(13)a；进入由语调是非问句后，会变成反问句，如(13)b。反预期标记词不能进入是非疑问句的原因在于，反预期标记以真实的事件作为预设，带有[＋现实]特征，而是非问句以可能的事件作为预设，带有[－现实]特征，从而造成句子的不合格。为什么反预期标记词进入(13)a不能变成反问句而进入(13)b却可以变成反问句呢？这是因为"吗"字是非问句的询问功能要强于语调是非问句的询问功能。(邵敬敏，2012)相应地，"吗"是非疑问句转化成反问句的难度也要大于语调是非问句转化成反问句的难度。

需要指出的是，这只从逻辑语义的角度证明了是非疑问句跟反预期没有直接的关系，但是如果对(12)中的"还"重读的话，副词"还"反预期的倾向还是很明显的，这是因为是非疑问句的特点是问话人对事态的真实性状况处在信疑之间，既不是全信，也不是全疑，重读后，信的因素会得到加强，越相信事态为真事态就越有可能为真，所以也就有了反预期的倾向。

除了受重音的影响外，是非疑问句的构成形式也会对反预期倾向的强弱产生影响，如语调是非问句的反预期倾向就要明显要高于"吗"字是非问句。如：

(14) a. ——小明还在看电视吗？

　　　　——是的，还在看。/没看，已睡了。

　　 b. ——小明还在看电视？

　　　　——是的，还在看。/没看，已睡了。

在"还"都重读的情况下，(14)b中的"还"的反预期倾向明显要高于(14)a，这是因为语调是非问跟"吗"字是非问相比，询问的功能要比"吗"字是非问弱，否定的功能要比"吗"字是非问强。(邵敬敏，2012)否定的功能越强，越接近反问，反预期的倾向也就越强。

但这也仅仅是一种倾向上的解读而已，是非疑问句中的"还"

还不能像真正的反预期标记词如"居然、竟然"一样，进入是非问句后，要么与是非疑问句产生语义相的冲突，如（13）a，要么改变是非疑问句的性质，变成反问句，如（13）b。其实这种差异从相应的应答句也可以看出。如：

（15）问：小明还在看电视？

　　　答1：是的，还在看。

　　　答2：没看，已经睡了。

（16）问：小明居然/竟然还在看电视？

　　　答1：？是的，还在看。

　　　答2：？没有，他已经睡了。

　　　答3：嗯，太不像话了！

（15）中的问句承担仍是询问功能，所以仍是是非问句，而不是反问句。是非问句中的"还"在重读的情况下，无论有多强的反预期倾向，都不可能成为一个真正的反预期标记，它也改变不了是非问句的性质，所以肯定或否定的回答都是合适的回答；真正反预期标记词"居然、竟然"却不是这样，"居然、竟然"进入是非问句后会改变是非问句的性质，是非问句会变成反问句，如（16），反问句的语用功能不是信息交流，而是情感交流，所以像（16）中的答1和答2这种以交流信息为目的回答都是不合适的回答。

　　虽然在是非疑问句里，副词"还"重读时有反预期义的倾向，但这种反预期毕竟是以"还"要负载语义为前提的，如（12）中表延续义的"还"。由于语气副词不负载语义，不表延续义，自然也就失去了反预期解读的语义基础。请比较：

（17）a. 你还在听这首老歌？

　　　b. 你还听过这首老歌？

（17）a中的"还"为延续义副词，重读时有反预期倾向，（17）b中的"还"为语气副词，不能重读，不能获得反预期义解读。

1.3　语气副词"还"在是非疑问句里的功能解释

语气副词在是非疑问句里不负载语义,语法意义既不表延续,也不表反预期,那么表什么语法意义呢? 上文指出语气副词在是非疑问句中的功能跟语气词"可"的功能大体相当,语气词"可"的主要功能为强调。总体来说,语气副词"还"在是非疑问句里也是起强调语气的作用,但强调毕竟是一个范围很广的概念,有必要在具体的句法环境里进行细化,根据语境的赋义功能,受是非疑问句本身具有的确认导向功能的影响,把语气副词"还"的语法功能解释为对事态的真实性进行确认已经具备了相应的语境基础。

2. 语气副词"还"生成的语义基础

2.1　副词"还"与动词"还"

副词"还"是由动词"还"虚化而来的,这已是学界的共识。动词"还"的本义是"返回",即由目的地返回到出发点,如《说文解字》:"还,复也。"《尔雅·释言》:"还、复,返也。"唐敏(2003)指出,动词"还"在人脑中构成的意向—图式含有"运行方向相反"和"运行轨迹重复"这两个义素,副词"还"最早产生的两个义项即转折义和重复义正是由动词"还"的这两个义素虚化而来。副词"还"的其他义项如反预期义、持续义、添加义等都是在这两个义项的基础上引申出来的。

2.2　古语疑问副词"还"

在讨论是非疑问句里语气副词"还"的来源之前,我们先来看一下古语里充当疑问副词的"还"。

2.2.1　古语疑问副语"还"的功能

据袁宾(1989)、吴福祥(1996)、江蓝生(2000)、叶建军(2008)等人的研究,充当疑问副词的"还"大约可追溯到晚唐五代时期,可用于是非问句、正反问句、选择问句和特指问句。就疑问副词"还"的功能来看,李崇兴(1990)认为用于疑句问的语气副词"还"主要起加强语气的作用④,袁宾(1989)等认为疑问副词在特殊疑问句中主要起加强疑问语气的作用,有时具有追究的意味。如:

> (18) 善庆曰:"如今者,若见远公,还相识已否?"道安曰:"如今若见远公,实当不识。"(《变文集》卷二《庐山远公话》)

> (19) 行者,米还熟也未?(《祖堂集》卷二《弘忍和尚》)

> (20) 古人还扶入门不扶入门?(《祖堂集》卷十一《保福和尚》)

> (21) 远公还在何处?(《变文集》卷二《庐山远公话》)

(10)—(21)都不能从语义的角度对"还"的用法进行解释,如(18)中"还相识已否?"中的"还"受"相识"持续性特征的影响,似乎应理解为持续义,整句话翻译成现代汉语似乎也应翻译为"(现在)还认识不认识(远公)?"但正如袁宾(1989)所指出的那样,由于道安从未见过远公,所以这句话不能理解为以前曾见过面,现在是否还认识? 只能理解为"认识不认识(远公)?"同理(19)—(21)中的副词"还"也没有语义负载,承担是加强疑问语气的功能,其中用于(21)中的"还"有追究的意味,其略相当于现代汉语的"究竟"(袁宾,1989)。

我们认为古语疑问副词"还"的功能从根本上来讲,也是确认功能。就一般疑问句里的疑问副词"还"来说,受一般疑问句确认导向功能的影响,疑问副词"还"的疑问是对事态真实性的疑问,体现为问话人对事态的真实性的关心,从而引发确认语气的产生;就特殊疑问句来说,疑问副词"还"的"追究"义本身体现就是对事态真实性的关心,"追究"事态的真实性就是为了"确认"事态的真实性。

2.2.2　古语疑问副词的来源

江蓝生(2000)认为疑问副词"还"来自于"还"的"重复"义,叶建军(2008)对疑问副词的来源也持类似的观点,认为"复、又、仍然"义是疑问副词"还"的生成基础。李崇兴(1990)认为起加强疑问语气功能的语气副词"还"来源于副词"还"的"转折"义。本文更认同第一种说法,因为从认知的角度讲,情状的重复或持续表现的是事态的不变,这容易跟人认知世界里"万物皆在变"的主流哲学思想产生冲突,进而引发人们对事态真实性的关注,即事态是不是真的这样?产生了对事态的真实性进行确认的语用需要,这种语用上的确认需要会在合适的句法环境里固化为副词"还"的语法意义。叶建军(2008)给出了一个疑问副词"还"在各种类型疑问句中出现的先后顺序,他认为疑问副词"还"首先是用于是非问句和正反问句,然后才是在选择问句和特指问句中出现。其实就确认的角度来看,是非问句和正反问句这两种问句本身具有的确认导向功能也最容易诱发"还"确认功能的产生。

2.3　是非疑问句中语气副词"还"产生的语义基础及演变途径

现代汉语是非疑问句里语气副词"还"的确认功能不太可能是古语疑问副词"还"强调语气功能的遗留,因为据袁宾(1989)考察,是非疑问句里的疑问副词"还……(么)"的用法在明清时期的白话文里逐渐被"可……(么)"代替,疑问副词"还"在清后也消失掉了。

我们认为副词"还"的延续(重复或持续)义也是语气副词"还"生成的语义基础,正如前文所指出的那样,因为事态的延续容易诱发人们的反预期心理,从而引起语义的虚化。副词"还"的延续义在反预期心理的作用下,形成了两条不同的虚化途径:

虚化途径一:延续义＞反预期义

虚化途径二:延续义＞确认义

副词"还"的"延续义＞反预期义"这条虚化途径在 Yeh(1998)、张宝胜(2007)、武果(2009)的研究里都直接或间接地得到了体现,武果(2009)认为,反预期义产生的关键是疑问和反问语境,因为疑问和反问往往是说话人在语境命题与自己预期相悖时的自然反应。副词"还"的反预期义是发端于疑问句,然后成熟于反问句,最后扩展到陈述句。如:

(22) a. 必大因问:"虹霓只是气,还有形质?"(武果,2009)

b. 看做这般模样时,其心还在腔子里否?

c. 三人折手笑道:"这样顿愚,还参禅呢!"

(22)a—c分别为是非疑问句、反问句和陈述句。(22)a中的"还"虽表的还是持续义,但因对虹霓有形质感到意外,所以已有反预期的倾向在里面,(22)b—c的"还"是明显的反预期义副词。

武果(2009)的研究引出一个问题,为什么副词"还"的反预期倾向能首先在是非疑问句里发端,却最终不能在是非疑问句里得到固化?究其原因,还是跟是非疑问句的这种特定的句法环境有关,正如前文所指出的那样,由于副词"还"的反预期义在是非疑问句里只是体现为一种倾向,是非疑问句的句法环境会阻断反预期的语用推理让"还"的反预期义在是非疑问句里得到固化,所以无论"还"的反预期倾向有时在是非疑问句里表现得有多强烈,但也仅仅只是倾向而已,"延续义>反预期义"这条虚化途径不能在是非疑问句里得到真正的实现。相反,受是非疑问句确认导向功能的影响,副词"还"的延续义在人们反预期的语用推理下会引发对事态真实性的关注,使对事态真实性的状态进行确认成为一种语用上的需要并逐渐固化为语气副词"还"的语法意义。如:

(23) a. 雨还在下吗?

b. 你还想去看看?

c. 他还走了?

(23)a中的"还"重不重读基本意思都是延续义,重读时有反预期倾向;(23)b中的"还"重读时表延续义,有反预期倾向,不重读时不表延续义,表确认义;(23)c中的"还"不能重读,只表确认义。

所以副词"还"的延续义在是非疑问句这样的句法环境里,走的是第二条虚化途径,即"延续义＞确认义"。

3. 结论

从答句的角度看,是非疑问句属于确认导向型疑问句,语气副词"还"的语法功能在是非疑问句里表现为对事态的真实性状况进行确认。副词"还"的持续义是语气副词"还"确认义生成的语义基础,"还"的持续义带来的反预期心理在是非疑问句里会引发人们对事态真实性的关心,使对事态真实性的状况进行确认成为一种语用上的需要,这种语用上的确认需要在语用推理的作用下会固化为语气副词"还"的语法意义。这说明了语气副词"还"确认功能的产生是在语义和句法环境共同作用下的结果。

附注

① 例(4)如果没有应答需求,就成了反问句。
② 蒋琪、金立鑫(1997)认为"延续"跟"重复"之间存在内在的联系,如果忽略"重复"之间的间断,"重复"就成为"延续",本文基本认同这种观点,把延续义作为重复义(有间断)和持续义(无间断)的上位概念。
③ "还"不读重即为语气副词时,(7)才成立。
④ 李崇兴(1990)不把把疑问句里的语气副词"还"视为疑问副词。

参考文献

高增霞 2002 副词"还"的基本义,《世界汉语教学》第2期。
何自然 1988 《语用学概论》,湖南教育出版社。
江蓝生 2000 疑问副词"颇、可、还",《近代汉语探源》,商务印书馆。
蒋琪、金立鑫 1997 "再"与"还"重复义的比较研究,《中国语文》第3期。
李崇兴 1990 选择问记号"还是"的来历,《语言研究》第2期。
刘丹青、唐正大 2001 话题焦点敏感算子"可"的研究,《世界汉语教学》第3期。

吕叔湘 1985 疑问·否定·肯定,《中国语文》第 4 期。

吕叔湘主编 1999 《现代汉语八百词》(增订本),商务印书馆。

邵敬敏 2012 是非问内部类型的比较以及"疑惑"的细化,《世界汉语教学》第 3 期。

邵敬敏 2013 疑问句结构类型与反问句的转化关系研究,《汉语学习》第 2 期。

唐敏 2003 副词"还"语义网络系统的形成和发展,上海师范大学硕士论文。

沈家煊 2001 跟副词"还"有关的两个句式,《中国语文》第 6 期。

武果 2009 副词"还"的主观性用法,《世界汉语教学》第 3 期。

吴福祥 1996 《敦煌变文语法研究》,岳麓书社。

谢白羽 2011 "还"的主观性及其句法实现,《汉语学习》第 3 期。

叶建军 2008 疑问副词"还"溯源,《安徽大学学报》第 1 期。

袁宾 1989 说疑问副词"还",《语文研究》第 2 期。

张宝胜 2003 副词"还"主观性,《语言科学》第 5 期。

张宝胜 2007 "还 Xp 呢"的歧义与主观性,载沈家煊等主编《语法化与语法研究(三)》,商务印书馆。

张谊生 2000 《现代汉语副词研究》,学林出版社。

张则顺 2012 现代汉语确信情态副词的语用研究,《语言科学》第 1 期。

Palmer,F. R. 2001 Mood and Modality. Cambridge:Cambridge University Press.

Yeh,Meng 1998 On hai in Mandarin. Journal of Chinese Linguistics.

后 记

第三届"汉语副词研究学术研讨会"于 2015 年 11 月 13 日至 16 日在长沙湖南师范大学召开。本届会议是继第一届(2011.10. 29—31,桂林)、第二届(2013.10.26—29,重庆)之后的汉语副词研究系列专题研讨会。会议由上海师范大学与湖南师范大学联合主办,张谊生教授与唐贤清教授共同主持。

来自全国各地的近 80 位学者参加了会议。会议论题集中,主要围绕汉语副词研究及相关专题进行讨论。研究领域跨越共时、历时与方言,句法、语义与语篇等各个方面;研究视角多样化、方法多元化,涉及当前副词研究的一系列前沿课题。会议日程安排相对合理,14 位学者作了大会学术报告,并组织了 8 场小组讨论;大会报告精彩,小组讨论热烈。

按照惯例,我们对会议论文加以汇编,收录编辑为《汉语副词研究论集》第三辑,由上海三联书店出版发行。收录本论集的论文,大都已经在各种语言学期刊、集刊及其他杂志上发表过,收录前各位作者又做了修订。限于文集的版面和出版时间,尚有一部分会议论文未能收录,对此,我们深表歉意。论集尚存不足,也深望学界同仁包涵!

本论文论集在征文、编辑过程中,得到众多作者的支持;还得到江蓝生等先生惠赐的佳作,从而使文集大为增辉。上海三联书店杜鹃女士为论集顺利出版,付出了辛勤的劳动;博士生张亮在征集与编辑过程中付出了大量的心血，我们在此一并表示由衷的谢意！

编者

2017 年 3 月

图书在版编目（CIP）数据

汉语副词研究论集. 第三辑/张谊生主编. —上海：上海三联
书店,2017.9
ISBN 978 - 7 - 5426 - 5956 - 9

Ⅰ. ① 汉 …　　 Ⅱ. ① 张 …　　 Ⅲ. 汉 语 - 副 词 - 文 集
Ⅳ. ① H146.2 - 53

中国版本图书馆 CIP 数据核字（2017）第 164683 号

汉语副词研究论集（第三辑）

主　　编 / 张谊生
副 主 编 / 唐贤清　宗守云
责任编辑 / 杜　鹃
装帧设计 / 一本好书
监　　制 / 姚　军
责任校对 / 张大伟

出版发行 / 上海三联书店
　　　　　（201199）中国上海市都市路 4855 号 2 座 10 楼
邮购电话 / 021 - 22895557
印　　刷 / 上海叶大印务发展有限公司

版　　次 / 2017 年 9 月第 1 版
印　　次 / 2017 年 9 月第 1 次印刷
开　　本 / 890×1240　1/32
字　　数 / 450 千字
印　　张 / 17.5
书　　号 / ISBN 978 - 7 - 5426 - 5956 - 9/H·65
定　　价 / 59.00 元

敬启读者,如发现本书有印装质量问题,请与印刷厂联系 021 - 66019858